管理救赎
后现代管理缔造

The Management
Redemption

Management

张　羿◎著

中国财富出版社

图书在版编目（CIP）数据

管理救赎 / 张羿著 . —北京：中国财富出版社，2017.7

ISBN 978 - 7 - 5047 - 6560 - 4

Ⅰ. ①管…　Ⅱ. ①张…　Ⅲ. ①管理学—研究　Ⅳ. ①C93

中国版本图书馆 CIP 数据核字（2017）第 179464 号

| 策划编辑 | 谢晓绚 | 责任编辑 | 张冬梅　俞　然 | | |
| 责任印制 | 石　雷 | 责任校对 | 胡世勋　卓闪闪 | 责任发行 | 董　倩 |

出版发行	中国财富出版社		
社　　址	北京市丰台区南四环西路 188 号 5 区 20 楼	邮政编码	100070
电　　话	010 - 52227588 转 2048/2028（发行部）	010 - 52227588 转 307（总编室）	
	010 - 68589540（读者服务部）	010 - 52227588 转 305（质检部）	
网　　址	http://www.cfpress.com.cn		
经　　销	新华书店		
印　　刷	北京京都六环印刷厂		
书　　号	ISBN 978 - 7 - 5047 - 6560 - 4/C · 0217		
开　　本	710mm × 1000mm　1/16	版　次	2017 年 11 月第 1 版
印　　张	25.25	印　次	2017 年 11 月第 1 次印刷
字　　数	440 千字	定　价	68.00 元

名家推荐

德鲁克作为现代管理之父，虽然其很多思想具有永恒性，但也存在时代局限性和多个深层次悖论，超越德鲁克是数字时代的呼唤。在哲学重构和西方管理界创新乏力的背景下，中国管理界存在使命和机会，也需要英雄般的人物乘势崛起。《管理救赎》中提出管理的科学、艺术、技术、哲学、灵性五维模型；提出 MBA 教育和现代管理的范式陷阱；提出人性的"99＋1定律"等，都不同程度上超越了德鲁克的理论框架。同时，德鲁克预言但尚未提出后现代管理范式，而张羿构建了完整的后现代管理范式体系。这必将奠定其在世界管理界的地位，中国将诞生德鲁克这样的管理思想家是大国崛起之必然。

——谢志华　北京工商大学副校长、教育部工商管理专业教学指导委员会副主任委员、博士生导师。

十几年前我就拜读过张羿的著作，并推荐给我的研究生。张羿的管理创新具有相当的独立性和领先性，这本《管理救赎》更堪称是近二三十年来全球管理创新的集大成之作。张羿著作的跨学科性和思想的深刻性与德鲁克十分相似，我相信中国诞生德鲁克式管理思想家的时代已经到来。

——彭新武　中国人民大学管理哲学教研室主任、博士生导师，哲学博士、管理学博士后，日本爱知大学客座研究员、韩国首尔国立大学商学院客座研究员。

推荐序

在从工业社会到信息社会的跨越中，管理范式的变革异常迫切，而创新的过程却极其滞后。美国管理大师加里·哈默尔曾将当代管理创新比喻为"像蜗牛一样爬行"。虽然中外优秀企业的管理实践都在逐步突破100多年来的现代管理范式，但总体上仍然缺少真正意义上的系统创新。

"谷歌"管理模式曾被誉为"21世纪唯一挑战彼得·德鲁克范式的代表"，张瑞敏在海尔的管理创新也被欧美观察家认为比"彼得·德鲁克的创造更进了一步"。可见，全球范围内对超越现代管理范式的新管理的呼声早已十分高涨。

然而，过去20年的世界管理学界却十分沉寂。在汤姆·彼得斯、彼得·圣吉、迈克尔·哈默等管理大师之后，中外管理学界几乎没有整体性创新，甚至这些大师本身也未能真正颠覆经典管理体系。用张羿的话来说，这是因为当代管理变革"缺少世界观高度"，因而无法产生彻底的范式变革。

张羿是较早进行超越现代管理范式探索的少数管理学家，在2004年就出版过后现代管理方面的专著。而事实上，他对后现代管理的研究始于1997年，至今已经整整20年了。这20年正是全球管理学界整体沉寂的时期。随着互联网和高科技巨头的崛起，在过去20年中，碎片化与局部性的管理思想并不缺乏，其中也不乏深刻的洞见，但与时代所需要的整体管理范式创新还相差甚远。而张羿的开创性研究，在众多的管理学家中，无疑是极具独立性的一位。

事实上，除了谷歌、阿里巴巴等互联网巨头的管理实践外，在过去20年的全球管理创新中，张瑞敏在海尔的实践也留下了浓墨重彩的一笔。张瑞敏的管理创新之所以能够得到欧美管理界的认同，正是在于其对现代管理范式的颠覆与超越。只是，目前管理界对海尔模式的总结，尚缺乏应有的理论高度。

目前欧美及德日企业仍然具有较强的创新力，但总体上已经受制于其太过成熟的现代管理范式，而陷入了张羿在《管理救赎》中所说的"隐性傲慢"。欧美管理学家同样陷入了某种创新者窘境，彼得·德鲁克之后，西方一直没有出现与信息社会相匹配的系统管理思想。

与此同时，阿里巴巴等中国企业的实践和张瑞敏在海尔的管理创新，却日益显出引领世界的势头。正如张羿所说的："管理创新的中国力量正在崛起。"最近马云和张瑞敏双双获选50位全球领袖，这绝非偶然。而在此过程中，张羿本人的管理范式创新也显示出足够的高度。可以说，从企业实践到管理理论创新，中国力量的崛起正在成为一个事实。这样说绝不是出于狭隘的民族主义。

在《新文明论概略》一书中，我提出旧文明与新文明的不同，不是中美的不同，不是东西方的不同，而是先进与落后的不同。张羿在《管理救赎》中，也提出令人耳目一新的超文化思维，即通过搁置文化差异而回到人性本身。这是后现代超文化管理范式的基本方法论。

尤其值得称道的是，张羿在《管理救赎》中表现出全新的世界观高度，并形成了对彼得·德鲁克、汤姆·彼得斯、彼得·圣吉、迈克尔·哈默、迈克尔·波特、唐·舒尔茨、霍夫斯泰德、克里斯坦森等众多西方管理大师的挑战。纵观中外管理学界，还很少有人具备如此的勇气，更几乎无人具备如此的思想高度。

张羿不是通常意义上的管理学家，他同时是一个思想家和管理实践者，这使他对管理有更深刻、更细腻的感悟。同时，张羿直抵本质的穿透性文风，不仅可读性极强，对企业家和管理实践者更具有非凡的启示意义。《管理救赎》是一部前所未有的思想与工具相融合的管理大作，其突出的跨学科视角和对管理实践的深刻洞察，以及全书的泛文化属性，在全球管理学著作中均十分罕见。如果说一定要找一位管理学家与之相类比的话，我觉得张羿的著作与彼得·德鲁克的最为接近。不过，彼得·德鲁克总体上代表了现代管理范式时代，而张羿的著作则无疑代表了新的后现代管理范式时代。

张羿的著作首先适合企业家阅读，同时也适合所有对管理感兴趣的人阅读。《管理救赎》本质上是一部彻底刷新管理思维的著作，它改变了我们对管理的定义，也颠覆了整个现代管理大厦。这将是一部开创管理学史的著作，不读《管理救赎》，你将被永远地甩在 20 世纪。

姜奇平

2017 年 6 月 10 日

中国信息社会 50 人论坛轮值主席

中国社会科学院信息化研究中心秘书长

中国社会科学院信息化与网络经济室主任

中国科学院《互联网周刊》主编

管理学是巨变时代的真正灯塔

2004 年 4 月，我的第一部管理学著作《后现代企业与管理革命》问世。虽然该书只是后现代管理的宣言式著作，尚未完全、深入地构建起后现代管理大厦，但因其突出的跨学科视角和思想深度，得到了管理界权威的认可。中央党校管理科学研究中心原主任、时任中国管理科学研究院常务副院长的孙钱章教授看到书稿后，力荐我出席 IFSAM（国际管理学者协会联盟）第七届世界管理大会。清华大学经济管理学院发起人董新保教授等知名学者则热情地为我的新书写评语。董新保教授是剑桥大学克拉霍学院终身成员，当年正是在他的提议邀请下，时任国家经委副主任的朱镕基才出面担任清华经管学院首任院长的。

《后现代企业与管理革命》初稿完成后，中国社会科学院经济研究所研究员、著名经济学家张曙光教授对个别章节提出了修改建议。该书出版之后，立即引起了社会各界的广泛关注。不仅诸多媒体追踪报道，主流财经媒体纷纷约稿，国务院发展研究中心官网也转载了该书节选。其后，很多大学把该书列为博士研究生的参考文献，一些学者的论文也频频引用该书观点。2004年 7 月，在由瑞典哥德堡大学主办的 IFSAM 第七届世界管理大会上，我的主题演讲《现代企业的终结与后现代企业的兴起》引起了来自全球各大商学院知名管理学家的关注。

回国后，接到更多财经媒体的约稿，但我还是谢绝了大多数媒体，一来工作紧张，闲暇时间不多；更重要的原因是，我觉得《后现代企业与管理革命》还存在很多欠缺，不仅对后现代管理体系的构筑尚欠火候，也缺少足够的全球企业实践佐证，后现代管理还未到真正抛头露面的时间。其后，我也与中国社会科学院信息化研究中心秘书长、《互联网周刊》主编姜奇平先生展开过有关后现代管理的公开辩论，除了在业界引起过一定的反响之外，我大部分时间都埋头于企业实践和对后现代管理的进一步研究了。

2005 年夏天，时任南开大学国际商学院副院长的齐善鸿教授，在来上海开会期间约我交流。齐善鸿教授认为："后现代管理是未来全球企业管理变革的必然方向，这是一项真正开创性的研究，对于中国乃至世界管理学的突破性创新都具有重要意义。"齐善鸿教授还与我探讨了将来合作研究的可能性。

我对管理学从来不是书斋式的研究，因为我本身就是一个管理实践者。自 1997 年从国家建设部主管的《中华锦绣》画报社辞职进入企业工作后，二十年来，我经历了从经理人到创业者等多重角色的转换，跨越了高科技、管理咨询、商业地产和互联网等多个行业，始终处于管理实践的第一线，而不是通常意义上的学者。《后现代企业与管理革命》出版至今已经 13 年，期间，除了 2007 年因痛感中国台湾曾仕强先生的"中国式管理"对中国企业实践具有太多误导，而出版《中国式管理批判》外，我没有再写其他管理著作，并暂停了与管理界和媒体界的接触。我想沉下心来，在实践中对后现代管理进行更全面而深入的体验、观察与研究，以期在适当的时候再度推出一本成熟的、能够对全球企业实践具有切实指导价值的开创性著作——就是今天的《管理救赎》。

这是一个全球企业都需要管理救赎的时代。当代思想界创新乏力，管理学的建设更落入急功近利的工具主义泥潭之中。在这样的巨变时代，我们尤其需要像彼得·德鲁克那样高度跨学科又极具实践性的管理学创新。在哲学终结的背景下，管理学已经成为当今世界最具建设性和引领性的人文学科。在哲学社会科学领域，东西方学者众说纷纭而鲜有突破，导致大部分思想者都陷入怨妇式争辩的陷阱。这使我对当代思想界敬而远之。虽然在这十几年间，我也曾与中国思想界有所接触，其中还出席了第一届海安 523 中国当代艺术思想论坛，发表了《后历史：艺术与哲学的双重终结》主题演讲，引起艺术圈的热议。但最终，我还是怀着对思想界清谈之风的厌倦而回到管理学的大地上。当然，我从未离开过管理。

管理学让我感到踏实，它是巨变时代的真正灯塔。"若没有真正的实践，就不会有真正的知识，知行合一才能构筑坚实的知识大厦。"而管理学尤其如此。怀着对国家、民族、时代和人类的深沉使命，管理学让我找回了真正的大陆。管理学是哲学、经济学、心理学、组织行为学、社会学、历史学、领导学、传播学等一切人文社会科学的集合体，它所需要的功力比任何一门人文学科都要深厚，同时更须艰苦卓绝地实践和磨砺。从某种意义上，管理学才是真正的"人学"，而不是文学和艺术。文学艺术在追求人性完善的过程中，很容易走上扭曲人性的歧途。而管理学更能使人性回归到真实的大地上。

在坚实的大地上，我们首先是一个劳动者和管理者，管理无处不在。若任何学科不能有助于我们成为一个更合格的劳动者和管理者，而是导致我们与现实格格不入，那么这门学科就注定是失败的。管理学并不是一门功利主义学科，它是真正伟大并充满理想主义情怀的"人学"，每个人最基本的角色都是管理者。我并不否定其他人文学科的作用和重要性，恰恰相反，正是其他人文学科滋养了我，使我能够以不同的材料构筑管理学大厦。我想强调的是，在一个相对主义思潮蔓延的时代，我们不如先通过管理实践而成为一个合格的人，这样才够分量去从事任何学科的建设。否则，我们会给这个原本沉重的世界增添太多的包袱。我不是批评别人，而是与包括自己在内的所有人共勉。

也许谈太多理想会让处于残酷竞争现实中的企业家和管理者感到虚夸，那就让我们回到管理实践！事实上，本书绝对是实践性最强的管理思想体系。因为本人是一个企业管理实践者，而且一直痛恨各个领域内的清谈现象。

虽然本书是我对后现代管理历时二十年的研究总结，但它一定仍然存在着许多不足。作为对现代管理体系的全面颠覆和对后现代管理体系的全新缔造，本书今后仍须不断提升。这有赖于企业界、管理学界各位同人的指点，社会各界朋友和读者的批评指正。期待各方人士共同推动本书及后现代管理体系的完善，这对于整个世界都意义非凡。

是为序。

张 羿

2017 年 1 月 1 日于上海

全球企业进入管理范式变革时代

我们需要重新定义管理，包括管理的基本概念、管理哲学和整个现代管理体系。由于管理观念的误区，那些似乎理所当然的管理模式，其实已经使我们陷入极大的困境，现代管理正面临整体救赎。

在极速创新时代，我们需要宇宙智慧。所谓宇宙智慧，包括真理的客观性和道德的客观性等。如果没有一种超越而真实的宇宙智慧和宇宙法则，科技的发展，特别是人工智能的发展将有可能令世界一步步走向失控。

过去二十年的中国企业界，是管理时尚和各类江湖培训师流行的时代。这些流行的管理时尚大多缺乏必要的理论支撑，只是抓住了某一个节点并迎合了中国企业快速成功的心理而走红。同时，真正被这些管理时尚所吸引的，大多是没有受过系统管理学训练的企业经营者。

随着中国企业的不断成熟，以及受过专业商业教育的人数越来越多，人们对较低级的管理时尚已经不那么热衷。但同时，又出现了一种对高级管理时尚的追捧现象。在当今中国乃至世界，流行的商业概念层出不穷，比如商业模式、组织扁平化、颠覆式创新等。但在这些流行商业元素火爆出现的同时，却是管理创新的极端落伍，企业创新沦为局部改进和对新概念的盲目推崇。而事实上，创新是一个极其综合而复杂的过程，其根本在于管理范式的整体变革。

由于西方管理界对后现代管理范式亦缺乏足够的认知与整合，导致目前的管理创新大部分是在现代管理体系之内的局部性改良。管理创新的落伍是一种世界性普遍现象。在彼得·德鲁克、汤姆·彼得斯等管理大师之后，管理创新也陷入了一种克里斯坦森所说的"创新者窘境"。而管理创新的落伍，是企业创新困境背后的真正原因。

本书揭示了现代管理范式的全面崩溃，并构筑了后现代管理范式的完整创新体系。这是当代管理变革在世界范围内的全面推进。通过本书，读者可以清晰地了解现代管理与后现代管理的根本区别，使巨变时代的企业实践获得完整而系统的导航路线与持续创新图谱。

本书将剖析全球企业实践与管理创新中的诸多误区。在此过程中，读者将会发现后现代管理范式的许多方面似乎既熟悉又陌生。关键的是，本书提供了一种全新的视角，并且通过有机地整合，改变了人们通常对管理的认识。本书的突破不是凭空产生，而是建立在扎实的现代管理史和全球企业实践的基础之上，它将从以下诸多方面对当代管理变革产生整体的推进。

第一，后现代管理始于西方，但西方经典管理大师对后现代管理的创新亦处于初级阶段，而本书则是在经典大师基础上的全面推进。彼得·德鲁克提出了"后现代世界"概念，对后现代管理有一些前瞻性预言，但尚未对后现代管理进行系统构筑。汤姆·彼得斯对后现代管理有相对具体的阐述，但他过分强调了后现代管理的无序性，而没有对后现代管理进行系统的创新与整合。彼得·圣吉的学习型组织理论，试图从企业基因层面对现代管理进行全面的颠覆，但由于缺少世界观的高度而变成了一种改良。迈克尔·哈默和詹姆斯·钱皮所推动的企业再造只是着重于业务流程和组织模式再造，而不是管理范式的全面再造。因此，以上管理大师都只是后现代管理的先行者。今天，全球企业都需要彻底摒弃现代管理范式而导入后现代管理范式，一个真正的企业再造的时代到来了。但本书拒绝"企业再造"概念，而使用"企业缔造"概念。因为后现代管理已经成为一个新时代的地基，无论全球巨头还是初创企业，都应该以后现代管理作为新的起点。

第二，管理范式变革有赖于对人性的重新定义，因此本书第二章用整整一章的篇幅来阐述管理与人性的关系。本书指出现代管理史是一部人性的误诊史，阐明了从亚当·斯密到马斯洛的西方管理的人性论误区，并提出全新的后现代管理人性论，如人性的"99＋1定律"等令人耳目一新的观点。读者将会发现，对人性的重新定义是后现代管理的基础，它与商业模式、企业战略、组织模式、营销模式等均具有不可分割的密切联系。

第三，管理变革应是系统变革，而非局部改进。由于目前后现代管理理论创新的滞后，导致企业实践中的局部改进成为普遍现象，管理各子系统之间的不匹配成为企业前进的最大障碍，甚至因此寸步难行。本书想要告诉读者的是，商业模式不是成功的捷径，也不是解决一切问题的灵丹妙药，即使拥有好的商业模式，照样可能一败涂地。同样，组织扁平化和蓝海战略等也都存在着各自的局限性。当今企业需要从文化基因到管理范式的全面缔造，而不是"头痛医头、脚痛医脚"的权宜式改良。迄今为止，全球范围内都缺乏对后现代管理范式的整体缔造，而本书的问世则将彻底改变这一格局。

第四，本书在治理模式、商业模式、战略模式、组织模式、营销模式、创新模式、领导模式、企业文化和管理哲学等诸多方面均有突破，更重要的是发现了管理各子系统之间的共同结构。同时，由于前所未有地把管理各子系统作为一个有机的整体来审视，本书对管理的解剖在很多方面颠覆了目前流行的观点。比如，本书从静态和动态两方面来构筑商业模式模型，揭示了已有静态商业模式模型的局限性；本书颠覆了那种认为在一个不确定性时代很难进行战略规划的论点，指出在一个不确定的时代，战略的重要性是加倍提升而不是降低了；在组织模式方面，本书指出所谓去中心化、去中间化和无边界组织等流行概念的误区，提出了新的"超生命组织"概念。事实上，本书颠覆了从泰勒、法约尔到马科斯·韦伯，乃至从科斯到迈克尔·波特、菲利普·科特勒、唐·舒尔茨、霍夫斯泰德、克里斯坦森、约翰·科特，甚至彼得·德鲁克等所构成的整个现代管理大厦。本书全方位的突破性创新，在当今世界管理著作中尚属罕见，甚至具有很大程度上的唯一性。

第五，本书还对管理的定义有所推进，对管理的本质、管理的模型、管理与领导的关系等均提出了全然不同的观点。比如彼得·德鲁克把管理划分为科学与艺术两维，明茨伯格在此基础上提出了管理的科学、艺术、技巧的三角模型。而本书则在明茨伯格的基础上，进一步提出了管理的五维模型。

第六，本书提出了"超文化"概念，这是后现代管理的方法论和后现代管理的基因所在，也是后现代管理的本质。它颠覆了霍夫斯泰德的文化差异性模型，为全球化企业提供了比跨文化更科学的视角。霍夫斯泰德的理论过度强调文化的差异性，已经不利于全球化企业的缔造。而本书提出的超文化视角则在承认文化差异性的同时，强调不同文化的共同基因。管理的超文化基因存在于管理的各子系统之中，与后现代管理范式的形成具有极大关联。

第七，本书所构筑的后现代管理范式，不是凭空产生的纯学术理论，而是全球企业的管理变革大势和正在被实践所验证的管理模式，以及中西管理学家管理创新的共同方向。后现代管理不仅适用于中国企业，也适用于西方企业，它代表着一场世界性的管理革命。随着全球企业实践和管理创新的立体化突围，后现代管理时代已经全面到来。

第八，虽然欧美企业总体上仍然占据上风，但已经表现出创新乏力的态势。管理创新的中国力量正在崛起，海尔、阿里巴巴、腾讯、华为等中国领先企业的管理创新，正在或已经超越西方现代管理范式，并形成了对西方和全球企业的创新示范价值，中国企业管理创新全面影响世界的时代即将到来。因此，本书对后现代管理范式的整合与创新，很大程度上是基于对中国领先企业的考察。

本书将打开后现代管理的大门，开启通往后现代管理时代的路径与导航系统。随着中国经济的不断飞跃和东方大国的复兴，中国管理也已经到了与西方管理并驾齐驱乃至超越西方的历史时刻！

目　录

绪 论

从成功企业之道迈向企业成功之道

管理学大抵满足于对成功企业之道的总结，而企业所需要的是企业成功之道。正如卡尔·马克思所言："哲学家只是用不同的方式解释世界，而问题在于改变世界。"那么管理学家的使命就更加不是解释世界，而是改变世界了。不幸的是，几乎所有的管理学家都在解释成功企业之道，而不是创新企业成功之道。在这个以创新为主题的时代，管理学恰恰丧失了创新的能力。

克里斯坦森曾经指出，那些被颠覆的企业通常具有"良好的管理"，但实际上他们的管理已经病入膏肓。因此，克里斯坦森看到了某种现象，却未能洞见现象背后的本质。此种管理理论，就是典型的解释性理论。管理学家如果缺少超越时代的思想高度，他们的理论就会止步于解释成功企业之道，因此不可能对企业实践具有真正的指导价值。但遗憾的是，当今所流行的管理，乃至大部分经典的管理学多为解释性理论，而不是创新性理论。

成功企业之道之所以不可靠，是因为：第一，很多成功企业之道充满缺陷，不具普适性；第二，管理学家因自身思想的局限，对成功企业之道的总结往往流于表面，而遗漏了其中某些更具价值的部分；第三，成功企业之道可能一夜之间就成为明日黄花，等总结出来的时候已经落伍了。而企业成功之道与成功企业之道的区别在于：其一，企业成功之道不仅是对成功企业之道的总结，更是在此基础上的创新，它具有成功企业家都未曾达到的深度与高度；其二，企业成功之道摒弃了某些成功企业的残缺，通过创新的思维与视角升华了管理理论；其三，企业成功之道具有超越时代的前瞻性乃至永恒性，它不会因时间的变化而失去价值；其四，在巨变时代，企业成功之道包含对经典管理理论的颠覆，它通过世界观革命使人们重新审视何为正确的管理，从而具有引领时代的标杆意义。

在当今管理范式变革的时代，片面地总结成功企业之道是一种极其褊狭的行为，也是管理学本身创新窘境的反映。整个现代管理范式，以及一连串闪耀的经典管理大师理论，都陷入了此种"创新者窘境"，包括提出"创新者窘境理论"的克里斯坦森。尽管克里斯坦森建议通过创建负责颠覆式创新的独立事业部门，通过学习改变思维模式、创造组织新的潜能，以及密切关注市场等创新原则来突破创新者窘境，但他并没有穿透现代管理范式的整体沉沦，因而只是改良性建议，不是真正的突破性创新。当今流行的商业模式理论、组织扁平化理论、阿米巴组织理论等，也都是解释性管理理论，而不是突破性创新理论。它们只有局部性借鉴价值，而缺乏整体性复制或系统缔造价值。人们之所以对成功企业之道视若至宝，正在于管理学家创新力的萎靡。在缺乏划时代管理创新的背景下，人们只能去片面地追捧那些成功的企业，而这种追捧很难学到成功企业的精髓。

当代管理的突破性创新之路，在于从世界观高度对整个现代管理范式体系的重构。对此，我们尊重全球成功企业之道，但绝不迷信成功企业之道，而是要在此基础上进行前所未有的创造性建构。

后现代管理的本质是超文化管理，它始于人性救赎。所谓超文化，就是放下霍夫斯泰德的文化差异理论，通过寻找人性的共同基因来构筑全球化企业的共同管理基因。霍夫斯泰德的文化差异理论也是解释性理论，它过于强调了文化差异带来的难度，而对全球化企业的文化融合缺少真正的帮助。

超文化管理的"人性论"基础，是人性的"99＋1定律"，它超越了从亚当·斯密到马斯洛的西方现代人性论误区，而从孔子、董仲舒、奥古斯丁等经典大师对人性的论述中寻找共通的部分。人性的"99＋1定律"认为，人性是由99%的善＋1%的恶所构成。善为本真，恶为衍生，但1%的衍生之恶足以摧毁99%的本真之善，使任何一个高尚的人瞬间罪大恶极。这样的例子在现实中比比皆是。因此，管理的自由不等于自由的管理，人性的解放也不等于解放的人性。在自由与管理之间寻求平衡，才是永恒的管理之道。

在人性论重构的基础上，超文化管理全面颠覆了奠基于笛卡儿世界观，由弗雷德里克·温斯洛·泰勒、亨利·法约尔、马科斯·韦伯、哈里·科斯、迈克尔·波特、菲利普·科特勒、唐·舒尔茨、约翰·科特、克里斯坦森、霍夫斯泰德等经典管理大师所构成的现代管理理论；也超越了以彼得·德鲁克为开端，经由汤姆·彼得斯、彼得·圣吉、迈克尔·哈默和詹姆斯·钱皮所构筑的初级后现代管理。

超文化管理的范式转型表现在：治理结构协同化、商业模式生态化、企业战略创造化、组织模式平台化、营销模式交互化、创新模式系统化、领导模式赋能化、企业文化战略化与管理哲学超越化。

超文化管理的治理结构是自我委托—代理和劳动与资本的协作模式，它打破了现代公司股东与经理人之间的对立格局。在此基础上，以全员持股或小微集群化为基本形态的超文化公司，本质上是数字生态共同体，它意味着对传统私有公司形态的终结。未来，私人公司将全面消失，所有公司都将成为社会化平台，以数字生态共同体或新公有制为基础的全球化公司，将主导全球商业格局。若创业者仍然把公司视为私有之物，必将丧失在全球化公司生态丛林中生存的能力。数字生态共同体就是以互联网为平台，以产权革命为基础的超文化公司，它将终结资本主义现代公司形态，带来全新的后现代公司时代。

超文化管理商业模式的基础形态是平台—生态系统，完整的商业模式创新包括商业模式、组织模式和文化模式三个层级，并超越了通常商业模式的静态结构，由 11 个静态要素和 8 个动态要素所构成。其中，11 个静态要素包括价值系统、商业定位、用户/客户、产品模式、成本结构、盈利模式、资本模式、渠道模式、核心资源、合作模式和运营系统。8 个动态要素包括治理、战略、组织、营销、创新、领导、文化与哲学。

超文化管理的战略系统不仅超越了迈克尔·波特的经典竞争战略，也超越了蓝海战略与波士顿战略模型。它由战略筑基、战略类型和战略常态构成。战略筑基是平台—生态化筑基，战略类型则包括"愿景型＋""塑造型＋""巩固型＋""再造型＋"和"颠覆型＋"五种类型。超文化企业战略是复合式战略，每种基本的战略类型，都需要与共同的常态战略协同推进，常态战略包括适应性战略与开放式创新战略。超文化企业战略是完整意义上的创新性理论，而迈克尔·波特的经典竞争战略、蓝海战略与波士顿战略模型，均属解释性理论。

超文化管理的组织模式既非通常的扁平化组织，也非"去中心化""去中间化"和"无边界"组织，而是与超文化商业模式及创新模式完全匹配的创业创新平台模式，即超生命组织模式。典型的超生命组织由"平台＋小微＋个体＋机构"组成，是全球化的开放式生态平台组织，同时具备完善的协同机制。由于打破了企业与市场的边界，超生命组织也颠覆了科斯对企业的经典定义。

超文化营销不仅超越了菲利普·科特勒的"4P 理论"，也超越了唐·舒尔茨的整合营销"4C"与"5R"理论，以及他最新提出的"SIVA 理念"。超文化营销是以"创消者"为主导的营销模式，所谓"创消者"即"创造性消费者"，是未来参与产品设计甚至参与投资的"阿尔法"一代的新型消费者，比凯文·凯利的"产消者"更进一步。超文化营销模型包括设计、入口、数据、交互、创消和融合六大要素。

超文化创新模式更远远超越了现代企业的技术创新模式，超越了克里斯坦森的"创新理论"，它是以设计创新与管理创新为双重驱动的系统创新，无论在方法论还是操作模块上都具有极大的突破性。完整的超文化管理创新模型包括管理范式创新、商业模式创新、组织创新、设计创新和创业式创新五大要素。

超文化领导模式则颠覆了约翰·科特的领导理论，并指出了保罗·赫塞"情境领导"的不足。超文化领导提出了与约翰·科特和保罗·赫塞关于领导与管理关系的不同观点，认为管理是比领导更大的概念，管理＝领导＋管理。管理包含变革式管理与秩序化管理，前者是所谓的领导，后者即管理，但领导本质上也是一种管理。超文化领导具有设计师、园丁、管家和向导四重角色，这一界定与彼得·圣吉在《第五项修炼》中的界定相比，更为切合数字化领导的本质。

超文化的企业文化不仅颠覆了普拉哈拉德和霍夫斯泰德的文化差异理论，也颠覆了管理学史上对企业文化的定义。奠基于世界观革命与人性救赎的超文化，采取"存异求同"的方法引导全球化公司文化的创新。先存异，后求同，是避免文化冲突的良方。其中，文化存异模型包含性别存异、个性存异、心理存异、宗教存异和思维存异五个维度；文化求同包含爱心求同、自由求同、创造求同、道德求同和灵性求同五个维度。

超文化哲学是对笛卡儿机械世界观的超越。在一个哲学终结的世界上，重回本体论成为 20 世纪后半叶哲学思想的重要趋势。在怀特海、克莱夫·刘易斯、弗兰西斯·薛华、大卫·格里芬等思想家的基础上，重建超文化管理哲学，是后现代管理革命的根本路径。超文化管理哲学模型包括生态商业、生命企业、生命管理、技术哲学和人性升华五大板块。超文化管理哲学将建立真正意义上的理性创新，而抵制危险的"科技宗教"化倾向。

超文化管理创新体系，不仅要超越商业模式、组织变革等局部性改良，更要从世界观高度进行划时代的管理范式构建。在一个价值混乱的时代，我们需要寻找真相和真实。一个不相信真相与真实的世界是悲哀的世界，此种状态也注定无法持续。同时，一个在科技巨浪中随波逐流的时代也是危险的。在凯文·凯利和尤瓦尔·赫拉利的科技哲学中，都存在着非常极端且落伍的哲学观，但是他们却俘获了很多迷茫的心灵。凯文·凯利虽然致力于技术哲学的思考，但他模糊机器与生命概念的观点是危险的。尤瓦尔·赫拉利在《未来简史》中提出的通过人工智能和生物技术实现"神人"梦想的"科技宗教"，则是现代主义的登峰造极。

我们并不轻视对成功企业之道的总结，而是强调总结本身也需要创新。不同的世界观与哲学高度，决定了我们穿透成功企业之道的不同水准。超文化管理正是建立在对苹果、谷歌、Facebook、阿里巴巴、海尔、华为等中外领先成功企业之道的总结，以及对经典现代管理大师深入洞察的基础之上。但更重要的是，超文化管理是一种以世界观革命为前提的管理范式革命，它不仅是成功企业之道，更是企业成功之道。超文化管理不仅超越了经典管理理论，也不同程度地指出了全球领先企业的局限，它重新定义了管理，并改写了管理的历史。

尤其值得称道的是，中国领先企业的管理创新已经不再简单地步西方企业后尘，而是表现出后来居上的态势。阿里巴巴、腾讯、华为等公司的管理创新已经不输任何西方企业，而张瑞敏所设计的海尔开放式平台管理创新已经超越稻盛和夫的阿米巴组织，也超越了通用电气以及其他欧美代表性企业。如果假以整体管理范式和文化创新的提升，在不远的将来，海尔、阿里巴巴、腾讯、华为等中国企业的管理创新，完全可以具有影响全球的标杆意义。中国缺乏影响人类文明进程的伟大企业的历史，也将由此而终结。

在创新为王的时代，我们既要通过管理范式的创新彻底重构现代管理范式体系，也要通过创新哲学的重构遏制科技的宗教化倾向。只有通过世界观革命前提下的超文化管理，才能使我们具备可持续的创新能力，并从容地应对各种观念的挑战。在一个狂躁的时代，能够找到的心灵的港湾至关重要，这是超文化管理所独具的魅力。超文化管理不仅是企业管理，也是人生管理。每个人都是管理者，管理是每个人的生活。只有在管理中，才能够真正确立人生的价值，并实现我们对人类的使命。虽然不是每个人都能成为伟人，但每个人都可以具有伟大的使命。超文化管理最终将实现这种人性的升华。

超文化管理将颠覆现代管理学的历史。从成功企业之道迈向企业成功之道，是管理学价值的真正体现和唯一存在的理由。我们需要郑重地向经典现代管理说"再见"！

第一章
现代管理的沦陷与救赎

一场拯救公司的全球大行动正在进行

现代管理王国全面沦陷

后现代管理范式正在崛起

全新的管理国度正在登上历史舞台

　　"我们并没有做错什么，但不知为什么，我们输了"。

——诺基亚前 CEO 埃洛普

　　本书中所讲述的，是一项历时二十年的研究成果。从 1997 年进入企业工作开始，我就萌生了"后现代管理"的概念，并于 2004 年 4 月出版了《后现代企业与管理革命》一书。同年 7 月，我随中国管理学者代表团出席于瑞典哥德堡大学举办的 IFSAM 第七届世界管理大会，发表了《现代企业的终结与后现代企业的兴起》主题报告，引起了国际同人的关注。当时，阿里巴巴等互联网公司还处于初创时期，Facebook 刚刚上线，海尔的自主经营体组织变革尚未开始。在那样的历史背景下，我已预见到全球将爆发后现代管理大潮。这意味着一次真正的划时代管理革命。

　　从 2004 年至今，13 年过去了。阿里巴巴和 Facebook 都已迅速发展为全球互联网巨头，它们所实践的管理模式正是我所倡导的后现代管理。同时，海尔集团在张瑞敏的带领下从自主经营体到小微的组织与文化创新，也深深打上了后现代管理的烙印。从 13 年前出版第一部后现代管理专著到现在，我一直在观察、研究全球领先企业，特别是中国优秀企业实践的同时，不断完善着后现代管理体系的建构。如果说《后现代企业与管理革命》是一部宣言式著作，那么今天的《管理救赎》则是在它基础上的系统性完善，从某种角度而言是它的延续。我深信，在当今管理理论扑朔迷离的背景下，本书将厘清混乱局面，为全球企业实践指出一条能廓清迷雾并突破屏障的管理创新之路。

一、拯救企业全球行动

　　在互联网趋势进入下半场、人工智能扑面而来的今天，大部分企业仍然徘徊于旧的时代。这不是指对科技发展趋势的判断，而是指人们的思维，确切地说是指管理思维。管理的落伍已经成为全球企业的最大困境，这从根本上遏制了创新，也使很多创新无法落地。

历史的巨轮前行得越来越快。一不小心，你的企业就会落伍，甚至遭遇灭顶之灾。但本书的目的不是渲染这种危机感，也不是进行流行的趋势预测。而是希望在一个极速创新的时代厘清变革的路径，帮助人们树立信心，以从容地应对未来。

越是在狂乱的时代，越需要淡定和从容。人类几千年的历史都是在焦虑中度过的，今天，财富积累的速度远超曾经任何时代，而人们的智慧和优雅却几乎消失殆尽。互联网与科技创新的狂潮令无数企业血脉贲张，而管理却又乏善可陈，全球正在陷入前所未有的管理危机之中。我们需要一场拯救企业的"世纪大行动"！

管理危机兵临城下

大部分企业在互联网时代仍然沿袭传统的管理模式，这就好比在热兵器时代仍然使用冷兵器，在信息战时代仍然固守机械战模式一样。人们热衷技术和商业模式创新，但对于管理创新的重要性却没有足够的认识。甚至在管理学界也有一种错误的观点，认为范式革命仅适用于自然科学，而不适用于管理学。这种观点认为，管理是没有范式的。

任何思想背后都有世界观，管理也不例外。20世纪管理背后的世界观，是自笛卡儿以来的机械世界观。这种世界观割裂了人与世界的有机关系，把自然置于被人任意宰割的位置上，同时也加剧了人与人之间的对立。整个20世纪管理体系都是建立在这样一种世界观和文化的基础之上，而世界观必然产生管理范式。由于管理学界对思想史缺乏足够的认识，才产生了管理没有范式的观点。这种认识在企业家阶层也颇具代表性，于是，就出现了当今管理变革落后于技术和商业模式变革的异常现象。当今企业界所流行的股权设计、商业模式设计、领导力和阿米巴组织等各类二级管理培训，都不是真正的管理变革，而是局部的管理改良。在缺少世界观革命与一级系统管理变革的前提下，此类二级管理改良不仅无助于企业的整体创新，反而容易使企业深陷管理危机。

巨变时代的管理变革是一场划时代的系统变革，绝非简单的技术性改良。

股权设计、商业模式设计等，若没有系统的管理变革作为基础，包括世界观、文化与整体管理范式的变革，这些所谓的二级管理改良，将会面临极大的战略困境。当今企业需要的是生命系统的重生，而不是机械式组装，二级管理改良所产生的，是"怪胎式"的企业。股权变革不等于治理模式变革，更不等于组织与文化变革。商业模式变革若没有组织与文化变革相匹配，很难发挥其应有的效力，甚至寸步难行。当今的管理变革，绝不是商业模式和组织变革所能囊括的。我们所面临的是历史性变革的时刻，因此需要彻底颠覆100多年来的管理范式及世界观，以重新审视管理与企业创新。

以二级管理改良取代一级管理变革，本质上就是以企业的子系统取代企业的整体系统，这造成了当下管理危机发生的普遍性。这场管理危机尚未完全爆发，而是像一场即将到来的海啸。发生在海底的地震已属事实，强大的冲击波正在迅猛扩散。这场全球性的管理危机海啸，必将使经济低迷的世界雪上加霜，使全球企业陷入更大的生存困境之中。

令人担忧的是，以二级管理改良取代一级管理变革，并不仅仅是中小企业的通病，也是全球企业巨头的通病，甚至是当代管理学本身的通病。从企业实践到理论创新，都见证了全球商界的短视。迄今为止，我们尚未得见真正具有颠覆性的管理范式创新理论的出现。

❈ 管理范式与创新者窘境

事实上，从安然、世通的倒塌，到柯达、诺基亚等公司的陨落，全球管理危机早已开始。这些企业的倒塌，犹如一个妇人产前的阵痛，只是更大痛苦的前奏。当然，在痛苦集中爆发之后，也将迎来新生命的诞生。

但管理的新生并非如妇人分娩一样，是一个自然的过程，而是很大程度上取决于企业领袖的先知先觉，以及痛苦的自戒与自我救赎。这需要对趋势的正确判断，以及对管理变革的系统认知。然而，到目前为止，变革之声虽然不绝于耳，对变革的理解却谬之千里。

当下流行的企业二级管理改良，本质上是外科手术式变革。从迈克尔·哈默和詹姆斯·钱皮在20世纪90年代推行的企业再造开始，至今全球企业变革仍然是局部的。企业再造理论认为，企业再造活动绝不是对原有组织进行简单修补的一次改良运动，而是重大的突变式改革。企业再造理论的基本思想是以客户为中心、以员工为中心、以效率和效益为中心，颠覆传统的分工思想和等级观念。虽然迈克尔·哈默和詹姆斯·钱皮试图引领一场全面的管理变革，但囿于时代的局限，他们所实施的企业再造，主要还是经营流程和组织的再造。

企业再造理论是美国企业面对日本企业的竞争而进行的管理变革，它着眼于技术性流程，而忽视人性的因素，虽然具有积极意义，但还达不到管理范式变革的高度，既未完全突破现代管理体系，更未真正建立新的管理范式体系。由于缺少世界观与哲学层面的颠覆，虽然流程再造意在突变式改革，但实际上还是一种改良。因此，企业再造并没有真正引起一场全球性的管理变革。当时，管理理论与社会条件都不成熟，但迈克尔·哈默和詹姆斯·钱皮的伟大在于，他们以时代先知的姿态率先敲响了现代管理危机的警钟。

在互联网已经成为基础设施的今天，虽然谷歌、Facebook、阿里巴巴、海尔等企业的管理变革已经极具创新性，但全球企业同样缺乏成熟的系统引导。人们的思维依旧沉浸在 20 世纪。战略管理大师加里·哈默尔指出："21 世纪的管理与 20 世纪相比，仍然没有太大变化。"这种判断似乎与一般的见解完全相左，因为当下的人们正在为全球科技巨头的伟大功绩而欢呼。但是，加里·哈默尔的观点并非哗众取宠，而是真正深刻的洞察。虽然微软、苹果、谷歌、阿里巴巴等全球领先企业已经在管理变革方面作出了巨大的贡献，但从管理范式变革的角度而言，还远未达到彻底颠覆现代管理的高度。不过，在时间巨轮的作响中，一场重量级的划时代管理变革正酝酿着登上历史舞台。

人们都知道柯达和诺基亚是由于技术落伍而被淘汰，却很少发现他们背后更深层，也是带有时代普遍性的真正原因。颠覆式创新之父克里斯坦森独具慧眼地发现，那些被新技术淘汰的企业，在管理和敬业精神方面都无可挑剔。正如诺基亚被微软收购时所慨叹的："我们并没有做错什么，但不知为什么，我们输了。"为什么在管理和敬业方面无可挑剔的优秀企业失败了？仅仅是因为颠覆性技术的出现吗？那为什么通用电气、杜邦和宝洁等公司没有遭受同样的厄运？克里斯坦森指出："柯达、诺基亚等公司缺乏及时应对市场变化的灵活机制。"因此，他呼吁对战略、组织和市场进行彻底的重新思考。而我们应该在克里斯坦森的基础上，进一步指出这些失败的企业在管理方面所存在的系统性问题。因为更深的逻辑在于，那些失败的企业在管理上落伍了。管理的落伍，这正是管理危机的经典表征。

加里·哈默尔指出："通用电气、杜邦、宝洁等公司的成功不是得益于卓越的产品、杰出的员工和优秀的领导者，而是基于一个更为根本的原因，即管理创新。"加里·哈默尔认为，在过去 100 年间，管理创新比任何其他类型的创新都发挥了更大的作用。丰田汽车、美国全食超市和通用电气等都是管理创新的杰出代表。彼得·德鲁克也曾经指出："在所有的企业创新中，管理创新是最重要的。"

但更多的企业仍然没有从睡梦中醒来。他们沉浸在 20 世纪管理范式的美梦中，对既有的经典管理体系缺少全面的洞察与超越，不知不觉中陷入了"温水煮青蛙"的困境。很多企业虽然十分热衷于变革，但他们的焦点集中在技术创新、商业模式创新，或组织和营销模式等局部性的改进上。这种外科手术式变革早已无法适应今天的商业环境。在一个巨变时代，企业如果没有系统的管理变革，技术创新终将落空。同样，组织变革或营销变革，也不能从根本上扭转企业整体的落伍局面。今天企业所需要的，不是迈克尔·哈默式的流程再造，而是一场全面、彻底的系统管理缔造。

比颠覆式技术创新更重要的，是颠覆式管理创新。与炙手可热的技术创新浪潮相比，管理创新仍然步履蹒跚。不过，管理危机的强震已经发生，一场席卷全球的管理变革海啸正以摧枯拉朽之势扑来。随后的世界，将是管理的新生。

隐性傲慢与巨头的陨落

傲慢是伟大企业走向自毁的祸首，大企业的傲慢包括显性傲慢和隐性傲慢。通常人们所谓的企业傲慢多为显性傲慢，却忽视了隐性傲慢的存在。无疑，后者更具毁灭性。目前，中国已成为全球主要科技和创业公司的焦点，苹果、谷歌、Facebook 等西方顶尖科技公司，无不向中国展开温柔攻势。但另外一些思维落伍的西方公司，在面对中国市场时则仍然表现得盲目自大。最早一批登陆中国的西方科技巨头，之所以在中国市场上落败，是因为他们的双重傲慢，即显性傲慢和隐性傲慢。显性傲慢之表现是因身居高位而自负，低估了中国公司的竞争力；隐性傲慢之本质则是被陈旧的管理范式所束缚，没有做到以客户为中心。实际上，管理范式所导致的隐性傲慢，是西方科技巨头在中国折戟的深层原因，也是柯达、诺基亚等巨头陨落的主因之一。

管理大师德赫斯认为："大部分公司的失败是因为管理者过分致力于制造商品和提供服务，而没有意识到企业是活的有机体，需要在环境中觅食。"此种盲目正是隐性傲慢的体现。正如德赫斯指出的："为应对长期经营中环境的变化，企业必须通过改变自身的小环境来适应大环境。"这种改变，必须通过系统的管理变革来实现。系统管理变革并非适用于任何时代，而只适用于旧的管理范式整体落伍的时代。今天，正是这样一个时代。

任何科学领域都存在范式，管理也不例外。诺基亚、柯达、索尼等巨头的集体沦陷，不是由于它们缺乏创新精神，而是由于它们的管理范式太过完善。克里斯坦森指出，"良好的管理"是导致这些企业衰败的原因。在1997年出版的《创新者的窘境》一书中，克里斯坦森总结了当时令人震惊的行业共性现象："电脑硬盘、钢铁、重工业机械制造等行业巨头都死于自己最大的优势，它们的错误在于做对了所有的事情。"然而克里斯坦森所说的"良好的管理"是相对于过去而言，也就是说这些公司的管理只是符合既有的规范，这从本质上并非"良好的管理"，而是陷入了某种管理歧途。

早在1982年，汤姆·彼得斯和罗伯特·沃特曼就在《追求卓越》一书中，提出了管理过程中的"理性歧途"一说。他们指出，正是从麦克纳马拉在福特汽车中引入定量分析方法，美国管理界多年以来一直被所谓的理性模式和数量分析所左右，将复杂的管理过程简化为一个固定的流程和一些所谓的"真理"，从而使公司迷恋于内部的复杂决策步骤，并远离市场和顾客的需求，最终走上了自我封闭的歧途。汤姆·彼得斯和罗伯特·沃特曼还指出，与苹果相比，诺基亚更像是一家大公司，有庞大的品牌推广费用、纷繁复杂的销售渠道、缜密的组织机构，也有着自己"一箩筐"的未来战略。但它似乎一直在违背自己曾经的组织信仰——"科技以人为本"，忽略终端消费者的需求，最终将市场地位拱手让出。事实上，诺基亚的"理性歧途"，正是其隐性傲慢的反映。这种隐形傲慢的存在，才是诺基亚错失智能手机时代的根本原因。

几乎每家大公司都重视创新，但并不是所有的企业都具备持续创新能力。甚至曾经的创新"领头羊"微软、思科、IBM、联想等企业都不同程度地陷入了创新困境，这与它们在管理范式创新方面的落伍有着根本的关联。大前研一指出："一般来说，公司做大以后就会目空一切。一旦目空一切，大公司的人就会开始向内看、向下看、向后看。"一旦企业像大前研一所说的"向内看、向下看、向后看",就会逐渐形成隐性傲慢。这种隐性傲慢,成为大公司自我毁灭的主因。难道没有办法跳脱这一宿命吗?当然不是!只要企业能够认识到这种隐性傲慢,通过系统管理创新,完全有可能战胜隐性傲慢,从而完成自我救赎。

加里·哈默尔指出:"当企业遇到大的,为数众多的问题时,管理创新能产生一种难以模仿的优势。许多高管发现,采用一种突破性的商业模式,比丢弃他们心中固有的管理理念容易得多。"管理理念是一种思维定式,没有什么比突破思维定式更为艰难。人们一旦形成某种思维定式,就会产生依赖,从而理所当然地为其所奴役。这种思维定式正是最大的创新囚牢,思维定式的背后则是世界观。

在互联网文化席卷全球商业界的今天,大多数企业家虽然认同技术和商业模式创新,甚至也津津乐道于战略和组织模式的创新等,但仍然缺乏对管理范式系统变革的整体认识。这是由于管理学的整体滞后,其根本原因在于整个时代管理思想的贫乏。但仍有少数实践者做出了有益的探索,就管理范式的创新而言,中国企业家张瑞敏,已经走在了世界的前沿。

张瑞敏在海尔所实践的平台式组织创新和领导力变革,不仅对传统企业,对以互联网公司为代表的新兴企业,同样具有重要的借鉴价值。虽然通用电气是全球具备革新能力的少数大企业之一,但在管理范式的整体变革方面,已经落后于张瑞敏领导下的海尔。张瑞敏的超前实践,让我们看到了企业通过系统的管理创新超越隐性傲慢的可能性。

马云指出:"今天的 IT 界、互联网界最大的问题是动不动就讲大产业、大行业的发展,好像不了解行业情况就成不了事。"马云认为,很多企业倒下去不是缺乏创新,不是没有人才,而是缺少管理思想。马云所说的,其实不仅限于 IT 界与互联网界,而是反映了当今整个企业界的浮躁现象。在中国企业家中,大部分人似乎都对产业大势、技术创新和商业模式创新津津乐道,但唯独缺少真正具备管理思想的人。马云所说的"企业不缺乏创新",无非是指商业模式和技术创新,这些都是二级创新(商业模式)乃至三级创新(技术),而不是一级的管理创新。事实上,管理创新是真正的系统创新,它包含二级创新和三级创新。而且,只有在一级管理创新的统领下,二级创新和三级创新才不会沦为局部改良。管理范式、管理子系统、技术与产品三个层级的创新，是不可分割的有机整体，是企业生命体的三个不同层次，人为地割裂这三个层次不可能产生真正的创新。

二、现代管理王国的沦陷

自20世纪80年代以来，旧的管理王国就已经开始了崩塌的过程。从80年代的汤姆·彼得斯，到90年代的彼得·圣吉、迈克尔·哈默和詹姆斯·钱皮，分别在欧美企业界引发了一轮企业变革风潮，终因管理理论与历史条件的不成熟而未能产生彻底的革命。自此以后，20世纪管理王国的沦陷就走上了不归之路。而21世纪以来，以互联网和高科技企业为代表的管理变革，已经对旧的管理范式形成了全面的冲击，只是还缺少应有的高度。同时，管理理论的总结与创新，尚远远落后于领先企业的实践，更不要说引领企业实践了。

▨ 现代管理的终结

导致柯达和诺基亚等巨头失败的隐性傲慢，正是经典现代管理范式的表现，它曾经在过去的100多年间创造了前所未有的辉煌。福特在胭脂河工厂所实施的纵向一体化战略，是现代管理的经典。彼得·德鲁克曾经担任顾问的斯隆时代的通用汽车，也曾因首开事业部制而名垂青史。斯隆是首个在大型公司里设计出一套系统化组织架构、规划和战略、评估体系和分权原则的人。彼得·德鲁克说，斯隆所开创的新管理模式就是以统治者为核心，由职业经理人作为实践者、领袖和表率。

除了福特和通用汽车外，因现代管理范式而走向辉煌的巨头还包括三星、松下、索尼、宝洁、联合利华等一系列闪耀的名字。现代管理范式不仅造就了众多的世界500强企业，也成为20世纪下半叶几乎大部分东西方企业约定俗成的管理法则。即使在今天这个已经被互联网颠覆的时代，大部分企业仍然沿袭着现代管理范式。于是就出现了技术和商业模式创新层出不穷，管理创新却异常落伍的现象。管理创新与技术、商业模式创新的错位，导致大部分互联网与科技创业公司的失败。为什么阿里巴巴、苹果、谷歌、Facebook、Airbnb等企业能够迅速崛起，成为新时代的典范，而另外大部分创业公司却折戟沉沙或不温不火？同时，为什么海尔这样的企业能够脱胎换骨，而松下、索尼、惠普等却显得老态龙钟？

这一切都与管理创新有关。柯达、诺基亚、爱立信、摩托罗拉、西尔斯、惠普、戴尔、宏碁、华硕、索尼、王安等企业，都因未能及时进行管理变革而遭遇挫败。它们都因技术或商业模式创新而取得了一时成功，却因战略和管理创新的滞后而最终走向衰败。其根本原因，是对现代管理范式产生了系统性依赖，在不知不觉中滑向了深渊。

诺基亚的隐性傲慢使之错过了智能手机时代，这种傲慢他们自己根本意识不到。并非诺基亚不努力，也并非他们不优秀，甚至不是他们的技术落后，而是在他们应该变革思维、变革商业模式和管理范式的时候，未能及时进行前瞻性变革。随着互联网和人工智能的迅猛推进，发出像诺基亚这样感叹的企业将会越来越多。

加里·哈默尔在《管理大未来》中指出："与20世纪后半叶发生巨大变革的技术、生活方式、地缘政治相比，管理就像一只缓慢爬行的蜗牛。"没错，大部分企业已经习惯于使用现代管理范式，它们陷入了一种"范式囚牢"。虽然这些企业有高涨的创新热情，甚至锐意进行管理变革，但总体上缺乏方向，缺乏系统革新的路径和能力，因而显得步履蹒跚。

加里·哈默尔还指出："现代管理不仅仅是一系列有用的工具与技术，它已经形成一种范式。所谓范式，不只是一种思维方式，它是一种世界观，一种对所需解决问题的更宽泛、更深刻的信念……我们均是范式的囚徒"。挣脱"范式囚牢"并非易事，这除了需要超前的眼光，需要新的管理范式之外，还需要敢于自戕的勇气。20世纪90年代，当IBM濒临崩溃之际，郭士纳临危受命，对公司进行了大刀阔斧的革新。郭士纳的变革正是对准了IBM陈旧的现代管理范式，他准确地把握了信息化时代企业的使命，将IBM的定位调整为以客户为中心、为客户提供解决方案的服务型企业。郭士纳舍弃单纯的纵向一体化模式，推行开放式横向一体化战略。在领导力方面，郭士纳改变传统的领导模式，充分发挥团队的力量；革除烦琐的审批手续，导入当机立断的决策模式。同时，郭士纳还建立了分散且自律的管理体系。郭士纳的变革，大体上颠覆了IBM传统的现代管理范式，从而使IBM逆境重生。

但郭士纳之后的IBM，因缺乏对现代管理范式的系统化重塑，在当下的全球化竞争中，活力再度下降，大公司病凸显。在郭士纳20年前改革IBM

时，一项业务只需 5 层审批，而 20 年后的今天，这一数字反而又回升到了 10 以上，过于烦琐的流程让 IBM 员工在内部戏称其为"全球第三大官僚机构"。与 IBM 一样，三星也患上了大公司病。三星创始人李健熙曾经强调："除了老婆孩子，一切都要改变。"事实上，三星集团虽然刻意淡化其家族公司色彩，导入了现代管理体系，但其家族化基因，却束缚了它向更为先进的后现代管理范式迈进，三星的创新能力因此大受影响。与主要的竞争对手苹果相比，三星已经日益显出颓势。

与 IBM、三星，甚至通用电气等形成鲜明对照的是海尔的管理变革。海尔最早聘请 IBM 专家改造其管理体系，在合作过程中，张瑞敏深感 IBM 的落伍，因此果断终止了合作。张瑞敏以自己对互联网时代管理范式的深刻领悟与创新，带领海尔进行了颠覆式管理变革，率先导入了从"自主经营体"到"利共体"，再到"小微"阶段的后现代管理范式。而与此同时，联想在管理变革方面却稍显保守。柳传志对张瑞敏的"没有成功的企业，只有时代的企业"表示不理解，并认为在互联网时代，联想这样规模的企业虽应求变，却不适合大动干戈。但张瑞敏在海尔的颠覆式管理创新却取得了阶段性成功，并赢得了世界性认可。西方观察家和管理学界认为，海尔的管理创新甚至已经超越了彼得·德鲁克，其模式完全可以用来改造通用电气等西方顶尖企业。

在索尼和联想等伟大企业的现状中，我们已经看到了很明显的隐性傲慢或隐性傲慢的苗头，这是十分值得警惕的。索尼的衰落，本质上是管理之败。过去的辉煌成为索尼和大部分日企的绊脚石，他们在管理创新方面已经失去了活力，成为隐性傲慢的俘虏。而联想这家中国的 IT 企业领袖，虽然尚属年轻，却正在逐步滑向隐性傲慢。在 2014 年 12 月 13 日"创新驱动发展"联想控股媒体交流会上，柳传志指出："如果你让一个规模很大，有几十万人的行业，几百亿元资产的企业立即转型，进行扁平化管理，就会给企业带来混乱。"柳传志的观念导致联想的管理变革步履蹒跚，至今，联想仍保持其"五大天条"，其中包括"不从事第二职业""工薪保密"等制度。这与海尔开放的"人力云"机制形成了鲜明的对比。在海尔等锐意革新的企业实践中，我们看到了"自以为非"的精神，这正是医治隐性傲慢的良药。在现代管理范式沦陷和巨头纷纷陨落的时代，如果一家伟大的公司因固守现代管理范式而导致隐性傲慢，这无疑是非常危险的信号。

20 世纪下半叶以来，全球经济处于剧烈动荡和转型之中。对于在艰难变革中走向创业之旅的中国企业家而言，要赶上世界潮流甚至走在时代前列，实为不易。吴晓波在《激荡三十年：中国企业 1978—2008》中记载："（1994年）7 月 1 日，酝酿已久的《公司法》正式颁布，中国企业终于步入与国际惯例接轨的规范化管理时期，一种叫作'现代企业制度'的改革新模式在国有企业中开始推行。"从 20 世纪 90 年代中期到现在仅仅 20 年，中国企业的现代化历程尚且如此短暂，而要在如此紧迫的时间中完成对现代企业制度的超越，无疑更是难上加难。但现实却丝毫不给中国企业任何喘息的机会。

在第一代中国企业家中，张瑞敏的变革精神和系统变革能力是最为突出的。就管理思想的创新性、系统性和超前性而言，张瑞敏无疑是中国企业家中的翘楚。面对现代管理的终结，企业要获得持续竞争力，避免重蹈柯达、诺基亚之覆辙，除了颠覆性管理创新，已经别无选择。

当今世界，虽然德国和日本企业仍然具有强大的创新力，但在管理范式变革方面已经落伍。美国企业的创新力仍然最为活跃，但已经逐步显示出下滑的趋势。同时，虽然中国企业的整体创新力尚不如欧美企业，大部分中国企业的管理水平仍然远远落后于世界，但少数中国领先企业的管理创新却已经处在与西方顶尖企业同一个水平线上，甚至个别企业已经超越了西方顶尖企业的水平。以海尔等中国领先企业为代表的管理创新，已经表现出超越美国企业的势头。张瑞敏在海尔的管理创新，即使放在欧美也是超前的。张瑞敏曾经全面考察欧美企业，发现没有一家欧美企业的变革像海尔这样激进。事实上，欧美企业由于管理太过成熟，反而陷入一种"范式惰性"。这种"范式惰性"，正在严重地侵袭着他们的创新力。企业管理创新的中国力量正在崛起，这正是大国崛起的叠加效应。这意味着，在未来超越现代管理的全球管理创新浪潮中，中国企业全面影响世界的时代即将到来。

现代管理思维的溃败

在 17—19 世纪，荷兰东印度公司、英国东印度公司和俄罗斯美洲公司占据历史舞台核心的商业帝国时代，企业家同时也是冒险家乃至军事家。那时的企业经营几乎不需要什么管理理论，现代管理学也尚未诞生。20 世纪伊始，现代公司制度和现代管理学几乎是同时进步和完善的。但仅仅不到 100 年时间，现代管理就已经走向了全面崩溃。

在移动互联、大数据和人工智能时代，企业家亟须前瞻性的系统管理创新。要完成这样的创新过程，首先需要跳出现代管理思维的陷阱。比现代管理范式更大的创新枷锁，是其范式背后的思维逻辑和世界观。就本质而言，世界观与管理思维是管理范式的基础。

现代管理的出现绝非偶然，它和现代文化、现代艺术具有同样的世界观基础。很多时候，管理机制的变革并不能扭转企业的颓势，如果不能彻底革新管理思维，机制变革是毫无意义的。互联网所代表的不仅是工具，甚至也不仅是思维，而是一场世界观的革命。那么，现代管理背后的思维和世界观究竟是什么？我们不妨先简要地剖析一下这一现代管理背后隐藏的秘密。

经典现代管理范式的构成，包括世界观、人性论，以及与人性论相关联的治理结构、商业模式、战略模式、组织模式、营销模式、创新机制、领导模式、企业文化和管理哲学等子系统。从思维逻辑和世界观角度解构现代管理范式，无疑会使我们看到一个完全不同的现代管理。

现代管理范式背后的世界观，是自笛卡儿以后的机械世界观。这种世界观把人置于宇宙的中心，使人成为宇宙的圭臬和统治者。笛卡儿世界观，不仅割裂了人与自然的关系，也割裂了人与人之间的关系。人作为主体，拥有主宰自然和他人的特权。由于西方现代经济管理以笛卡儿世界观为主，未能充分融合马克斯·韦伯的新教伦理，甚至排斥新教伦理，由此导致了资本主义经济伦理的缺失。这就是现代经济和现代商业的本质。在机械世界观压倒新教伦理的现实下，现代管理的方方面面，无不体现出机械世界观的基本逻辑。而新教伦理则沦为边缘力量，并未真正影响现代管理思维。虽然彼得·德鲁克倾向于新教伦理对现代管理的矫正，但彼得·德鲁克的观点犹如置于旷野的呼声，在现代企业管理实践中，并未得到真正的重视。

思维的形成是一个时代甚至几个时代积淀的结果，世界观则具有更为久远的历史，乃至贯穿一个民族的历史始终。突破管理思维困境绝非易事，思维的陷阱比代沟还难以逾越，如果没有彻底的自我否定精神，是绝不可能达成的。思维是一种集体无意识，要突破它，不仅需要超越性的认知，更需要超人的勇气。

很多企业家在接触互联网的时候，能够清楚地认识到自己思维的落伍，但具体到行动及改革，则难上加难。管理思维的革命，几乎等于革了企业家自己的命。这种过程不仅痛苦，而且几乎不可能。这就形成了很多企业家眼睁睁看着自己的企业一步步陷入创新窘境，直至走向灭亡的悲情现象。只有那些勇于"自戕"的企业家，才可能走向自我救赎之路。

管理大师戈沙尔认为：过去30年各商学院学术圈中所发展的一系列理论，是诸多公司丑闻产生的根源。商学院的理论家们把作为研究对象的人当作"经济人"——理性、自私、追求效用最大化，并且认为公司的目标是追求股东价值的最大化。这些被奉为圭臬的假设与理论虽然能够使商学院的教授、学者们在其基础上"科学地"发展管理理论，推理出严谨的数学模型，但其本身却有着各种各样的缺陷。戈沙尔的观点已经触及到了现代管理的思维层面，但他并没有进一步指出对整个现代管理范式的颠覆路径。

现代组织和现代管理之所以为互联网时代所诟病，其核心主要表现在落伍的治理结构、科层制组织架构、对人性的压抑和创造力的剥夺等。现代文化是自由的文化，何以导致自由的文化成为自由的枷锁？原因仍然在于思维的定式。现代文化虽然向往自由，但对于人性的认识存在很大偏差。现代管理奠基于错误的人性假设之上，这样的人性假设把管理者和被管理者对立起来，产生了一种不平等的文化。在这样的文化下，不可能有真正的自由。

很多企业家明知科层制是落后的组织模式，而一旦这种颠覆真正降临到自己身上，就会产生诸多犹疑而迟迟不能行动。谈到放权，很多企业家在思想上似乎开明，但就是无法真正落实。他们不相信员工，他们缺乏对人性之善的足够信任，也缺乏对人性之恶的制约之道。这根本上还是一种思维的固化。所谓思维，已经成为人格的一部分。除非彻底的自我否定和大刀阔斧的革新，否则，人们通常很难突破这种思维的陷阱。这就是为什么伟大企业家稀缺的原因。

据相关调查显示，全球85%的人没有在工作中尽他们所能。而"乔伊法则"也表明，聪明的员工不干活，且大部分绝顶聪明的员工不为自己公司干活，因此创新都出自公司的外部。这种现象在科层制的现代公司中表现得尤为突出。要改变这种惊人的人力资源浪费，就须摒弃现代管理思维，进行彻底的管理范式创新。这已经成为全球企业面临的头等大事。

❀ 正在被颠覆的现代管理九大范式

现代管理思维仍然强大，但它也正在被全球领先企业所颠覆。这种颠覆不可逆转，并且已经形成世界性浪潮。具体表现在以下九个方面。

　　现代公司治理结构。在现代企业治理结构中，经营者与所有者形成两大对立的阵营。现代企业的委托—代理模式，把有产者和无产者做了十分清晰的界定。这正是经典的资本主义价值观。此种产权结构，把资本家划分为老板阶层，把经理人划分为打工阶层，老板时刻都要防备经理人的腐败，经理人则时时想偷懒并寻求腐败的机会。随着巨型现代公司的出现，股东的高度分散化导致了"内部人控制"问题。"万科控制权之争"就暴露了其在产权设计方面的漏洞，显示出中国企业在现代企业制度刚刚建立之际，就面临后现代管理革命挑战的现实。安然、世通的倒塌，则表明现代公司治理神话的骤然破灭。现代公司治理结构的变革，首先要跳脱被认为理所当然的二元对立陷阱，这与互联网时代人性解放的大潮是抵触的。而要彻底颠覆现代公司治理结构，首先需要企业家的自我人性救赎。

　　现代公司商业模式。现代企业的商业模式着眼于股东利益而不是客户利益，着眼于利润而不是客户满意度。这种自我中心主义，同样是笛卡儿世界观的产物。现代企业在商业模式方面的固化思维，在互联网时代具有极大的隐患。自我中心主义的世界观，导致商业本质上的冷血。而在一个高度开放的大数据时代，一切冷血的商业行为都逃不过用户的眼睛。秉持反价值、反道德的现代商业模式，必然会失去市场，最终导致企业的覆灭。同时，在相对静止的现代商业环境中，商业模式往往可以长期保持不变，这养成了企业的惰性，导致企业创新能力的退化。在互联网的冲击下，现代商业模式已经分崩离析。重要的是，要在新的商业环境下获得持续竞争力，必须变革思维。商业模式变革的本质是思维的变革，而思维变革的本质是人性的救赎。只有企业家完成人性救赎，商业模式设计的价值才能得到完全的凸显。

　　现代公司战略模式。现代企业战略基于特劳特和迈克尔·波特等传统的定位理论与经典竞争战略，它适应的是相对稳定的商业环境。互联网时代的竞争战略，正在颠覆这种以"打败对手"为目标的竞争战略。企业竞争的目的，已经转变为创造价值和推动社会进步。同时，现代公司竞争战略是相对静止的，而互联网世界则具有瞬息万变的特点，传统的静态战略已经无法适应新的商业环境。另外，现代公司战略是单一型、单赢型、利己型、封闭式和线性战略，这一切都被新的战略模式所颠覆。现代公司战略，已经完全不能适应互联网时代。与商业模式一样，企业战略的转型，也与人性的救赎息息相关。

现代公司组织架构。马克斯·韦伯所开启的现代科层制组织架构，并非真正的新生事物。关于科层制的最早记载，在《圣经·创世记》的摩西时代。当摩西的岳父叶忒罗看到摩西每日亲自审断以色列百姓的一切案件时，向他提出了分权的建议。摩西在他岳父的建议下，选立了十夫长、百夫长和千夫长，来分担自己的大部分工作，他自己则亲自审断较大的案件。摩西时代的分权制，尚没有现代科层制这样的威权色彩。因为摩西本人是奴仆式领袖，从未看重自己的权力。但现代科层制则不然，在启蒙世界观的浸染下，现代科层制与奴仆式领袖格格不入，出现了威权式领导。他们把员工作为被统治者，这在摩西时代是绝不存在的。可见，科层制并非全然消极。即使在互联网时代最扁平的组织中，一定的层级仍属必要。科层制与服务型领导并不矛盾，但现代科层制却体现出领导者强烈的统治欲望。这是现代世界观在组织架构方面的彰显。而跳脱现代组织架构背后的思维逻辑，其核心路径仍然是人性的救赎。对组织变革来说，最重要的不是废弃层级，而是废弃领导者灵魂深处对权力的崇尚。事实上，现代公司组织最保守的不是其科层制，而是封闭式结构。可以说，科层制与封闭式边界共同构成了现代公司组织的核心特质。

现代公司营销模式。菲利普·科特勒、唐·舒尔茨等组成了经典现代营销理论方阵。虽然他们也强调以客户为中心，但由于他们并未从根本上突破现代性世界观，因此，他们的营销理论存在明显的时代局限性。在营销模式方面，现代公司本质上以企业利益为中心。为了达到既定的盈利目标，一部分现代公司不惜以破坏环境为代价，甚至不惜以牺牲民众健康为代价，而进行疯狂的扩张。许多现代营销虽然经常披着人性的外衣，但实际上往往表里不一，甚至存在蓄意欺骗消费者的行为。在现代世界观看来，他人即地狱，他者是黑暗的。为了达到自己的目的，可以穿上高尚的外衣。人性之恶在现代营销中随处可见，我们并没有天真地以为，其可以在一夜之间得到升华。但在互联网时代，即使人性之恶仍然蠢蠢欲动，在营销模式完全被颠覆的时代，企业也无法达到自己"险恶的用心"。这并非基于公司的改变，而是个性化消费模式下的消费者已经不会轻易被欺骗。在这样的时代，与其穿着虚假的人性画皮，不如主动完成人性的救赎，彻底转变自己的思维。

现代公司创新模式。克里斯坦森是现代创新理论的代表。现代公司的创新是封闭的、线性的，企业可以仰仗自己的某一创新而保持长久的竞争优势。

现在，形势已经彻底逆转。企业必须不断创新，并不断提升自己的创新能力，才能适应瞬息万变的竞争环境。企业的创新已经不仅止于技术创新，也包括商业模式和管理体系的创新。现代公司的封闭式创新，同样有其思维定式。在传统社会，世界是相对静止的，技术和商业模式的迭代缓慢。而在互联网时代，一切皆如湍急的水流，企业的创新思维必须及时调整，否则随时可能被淘汰。在现代管理时期，企业巨头无不以隐性傲慢面对世界，因为它们的优势很难撼动。然而，在互联网时代，任何一个名不见经传的创业者，都有可能一夜之间颠覆巨头，隐性傲慢的危险日益突出。要赢得创新优势，企业巨头必须及时转变自己的思维定式和陈旧世界观。克里斯坦森创新理论的最大局限在于，他发现了创新者窘境，却未能发现管理范式才是导致创新者窘境的根本原因，因此也未能指出突破创新者窘境的根本路径。

现代公司领导模式。约翰·科特是现代领导理论的主要代表，其背后的现代性思维和世界观则更加明显。现代文化是一种高扬自我的文化，在其推动之下的领导模式，必然以统御他人为特征。人性的本质是向往自由，任何时代皆然。没有人甘心被驾驭，只是在现代管理中，人的自由被严重压制了。在现代企业中，领导者与被领导者之间仍存在一种紧张的对峙关系。即使在关系最为融洽的上下级之间，仍然存在着普遍的暗中博弈。互联网时代的人性解放并非简单的人性自由，互联网本身并无这样的使命。是互联网时代企业对效率的要求，倒逼企业必须释放人性。因为知识工作者只有处于自由的状态时，他们的生产力才能得到最大限度地发挥。摒弃统御他人的思维并非易事，毕竟权欲是人性的一部分。在现代世界观下，人类的权欲得到了极大的提升。因此，摒弃现代世界观，同样是领导力变革的必经之路。而领导者人性的自我救赎，是摒弃现代世界观的根本路径。

现代公司文化模式。现代企业文化是现代文化的一部分，它是现代世界观的直接延伸。人本主义对于现代企业而言，是一种粉饰。人本主义作为启蒙世界观的核心，其表现在于人类中心主义和自我中心主义。这种文化是现代公司价值观的基础，牵涉到前述所有现代公司子系统的形成。就此而言，现代公司文化具有很大的欺骗性，这种欺骗性更多时候表现为一种隐性欺骗。作为一种思维定式，现代公司文化所宣扬的以人为本，与其公司机制往往背道而驰。现代公司文化是一种强调对立的文化，它导致了公司与社会、公司与员工之间的对立。虽然公司统治阶层宣扬以员工为本，但实际上，几乎在所有现代公司中，员工与企业的关系都是紧张的。这并不是领导或员工单方面的错误，而是现代文化的思维定式使然。在现代公司中，领导与员工相互算计是一种常态。这样一种文化如果不清除，任何真正意义上的管理变革皆属枉然。霍夫斯泰德的文化差异理论过度强调了文化差异和跨国公司文化融合的阻力，而缺少对文化融合的超越性洞见，根本原因就在于他未能参透现代文化的本质。

现代公司管理哲学。现代公司管理哲学奠基于以笛卡儿、洛克等为代表的欧洲理性主义。在管理哲学层面，现代公司机械论世界观之下的公司是一架机器，其目标是不断地生产和创造利润。机械论的公司观，必然导致机械主义的员工关系。同时，机械主义公司观还导致公司道德维度的缺失。正如沃顿商学院的学生曾经拒绝道德课一样，现代公司道德维度的缺失，会导致整个现代公司治理结构、战略模式、组织模式、营销模式等各方面的残缺。现代公司管理哲学无疑正在被互联网公司所颠覆。

尽管现代管理深陷诸多泥潭，现代管理思维也根深蒂固。但这一切并非不可逾越。对于那些天资聪颖、实践经验丰富的企业家和经理人而言，本书将以超越的思维和理论高度，帮助他们从世界观和管理范式的角度，开辟出一条超越现代管理陷阱的颠覆式创新之路。相信在读完全书之后，所有人都会豁然开朗，对现代管理的痼疾以及后现代管理的创新有一个清晰而系统的了解。更重要的是，本书将打开一扇管理系统创新之门，为互联网时代的企业开通一条赢得未来的持续成功之路。

三、后现代管理的复兴之战

在现代管理危机日益凸显的同时，后现代管理的崛起之战早已打响。全球范围内兴起的后现代管理，正在担当颠覆现代管理范式的历史重任。彼得·德鲁克在20世纪50年代末，就已经预言了新的后现代世界的到来。彼得·圣吉的学习型组织理论、迈克尔·哈默和詹姆斯·钱皮的企业再造理论，可以看作后现代管理兴起的前奏。而汤姆·彼得斯则被称为"后现代企业之父"。

在激烈的市场竞争和信息技术革命背景下，众多领先企业早已开始突破现代管理的桎梏，积极地探索和实施后现代管理范式。后现代管理实践在全球积累了大量丰富而鲜活的案例，现在已经到了全面整合与创新后现代管理体系，使后现代管理正式登上历史舞台，引领和缔造新的历史的时刻。

后现代管理范式的崛起

世界范围内，在后现代管理范式的实践环节已经涌现出诸多代表性企业。从20世纪50年代诞生的西班牙蒙德拉贡合作社，到20世纪80年代的巴西塞氏企业，以及微软、思科等美国高科技企业；从世纪之交创立的谷歌、Facebook、阿里巴巴、腾讯，到新近创立的Airbnb、Uber等互联网公司，以及锐意革新的中国传统产业代表海尔、华为等，无不打着后现代管理范式的烙印。在这些企业的管理实践中，现代管理范式已经被全面摒弃。虽然尚未完全成型，但作为与互联网时代相匹配的后现代管理，已经成为世界性的管理实践和管理创新趋势。

互联网推动了后现代管理范式的崛起与全面发展。虽然阿里巴巴、腾讯、谷歌、海尔等企业的后现代管理实践走在了时代前列，但在全球范围内，后现代管理的整合与创新却十分落后。管理实践在飞奔，而管理理论创新却像蜗牛一样爬行。一个新的颠覆性管理创新的时代已经到来，历史具有对这一突破性管理理论的迫切需要。管理创新对实践的反哺，将成为下一个历史阶段的主要特征。

后现代管理范式是对现代管理的全面解构与重塑。就管理实践而言，全球领先企业对现代管理的重构，是对企业治理结构、商业模式、战略模式、组织模式、营销模式、创新模式、领导模式、企业文化和管理哲学等全方位的缔造。在这种全面的管理缔造中，渗透着公司定义、管理模式和公司文化的重构。同时，后现代管理范式，并非只是少数互联网巨头和高科技公司的事情，而是包括中小企业和众多家族企业在内的全球企业共同变革方向。

1957年，彼得·德鲁克在《未来的里程碑：关于新的后现代世界的报告》一书中所预言的"尚未命名的时代"如今已经到来，并正在向更深刻变革的未来飞奔。从蒙德拉贡合作社到海尔的管理创新，均已经无法用经典的现代管理理论来表述。彼得·德鲁克被称为"现代管理之父"，但他却是最具超越性的管理大师。彼得·德鲁克虽有现代管理的历史局限性，但他的很多思想是后现代的，甚至是后现代管理的预言者。除了彼得·德鲁克的超越性思想之外，现代管理总体上已经过去或正在成为过去。那么，用"后现代管理"来指称已经在实践并正在走向成熟的管理范式，是最恰当的选择。"现代""现代管理"都是可以精准定义的学术概念，而"后现代"和"后现代管理"同样可以精准定义。

后现代管理范式已经崛起，并正在成为新时代的标杆。就世界观而言，现代是人类历史上最短的一个时代，而后现代则是对现代世界观矫正之后的一个创新与回归兼具的时代。我们所说的后现代是积极的，而非消极意义上的后现代。在文学艺术领域，后现代意味着解构、价值真空和相对主义，这种"消极后现代"与社会、管理领域的后现代截然不同。积极意义上的"后现代"是建构性的，它不会像"现代"那样昙花一现，后现代管理亦然。

谷歌董事长埃里克·施密特的《重新定义公司：谷歌是如何运营的》，被认为是21世纪唯一挑战彼得·德鲁克管理范式的巨作。事实上，由于彼得·德鲁克思想所具有的超越性，认为彼得·德鲁克与现代管理完全对等是不公允的。我们只能说，谷歌所颠覆的是现代管理范式，而走在这一历史性颠覆行列的，不仅有谷歌，还包括 Facebook、阿里巴巴、海尔等一大批伟大的公司。

后现代管理的立体化突围

后现代管理，是应对未来世界挑战的必然选择。后现代管理颠覆了现代管理的人性假设，并在此基础上对治理模式、商业模式、战略模式、组织模式、营销模式、创新模式、领导模式、文化模式、管理哲学进行了全方位重构。

后现代管理超越了现代管理的纯商业体系，致力于以重建文化与信仰为前提的管理革命。通过管理中的人性完善，来建立全新的价值，寻找生命的意义。如此，才能从容应对已经到来的巨变时代。

人性论突围。人性是未解之谜，也是管理的永恒主题。现代管理史是一部人性误诊史，后现代管理则从重新定义人性开始。在此基础上，后现代管理也重新定义了自由，重新定义了管理。

本书将改写历史上关于人性与自由的定义，并完善彼得·德鲁克对管理的定义。管理是上天赋予人类的最高使命，就此而言，管理的概念大于领导的概念。管理包含领导，而不是领导包含管理。从超文化的视角审视管理的本质，审视管理者，则历史以及现实中无一人堪称合格，这也为管理提出了更高的要求。

要真正洞悉人性，必须具备超文化的视角。文化存异、人性求同，是超文化方法论的核心。借助这样的视角，我们可以穿透文化的迷雾而抵达人性的本质。管理的目标是为释放人性，实现人的自由。但管理中的一切自由，皆以绩效为目标。不能创造良好绩效的自由不是真自由。

治理模式突围。经典的现代公司治理结构，是两权分离下的委托—代理模式。现代治理结构是反人性的产物，在互联网与知识工作者崛起的背景下，已经不合时宜。安然、世通的倒塌，可称为现代治理模式终结的标志。

随着互联网与人性解放的浪潮，以全员持股为基础的共同治理模式正在成为主流，此种产权革命是后现代管理的基础。彼得·德鲁克预见到知识工作者对现代治理结构的挑战，但他并没有提出治理结构的变革是后现代管理的前提。

商业模式突围。互联网对商业模式的颠覆，首先在于人性观和价值观的颠覆。在商业模式的重构中，也实现了对人性的升华。商业模式已经被提升到战略的高度，未来的商业模式是战略的基石，并且与战略形成了并轨与共振。跨界、多元与平台—生态化，已经成为商业模式的基础。而以工业 4.0 为支撑的柔性制造，则是未来商业模式升级的基准要素。

未来，大数据将催生商业模式的再造。而互联网则将进一步颠覆商业模式，并推动商业模式的不断迭代。互联网商业模式也将促动商业模式的人性化重组。未来，综合性平台衰落，垂直化平台崛起，人工智能颠覆商业模式，VR + 商业模式普及，超级个体崛起。而商业模式的创新永无止境，我们无法判断在下一个拐角会出现何种商业模式。

战略突围。后现代战略将全面超越迈克尔·波特的竞争战略理论。未来需要的是移动式定位与战略，在一个不确定的时代，战略的重要性不是降低而是提升，战略从未如此重要。

在不确定时代中并非一切都不可确定，战略决策必须首先锁定确定性因素。决策从来就不是纯粹理性的问题，而是理性与灵性的糅合，甚至是妥协的产物。

未来是复合式战略的时代，单一式战略已经无法适应多变的商业环境。

在复合式战略执行的过程中，战略协同的需求日益突出。复合式战略是模式＋计划＋执行的过程，在此过程中还包括战略的学习与转型。在湍急如流的时代，战略也是移动的。

组织突围。关于组织变革，有许多流行但不严谨的概念。重新审视去"中间化""去中心化""无边界组织"等概念，会发现它们都经不起推敲。未来的组织是超生命组织，它将突破马克斯·韦伯的科层制，颠覆科斯的企业边界理论，使我们必须重新定义公司。组织模式是最核心的竞争壁垒，比商业模式和战略更为重要。

平台化是超生命组织缔造的基础，社会化是超生命组织的本质。公司使命被提到前所未有的高度。自由、协同与组织效率成为重中之重。超生命组织将进一步解放人性，物联网和人工智能将使未来公司成为章鱼式组织。

营销突围。未来的营销是"阿尔法"营销，面向"阿尔法""Z 世代""千禧一代"的部落化营销将成为主流。未来的"阿尔法"营销将回归商业与人性，"创消者"成为营销的主导。唐·舒尔茨的整合营销已经终结，菲利普·科特勒的营销理论也不能解释新的课题，我们需要新的超文化营销。

"阿尔法"营销将面临产品战略再造、营销渠道再造、营销终端再造。营销传播将趋向精准传播，传播渠道将更为复合。而品牌将面临分化与转型，品牌意识进一步提升，而品牌忠诚度不断下降。未来的营销还将趋向超时尚化，消费者将更注重品质，而不是流行因素。

创新突围。越来越多的大公司被困创新陷阱，现代创新范式已经终结。在所有的创新中，管理范式的创新成为重中之重。设计思维主导的创新将取代技术或研发创新。

保持创新优势越来越难，颠覆式创新随处可见。建立领先的创新机制和创新文化，推动创新管理模式转型是核心。打造跨学科创新团队，建立开放式人力云系统至关重要。在创新为王的时代，洞穿人性与科技的本质，避免陷入"科技宗教"狂热，避免被人工智能所毁灭等，都成为前所未有的主题。后现代创新范式，无疑是对克里斯坦森创新理论的全面超越。

同时，每一家企业都具有创新极限。组织和组织的创新能力都不是无限的，这是不可抗拒的生命规律。在未来的创新时代，更重要的是人性解放。而管理的使命，则是在创新中寻找生命的意义。

领导力突围。后现代领导力从超越约翰·科特的领导理论和保罗·赫塞的"情境领导"开始。管理是上天赋予人的最高使命，因此领导是管理的一部分。领导者不应以领导自居，要保有谦卑姿态。这不是降低领导的重要性，反而是在提升其重要性。在人人皆为 CEO 的时代，领导并未消失，而是领导模式发生了改变。摩西对以色列人的领导，不是一种领袖行为，而是作为奴仆的服侍行为。这就是领导模式转型的真实意义。

在管理中有领导，在领导中也有管理。领导是一种影响与服侍他人的行为，领导包含相互影响和服侍。因此，存在着一种双元领导或多元领导模式。同时，每个人都可具备领导的职能。

文化突围。文化不是公司的装饰，而是公司的精神属性，是公司的本质与灵魂所在。文化的重要性超过商业模式与战略。未来，文化才是制胜之本。

以超文化方法论可以发现不同文化的同构性，这就是文化的基因。我们称之为元文化。互联网时代，大公司文化的趋同性日趋明显，这正是元文化存在的证明。在跨国公司文化重组和全球性公司文化构筑中，元文化是一个非常重要的概念。这一全新的视角，对于消弭文化隔阂，促进人类大同具有重要的价值。同时，元文化对于公司去政治化，和社会化公司的缔造都具有新鲜的启示意义。超文化思维是对霍夫斯泰德文化差异理论的彻底超越。

管理哲学突围。后现代管理哲学是超越笛卡儿世界观的整体论和有机论哲学。从互联网到生命互联，后现代管理哲学将促进人类平等和人性自由。后现代管理哲学将企业视为有人格的超生命系统，公司的人格即公司领袖与全体成员人格的延伸。后现代管理哲学将构筑企业人格，并遏制科技与创新的宗教化倾向。在人工智能发展可能失控的未来，后现代管理哲学将成为有效的控制性力量。

后现代管理哲学将从中西哲学的源头，寻找敬畏与爱的元素，如稻盛和夫一样，建立"敬天爱人"的公司哲学，以利他经济学，实现企业的持续发展。后现代管理哲学是生命哲学、人性哲学，是可以在管理实践中贯彻的信念与信仰。

后现代管理毫无疑问是一场全面的突围，目前全球企业之所以会陷入各种迷茫，就是因为现代管理已经过时，而后现代管理却姗姗来迟。但一切都为时不晚，从现在起，我们将开启后现代管理新时代，开启后现代企业与后现代管理的辉煌历程。这需要每一位企业家和管理者，每一位企业人的共同参与和努力。

❖ 公司重生：后现代管理救赎之道

大数据革命促使人类对宇宙再认识，互联网时代企业组织的超生命化，使曾经的现代世界观无法适应管理实践。一场划时代的管理变革正在全球上演，而迎接这一伟大的全新管理范式，必须摒弃陈旧的世界观。加里·哈默尔曾经对管理的大未来进行展望，但所谓的管理大未来不是泛泛的口号，而是切切实实的管理范式革命。

现代管理哲学虽缘起于启蒙理性，但现代管理的雏形却可以追溯到3000多年前的摩西时代。历史上第一个管理顾问，是摩西的岳父叶忒罗。他比马克斯·韦伯早3000多年提出科层制。不过，叶忒罗的科层制与现代管理具有完全不同的世界观背景。那时的摩西还没有统治百姓的观念，他只是百姓的奴仆。

对于现代管理而言，最核心的不是以科层制为特征的组织架构，而是赋予科层制以反人性色彩的世界观。这种管理范式在笛卡儿之后的现代世界中达到顶峰，而在互联网大潮下的后现代管理革命中全面崩溃。因此，后现代管理并非完全意义上的创新，而在很大程度上是对管理的一种恢复，其前提是人性的回归。现代和现代管理都是人类历史上的过渡阶段，而后现代管理则意味着人性的解放和回到管理的本质状态。

管理救赎的前提是人性救赎。摒弃笛卡儿的机械世界观，以怀特海的有机哲学和柏格森的生命哲学为起点，回到人类的原始状态，是管理救赎的根本之路。很多企业家在面对管理变革大潮时，并非处于理性上一无所知，而是在意志上无法战胜自我。人性误区并非现代独有，而是亘古常存，但现代世界观却更严重地制约了人性。企业家若要在后现代管理浪潮中免于落伍，就应超越自己的人性弱点，并发扬人性的光辉。从权欲和财欲中解放人性，是管理变革的前提。现代世界观导致了人性的迷失，我们首先需要人性的救赎，然后才能进行管理革命。

每一个人的人性都充满残缺，同时也充满高贵光芒。后现代管理不是沉重的理论包袱，而是能够彻底解放管理者的创新和竞争利器。在解放人性的前提下，管理才能赢得解放。让我们沿着本书的逻辑，踏上后现代管理的创新之旅，未来必被我们牢牢地握在手中。

第二章
人性、自由与管理

现代管理史就是一部"人性误诊史"

从中西经典透视人性本质

人性的"99+1 定律"

重新定义管理

善为人性之本，占人性的 99%；恶为人性之末，占人性的 1%。

虽然人性中 99% 为善，但 1% 的恶却足以令 100% 的人变质。

——人性的"99＋1 定律"

管理救赎始于人性，所以我们的讨论从人性开始。人性是商业模式的基础，是管理变革的基础，是企业成功的前提，也是企业成功的目的。现代管理奠基于错误的世界观，并产生了错误的人性观。现代管理中的人性观是混乱、片面且扭曲的。这造成了现代管理范式陷入反人性的误区，导致了资本主义经济体系的道德缺失，以及现代管理范式的整体沉沦。

即使在现代管理范式鼎盛的时代，蒙德拉贡合作社、塞氏企业、3M 和京都陶瓷等公司，仍然以截然不同的后现代管理模式取得了非凡的成功。那么，在今天这个后现代社会，就更没有任何理由继续维系现代管理范式了。

一、重新定义人性

如果不是整个时代都陷入错误的世界观和人性观，现代管理就不会如此长时间居于统治地位。我们需要重新审视人性，以使管理进入正常的轨道。我们有理由认为，此前作为经典的现代管理是非正常的。

现代管理史就是一部 "人性误诊史"

一部现代管理史，就是一部人性的误诊史。现代管理人性假设的片面性，导致了整个现代管理范式体系的残缺和反人性的特质。关于人性的本质，在东西方经典中早已有精辟的论述。但现代思想家以历史的颠覆者自居，因此他们失去了一切可以立足的根基。他们凡事以自我为圭臬，并因此丧失了标准。现代心理学和管理学都具有这样的典型特征。

当老福特为其工人历史性加薪的时候，他把工人当作生产工具，通过高工资来激发他们的生产力。当福特二世赶走传奇总裁艾科卡的时候，不是由于艾科卡不称职，而是因为他的优秀掩盖了福特二世的光芒。这是人性之恶的胜利，而不是管理的胜利。在人性的误诊下，现代管理史遮盖了人性的光辉。

现代管理的人性误诊，源于其错误的世界观。这种世界观割裂了人与人之间的关系，它把人看作机器和对象，一开始就带着怀疑的色彩。在现代公司中，资本家和工人之间的对立是彻头彻尾的，他们相互怀疑。在现代管理诞生之前，人类也许更为野蛮，但现代管理却以一种文明的形态掩盖了它的本质。前现代人类的野蛮，是基于人性之恶的原始肆虐。现代人类的野蛮，则在于人性之恶披上了冠冕堂皇的理论和高雅的外衣。在知识资本被承认之前，传统资本正如卡尔·马克思所言："从头到脚，每一个毛孔都滴着血和肮脏的东西。"但这样的资本主义，却有着大量精巧的理论来武装自己。

当今管理大部分仍然延续了现代的人性观，这使管理变革始终难以摆脱功利主义的囹圄。我们指出现代管理的沉沦，并不是带着一种精英意识来批判，而是针对人性本身的呼唤。现代管理的人性观恰恰是精英主义的，今天的管理变革则基于对精英主义人性观的颠覆。这种人性观把人划分为不同的阶层，它造成了资本方对经理层的优越感，也造成了高层管理者对一般员工的优越感。

从亚当·斯密到马斯洛的人性误读

从亚当·斯密到马斯洛，现代西方人性论假设都存在着不同程度的对人性的误读。这些误读迷乱了人们的理性，似乎高深的人性理论其实一无所是。从经济人、社会人、复杂人，到文化人、自我实现人，人性被从各个角度解读，却始终未能完全彰显其本质，因此现代管理始终充满各种残缺。

亚当·斯密的"经济人"假设，认为人是"有理性的、追求自身利益最大化的"，在管理中应强调用物质上的利益来刺激工人努力工作。"经济人"

假设是早期资本主义生产关系的反映，它的提出标志着社会的巨大进步。但早在 20 世纪三四十年代，彼得·德鲁克就认识到传统"经济人"社会已终结，组织社会已经来临。在这一点上，彼得·德鲁克较早发现了"经济人"假设把人类"原子化"的弊端。

乔治·埃尔顿·梅奥的"社会人"假设，把人看作除了经济目标之外，还有其他社会目标，人不仅关心自己个人的物质利益，还会追求人与人之间的友情、安全感和集体归属感。因此，组织中人与人之间的关系是决定员工努力程度的主要因素，管理者应当建立和谐的人际关系来促进工作效率和效益的提高。这种人性假设虽然比"经济人"假设前进了一步，但今天看来仍然过于简单。

道格拉斯·麦格雷戈把传统的人性假设称作 X 理论，这种理论认为人是懒惰的动物。他觉得这不能正确解释人性，又发明了 Y 理论，认为人具有积极工作的特点。但麦格雷戈的观点没有摆脱机械主义世界观，他把人当作机器一样剖析。假设又过于偏执和乐观，对人性之恶缺乏应有的认识。

艾德佳·沙因的"复杂人"假设，考虑到了人各方面的特点，比前述各种人性假设都更为成熟。虽然"人"看起来是复杂的，但如果仅仅关注"人"的复杂性，依然无法穿透人的本性。管理会因顺应"人"的复杂性而变得扑朔迷离，却无法创造透彻清明的管理法则。

卡西尔的《人论》概述了西方 2000 年思想史关于人性认识的误区，他认为在科技高度发达的当代，人们对"人"的认识不仅没有提高，反而处于深刻的危机之中。卡西尔因此提出自己对人的定义，认为人是创造符号的物种，借助各种文化创造，人与动物具有本质的区别，并因此脱离了现实的桎梏。卡西尔强调人作为创造符号的物种超越现实的能力，却忽视了文化所具有的异化人性的一面。这一假设侧重于从人的社会属性出发，忽视了人最本质的原始属性，即自然本性，而后者才是认识人性的根本途径。

作为心理学家的马斯洛，提出了"自我实现人"假设和很多富于洞见的管理思想，他的需求层次理论对管理产生了深远的影响。不过，马斯洛的需求层次理论并未完全摆脱机械主义世界观。马斯洛假定，人的追求是随着低一级需求得到满足而阶梯式上升的。但现实中，很多人为了满足最高层次的自我实现需求，可以牺牲较低层级中的某些其他需求。对知识工作者的激励，就必须突破马斯洛的需求层次理论。比如，在互联网时代的创业大潮中，很多创始合伙人和创业团队可以因为一个梦想（自我实现的需求），而长时间忽略那些较低层次的需求。他们可以放弃基本的物质需求和受人尊重、交往等社会需求，而坚韧不拔地奔向自己的目标。此种情况下的激励，显然不能机械地照搬马斯洛的需求层次理论。

亚马逊的人力资源管理就突破了马斯洛的需求层次理论，亚马逊在业界的工资是较低的，员工甚至要自掏腰包解决大部分医疗保险费。但亚马逊却成功地将梦想和信仰植入公司，它树立了"公司是每一个人的"信念，这一信念连打扫卫生的老太太都铭记于心。信仰是人的本质，一旦抓住了信仰的力量，物质需求就成为其次。物质激励很重要，但不是唯一重要的。在某些团体中，物质激励甚至可以降低到零。我们不是鼓励公司降低物质激励的重要性，而是强调精神激励可以突破需求层次理论的常规模型。面对"千禧一代""Z世代""阿尔法一代"的未来管理，精神激励的重要性日益突出。马斯洛需求层次理论并不是绝对的标准。

现代管理人性假设的共同误区，是把关注重点放在人性的表层，即人的社会属性上面。这种后天的属性随着环境的变化而不断变化，因此，难以通过此渠道把握人性的本质。问题的关键是，现代管理的所有人性假设，均基于错误的世界观。它把人当作物或机器去研究人性，而不是带着博大的爱和超越的智慧去洞察人性。

互联网时代的今天，我们必须站在更高的山峰俯瞰历史，而不是否定现代管理的历史贡献。只有站在巨人的肩膀上，才能看得更远。而正因为看得更远，我们才能知道巨人的不足。比如对于科学管理之父泰勒，我们敬仰他在流程化、标准化管理等方面做出的开创性功绩，也尊崇他努力消除雇主与工人之间的隔阂，致力于让工人发挥更大生产力的伟大理想。但在那个时代，泰勒不可能站在雇主与工人对等的角度去看问题。即使他主观上关怀工人的人性，这种关怀也无法达到真正洞悉人性的高度。虽然泰勒理应深知人人平等的理念，但他同时也是一个深受美国现代文化影响的人，在那样的时代背景下，任何人都很难超越现代世界观的影响。同样，虽然马克斯·韦伯重视新教伦理对资本主义的平衡，但现代公司却只关注他在行政管理方面的贡献。

现代管理对人性的误读，并非少数作为时代异类的思想家所能阻挡。而只有深刻洞察现代管理的人性误读史，才能在互联网时代走出这些历史的误区，并在真正读懂人性的前提下，构建新的后现代管理范式。

人性的 "斯芬克斯之谜"

人性看似简单，却是千古斯芬克斯之谜。这是古今中外哲人共同追寻而始终没有确定答案的难题，也是文学艺术永恒的主题。管理之所以看似简单而实则高深，从根本而言也与人性息息相关。第一，管理要洞悉人性的本质，而人性又是一个千古谜题，这导致了管理的迷茫；第二，所有的管理问题最终都要回到人性之中，因为企业即人。这就决定了管理之难，及其与人性千丝万缕的关系。

企业家能够洞察人性，大抵在于天生的直觉与敏锐。即使没有哲人那样深刻的思想，企业家最起码也知道如何顺应人性。伟大的企业家，必定深谙人性。像比尔·盖茨、稻盛和夫、李嘉诚、张瑞敏和马云这样的企业家，都是深谙人性、顺应人性的大师。如果这些一流的企业家能够更深一层洞察人性，他们就能兼具思想家的特质。这样的企业家在全世界也很少见。

关于人性之谜，焦点集中在性善与性恶之争。中国儒家的两位代表孟子和荀子各执一词，孟子主张性善论，荀子主张性恶论。这一千古之争到今天似乎也没有定论。虽然互联网与高科技所推动的 21 世纪的发展一日千里，但这似乎更多是大卫·格里芬和彼得·德鲁克所说的"进步"神话。所谓"进步"神话，是现代世界观的主要表现之一。这种观念认为只要科技不断发展，人类就能不断进步，并因此实现人类的自由与幸福。但是，在这种现代式的"进步"中，许多古老的谜题仍然高悬着。关于人性的秘密，就是这样的难题。人性是简单到人人都可以回答的问题，也是难到任何人都无法准确回答的问题。

管理，就本质而言，是驾驭人性的艺术。管理是至简的，也是至繁的；是至浅的，也是至深的。洞穿人性的斯芬克斯之谜，是管理的真正起点。

从中西经典透视人性本质

与孟子和荀子的人性之争不同，孔子对人性有更深的洞察。"人之初，性本善；性相近，习相远。"《三字经》的开篇，前半句是孟子的观点，后半句是孔子的观点。孟子明确提出人性本善，但孔子却未就人性善恶下定论。孔子人性观的核心观念，是相信人性的可塑性。孔子认为，通过后天的约束与道德修为，人性是可以达到完善的。这表明孔子认为人性之中存在善恶两种成分，因为人性有恶的一面，所以需要约束和道德修为；由于人性有善的一面，所以才具有可塑性。这就是"内圣外王"的基础，人性塑造的最高目的就是"内圣外王"。而人之所以能够成圣，自然是由于人性中固有的善。孟子与荀子虽然在人性善恶的观点上对立，但他们人性追求的目标却是一致的，即通过教育达到"人性之善"。但孟子忽视了人性之恶的因素，荀子则由于相信人性本恶，其最终对人性的塑造并不是本质的改变，只是外在行为的改变。相比之下，孔子之所以未对人性善恶下定论，正在于他认识到了人性的复杂性。但总体而言，孔子关于人性的观点是积极的。孔子相信人性的可塑性，说明人性的塑造是抑恶扬善的过程。这无疑比孟子和荀子偏向一端的人性论更为深刻。

古希腊的伊壁鸠鲁派认为，人的自然属性就是人的本性。人具有趋利避害的本性，人性是向善的，善就是幸福。斯多葛派认为，人的本性即"宇宙理性"，人的理性是宇宙之灵光，由于灵魂和肉体结合而使其被玷污了。伊壁鸠鲁和斯多葛派的人性观与孔子的人性观均有相近之处。古希腊哲人几乎都从理性角度来界定人的本性，其中亚里士多德最具代表性。他同时认识到人性中含有兽性与圣性，因此亚里士多德主张任何政体都须以法律为基础，法治优于人治。

董仲舒对人性的认识，更为细微和深入。董仲舒认为，天是有人格的。而"天人合一"是中国古代哲学思想的精髓所在。

基督教的人性观则清楚地阐明了善与恶的来源。在基督教的人性观中，最重要的两个概念是原罪与救赎。在基督教观念中，应对人性之恶的途径是上帝的救赎，因为人无力自我救赎。基督教在强调人性救赎的同时，并没有否定政治和律法对约束人性之恶的重要性。

关于人性的本质，东西方经典均认为人性中存在善恶两种因素。而其中共同的倾向是，以人性本善为基调。东西方经典虽认可人性之恶的存在，但普遍认为恶可以通过上帝救赎、道德修为、法律约束等方式而得到有效制约或改变。但现实是，无论自我修为如何完善的人，都有可能触犯法律或道德；而无论自我修为如何欠缺的人，也都存在着人性的光辉。善与恶不仅是人性中两大对立的矛盾因素，而且似乎很难说清到底何为根本。

关于人性善恶的关系，奥古斯丁的解释较为透彻。奥古斯丁指出，善为原生，恶为衍生。上帝造了葡萄，但并没有造酒，葡萄发酵后产生了酒，正如人堕落之后产生了恶。这种衍生的恶就是原罪。就此而言，恶虽为衍生之物，却也是人性不可分割的属性。原初的人性因人的堕落被玷污，从而使人性具备了善与恶两种属性。

当然，善仍为人性之本。因此，虽有人性之恶，人仍然具备抑恶扬善之可能。这正是人类社会能够不断走向完善的前提与动力。孔子、伊壁鸠鲁派、斯多葛派、亚里士多德等思想家虽然未能彻底洞悉人性，但也基本上接近了人性的本质。在关于人性的问题上，东西方经典思想家的认识大体上是一致的。

✺ 人性的"99 + 1 定律"

就本质而言，人性是不变的。过度强调社会性对人性的改变，是现代管理的一个重大误区。由于人性不变，所以管理模式也应有不变的一面。对于管理而言，既需要变革，又不要迷信变革。互联网时代的管理创新，在很多方面其实算不上创新，而只是对人性的顺应而已。并非在过去的社会条件下，人类不渴望这样的管理，而是由于管理者自身的错误观念，导致了错误的管理。任何时代的人都渴望自由，只是互联网时代为人性解放提供了更好的条件。但对于管理而言，从来就没有绝对的自由。

马斯洛认为，追求真、善、美等更高人生价值是人的本能，学习、创造、公平、负责、公正都属于人类的天性。这与王阳明的思想是相通的。现代文化的问题是，人因骄傲过于抬高了自己的地位，并最终使人性之恶压制了人性之善。

马斯洛指出，彼得·德鲁克对人性之恶认识不足，他的管理理论对许多人，尤其是美国之外的人来说根本不适用。马斯洛认为，彼得·德鲁克的理论存在两方面不足：其一，他没有明确指出选择合适人选的必要性，因为他的理论必须应用到特定的人群中才能奏效；其二，他忽视了犯罪现象的存在，以及某些人身上的劣根性。马斯洛对彼得·德鲁克自我管理理论的补充不无道理。人固有劣根性，但后现代管理是通过系统的管理范式变革，而达到自由与管控之平衡的。在马斯洛时代，不仅社会条件不够成熟，管理理论更远未达到成熟。

每个人都有犯罪的可能，但人是否犯罪，不在于他的道德水平，而在于是否具备诱发犯罪的条件。在"克林顿性丑闻"等事件中，虽然当事人触犯了法律或道德，但并不因此表明他们的道德水平一定比那些没有触犯法律或道德的人更低下。因此，管理应该宽严有度，既不完全信赖任何人，也不定罪任何人，特别是不应以道德来棒杀人。

在基督教中，罪的本义是"不中鹄的"，即没有射中靶子，也就是偏离了上帝所设立的美好目标，脱离了自己的美好本性。但有些看似美好的文化与道德观也是罪，比如现代人倾向的绝对自由、极端女权主义文化、性解放等。同时，基督教观念认为，就本质而言，无论外在的道德水平如何，每个人的内心是一样的，即存在着善与恶两种元素。这就决定了就本质而言，没有一个人比另外的人更高尚。因此，对他人道德的指责和攻击，是应该十分谨慎的，那些攻击他人道德者可能自己也在犯同样的道德错误。这不是说我们要放弃道德标准和道德判断，而是在于对人性的一种深刻认识。只有真正透彻地认识人性，才能更好地完善我们的人性。

人性实在既简单又复杂，这导致了管理理论的无所适从。穿过东西方文化的丛林，我们发现，如果回到文化尚未诞生或尚未分化的各民族思维之初，关于人性假设，其实各方的观点大同小异。这种超文化的视角，对于解决跨国公司文化融合，以及管理范式的构筑具有重要的意义。

"人之初，性本善；性相近，习相远。"这里的习，指的是人后天形成的习惯和习俗，是文化的层面。而性是指人天然纯真的本性，是超文化的层面。所以，超文化就是破除文化的迷雾，回到人性根本，通过唤醒真正的人性，达到跨文化对话的畅通。这是管理的前提，也是管理的最高境界。

虽然文化探究人性，并为释放人性而努力，但由于文化本身遮盖了真实的人性，所以使人性在文化中变得扑朔迷离。故此，要想真正洞悉人性的本质，就需要超文化的视角。互联网使我们可以更多地从超文化的视角来审视人性。

在与凯文·凯利的一次对话中，腾讯创始人马化腾问道："很多人说科技让人变得越来越肤浅，但是为什么你在《失控》中多次提到科技在改善人性？"凯文·凯利的回答："互联网使人与人之间产生更多联系，人们之间相互支持形成了一个圈子，这个圈子越大，我们获益就会越大。另外，科技越来越复杂，但也越来越生态，越来越有机，它越来越像一个生态系统而不只是一个机器。"

互联网与科技发展，可以提供人与人更好地互动的客观条件。互联网不能改变人性的本质，但有助于人性的完善。互联网具备抑恶扬善的可能性，正是基于人性以善为本的前提。综合孔子、伊壁鸠鲁派、斯多葛派、亚里士多德、董仲舒和奥古斯丁等经典思想家对人性的论述，并结合管理实践中诸多复杂的情境，本书在此提出人性的"99 +1 定律"。

人性的"99 +1 定律"

善为人性之本，占人性的99%；恶为人性之末，占人性的1%。善为人性之面，恶为人性之酵。虽然人性中99%为善，但1%的恶却足以令100%的人变质，而做出任何越轨乃至邪恶的事情，所谓一念成魔。很多穷凶极恶的犯罪分子，在上一刻可能极其良善，却因某一触媒而瞬间质变。因此，发扬人性中99%的善，是管理的主要任务，而抑制人性中1%的恶也丝毫不可懈怠。

根据人性的"99 +1 定律"，人原本是一瓶干净的清水（本真之善），但加进了一滴墨水（衍生之恶）之后，整瓶水都变黑了。人性救赎的过程，就是一个清除墨水还原清水本质的过程。在人性的"99 +1 定律"中，发扬人性之善，并非赋予人99%的自由，而是需要99%的约束 +1%的解放。因为，人性之善需要系统的管理秩序才能充分释放其生产力，所谓系统的管理秩序包含全方位的系统管理创新。因此，这是管理的重心。之所以说对人性之善只有1%的解放，因为对人性之善的解放一旦失去1%的分寸，就会使善衍化为恶。反之，抑制人性之恶，并非靠99%的控制，而是靠99%的解放 +1%的控制。在互联网背景下，控制型管理会激发人性之恶，而解放型管理则会控制人性之恶。比如，由于领导者微乎其微的不当言行，或在股权激励方面看似微乎其微的不平衡，都可能导致一个明星型员工的离心与背叛。

二、自由与权威

自由与人性一样，是一个千古未明的重大课题。然而，在一个西方现代世界观普及和自由泛滥的时代，我们更应该考虑如何避免掉入自由的陷阱。

在互联网时代，当自我组织、自我管理等概念扑面而来的时候，几乎所有的管理变革讨论，都把焦点集中到"新新人类"的自由上面。甚至有人提出针对80后、90后管理的命题。"新新人类"果真是绝对自由的一群人吗？只有"新新人类"才追求自由吗？如果管理范式以十年为一个节点，那么管理学就将不复存在了。

"千禧一代""Z世代""阿尔法一代"，似乎表明越是"新新人类"越倾向于自由，但实际上，自由是人类的永恒追求。我们必须关注"新新人类"的消费心理和个性特征，但并不存在专门针对80后、90后的管理模式。互联网只是为人性自由提供了更好的条件，而不是改变了人性。真正的管理之道适用于任何时代。只是，大多数时代的人们并没有享受到管理带来的释放，而是更多地经历了管理的辖制。

我们需要重新认识自由。"新新人类"并非洪水猛兽，而是尚未长大或尚未成熟的一代。他们正在成长，并且渴慕真正成熟的思想引导。面对"千禧一代""Z世代""阿尔法一代"，我们要学会顺应，但更应该具备引导的能力。历史上从未出现过一个完全不接受引导的族群，从未出现过绝对叛逆的一代。因为就本质和历史大势而言，人性之恶从未胜过人类之善，自由也从来不是泛滥的自由。

自由：从尊重权威开始

在互联网解放人性的同时，全球都面临个人主义的挑战。把人性自由与个人主义联系起来，是现代世界观的产物，这一思维正在造成全球性的秩序混乱。事实上，无论在儒家价值观还是基督教价值观中，都没有把人性解放与个人主义联系起来。没有证据表明，历史上任何一个时代是由个人主义者所缔造的。在儒家和基督教价值观中，尊重权威是自由的前提。

"新新人类"正在瓦解中国传统的社会关系和潜规则，也在瓦解中国的传统文化。但他们所瓦解的，更多的是传统社会关系和传统文化中负面的价值。他们的人性与任何时代的人类都是相同的，因此，传统文化中那些能够成全人性的价值不会被他们所瓦解。这是一种本能，没有人拒绝正面的价值。就此而言，管理的基本任务和基本模式不会改变。管理，只是面临着救赎与重生。

一切自由皆从尊重权威开始。这原是生命的规律，而不是什么高深的道理。现代世界观在颠覆传统价值的同时，由于过度崇尚个性与自由，而失去了常识性的判断力。回到常识上来，可以在一定程度上走出现代世界观所造成的迷津。

每一个个体的生命皆从尊重权威开始，组织的延续同样以此为基础。我们年幼时，没有人能离开父母的权威而独立生存。如果父母给予一个三岁幼儿以绝对的自由，他可能不到一天就会死于各类危险。这些浅显的道理，对于某些现代自由主义者而言，似乎十分艰深而无法理解。从某种角度而言，自由主义者不过是三岁顽童。很多声名显赫的现代思想家，或者某些绝对自由主义者，不过就是此类顽童的代表。现代世界观几乎可以称之为一种貌似强大，实则脆弱不堪的价值体系。

尽管张瑞敏倡导"管理无领导"的理念，但在海尔，张瑞敏依然是不可取代的权威。海尔的自主经营体是自由的，海尔的"小微"更是自由的，但这种自由绝不可能越过海尔的最高权威。3M 公司和京都陶瓷同样如此，它们数千个自由的团队或阿米巴体无疑要服从公司的统一领导。辉煌期的微软和阿里巴巴员工的自由，同样也不可能越过比尔·盖茨和马云。因此，本质上不是权威消失了，而是权威模式改变了。管理中权威模式的改变，并非前无古人的旷世革命，只是传统价值的回归。

在东西方传统文化和价值观中，真正的权威首先要具备爱。没有爱的权威产生冰冷的统治，而以爱为本的权威在温情和宽宏中维系秩序。没有一个人会拒绝伟大的父爱，而父爱与威严本是权威的原初形态。后人往往舍本逐末，抛弃了儒家文化的灵魂"敬天爱人"，而保留了儒家的等级制度。在一个家庭中，如果从上到下以爱为本，就是一幅美好的画卷；反之，则会充满家长制的黑暗。在西方价值观中，同样强调这种以爱为本、尊重权威的秩序。稻盛和夫正是以"敬天爱人"的管理哲学，缔造了京都陶瓷和 KDDI 两家世界 500 强企业。

自由与顺服

人类若要自由，就须相互尊重。从古老的部落时代到互联网时代，自由都取决于人与人之间的尊重与顺服。没有证据表明，"新新人类"存在更多的"兽性"。相反，从"Z 世代"到"阿尔法一代"，"新新人类"反而越来越宅，越来越乖。他们对明星的崇拜越来越突出，而明星崇拜本身就是一种对权威的依赖。

本质上，人类需要权威。现代价值观的信奉者们，自己没有可以服膺"新新人类"的思想，却以"新新人类"的叛逆为理由，为自己的低能开脱。这不是"新新人类"的败坏，而是现代世界观的败坏。当思想权威自己都陷入迷茫的时候，却期待"新新人类"的认可；而当他们得不到"新新人类"的认可后，就只能被动地纵容某些"新新人类"的叛逆了。

事实上，不是"新新人类"过于叛逆，而是他们找不到真正可以尊重的权威。如果我们恢复那些以爱为本的理念，作为领导者，能够以顺服的心态来从事管理，那么，"新新人类"绝不会以粗鲁的态度面对我们。阿里巴巴有很多"80后"员工，他们的工资也不是特别高，但却能够全身心地投入工作。马云说："这在于我看懂了人性，阿里巴巴通过价值观和使命感把这些年轻人美好的一面放大起来而形成了凝聚力。"

没有任何证据表明"新新人类"是懒惰、低效和叛逆的一代。"千禧一代"都具有高度敬业的精神，最新的研究显示，全球近 3/4 的"千禧一代"平均每周工作时间超过 40 小时。而"Z 世代"对未来有着更为远大的志向，他们有足够的上进心、学习的欲望和社会责任感。事实上，良好的物质条件并没有消除"Z 世代"的斗志，与他们的前代相比，"Z 世代"更具创业精神，更具正义感。作为企业领袖，如果能够满足"Z 世代"职业发展和自身成长方面的需要，且塑造更具社会责任感的企业文化，并不存在难以管理"Z 世代"的问题。

自由是一种相互的顺服，不懂顺服的人不可能是一个好的领导者。领导的过程，不仅是一种相互影响的过程，还是一种相互顺服的过程。在对权威的顺服中，以及领导者与被领导者彼此的顺服中，我们会看到现代文化中绝无仅有的美妙画卷。

❖ 究竟什么是自由

特朗普竞选获胜后，对于美国多地出现的特朗普裸体雕像，很多人称赞这是自由社会的表现。西方现代民主固然代表着人类的进步，但过度自由却是整个世界的毒瘤。西方社会向来以随意谩骂和挖苦国家领袖为自由的表征，但这在本质上却是一种叛逆。作为一个国家的领袖，无论他的执政理念有何偏颇，都应该受到人民的尊重。这种对国家领袖的随意诋毁和嘲弄，并不是民主的本质，而是人性之恶的泛滥。

没有权威的自由不是真自由，而是灾难。现代自由主义者，在反权威的路上走得太远。如果叛逆成为一种主流价值，人性之恶就会像洪水猛兽一样无法阻挡。

事实上，每一代的人相对于前代都有叛逆的一面，这是代沟所导致的必然现象。而管理的变革，则始于对传统管理范式的叛逆。因此，叛逆是实现自由的一个过程，却不是自由本身；叛逆是自由的手段，而不是自由的目的。现代价值观的最大误区，是把叛逆当作自由本身和自由的目的。这是危险的自由主义。现代世界观早已成为此种自由主义的推动者，但真正的自由绝非此种低级的自由。

如果互联网时代的管理沿袭现代自由主义，必定会产生范式上的冲突。互联网时代的自由是一种超越现代机械世界观的自由，它是有机论和整体论的自由。在这种互联网所推动的后现代自由中，人与自然、人与人的关系将成为自由的前提，顺服权威与相互顺服成为后现代自由的核心特点。这是管理的基本指针，也是后现代社会得以全面规避现代自由所造成的混乱之法则。

三、自由与秩序

互联网在释放人性的同时，也更大程度地提升了劳动者的生产力。在阿里巴巴、腾讯、谷歌、海尔等企业的管理实践中，员工的自由度前所未有地提升了，同时管理的协同性也大幅度提升。越是自由的组织，越需要管理协同。阿里巴巴甚至开发了协同管理软件，以应对规模越来越大的企业对协同的需求。

❈ 没有规则的自由不是真自由

星辰的自由在于轨道，飞机的自由在于航线，大海的自由在于海岸，人的自由在于秩序。当现代自由主义者鼓吹不受约束的自由时，现代管理却以限制人的自由而著称。这一巨大的矛盾，暴露了绝对自由主义者的窘境。相反，后现代管理拒绝现代自由主义，但其管理范式却最大限度地实现了自由。

实际上，现代管理首先是规则的制定者。后现代管理并没有抛弃现代管理所制定的所有规则，而是在其规则基础上优化出更好的规则。这些被优化的规则，在赋予员工自由的同时，可以最大限度地发挥员工的创造力。规则成就了自由，而不是限制了自由。在塞氏企业、3M、京都陶瓷、海尔等自由的管理体制下，这种不同于现代管理的规则，使他们创造了非凡的业绩。

自由是一种最高的秩序，没有规则的自由不是真自由。正因为现代自由主义不是一种真自由，所以它就无法在管理实践中发挥用武之地。相反，绝对自由主义在实践中必然走向它的反面。这就是现代管理扼杀自由的原因所在。在世界各地，都有一大批叫嚷"绝对自由"的人。这些不明白自由真谛者，如果有一天坐到了管理者的位置上，可能会比任何人都专制。因为，在绝对自由主义下的组织立刻就会面临崩溃，而为了挽救崩溃的组织，这些不谙管理真谛者，只能采取极端的管理措施。自由可能就在这样的背景下被廉价地践踏了。

绝对自由是牢狱的另一种形式

一旦绝对自由之门被打开，就如潘多拉的盒子一样，会飞出各类毒虫，但唯独希望被锁在里面。一旦人们拥抱绝对自由，立刻就会成为自由的奴隶。

任何领域的自由都须以秩序为约束，这不是辖制，而是自由得以实现的必备条件。互联网时代，人类的确面临更多自由的诱惑。很多人呼吁取消婚姻，取消对卖淫的限制，取消对赌博的限制等。这些都是现代西方式自由的产物，但并没有多少证据表明这些自由是正确的。当今人工智能的发展突飞猛进，但如果对人工智能缺乏必要的伦理管制的话，最终人工智能也可能给人类带来毁灭性灾难。我们需要科技创新的自由，但这种自由仍须有边界。一切自由皆需固有之边界，否则，人类将与魔鬼无异。

绝对自由的代价就是群体性毁灭。很多社会学家、心理学家、性学家对人性的认识都存在着偏差，他们认为回到内心就能够认识人性，但人的内心却存在着很多罪恶。回到内心是王阳明心学的精髓，这一动机和路径都值得称赞。但即使回到内心，我们也难辨真伪。为什么现代社会道德观念特别混乱？因为每个人都有自己的标准。因此，真正的回到内心首先需要人性的救赎。要先清除内心的杂质和各类文化标准、道德标准，回到人性的原点，找寻人性最初共同的基因。只有如此，才能触及自由的本质。自由首先是一种标准，而不是一种情绪。以情绪或个人的感受取代标准，会使现代人陷入虚假的自由。

自由：在轨道中运行的秘诀

星球各按其轨道在宇宙中运行，形成了浩瀚宇宙的伟大秩序。四季按照既定的轨道轮回，编织了地球无与伦比的壮阔美景。轨道，是自由的秘诀。

任何管理皆有其独特的轨道，后现代管理也不例外。整个宇宙是混沌的，但在其中存在着完美的秩序。后现代管理也是混沌的，但在它的无序中存在着最高的秩序。

这是麦肯锡管理的秘诀，也是小米等新锐科技公司管理的秘诀。在那些看似杂乱无章的科技公司中，团队像菌落一样释放着旺盛的生命力。后现代组织是一种超生命组织，它具备高度发达的神经和触觉。人工智能的发展，将极大地提升超生命型组织的反应能力和反应速度。在互联网时代，秩序并没有消失，而是显现为一种全新的形式。轨道并没有消失，而是变得更加顺畅。

这是一个需要更高智慧才能管理的时代，但自由其实是人类的本能。要达到管理的自由之境，需要更高的管理修炼。正如一个拳手的最高境界是发挥本能，但要获得这一境界需要在技艺上达到炉火纯青一样。

四、重新定义管理

组织由人组成，组织的目标是借助人，也是为了人的。因此，人是管理的核心。以人为核心是不需要强调的基本管理理念，却被很多知名企业反复标榜。这没有什么不对，但说明管理仍然处于较低的阶段。

对管理而言，真正重要的不是以人为核心，而是如何定义人性，并针对人性的本质实施正确的管理。后现代企业是一个生命系统，管理是生命的内在涌流。管理的本质，是人与人之间生命能量的交换、植入与扩增。管理的目标，则是在绩效与生命之间寻求一种平衡。

✳ 管理的本质：人的最高使命

人类的历史就是一部管理史，管理渗透在国家、社会、组织、家庭和个体生命的每一个阶段，甚至每一时刻。若说人类社会最普遍的行为，非管理莫属，管理无处不在，且人人都是管理者。在家庭中处处有管理，当我们走出家门进入公共空间也处处有管理，公路上有管理，地铁里有管理。在企业和政府中，管理更是形成了系统的制度与文化。在公园和农田里有管理，在鱼塘里有管理，甚至在天空和大海中也充满管理。人类不仅管理大海中的船只，也管理海中的鱼类及其他生物；不仅管理天空中的飞机和飞船，也管理天空中的飞鸟和空气。一旦离开管理，整个世界就会成为一个地狱。金三角地区之所以充满罪恶与暴力，就是因为那里没有一个合法的政府作为管理的主体。我们每个人不仅是被管理者，也是管理者，最起码是自我管理者。比如，司机面对红灯，既是被管理者，也是自我管理者，如果司机缺乏自我管理的能力，他就有可能闯红灯而破坏正常的交通秩序。任何管理秩序的形成，都需要管理者与被管理者的配合，需要他人管理与自我管理的协同。

现代管理是以股东利益为核心的功利性管理。稻盛和夫在京都陶瓷的管理，则试图超越现代管理的功利性。稻盛和夫的管理哲学的核心是利他经济学。稻盛和夫所追求的管理境界，恐怕很少有人能够达到。稻盛和夫本人努力践行这样的管理哲学，在有生之年创立了两家世界500强企业，并使日本航空业起死回生，不愧为日本的"经营之圣"。而稻盛和夫管理哲学的源头，则来自中国儒家的思想。人非草木，亦非没有灵魂的低等动物。既然是人，必然有精神和灵魂层面的属性和追求；既然是人所创立的组织，就应该有物质利益之外的诉求。如果企业唯利是图，只能说明其丧失了人的本质，是人性的退化。以"敬天爱人"的哲学经营企业，本质上并非什么伟大的创举，只是人性的恢复，是企业本质的恢复。

企业本质上并不是私有之物，每一家企业都是属于社会的。而互联网则催生了社会性企业时代的到来，平台型企业几乎都不可避免地要成为具有利他性质的社会化公司。马云指出："一个社会化企业必须要有使命感。"随着越来越多社会型企业的诞生、发展和壮大，企业肩负社会使命正在成为时代的主流价值，传统意义上的私营公司将消失。就广义而言，每个人都是管理者。特别是在一个自我管理的时代，"人人都是管理者"并非口号，而是鲜活的现实。张瑞敏在海尔的实践，正是让每一位员工都成为管理者。张瑞敏提出的"人人皆可为尧舜"源自孟子，成熟于王阳明，这与孔子"内圣外王"的思想，以及基督教思想都是相通的。

彼得·德鲁克说："管理就是界定企业的使命，并激励和组织人力资源去实现这个使命。界定使命是企业家的任务，而激励与组织人力资源是领导力的范畴，二者的结合就是管理。"彼得·德鲁克对管理的定义堪称经典，但我们需要在他的基础上略作补充：

重新定义管理

管理是人的最高使命，也是界定并完成企业使命的过程。界定使命、激励与组织人力资源既是企业家的任务，也是管理与领导的任务。在管理中有领导，而在领导中有管理。总体而言，企业使命的完成是一个管理的过程。其中企业的使命不仅包括经济目标，也包括人的目标。在管理的过程中，理应实现人性的救赎与升华，使人人发挥企业家精神，并达到人生意义的完满。

在上述对管理的重新定义中，我们将管理上升到人类精神和信仰的高度。从精神和信仰的高度来看待企业管理，则人的目标和企业的目标融为一体。这与稻盛和夫的"敬天爱人""做人何为正确"的管理哲学也是相契合的。

发挥企业家精神，是创新时代的要求，实际上也是人类永恒的需求。科层制管理本质上是对创新精神的扼杀，也是对人性的扼杀，而后现代管理则通过企业家精神的普及，释放人的创造力，达到真正意义上的人性化管理。人性化绝不是对人性的放任，而是基于对人创造力的最大限度发挥。不能最大限度地发挥人的创造力，就不是人性化的管理。

事实上，"新新人类"的创新和创业精神远超他们的父辈。2015年一份美国东北大学的研究显示，有63%的被调查者表示他们在大学阶段就想了解企业家精神，包括如何创业，72%的人认为学校应该让学生自己设计学习的课程或专业。而把马云等企业家当作偶像的学生，在当代中国大学生中的比例也是最高的。"Z世代"的人比他们的前辈更聪明，也更加适应一个变动不居的世界，他们早在大学阶段就具备了强烈的商业意识，并习惯于承担风险和不确定的事物。在管理中发挥每一位成员的企业家精神，不仅是管理创新和企业业绩本身的需求，也是"新新人类"的内在需求。"Z世代"的人们，已经不满足于传统职场中的缓慢爬升模式，而更渴望快速成长，自我掌控命运。创业文化在全球的普及，必将重塑管理的定义。

管理与领导的关系

管理是上天赋予人的最高使命。因此，总体而言，管理是一个比领导更大的概念，管理包含领导，而不是领导包含管理。但在领导过程中也包括管理的过程，二者是相互融合而不是泾渭分明的。在企业实践中，因管理与领导的交叉，二者并不总是很容易被区分。我们并不否认管理与领导在技术上的差异性，而是强调，就本质而言，领导也是一种管理。

彼得·德鲁克清晰地认识到在领导中有管理，他认为："最出色的领导者首先必须是卓有成效的管理者。那些只想做领导却不愿做管理的人，要么成为无关紧要的人，要么成为非常危险的人——对他们所在的组织，对整个社会都是如此。"彼得·德鲁克同时也指出："组织的目的不在管理人，而是领导人。"从某种角度来说这并没有错，但如果我们明白摩西并不是人们通常以为的以色列领袖，而只是一个服侍百姓的奴仆，就会理解即使最伟大的"领导"，其本质也是管理者。

事实上，彼得·德鲁克应该对管理的本质有着更为深刻的洞察。因为彼得·德鲁克从来不愿被称为"管理宗师"，他说过："上帝不需要管理咨询顾问。""我最好的一本书应该叫《管理无知》，很遗憾我没有写。"上帝既然不需要管理顾问，当然更不需要领导力顾问。管理，是上帝赋予人类的最高使命。而管理过程中的领导行为，则是管理者接受上帝引导的结果。这与董仲舒的"天人感应"是一致的。一个伟大的领导者，必定具有极高的灵商，是深谙"天人之道"的人。稻盛和夫源自儒家哲学的"敬天爱人"也与此相通。

洛克菲勒、巴菲特、比尔·盖茨、扎克伯格等西方企业家，都承认自己是"上帝的奴仆"。在中国传统文化中，也有"天下为公"的思想，其本质是领导者要做人民的公仆。从超文化的视角来看，东西方对管理本质的认识是一致的。既然是奴仆，就没有真正的领导权，而只有管理权。对于管理与领导的关系，东西方经典并无根本的分歧。

事实上，互联网时代，领导的定义已被改写。当领导变成了一种服侍或赋能，领导的管理本质就会凸显出来。虽然变革是领导的目的，但领导的大部分工作仍然是建立秩序。本质上，管理的目的包括建立秩序与产生变革。要达到这两个目的，需要领导与管理的紧密配合。在建立秩序的过程中，领导与管理的作用同样重要。而在产生变革的过程中，也并非仅仅需要领导，管理的作用同样重要。企业创新本身所需要的，就是整个庞大的管理系统。而本质上，管理是一个比领导更大的概念。

没有一人是合格的管理者

亚当在伊甸园中的角色是园丁与管家。他的职责是看守、培育、浇灌与收获。这是一幅原初的管理画面，是管理的本真状态。作为园丁和管家的亚当，其本质是一个服侍者，而不是统治者。这正是后现代管理者基本的姿态。

后现代管理正是要通过人性的救赎，来恢复管理的本真状态。毕竟，我们在蒙德拉贡合作社、塞氏企业、3M公司、京都陶瓷、海尔等企业的实践中，已经看到了这种本真式管理的雏形。这些企业的卓越实践，让我们有信心在这个巨变的时代，能够义无反顾地奔向管理复兴的伟大梦想。

管理的开始：人的塑造

现代世界观把人视为凌驾于一切之上的主体，赋予了人过高的地位。这种世界观过于追求外在的成功，而忽视了人内心的宁静和人的精神价值。权力、财富和名声都无法把控，也不该是终极的追求。人在世界上无法控制任何事物，甚至连对自己的生命都没有主动权。

在基督教观念中，管理是上帝赋予人的最高职分。而要履行管理职责，首先要成为一个正确的人。由于原罪导致的人性之恶，使我们每一个人都失去了纯真的本性。在伊壁鸠鲁和斯多葛派哲学中，也有类似的观念。抛开各种经典理论不说，即使我们真正回到内心，也没有一个人敢说自己是毫无瑕疵的圣人。就本质而言，我们的人性都具有残缺性，甚至都存在亚里士多德所说的兽性的一面。

因此，管理始于管理者人性的救赎，也就是人的塑造。即使我们学富五车，我们的人性仍然需要被升华和改造。就此而言，每个人都需要经过漫长和反复的自我否定，才能成为一个完善的人。只有成为一个完善的人，才是一个合格的管理者。在稻盛和夫、李嘉诚、张瑞敏、马云等企业家的实践中，已经把管理者人性的完善作为重中之重。管理者人性的救赎，是企业人格和企业文化的基础。马云之所以把文化考核作为阿里巴巴管理的核心，正是基于此种理念。

我们承认人性的残缺，但绝不以道德来绑架任何企业家或管理者，因为人无完人。但只要我们承认自己的残缺，并愿意努力改造自己的人性，就是一个合格的管理者。管理是一项伟大的事业，管理者所要达到的不是少数人的利益，而是企业共同体的利益，以及社会大众的利益，同时还有管理者个人及其组织成员的人性完善。通过管理达到自我及他人的人性升华，无疑是管理神圣性的体现。这样的一个时代已经到来，管理者必须超越单纯的经济目标，在此过程中人类将完成对现代经济和现代管理体系的真正超越。

管理的目标是人的解放

管理者既然是仆人的角色，一切财富的主权就不在他的手中，管理者正确的角色是管家。只有树立这样的观念，管理者在财富面前才不会迷失，才不会因财富得失而导致各种痛苦。在残缺的现代经济体系下，仍然有很多西方企业家做到了把财产视为身外之物。企业家既勤奋敬业，又不把公司当作私人财产，而是把自己当作一个被委托的管理者，此种价值观对于现代经济体系的超越是非常必要的。事实上，老一代的西方资本家洛克菲勒，和新一代的沃伦·巴菲特、比尔·盖茨、扎克伯格等人，都能做到对财富的超越。用"避税"这一因素来解释西方企业家的慈善行为，是缺乏足够说服力的。

在此，我们会更多地把企业家称作管理者。因为企业家的本职角色是仆人的角色，是公司和财富的管理者，而非创造者。虽然企业家的创造力至关重要，但企业家更需要树立一种谦卑的观念，把自己视为被委托的管理者，而不是财富的主人。企业成功的因素有很多，企业家个人的努力虽然至关重要，但更重要的是大势。马云一直强调阿里巴巴的成功是赶上了好的时代，这种谦卑是必要的。企业家的此种定位，有利于管理的真正目标，即人性释放的实现。管理者通过正确的定位，首先可以释放自己，其次可以释放公司成员及利益相关者。正确世界观和人生观的树立，已经成为管理者的首要任务。

只有管理者通过正确的价值观释放自己，才可能去释放他人。管理者的职责是抑恶扬善，在释放人性的基础上，释放人的智慧和能力。善是人性的基础，但恶却生根其中。管理的目标，就是遏制人性中恶的因子，使人性之善发挥最大的效力。管理的本质是人性的释放，但不是简单的以人为本，而是以创造价值为本。

人性化管理是一个有颇多歧义的概念。事实上，管理中的人性化必须以绩效为导向。在互联网时代，正因为人性解放能创造更高的效率，所以才需要人性化管理。但所谓人性解放并非绝对自由，相反，很多时候，严格的约束比自由更具人性化。在人性解放的同时，必须同时遏制人性之恶，才能实现管理的人性化。

而人性化管理的更高目标，则在于"天下大同"。儒家管理的理想"修身、齐家、治国、平天下"，就是管理者由自我管理到家庭管理，从国家管理到人类管理的层层升级的过程，其最终结果则是人类的"大同社会"。基督教虽然不以世俗管理为目标，但在实现其神圣管理目标的过程中，也会自然地达到世俗管理的目的。也就是说，虽然基督教追求宇宙的大同，但在其追求集体"成圣"的过程中，也会间接地促进人类社会的大同。

何为管理的 "宇宙智慧"

管理者如果能够以宇宙智慧和宇宙法则对待管理，这个世界将变得更加充满爱意和怜悯。所谓"宇宙智慧"，是一种超越的高度。当管理者站在足够的高度上俯瞰世界时，他不是出世而是在超然的前提下释放了自己和他人。马云常说："站在宇宙的角度，阿里巴巴是很小的。"管理者需要树立马云这样的观念，不要高看自己所创造的事业。即便是伟大的帝国，站在宇宙的高度看也微不足道。

宇宙思维是一种超然思维，却不是漠然思维。企业家不应该因看透宇宙大道而消极处世，事实上，一切消极的思想，都不是真正的超越。而无论世界如何残缺，生命如何短暂，企业家都应该满怀敬畏与爱心地对待这个世界以及世界上的一切。企业家的宇宙智慧，是积极入世，但不被世俗利益所左右，不成为世俗的奴隶。企业家一旦具备此种既入世又出世的情怀，他的智慧必然更上一层楼。

管理者若能建立宇宙思维，不仅开启了人性自我救赎的通路，对企业的持续创新也至关重要。宇宙智慧是避免显性傲慢和隐性傲慢的良方。当管理者认识到自己和企业的渺小时，就能有效地遏制内心的骄傲，这是对显性傲慢的超越。当管理者站在足够的高度看待自己和企业时，他就有更大的可能洞穿管理范式的迷局，从而超越由管理范式所带来的隐性傲慢。

现代思维是一种功利性的局部思维，此种思维无法造就管理者的博大心胸与超然智慧。无论是董仲舒的"天人感应"，还是王阳明的"心学"、基督教的价值观，都是建立宇宙智慧的可行路径。秉持"科技向前看，文化向后看"的原则，是真正科学的选择。在科技方面，人类在不断进步，但在文化和信仰方面，通过颠覆式创新而建立完全意义上的新文明绝无可能。大数据和人工智能的发展，并不能从根本上颠覆我们对宇宙的认识。关于世界观的智慧，东西方经典几乎穷尽，我们能够在继承的前提下进行有限的创新已经十分伟大。

管理的五维模型

彼得·德鲁克认为："管理是介于科学与艺术之间的一种实践。"作为现代管理大师的彼得·德鲁克虽然坚持从经验的角度界定管理，但他的管理智慧具有超越时代的价值。明茨伯格则认为："管理是科学、艺术与技巧的融合。"

明茨伯格提出的管理的科学、艺术与技巧三角模型，补充并完善了彼得·德鲁克对管理的界定，但明茨伯格的三角模型亦不能完全概括管理的多维性。因此，本书提出管理的五维模型，即管理是由科学、艺术、技术、哲学、灵性所构成的五维实践系统。

那么，我们如何区分管理实践中的这五个维度呢？首先来看管理的科学性，以及科学性与艺术性之间的关系。事实上，管理的科学性与艺术性是清晰可辨的。要界定管理的科学性与艺术性之间的关系，首先必须界定管理的范围。严格来说，管理的范围涵盖企业经营管理全过程的设计与执行，包括从企业创立之初的治理结构设计、商业模式设计，到企业开始运作后的战略、组织、营销模式设计，以及领导模式、企业文化、管理哲学的设计与执行。虽然有些企业的领导模式、企业文化、管理哲学或更多的部分都没有经过系统的思考与设计，但在实际管理中仍然存在着基本的模式。管理全过程的设计是管理科学性的集中体现，是管理范式的存在领域，是管理作为科学的深层结构。管理范式包括结构的一面和执行的一面，而在管理的执行中，首先是管理范式的外化，然后是管理艺术或技巧的组合。因此，管理的科学性和艺术性既水乳交融，同时亦能够清晰地被区分。管理的实践性与管理的科学性并不矛盾，管理范式只是管理实践的依据，但管理实践中的范式并不是以机械的方式加以复制，而是根据具体情境灵活变化的。管理实践的灵活性并不会消除范式的意义，相反是范式价值的具体体现。正如篮球和拳击都有一定的范式为标准，但在比赛或实战中则可以灵活发挥一样。

管理的艺术性，首先在管理和领导过程中得以体现，是管理者在运用管理范式进行管理实践的过程中处理具体问题的方式。比如管理者对于不同的员工，和不同的管理任务，都会采取不同的方式来对待。同一件事情，对待不同性别或不同背景的员工，也有不同的做法。这些管理中具体的处理方式可以归到管理的艺术之中，它们的确不是科学。但实际上，即使这些不具科学性的管理艺术，也是管理范式的体现。不同的组织范式、领导范式、文化范式等，都对管理实践中的艺术性部分发挥着重要作用。就此而言，管理实践中的艺术性活动也许更为频繁，但管理范式却是管理的根基。对于管理学而言，范式的总结与创新远比管理艺术更为重要。虽然管理艺术一定程度上带有地域或文化的烙印，但管理艺术本质上是管理范式的流露。管理，首先是一门科学，其次才是艺术。

管理艺术还体现在商业模式设计、战略设计、组织设计、营销设计等企业全程系统设计的过程中。这些设计过程主要是管理范式的体现，同时也具有很大程度上的艺术性。企业家在实现这些设计的过程中，需要倾注全部的智慧，也需要倾注自己的全部意志和情感。对于企业家而言，整个企业以及企业的每一个子系统，都是自己的作品，他需要像艺术家对待自己的作品一样对待这所有的一切。企业的经营与管理，必然具有很浓厚的艺术性。小而言之，一个产品是一件艺术品；大而言之，一家伟大的公司，也是一件伟大的艺术品。

明茨伯格所说管理的技巧性，是在彼得·德鲁克的科学性与艺术性之外的第三个维度。在管理实践中，对于艺术和技巧，有时很难区分。但对于艺术与技术的区分就更容易些。因此，本书所说的管理的第三个维度是技术，而非技巧。事实上，管理技术是管理的基础部分，它包括管理制度中的技术、管理过程中的技术和管理系统中的技术。现代管理是一个庞大的管理技术系统，而后现代管理在管理技术上虽然与现代管理有很多不同，包括管理软件和信息化系统的不同，但在对管理技术的需求是同样旺盛的。大数据和人工智能时代，管理对技术性维度的依赖度更加提升了。

在管理的五维模型中，彼得·德鲁克与明茨伯格没有提到的，是管理的哲学维度和灵性维度。两位管理大师并非缺乏对哲学与灵性的洞见，但也许他们认为，哲学和灵性都外化为管理艺术了。而本书之所以提出管理的哲学维度和灵性维度，是基于管理大背景的不同，和对管理定义的推进。本书对管理的定义包括，在管理过程中完成人性的救赎并达到人生意义的完满，使人人都具备企业家精神和完善的人格，成为与企业经济目标并行的另一个目标。这既是互联网时代对企业创造力提出的新要求，也是时代的一种呼唤。

当今世界，企业人处于风雨飘摇之中，虽有财富之积累，却无灵魂之安歇。在管理中完善人性，实现人生价值，寻求人生意义，不仅是人最深沉的普遍需求，也是企业业绩的需求。而管理学作为最具跨学科性的综合人文学科与经世致用之学，比其他任何人文学科更具承担如此伟大使命之资格。因此，本书把哲学维度提升为管理学的新增维度，以匹配管理重新定义背景下，企业实践的迫切需求。

所谓管理的哲学维度，是指管理中的任何子系统都是世界观的反映，也就是管理哲学的反映。在现代管理范式占据统治地位的时代，管理的哲学维度并没有突出的作用，因为所有企业已经习惯于现代世界观。而在管理范式变革的时代，管理的哲学维度就具有特别重要的意义，管理变革的每一部分都需要贯穿新的管理哲学，由此，管理哲学变成管理范式变革的灵魂所在。

同时，由于管理的终极意义上升为人性的救赎与人生的完善，管理的灵性维度就具备了前所未有的重要性。实际上，由于"新新人类"对归属感的高度要求，传统的企业文化已经无法形成对"新新人类"的吸引力，企业文化只有升华到灵性维度，才有可能继续保持企业的凝聚力。这本质上是人性觉醒背景下，企业文化的适应性变革与升级。企业家必须关注企业成员创造力的释放，以及如何引导每一位成员成为正确的人，在企业实践中完成人性的升华，并定格生命的意义。所谓管理的灵性维度，正是对人精神与灵性层面的关注。"新新人类"对企业文化的理解，将远远超越过去那种表面化的文化，而必将上升到终极价值的高度。对于未来的创造性员工来说，他们在智力和自由方面都会达到空前的高度，若没有触及灵魂的灵性维度，那将是不完整的管理。

五、人性、自由与管理

重新定义人性与自由，是重新定义管理的前提。在对具体的管理问题进行阐述前，我们必须用一定的篇幅来阐明这些基本的问题。本书所要推出的，是一次里程碑式的管理范式革命，如果再像现代管理那样秉持机械主义世界观，直接进行工具式的解剖，所谓的管理范式革命将成为空中楼阁。

❂ 管理：人性与自由的艺术

根据前面的阐述，人性的根基为善，并且人性来自更高的源头。这使我们既认识到人性的高贵，又不至于像现代世界观那样高扬人性。

我们所重新定义的人性以高贵的善为根基，因此，管理需要尊重、相信人性高贵的一面。同时，管理者须以奴仆的心态面对被管理者，因为他们每一位都具有成为圣人的潜质。在互联网时代，这是"人人皆创客"文化的前提。

在人性高贵之善的背后，每个人也都存在恶的一面。而管理者的职责在于，不应消极地防备人性之恶，而应通过人性的救赎，达到管理者与被管理者的双重完善。如果充分认识到人性之恶的普遍性，管理者在面对被管理者的时候，就不会有高高在上的感觉，而会以谦卑的心态来服侍。关于人性的重新定义，无疑将对管理范式产生极具颠覆性的影响。同样，自由就是在轨道中的运行，如飞机和天体。而管理中的自由，则在于制定更具生产力的规则。在管理中不存在抽象的自由，一切自由皆以绩效为目标。

现代管理范式之所以已经走到尽头，在于它剥夺人自由的同时，扼杀了企业的创造力。后现代管理范式之所以倾向于更多的自由，在于自由的机制创造了更高的价值。管理的本质，就是让人性在权柄与优良的秩序中得到释放，并在此过程中创造更高的价值。

互联网与人性解放

人性解放是人类亘古以来的梦想，追求自由是人与生俱来的本能。人性的解放绝不能脱离现实，而只有面对残缺乃至残酷的现实才能真正实现。管理中的人性解放尤其如此。

管理中的人性解放，有赖于生产方式的改变和生产力的提升。互联网之所以更具解放人性的可能，在于它对生产方式的改变和生产力的质变式提升。互联产生数据，数据生成智慧，而智慧生成生产力。互联网以大数据的方式改变了企业的商业模式、战略模式、生产和营销模式，因此，全方位提升了企业的生产力。

互联网经济对知识工作者的依赖，以及对知识工作者创造力的释放，都是人性解放的一部分。但互联网行业的快节奏，某种程度上又打破了生活的平衡，所以，在互联网经济背后，也隐藏着反人性的势力。

事实上，任何一种技术或生产力的提升，都不能从根本上解放人性。但互联网所导致的生命互联，却产生了一种新的生命哲学，这种哲学超越了现代机械主义世界观。互联网导致了生命互联，生命互联使我们不再把他人作为物或机器来对待，而是把他人当作自己的一部分。互联网使一个有机论的世界成为现实，在互联网、生命互联的世界，人类将重新思考生命的价值和意义。在这种思考中，人类会重新定义自由与幸福。

建立工作与生活之间平衡的观念，并不是互联网解放人性的精髓，这在某种角度上是一个伪命题。所谓工作与生活之间的平衡，不同的人有不同的理解。事实上，工作就是生活。虽然我们反对"工作狂主义"，但生命的价值正是在神圣的工作中才能得到充分体现。在一个创业创新的时代，我们需要更充分地认识工作之神圣，以及创造性工作对实现人性解放的重要意义。人性解放并不是脱离现实的乌托邦生活。事实上，工作是对人的保护，甚至是对人性的一种呵护。一个无所事事的人，并不会得到真正的自由。绝对自由，是牢狱的另一种形式。

如何实现管理的自由

要实现管理的自由，必须以企业的绩效为评判。如果一种自由的管理模式，在绩效方面落后于专制的管理模式，这种自由就是失败的，因此就不是管理的自由。所谓管理的自由，必须达到自由与绩效的黄金平衡，达到人性释放与生产力最大化之效应。

"以人为本"和人性化，是最为模糊和容易产生歧义的概念。在人们的日常表述中，这两个概念反映出管理实践中的诸多矛盾或误区。事实上，企业管理永远以绩效为本，但为了达到最佳绩效，就需要解放人性。所谓人性化管理并非处处顺应人性，而是在人性的解放中释放人的价值。人性本身充满善与恶的冲突，真正的人性化不是顺应人性，而是抑恶扬善；真正的"以人为本"不是无原则的纵容，而是通过对人的约束使之达到至善。

王阳明说："人的欲望永远屹立于天地间，破山间贼易，破心中贼难。但人有本心，圣人之道在每个人心中，人人皆可为圣人。"张瑞敏的在海尔实施的"人人皆可为尧舜"文化，正是本于孟子和王阳明的思想。但要达到这一目标，实现管理的自由绝非易事。

王阳明心学的精髓在于："心即是理，知行合一，致良知。"王阳明通过人心来通达天理，他认为人心就是天理的体现，这与董仲舒人性源自神性的观念具有内在的相通。王阳明所说的心是指人的本心，这个本心其实就是原初尚未被玷污的纯洁人性，而本心必定是善的。就此而言，王阳明的人性观与孟子、伊壁鸠鲁派、奥古斯丁等都是相通的。认识人的本心是前提，这与认识人性的本质是管理的前提完全一致。在认识本心即人的原初本性的前提下，需要知行合一，即认知与实践相统一。如此，才能达到"致良知"，即具有善性的真正知识。在王阳明看来，不经过实践检验的理，不是真正的知识。这与彼得·德鲁克所强调的管理学的实践性如出一辙。管理的自由，必须以实践为前提，并以实践为目的。

王阳明的心学实际上是一种深谙人性的管理哲学。在王阳明的核心思想中，所谓"心即是理"，也与斯多葛派和亚里士多德的人性观如出一辙。王阳明心学可以与董仲舒"天人感应"结合，破除心中之贼，通过知行合一而达到无限良知。由于人类罪性的阻隔，绝对意义上的"致良知"几乎不可能，但可以无限逼近。由于人已经"脱离鹄的"，"致良知"就非常艰难，甚至某种意义上是不可行的，但这种理想与方法值得称道。

自我管理的前提，是像稻盛和夫所实践的那样恢复敬畏，即恢复"敬天爱人"的状态，这需要首先恢复良知。但由于罪性的阻隔，完全恢复良知，恢复自我管理是绝无可能的。一些领先企业的"自我管理"，只是由于机制的优秀最大限度地调动了人的积极性，遏制了人性中恶的因素，发挥了人性中善的因素。这是优秀的管理，但还算不上是伟大的管理。

自我管理既具有进步的一面，又具有回归的一面。并且目前的自我管理，只是恢复到自我管理的初级状态，未来尚有漫长的路要走。面对沉重的人性，管理也具有沉重的一面。因为要真正实现管理的自由，首先需要人性的救赎。

六、人性同构，管理相通

人性是管理的基石，也是管理的永恒主题。现代管理因错误的人性观导致了其管理范式在互联网时代的落伍。在重新定义人性的前提下，后现代管理正在构筑全新的超越性范式。而我们要发现人性与管理的本质，必须建立超文化视角。这也是本书最基本的方法论前提。

▓ 文化存异，人性求同

当今世界，在全球化的同时，大国博弈、地区冲突加剧，民粹主义抬头，跨国公司本土化阻力并未减少。互联网浪潮下，全球化公司的崛起成为普遍趋势，公司文化的融合成为更重大的课题。

传统的跨国公司并购与文化融合，采取的是跨文化视角。这种视角过度强调文化的差异化，而导致了文化融合阻力更大。吉尔特·霍夫斯泰德首开文化定量化研究，把不同群体、区域或国家的文化差异分为五个维度：权力距离、不确定性避免、个人主义与集体主义、男性度与女性度，以及价值观的短期取向与长期取向。霍夫斯泰德在 IBM 实施的这项文化差异化研究，具有重要的开创性价值。但是，随着互联网浪潮的推进，文化差异化现象出现了显著的变化，即一些全球化公司的文化开始具有超越国家文化的特点，如阿里巴巴、Facebook 等大公司的文化产生了一种趋同性。霍夫斯泰德的文化差异化模型，已经无法适应新的现实。中国文化在传统上倾向于集体主义和专制型管理，但这一特性已经被阿里巴巴、腾讯、华为、海尔等众多企业所打破。文化并非一成不变，而是处于不断变化之中。特别是，互联网正加速推进文化融合和文化趋同性现象。

为什么全球性企业会出现文化趋同现象？本书提出超文化视角，来重新审视和应对企业文化的这一全新现象，并为全球性企业文化的融合提供新的方法论。超文化是后现代管理的方法论基础，这一方法论的逻辑前提是，虽然文化差异性显著存在，但不同文化背后也存在共同的结构与基因。不同文化之间之所以具有同构性，是因为人性是相通的。文化源于人性，但在发展过程中逐步遮蔽了人性。后现代管理正是要通过超文化的视角，使被文化遮蔽的人性重见阳光。

通过超文化视角发现不同文化的共同基因，并非否认文化差异性的存在，霍夫斯泰德的文化模型仍然具有重要的参考价值。全球性企业的文化融合，需要在尊重文化差异性的同时，去寻找彼此共通的人性基因。以这样的视角去面对全球性企业文化融合，无疑阻力会更小，因此也更具建设性意义。

超文化视角不仅是全球性企业文化融合的利器，也是后现代管理最核心的利器。互联网文化的本质，其实正是一种超文化。从超文化的视角，我们可以更加清晰地穿透人性。而人性的救赎，是后现代管理的前提。它涉及商业模式、战略模式、组织模式、营销模式等后现代管理子系统的全面救赎。在互联网时代，我们需要穿越东西方文化的丛林，去发现不同文明背后那些共同的基因。尽管地缘政治与文化的冲突此起彼伏，但相容共生却是未来的大势。

在越来越多的全球化企业和公司全球化背景下，跨文化对话的视角已经无法适应企业文化的构筑。文化的差异性几乎无法消弭，成熟的文明之间也不可能相互妥协。在和平为基调的时代，试图用一种文化去征服另一种文化，并不具备多少现实意义。但不同国家与民族之间无论有多大的文化差异，人性却是相通的。从超文化的视角去发现不同文化的共同结构，在此基础上求同存异，才是不同文化背景之人相处的秘诀。这就是文化存异、人性求同的超文化方法论。

⊞ "人性论" 重构是后现代管理的前提

当今管理变革大抵是技术性改进，即使是人性化本身也存在着明显的技术化痕迹。几乎每一家企业都在谈人性化，但对于人性的理解却千差万别。

若无成熟的人性论重构，则一切管理变革都将舍本逐末。

每一种管理背后都有一种世界观，而特定的世界观导致特定的人性论。现代世界观是主客二分化的机械世界观，它导致在现代管理人性论中，始终把人当作对象或工具来对待。现代管理的人性论深刻地影响了商业模式、治理结构、组织结构、营销模式和领导模式等。

后现代世界观是一种有机论世界观，它强调主体与主体的关系，致力于人与自然、人与人之间关系的恢复。与此种世界观对应的人性论强调人性本善，并视每一个人为平等的主体。后现代人性论同样深刻地影响了治理模式、商业模式、组织模式、营销模式和领导模式等。

人性论重构是后现代管理的前提，而与后现代人性论对应的文化则是超文化，这是后现代管理的认识论与方法论基础。现代管理采取的是跨文化视角，这种视角强调文化的差异性，而忽视文化基因的同构性，跨文化同样是现代主客二分化世界观的产物。而超文化是后现代有机论世界观的产物，站在超文化视角构建新的管理范式，则现代管理的整个体系都将被完全颠覆。

⚙ 缔造后现代管理的超文化之路

管理是无国界的。阿里巴巴、华为、海尔等中国企业及许多跨国公司的实践都证明了这一点。在跨文化对话与管理统合的过程中，如果能够具备超文化的视角，冲突就会大大减少，协同就会更加容易。

超文化的秘诀是用心交流，具有任何文化背景的人都具有同样一颗以善为本的心。心与心的交流，可以跨越文化的隔阂。灵魂与灵魂的对话，可以让我们重回"伊甸园"。不同的文化往往具有相同的结构，因为不同的人具有相同的人性。人类曾历经文化未生成前的本真时代，而超文化的视角可以使我们回归本真。

实践中的管理艺术可能存在文化的差异，但管理范式却具有超文化的特点。管理的范式性即科学性，是管理的基石，而管理的艺术性是管理的辅助。在全球化企业普及的背景下，即使管理的艺术层面也在不断地走向趋同，因此并不存在"美国式"和"中国式"管理范式，寻找管理共同范式的重要性远大于追求管理的差异性。管理是人性的艺术，而不是文化的艺术。人们通常都以文化来定义管理，把文化当作管理的最高层面。但实际上，管理的最高层面是超文化思维。通过超文化思维，我们可以发现不同文化背后的共同基因，从而打造普适性的管理。最好的管理一定具有普适性，通过管理范式的重建打造普适性管理，才是人性解放和管理自由的科学路径，如表 2 – 1 所示。

表 2 – 1 现代管理与后现代管理人性论对比

现代管理人性论	后现代管理人性论
经济人、社会人、文化人等假设	"99 + 1 定律"
客体化人性论	主体化人性论
突出人性之恶，轻视人性之善	突出人性之善，但不轻视人性之恶
人为工作者	人为创造者
精英论：只有少数英雄	去精英论：人人皆可成圣

第三章
后现代公司治理与数字生态共同体

"中国企业必须跨越式发展，也就是一面建立现代企业制度，
一面自我超越，建立更先进的后现代企业制度。"

当今企业界十分流行股权激励设计，各种股权设计培训班层出不穷，很多人以为股权激励能解决一切。其实，单纯的股权激励不仅与管理创新的目标相去甚远，也不能完全变革治理模式。股权设计仅仅是公司治理模式的一部分，虽然股权是治理结构的基础，但完善的治理结构却是股权发挥效力的保障。若没有治理结构的创新，单纯的股权激励很可能是一剂毒药。

人性论重构是后现代管理范式的前提，而公司治理是后现代管理范式的基础架构。在公司成立之初，甚至商业模式尚未明晰的时候，就应该先设计好未来的治理架构。这是公司管理体系的框架性结构，对于未来的融资和持续发展具有至关重要的作用。变革型公司也应该从治理结构上开启系统变革之路。

严格来说，"公司治理"是一个过时的概念。在现代管理范式内，治理与管理是两个分开的概念。治理带有统治的意味，是一个阶层对另一个阶层的消极性控制。所谓治理，对于现代管理而言，十分自然和顺理成章，是一个不假思索的预设。在公司治理概念背后，则是虎视眈眈的现代世界观。

公司治理概念是所有权与经营权分离的产物。在两权合一的后现代管理范式下，所有者与经营者融合，老板和雇员之间的对立消失，已经不存在一个阶层对另一个阶层的控制问题，而只存在如何更好地协同和提升效率。相应地，公司治理概念就有些不合时宜了。公司治理其实是管理的一个子系统，当传统的控制式管理消亡之后，所谓治理就是公司管理的基础性架构。

一、现代公司治理大厦的倒塌

现代公司治理结构是经过一定的历史时期逐步完善起来的公司管理制度，它是现代管理成为一个规范与科学的管理范式体系的基础。以大型上市公司为代表的现代公司治理结构，是基于股东会、董事会、监事会、外部独立审计和政府监管机构等共同构建的公司控制体系。其历史性功绩不容抹杀，并且仍然在全球发挥着巨大的作用。

现代公司治理预设的误区

现代公司治理结构是随着泰勒"科学管理"的奠基，而逐步发展起来的一套相对完善的控制体系。它由大资本家控股的早期西方公司治理结构为主，逐步演化为以股东高度分散的大型公众公司治理结构为主。无论是早期的大股东控股型公司，还是后来的公众型公司，都是基于同样的假设来构筑公司的治理结构。

现代公司治理结构假设，是把所有者与经营者分成两个不同的阶层，也就是把资本家与劳动者区分为两个阶层。这是一个看似不可动摇，甚至理所当然的预设。世界经济合作发展组织（OECD）制定的《公司治理结构原则》指出，一个良好的公司治理结构应当"实现组织既定的目标，维护股东的权益；确保利益相关者的合法权益，并且鼓励公司和利益相关者积极进行合作，保证及时准确地披露与公司有关的任何重大问题，包括财务状况、经营状况、所有权状况和公司治理状况的信息；确保董事会对公司的战略性指导和对管理人的有效监督，并确保董事会对公司和股东负责。"因此，一个完善的公司治理应该"保持良好的内部控制系统；不断检查内部控制的有效性；对外如实披露内部控制现状；保持强有力的内部审计。"

世界经济合作发展组织（OECD）所制定的公司治理结构原则，反映了经典的现代公司治理预设。这一预设可以分为三个层次：第一，股东与雇员是两个不同的阶层；第二，公司治理结构以维护股东利益为核心；第三，公司治理的主要表现是对管理人的监督。现代公司治理结构的这一预设，引发的直接后果是形成了阶级，造成了资本家与雇员之间的对立与博弈。在资本主义发展的早期，劳资对立十分突出，甚至由此引发了激烈的斗争和暴力革命，产生了社会主义和资本主义两大阵营。在市场经济的背景下，意识形态的争辩已经被淡化。由传统资本主义演化而来的现代公司治理结构，虽仍然发挥着积极的作用，但已经无法适应互联网时代全球化公司的管理现实。

除了早期资本主义导致的阶级斗争外，20世纪中期，美国社会也爆发过严重的劳资矛盾或阶级矛盾。彼得·德鲁克深刻洞见了劳资矛盾的背后是人与组织的矛盾，不过他起初并没有清晰地指出人与组织矛盾的根源在于产权结构问题。但彼得·德鲁克相信通过公司这个"连接市场机制与民主政治的桥梁"，能够使垄断资本主义自发地演变为"人民资本主义"或"社会资本主义"。彼得·德鲁克还预见到，知识工作者将自己视为与企业组织平等的专业人士，而不是传统意义上的雇员。知识社会将是由不同的专业工作者组成的，而不是由老板和雇员。

今天，知识社会已经全面到来，但现代公司治理结构仍然占据主导地位。现代公司治理预设误区之所以根深蒂固，是因为它是现代世界观的产物。这就是基于笛卡儿哲学的机械世界观，它使人与自然、人与人之间的关系对立起来。我们在现代管理范式的各个方面，都可以清晰地看到现代世界观的影子。这正是管理范式存在的证明，也是我们颠覆陈旧管理范式的依据和突破口。

委托—代理模式的终结

现代公司治理制度的核心架构是委托—代理模式，其股东会、董事会、监事会等机构均以此为基础而设立。委托—代理模式的出现，奠基于所有权与经营权的分离。通常，在大股东控股的情况下，董事会对管理层的监督作用最大。在股东高度分散的情况下，所有者实际上更大程度地是投资者，并不具备企业的真正所有权。在此背景下，传统的委托—代理关系出现弱化，只有委托—代理形式，而缺乏有效监督。委托—代理关系的弱化，使股东控制力减弱，但管理层仍是打工者，仍然缺乏主人翁意识，这就必然导致"内部人控制"的问题。

所谓"内部人控制"，是从消极意义上界定的。当管理层缺乏主人翁意识，而实际上却在控制公司的情况下，他们就不会以股东利益为重，而是以自我利益为重。这要么导致管理层的消极怠工，要么导致管理层的腐败或以短期利益为重，从而对公司战略造成致命伤害。在此种情况下，无论董事会是否有管理层成员，董事会都会沦为名义上的统治机构。这是 20 世纪欧美公司的一种普遍现象。

为了对委托—代理关系弱化背景下的管理层实施有效的监督，20 世纪 80 年代以来，美国公司普遍尝试以股票期权的方式来激励管理层。但股票期权在实施过程中因种种原因而不尽如人意，股票期权只是产权革命的一种过渡状态，此种情形下公司产权并未发生实际变更，这有可能使管理层为了快速变现期权而更倾向于短期行为。针对此种情况，出现了限制性股票，高管在限制的期限内不得随意处置股票，如果在限制期内高管辞职或者被开除，股票就会被没收等。由于限制性期权附加条件太多，在现实中并没有多少实际意义，而遭到普遍的冷落。

另外一些公司则采取了管理层收购（MBO）的方式，这些经过管理层收购的企业平均绩效提高了三倍。总体而言，管理层收购比股票期权更为有效。相对于股票期权，管理层收购对产权制度的变革更为彻底。管理层收购实际上颠覆了原来的委托—代理模式，因为管理层已经不是代理者，而是具有了委托—代理双重身份，也就是所有者和经营者双重身份。由于管理层只是惠及少数高管，因此还不是产权制度的全面变革。

管理层收购是产权变革的前奏，员工持股计划则是在此基础之上对经典现代公司治理模式的彻底颠覆。自 20 世纪 80 年代以来，特别是 20 世纪 90 年代以来，美国高科技公司的产权革命，正在全面摧毁现代公司治理结构。同时，刚刚踏入现代公司治理门槛的中国企业，为了应对激烈的全球化竞争，也不得不在现代治理结构尚未完善的情况下，纷纷打破这一固有的格局。华为的全员持股模式和海尔的"小微"创业平台模式等，均突破了现代治理结构的界线。现代公司委托—代理模式已经面临全面终结，但公司治理理论创新与相关的制度匹配尚远远落后于企业实践。绝大多数公司治理理论研究，缺少超越的视角，仍然局限于现代治理理论框架之内，自然也无法进行相关的制度匹配创新。

"安然事件" 与现代治理大厦的倒塌

2001 年爆发的美国"安然公司丑闻"，是美国公司也是现代公司治理史上的标志性事件。安然公司从打破官僚主义、鼓励创新、组织扁平化等开始步上成功之路，它曾经是世界上最大的能源、商品和服务公司之一，名列《财富》杂志"美国500强企业"第七名。安然事件只是个缩影，它暴露了即使在信用良好的美国社会，公司"内部人控制"导致的腐败现象也很普遍。除了因丑闻倒闭的安然、世通以外，在美国众多治理结构完善的公司中也存在着不同程度的腐败问题。

作为有着完善治理机制的著名公司，安然事件暴露了美国现代公司治理结构的危机。在委托—代理模式下的现代公司，无论其治理结构如何完善，都难以彻底杜绝管理层的腐败现象。安然的董事会由15名董事组成，同时还设立了一个特别投资委员会。但这些"负有处理复杂商业案件和投资经验的金融财务专家"们，多年来并没有觉察到管理层的暗箱操作问题，最终导致了安然财务危机的集中爆发。

事实上，安然公司的董事与管理层之间存在着错综复杂的关系。其中，大部分董事任职15年以上，他们从公司成立到破产一直在安然任职，形成了与安然管理层良好的关系和高度的信任。另外一些董事是安然高薪聘请的顾问，他们每年从管理层那里拿到可观的咨询费，实际上已经成为管理层的一员。安然董事会的这种架构，也影响了其外聘审计的独立性。安达信既是安然的外聘审计师，也是安然的财务顾问。这种非正常的双重角色，使安达信从安然公司获得了丰厚的利润。既然安达信以财务顾问的身份从安然获得咨询费，为了维护与安然之间长期的合作关系，在履行审计职责时就不可能公正。安然还聘请安达信的高级经理担任公司会计事务官员，而这些人可能就是安达信审计师的前任上司，这种无形的压力也会严重影响安达信审计行为的独立性与客观性。

安然董事会的集体失聪和外聘审计安达信独立性的丧失，是安然财务危机爆发的关键因素。当管理层和部分董事会成员疯狂出售手中持有的安然公司股票时，安然的董事会和审计委员会没有觉察，显然这与他们在商界的地位和专业技能无法匹配。安然事件的关键因素是董事会监管失败，而之所以出现这种情况，是因为董事会与管理层之间存在错综复杂的关系。

除了具备完整的治理结构外，安然公司还实行了股票期权激励制度。安然向公司管理层和员工授予的股票期权价值相当于数亿甚至数十亿欧元。美国《财富》世界500强公司中，有90%以上推行股票期权，在纳斯达克上市的企业推行股票期权的同样在90%以上。股票期权是在现代公司治理架构不改变的前提下，对管理层和员工所实施的一种激励，虽然通常具有积极的意义，但也存在很多负面效应。问题的症结在于，对于委托—代理模式下的现代公司而言，股票期权并不能从根本上改变企业的产权结构，获得股票期权的管理层和员工的身份仍然是雇员，而不是真正意义上的企业主人。这就很容易导致持有股票期权的管理层做出短期行为。安然事件中的公司管理层正是如此。

美国的公司体系是以机构投资者为主导的体系。在这种体系下，股东不关心公司的长期发展，只关心股票价值的短期上扬。同时，安然管理层也形成了急功近利、贪婪冒险的赌场文化。安然的核心文化就是盈利，甚至可以说是贪财。在安然，经营者追求的目标就是"高获利、高股价、高成长"。安然事件背后，也反映了现代 MBA 教育和现代公司文化的失败。在安达信、世通、安然这三大巨头中，几乎大部分高管人员都拥有知名大学 MBA 学历，例如，安然创始人、董事长肯尼斯·雷是密苏里大学 MBA，首席执行官杰弗里·斯基林是哈佛大学 MBA。

安然具备完整的现代公司治理结构，但这些机制却形同虚设。安然事件的导因，表面上看是安然董事会成员与管理层的复杂关系，以及外聘设计师安达信的独立性丧失，本质上却是现代公司治理模式下，管理层与股东之间的离心。更深一层，则是由于现代世界观和现代文化所造就的职业经理人道德的缺失。安然的倒塌，标志着现代公司治理结构全面崩溃的开始。

安然事件之后，几乎所有的外界分析，都着眼于安然董事会失控和安达信审计独立性丧失等问题。外界观察安然事件的视角，无不囿于现代公司治理结构，没有跳脱现代管理思维。这无疑是一种范式陷阱。事实上，在现代公司治理架构之下，安然事件代表着一种必然性。它是美国现代公司治理结构崩溃的标志，绝非通过董事会的廉洁就能改变。问题的症结在于现代公司治理模式本身，因此绝非灭火式的补救所能奏效。现代公司治理结构已然坍塌，必须跳出其桎梏，致力于缔造全新的公司治理范式。

✳ 美国模式与德日模式的演变

安然事件之后，不仅安然倒闭，而且几乎所有的公司高管都被起诉并被判以重刑，为安然公司服务的安达信也因此关门。其中，安然前首席执行官杰弗里·斯基林被判入狱24年零4个月，承担上亿美元的财产追偿。美国政府对经理人败德行为的惩治可谓非常严厉。

随后，美国国会出台了《2002年公众公司会计改革和投资者保护法案》，又被称作《2002年萨班斯—奥克斯利法案》，简称《萨班斯法案》。该法案在会计职业监管、公司治理、证券市场监管等方面作出了许多新的规定。《萨班斯法案》出台的目的是加强公司责任，以保护公众公司投资者的利益免受公司高管及相关机构的侵害。同时，美国政府成立了新的机构"公众公司会计监察委员会（PCAOB）"。该委员会是一个非营利组织法人，由5名理事组成，理事由美国证券交易委员会和美联储任命，理事不得在其他任何职业或商业机构中兼职。

安然事件后，美国法律的修正和对公众公司监管的加强，都是必要的，但仍属消极防御，没有摆脱现代公司治理预设。事实上，今天美国公司的内部治理，仍然以三角模式为主体，这三角分别为股东、董事会和管理层。为了加强对管理层的控制，美国公司还选立独立董事，对董事会进行置身事外的客观判断与监督。但无论独立董事还是独立审计，这些为完善公司治理结构而进行的努力，都是在老板—雇员二元体系之下的改良。而建立在管理层收购和员工持股基础上的产权变革，才是突破现代公司治理模式的根本之道。目前，美国公司的治理模式，已经由传统的老板—雇员界线分明的格局，逐步向老板—雇员界线模糊乃至消失的方向演化。

日本民商法与德国同属大陆法系，因此，日本公司治理结构与德国接近。但与德国不同的是，日本"二战"后形成了内部治理结构和外部治理结构两大部分。其中内部治理结构包括股东大会、董事会和监事会。而在外部治理结构方面，日本公司以"交叉持股"为特色，即利用成熟而发达的资本市场，在公司成立之初就与背后的银行交叉持股或持有公司债券，以此绑定双方利益，并对公司管理层形成监督。日本公司的交叉持股治理结构，并未改变现代公司的委托—代理机制，虽然有效提升了监督力度，但与美国公司在治理结构方面的改进相比，显得保守了很多。

德国公司的治理结构也包括股东大会和董事会。与美国不同的是，德国公司采取"双层董事会"结构，一层由股东构成，一层由劳方构成。同时在双方董事会中分别选举产生监事会。德国公司治理结构最突出的特点，就是在此种模式之下的"共同决定"，并通过立法的形式，保证雇员参与公司治理的机会。德国公司强调股东、管理层与员工的共同参与，且在经营参与、监督参与、信息参与方面都很深入。德国公司双层董事会下的双重决策制，其董事会是管理委员会，监事会才是企业的最高权力机构，可以罢免董事会成员并决定其待遇，对董事会及管理层进行监督，也有权对企业的重大事项进行决策，相当于通常现代公司的股东会。其次，德国公司工会的作用更显重要，职工可以通过派代表进入监事会参与企业管理。法律规定，监事会成员由劳资双方的代表对等组成，权力相当。工人监事可由工人和职员直接选举产生，多的可占到监事会成员的 1/3 或 1/2。德国公司虽然没有通过产权变革的方式改变现代公司委托—代理结构，但其在治理机制的设计方面，充分突出了员工的作用，这可以看作是现代公司治理结构的一种进步。德国公司治理结构的演化，显示出了传统资本主义的自我改良。从产权角度而言，这虽然不是彻底的变革，但已经能够感受到其强烈的变革倾向。

总体而言，以管理层收购和员工持股为特点的美国公司治理模式变革，虽然目前并不完善，但比德日的治理结构更符合知识经济时代的趋势。德日公司的治理模式值得借鉴，但美国公司的治理结构变化，更能代表一种世界性潮流和治理结构范式的革命。

二、万科与一个时代的谢幕

如果说发生在新千年伊始的美国安然、世通事件，标志着现代公司治理模式走向终结的话，那么发生在 2015 年的万科股权之争，则从另一个角度昭示出中国企业现代治理架构必须进行跨越式设计。

万科事件的性质与安然、世通截然不同。安然、世通是美国现代公司治理架构下管理层败德所引发的公司治理地震，万科则是由于产权制度设计的漏洞而导致的管理层失控危机。前者是股东对管理层监督的失效，后者则是由大股东可能造成的对管理层的过度监督而引发。当然，它们反映的都是现代公司治理问题。

▨ 从 "君万之争" 到 "宝万之争"

万科是一家特殊的现代公司，与一般意义上的美国公众公司不同。万科是在王石领导下，由管理层亲手缔造的具有现代管理示范性的中国标杆企业。

它以优秀的企业文化闻名于业界，也视其独特的企业文化为公司的核心竞争力。

发生在 2015 年的"宝万之争"，并非万科历史上第一次控制权之争。早在 1994 年，就发生过一场 A 股市场里程碑式的"君万之争"。此次事件在王石的《道路与梦想》里有详细的记录。那时，作为万科股东的深圳君安证券就对万科管理层提出意见，要求改组万科董事会。

"君万事件"是中国企业史上股东与董事会的第一次直接对抗。而"宝万事件"，则是中国企业史上第一次因大股东控股情况下可能损害公司文化而引发的股东与管理层之间的控制权之争。万科两次事件都直接指向中国企业的治理结构问题，因而都是中国企业史上的标志性事件。万科的股权虽然高度分散，但尚未暴露出像安然、世通那样的"内部人控制"问题。但由于时代背景的不同，如果我们囿于现代企业治理制度的视角，注定无法超越地洞悉万科股权之争的本质，及其对中国企业的启示意义。

与联想、海尔等企业一样，万科也是中国改革开放后兴起的第一代企业。由于这些企业都拥有一位出色的领袖，而且在政策和法制尚不健全的 20 世纪末率先建立了现代企业制度，因此成为时代里程碑式的标杆企业。与美国企业不同的是，中国第一代现代企业诞生伊始，就面临着全球范围的后现代管理变革浪潮。在此特殊背景下，中国企业必须跨越式发展，也就是一面建立现代企业制度，一面自我超越，建立更先进的后现代企业制度。

由于历史原因，王石在万科最早股份化改革的时候，错过了直接导入管理层控股的治理模式。也由于王石的理想主义情结，他早年对委托—代理模式下的现代公司治理结构过于推崇。因此，万科的产权结构埋下了对管理层不利的隐患。虽然从现代公司治理模式角度来看，万科的产权结构堪称经典，但对于万科这样一家由管理层创业而成就，且拥有独特企业文化的公司而言，经典的现代企业产权和治理模式并不完全适合于它。因为王石和万科管理层不仅是经理人，更是万科的创立者。如果按照更晚一些诞生的互联网公司，如阿里巴巴、京东等企业的产权模式，则管理层就不会仅仅是经理人，而同时也是企业所有者。互联网崛起之后的中国领先企业，已经和西方最领先的企业如谷歌、Facebook 等同步，在企业创立之初就充分考虑了管理层与股东共同治理的更先进模式。这种模式已经超越了经典的现代公司治理结构，并正处在形成为新的治理范式的过程中。

万科是一个典型的大众持股公司，截至 2015 年 12 月 18 日，万科管理层持股只有 4.14%。万科的股权分散程度，在中国证券市场中十分罕见。在经典的现代公司治理模式下，万科这样的股权结构是理想的。但万科管理层要在新的全球形势下与互联网、高科技企业一样实现管理层对企业的绝对控制，这样的股权结构则充满隐患。宝能系正是在此种背景下不断增持万科股份的。

在"宝万之争"事件中，宝能系并非"野蛮人"。这只是一次正常的资本运作，而资本并无善恶。王石的反击则更在情理之中。"宝万之争"并不存在道德维度，只是一场公司控制权的博弈。在这场博弈中，虽然宝能系承诺仍由王石执掌万科，但王石却不认可也不信任宝能系。王石担心的是，万科的文化可能因此毁于一旦，而这正是万科的核心竞争力。显然，王石及万科管理层以万科的主人自居。这完全可以理解，但从法理层面来看就存在非理性的一面了。虽然王石及其管理团队缔造了万科，但从股权的角度，他们并不具备控制万科的法律依据。这是万科股权设计的缺陷，王石及其团队只有通过后续在股权方面的完善来实现其对万科的实际控制。随着 2017 年 1 月华润的退出和深圳地铁入场成为万科第二大股东，万科的股权之争告一段落。深圳地铁对万科管理层的支持，将巩固万科管理层对公司的控制。而随着 2017 年 2 月 24 日中国保监会对姚振华处罚的宣布，"宝万之争"也以王石的绝对胜出而宣告结束。当然，万科管理层对公司的真正牢固控制，尚有待今后随着合伙人制度深化背景下，管理层不断增持公司股份或投票权而得以完全实现。

公司治理问题，说到底还是股权问题。马云等企业家在不控股的情况下之所以能够保持对公司的绝对控制，是因为投票权等其他治理机制的设计。总之，管理层要实现对公司的绝对控制权，需要与股东或投资人在股权和其他控制性条款界定方面的组合。此种治理结构，本质上是对现代公司经典治理模式的超越。

壮士之歌：万科模式背后的文化

万科创始人王石堪称中国第一代企业家中极具情怀的一位，同时也颇具英雄主义色彩。曾经从西方文学中汲取养分的王石，对西方现代文化情有独钟。从万科创立早期，王石就致力于用现代文化武装万科。如今，万科在王石及其团队的努力下，早已成为中国文科大学生最向往的公司之一。万科无疑是非常成功的中国公司。

同时，在王石的带领下，万科也是中国以职业经理人文化打造的标志性公司之一。王石所推崇的职业经理人文化，与委托—代理模式下的现代公司治理机制是匹配的。但经理人文化背后更深层的文化，则是西方现代文化。它源自笛卡儿世界观，也源自古希腊文明。

在《中国企业家》杂志 2007 年第 10 期所刊登的《万科与世界级企业的真正差距》一文中，我曾经指出过万科企业制度是建立在现代人本主义基础之上，并指出万科应超越其职业经理人文化，及早导入后现代企业制度。事实上，最近十几年来，王石一直为万科股改而努力，只是由于早年留下的漏洞过大而充满艰难。

在王石的心目中，坚持经典现代企业治理结构已经不重要了。重要的是万科文化的延续，这相当于是王石本人生命的延续一样。万科毕竟是王石带领他的团队，经过艰苦卓绝的努力而打造的一家非常优秀的公司。通过观察谷歌、Facebook、阿里巴巴、海尔、华为等企业的治理结构变革，以及在哈佛、剑桥的游学经历，王石对现代公司制度和西方文化一定有了更深入的领悟。未来的万科，在文化上一定是开放的。万科现在所倡导的创新文化与互联网思维，必定有赖于新文化的注入。曾经的万科治理模式，虽然尚难脱离与西方现代文化的瓜葛，但我们相信万科并不是一成不变的。

万科产权之争与一个时代的谢幕

对于"宝万之争"所引起的万科治理结构的评论，与安然、世通事件的评论一样，目前尚缺乏从治理范式变革角度的超越式洞察。"宝万之争"的重点，既非"野蛮人的入侵"，也非王石作为经理人的强硬，而是中国企业治理结构变革该往何处去的问题。

再提现代公司治理制度的完善，显然已经太落伍了。现代公司治理制度无论如何完善，都避免不了股东与管理层的对抗。完善现代公司治理制度，无疑是在一种旧时代的思维下不合时宜的举措。无论是安然事件之后美国政府所做出的监管努力，还是针对万科事件中国监管部门的态度，都具有积极的意义，但这一切都无助于现代公司治理范式的提升。从美国到中国，似乎多数人都陷入了某种"范式囚牢"。这种陈旧的现代管理范式，具体地说是现代公司治理范式，已经被全球新锐公司所颠覆。但理论界和观察人士似乎一直缺乏对其本质的洞见。

面对万科和安然事件，外界提出的均为"头痛医头、脚痛医脚"式的治疗方案。即在现有公司治理结构的范围内，寻求技术性改良。但更重要的是思维与视角的改变，才是完全跳出陈旧框框的崭新的高度。一个时代过去了，现代公司治理范式正在成为历史。

作为万科的创始人，王石把自己定位为经理人的情怀是伟大的，他所坚持的现代企业产权理念也很伟大。但在大数据和人工智能时代，中国企业必须跨越式发展，及时导入后现代产权制度，否则便会成为落伍者。无论在何种情况下，公司治理结构中最重要的都是产权问题。产权不仅是治理结构的基石，也是所有管理体系的基石。公司治理结构变革，必然始于产权革命。

目前的万科，正在推进合伙人制和全面的管理变革。上海万科从 2015 年10 月就开始执行杨元庆早年在联想推行的"无总"称谓要求，旨在打造协作、共创、共担、共享的企业文化，以激发"Z 世代"员工的能动性。同时，万科在管理上也在学习海尔与华为。万科的未来无疑值得期待。

三、互联网与公司治理救赎

现代公司治理结构，是资本主义时代早期资本家与工人对立的产物。虽然经过漫长的发展与完善，经典现代公司治理模式已经在法律和制度层面兼顾股东、管理层和利益相关者权益，并且在实践中证明其具有很强大的生命力。但其中始终不变的是劳资双方的对立问题。

这本质上不是制度的问题，而是文化的问题，而文化的背后则是现代世界观。截至目前，我们还很少看到从文化和世界观角度，对现代公司治理结构所进行的深度透视。

现代公司治理反人性

现代公司治理结构，体现了一种消极防御式管理思想。它首先在产权模式上确立了劳资双方的对立格局，并确立了资方为大的基调。在其背后的人性假设中，人尚未被看作是具有知识和独立创造力的主体。在工业革命早期，工人的作用远不及机器，他们只是流水线上的辅助性环节，是机器决定生产力，而不是工人决定生产力。在此种背景下，资本和机器的力量占据主导是可以理解的。

然而，无论在任何时代背景下，就本质而言，人始终是最重要的因素。企业的目的，无论在任何情况下都是为了人的。人是企业的目的，也是一切组织和国家的目的，甚至是上帝的目的。人在天地间具有高贵的地位，这是对人的价值的基本认识。现代公司治理架构产生的根本原因，并不是资本与人力相比谁为重的问题，而是人性假设以及对人的价值如何定位的问题。

关于人的价值，只有在远古时代，在人类初始阶段的部落文明中才会得到真正的认识和尊重。这一点，在东西方经典思想家那里都能得到充分体现。人的堕落产生了等级，文化的发展又使等级分化变本加厉。因此，人的价值在人类历史中从未得到完全的认识，故此人的自由和人性解放才会成为一个千古理想。

文艺复兴和启蒙理性都具有非常伟大的理想，那就是追求人性自由。但从笛卡儿开始的机械世界观最终未能真正释放人性，反而使人性戴上了新的枷锁，人对人的统治并没有变得更加美好。笛卡儿以来的思想家们对人性过于乐观了，他们忽略了人性中那1%的恶所具有的极其可怕的破坏力。人一旦成为在他人之上的管理者，就容易私欲膨胀，并且醉心于对他人的统治。我们经常看到一些大公司的管理者，在面对下属的时候骄横跋扈的姿态。他们甚至连一句正常的话都不会讲，当他们辱骂下属的时候，他们忘记了自己面对的是一个人格与他平等的"人"。

总体而言，现代文化像一架巨大的绞肉机，绞碎了原初本真的人性。这使得现代公司治理模式奠基于一种理所当然的预设之上，没有人想到它隐藏的骄傲，和对人性的践踏。但所有职场人士都能感受到，在老板与雇员之间，存在着一堵无形的墙。即使在企业文化最优秀的公司中，某种对立的情绪和相互设防的心理仍然存在。

虽然人类几千年来都是如此，现代公司治理架构相对于历史上的组织也具有其明显的领先性。但是，在知识工作者登上历史舞台的人性大觉醒时代，他们已经无法忍受任何反人性的事物了。特别是，当"千禧一代"和"Z世代"逐渐成为职场中坚力量后，反人性的治理模式将彻底崩溃。"千禧一代"

和"Z世代"的主体意识和创业精神都空前高涨，他们必将彻底颠覆经典现代治理模式。

人性觉醒与治理结构变革

知识社会的到来促进了人性觉醒，这是社会进步的表现。从彼得·德鲁克的知识工人，到今天"千禧一代""Z时代""阿尔法一代"，人性已经彻底觉醒了。人性觉醒并不是人性的变化，而是人性的复苏。人的高贵性和主体性，从人在宇宙中诞生的那一刻就确定了。

为什么20世纪末以来公司治理结构在发生颠覆式变革？为什么越来越多的公司在赋予员工以主人的地位？不是人性变好了，而是人性复苏了。虽然人性的本质不会变，但在这场世界性的人性大复苏中，人性确实因觉醒而似乎在变得更好。其实不是人性变得更好，而是人性在慢慢恢复初始的样子。那么，人性觉醒是否也可以称为一场"重回伊甸园"的浪潮？

不论如何，人性觉醒浪潮都正在颠覆现代公司治理结构。这是一个全球性的事实。安然、世通的倒塌，开启了美国公司的治理结构大变革。而万科的股权之争，也开启了中国企业治理结构的超越式变革之路。事实上，早在"宝万之争"之前，中国企业就已经开始了治理结构的变革，只不过这一具有标志性意义的事件，意味着中国企业治理结构变革将进入一个全新的阶段而已。

互联网驱动下的公司治理

人性的觉醒打开了现代公司治理结构变革的闸门，而互联网则铺设了变革的高速公路。互联网不会改变人性，但是它为人性解放奠定了坚实的基础。为什么互联网崛起之后全球公司的变革进入了新的时代？因为互联网将人与人联结起来，打破了过去种种人为的壁垒，也打破了文化的隔阂。在此种背景下，人性犹如被暴雨冲刷过的卵石，完全裸露于阳光之下。

互联网催生了平等、开放、创造、共享的文化，必然颠覆现代公司统治意味明显的消极治理结构。在过去的20年中，那些成功的互联网公司几乎无一例外地建立了全新的公司治理结构。它们首先颠覆了现代公司治理结构的根基，即所有权与经营权分离前提下的委托—代理模式。互联网公司并没有废弃现代公司的董事会治理架构，但从产权角度摧毁了现代公司治理模式存在的根基。

这是彻底的变革。通过产权革命，互联网公司导入了新的文化。这种文化超越了现代世界观，废除了老板—雇员二元对立的机制，劳资双方变成了一方，资方治理变成了利益相关者的共同治理。

目前有一种较为前沿的说法：现代公司是资本雇佣劳动模式，而后现代公司是劳动雇佣资本模式。这种说法无意中沿袭了现代世界观的思维，即人与人对立的思维。如果说现代公司基于这种对立思维强调资本雇佣劳动的话，那么，虽然知识工作者跃居为主人，难道同为具有高贵人性的股东就不是主人吗？因此，强调劳动雇佣资本，是对资本雇佣劳动的矫枉过正，其背后则是落伍的对立性思维。即便知识型公司的创立者可以绝对控股，投资方的权益也不容忽视。否则就会形成创始人过度强势的现象，这不仅不符合互联网精神，也是对人性的践踏，必然会破坏刚刚萌芽的后现代公司治理结构的平衡。

四、产权变革与公司治理

因此，在新的后现代公司中，既不存在资本雇佣劳动，也不存在劳动雇佣资本。雇佣这一概念必须取消，甚至资本与劳动概念也要取消。在货币资本背后是作为投资者的人，而他获得资本的方式是知识和智力；在知识资本背后，也是作为知识拥有者的人，而他的知识可以创造货币。因此，双方是完全对等的人。在后现代公司中，既非资本雇佣劳动，也非劳动雇佣资本，甚至也不是劳动与资本的相互雇佣，而是人与人的相互协作。这是后现代公司治理模式的起点。

共享、共产与共生

就目前而言，共享经济还只是一种商业模式，而不是一种产权模式。共享经济的积极意义，其一是对闲置资源的充分利用，符合可持续发展的理念；其二是促进了人与人之间的联系，有助于形成新的"集体主义"。共享经济是互联网所实现的新商业模式，它间接地把互联网的社区文化大规模与线下结合。如果说，共享经济实践了凯文·凯利所说的"数字社会主义"的话，那么它只是"数字社会主义"的初级阶段。

Airbnb、Uber 等共享经济代表企业创造了新的商业模式，而不是发明了伟大的社会理想。对于共享经济，我们无须为其穿上高尚的外衣，但也不否认其商业模式背后隐含的积极社会意义。真正的共享并不是"经济"，它只存在于早期社会或未来更高级的社会中，它是免费的，而不是收费的。事实上，黑脚族印第安人才是真正的共享"经济"鼻祖。对黑脚族印第安人来说，发现金矿会让所有部落成员兴奋不已，因为他们能分享金矿为他们带来的利益。而在现代社会中，发现金矿却无疑意味着要疏远很多人，甚至那些与我们关系亲密的人。

根据马斯洛的研究，黑脚族印第安部落中的施舍行为，是典型的协同行为。在黑脚族印第安部落中，部落成员辛勤劳作一整年，积累大量毛毯、食物之类的财富，为的却是在初夏的祭日舞仪式上把这些财富施舍给公众。马斯洛研究黑脚族印第安人部落时的翻译特迪，是全部落唯一受过教育的人，他成功后买了一辆汽车，但这辆汽车实际上是属于全部落的，特迪本人用车还不如别人用得多。但特迪因此受到了全部落的尊敬和爱戴，并被选为酋长。

在基督教会早期，也有过一段"凡物公用"的时期，但人类未来的共享制发展趋势，与原始的共享制无疑具有理念上的一致性。从共享到共产的飞越，不仅是社会制度进步的问题，更是一个人性回归的问题。就人性本质而言，原本存在着利他的一面。

对现代公司治理结构的打破，其前提是产权制度的革命。资方与劳方界线的消失，以及员工持股制度的蔓延，无疑体现为一种公司生态共同体。而公司层面的公有制尝试，则是社会公有制的基础，甚至就是社会公有制的一种科学的形式。因为在公司公有制中，并不是简单的平均主义，而是基于生产力提升前提下的产权分配。这种分配既要照顾到每一个人对产权的诉求，也要考虑到对不同对象采取不同的产权分配尺度。因此，公司生态共同体不会导致"大锅饭"效应。全球范围内的员工持股浪潮已经证明了这一点。

只有共产才能共生。科学的公司共产制，可以激发每个人的创造力，同时促进公司成员的生命互联。如果产权革命不能达到人与人生命的协同与灵魂的共振，那么这样的公司仍然缺乏竞争力。产权是基础，文化却是上层建筑。只有产权革命与公司文化的协同推进，才能缔造伟大的公司。Airbnb、

Uber 等公司能够快速崛起，绝不仅仅是由于它们的商业模式和产权制度，而在于它们背后的企业文化。Airbnb 的使命，是让每一个人可以在全世界的任何一个角落都能找到归属感，而不仅仅是一间民宿。这样的企业文化的确已经向某种信仰靠拢。

股权革命与公司治理

股权革命是公司治理结构变革的前提。员工持股浪潮颠覆了经典现代公司治理结构，推动了公司共同治理时代的到来。事实上，早在互联网时代之前，东西方就已经开始了股权激励的历史。这是人性本身的推动，说明在任何社会条件下，人性都是相通的。

西方股权激励的历史，自 20 世纪五六十年代美国辉瑞制药厂开始，直到今天仍在变革与持续改进中。截至 1998 年，美国 90% 以上的上市公司和排名世界 500 强的大企业均施行了股权激励计划。目前，美国 80% 以上的企业均实施了股权激励。

中国古代"晋商"推行股权激励的历史更为久远。晋商驰骋商界 400 余年，一个很重要的原因，就是建立了完备的"身股"制度。晋商开启了股权激励的先河，创造了"身股"和"银股"，身股的本质就在于将劳动力转换为人力资本，与银股一同平等分红。票号中传统的"身股"机制，打破了东家与掌柜之间的委托—代理界线，可以说是后现代治理模式的萌芽。中国最早关于股权激励的法律法规，则是 2006 年 1 月 1 日实施的《上市公司股权激励管理办法》，随后股权激励才逐步得以迅速发展。

但目前美国和中国上市公司的股权激励，仍然以股票期权形式为主。这只是现代公司治理结构向后现代公司治理结构的过渡状态，与员工持股具有本质的不同。因治理丑闻而倒闭的美国安然公司，同样实行了股票期权制度，但并没有因此从根本上清除其治理结构中所存在的痼疾。当然，员工持股既非平均主义，更非无政府主义。以员工持股为基础的后现代公司治理机制，仍需要系统的机制设计，否则，单纯的股权变革将会带来灾难。员工持股是现代公司治理结构与后现代公司治理结构的分水岭，它意味着产权结构的彻底革命，也标志着公司文化的根本转型。但股权变革只是后现代治理模式的起点，而不是全部。

股权与公司治理的关系包括三个方面：一是创业合伙人之间的股权分配；二是创业团队与投资者之间的股权结构，以及后续的融资、并购和上市等资本运作；三是对于非创业合作人的股权激励。

风险投资与传统资本主义投资截然不同。传统资本主义中资方为大，根据投资额决定股权比例。而在高科技、互联网和其他知识型公司融资过程中，创业合伙人团队持股比例最为重要，风险投资一般只占较少的股份，有些投资机构甚至把表决权全部或大部分让渡给创始团队。这就是通常所谓的"劳动雇佣资本"，正如前面所言，实际上这种说法并不妥当。

公司控制权的几种模式

风险投资表决权的让渡，实际上产生了一种新型的委托关系。被委托的创业团队并不是现代治理架构下单纯的管理层角色，他们同时也是公司产权的所有者，甚至是公司的实际控制人。在此种情况下，风险投资对创业团队的信任虽然是基础，但同时，公司也需要完善的治理架构。但这种治理架构一开始就不存在"内部人控制"问题，因此并不是消极防御式的治理模式，而是彼此信任与协同为本的共同治理模式。虽然在共同治理模式中，仍然存在控制权的博弈，但与现代公司治理结构下的激烈对抗相比，则显得温和得多。以下是共同治理的几种代表模式：

1. 双层股权控制模式

双层股权结构也称 AB 股制度，目前 A 股、港股不接受同股不同权，在这两个资本市场不可用，但在美国很普遍。纽约证券交易所（New York Stock Exchange）和纳斯达克市场（Nasdaq Stock Market）均允许上市公司采用这样的股权结构。在这种股权结构下，企业可发行具有不同程度表决权的两类股票，使公司创始人及其他大股东在不能控股的情况下，通过表决权来控制公司。Facebook 和谷歌等美国大型科技公司均采用双层股权结构。

中国电商巨头京东也采取 AB 股制度。目前腾讯所持京东股份已达到21.25%，超越京东创始人刘强东，成为京东最大股东。但凭借 AB 股制度，股权上处于下风的刘强东在公司控制权上仍拥有绝对优势。虽然在 IPO 之前，刘强东持股比例已低于部分投资机构，不过刘强东通过代行使投票权掌握话语权。

包括 DST 全球基金、红杉资本等在内的多家投资机构把与股份权对应的投票权委托给刘强东控制的 Max Smart 代为执行，使刘强东拥有 80.9% 的投票权。

同样，南非 MIH 集团持有腾讯 33.93% 的股权，马化腾持股 10.22%，还不及 MIH 的 1/3。但南非 MIH 集团对于马化腾给予充分信任，一开始就放弃了所持股份的投票权，因此马化腾持有腾讯的股份比例虽然不高，投票权比例却很高。马化腾由此实现了和另外几位联合创始人对腾讯的控制。

百度创始人李彦宏也不是公司的最大股东，百度上市时，美国德丰杰的持股比例 25.8%，百度高管团队持股比例 43.5%，其中李彦宏个人持股 22.4%，为最大的个人股东。根据百度 2012 年年报，李彦宏持股比例变为 15.98%，其妻子马东敏持股 4.8%。虽然李彦宏和马东敏持股比例合计为 20.78%，少于美国德丰杰，但是通过 AB 股的双重架构，李彦宏和马东敏的投票权高达 68.17%，稳稳地掌握着公司控制权。

2. 创始合伙人控制模式

阿里巴巴是典型的创始合伙人控制模式，但不是采取直接控股，而是通过股权、表决权、公司章程约定等多种方式组合实现对公司的实际控制。自从 2005 年雅虎以 10 亿美元加雅虎中国资产的代价，换取了阿里巴巴 39% 的股权后，马云一直处于控制权隐患中。2008 年 1 月，微软主动报价 446 亿美元意图收购雅虎，马云对此高度警觉。合伙人制度是阿里巴巴为加强企业控制而设立的，马云在公司控制方面一开始就规避了万科式的漏洞。

马云及阿里巴巴管理层所持股权仅有 10% 左右，为此阿里将提名董事的权力写到公司章程中，变成一条"法律"，赢得董事席位安排的主动权。此外，阿里通过 50% 以上的表决权，牢牢地把握了公司的控制权。马云是通过股权、表决权、董事席位安排的主动权等组合实现对公司的控制。即使在上市之后，阿里巴巴仍然通过这一制度来保证创始人对整个企业的控制。相对于谷歌、Facebook 的"双层股权"制，阿里巴巴的合伙人制度代表着一种更为高级和成熟的企业治理结构。

3. 华为模式

由于华为是非上市公司，其在治理结构方面较少受到相关法律的制约，因此华为的治理模式有很大的特殊性。华为采取全员持股模式，其中最大的自然人股东任正非持股 1% 左右，华为员工持股接近 99%，由"华为控股工会委员会"代持。

华为员工的"虚拟股权"虽然并非真正意义上的股份，但就实质而言，华为已经不存在资方与劳方的二元对立问题。从公司控制角度，虽然任正非的股权只有 1% 左右，而"华为控股工会委员会"占有接近 99% 的股权，但任正非在董事会拥有一票否决权。因此，华为的实际控制人仍然是任正非。华为既高度民主又高度集权，甚至带有独裁色彩，但这与传统公司截然不同。华为是一家非常优秀的中国科技公司，虽然它采取的治理模式很特殊，但也从根本上不同于现代公司治理结构。第一，华为实现了创始人的绝对控制，不存在大股东对管理层监督的问题；第二，华为全员持股，打破了劳资对立格局，不存在委托—代理问题。因此，华为模式虽有诸多特殊性，仍不失为后现代治理机制的一个范例。

4. 蒙德拉贡模式

蒙德拉贡联合公司是西班牙第七大商业集团，也是世界上最大的合作社组织。蒙德拉贡联合公司对于我们具有多方面的研究价值，在此我们只分析其独特的治理机制。

蒙德拉贡合作社不同于其他任何公司，它是一家真正意义上为公众拥有的营利性组织。在这里，员工不是单纯的雇员，任何一位新员工都须在前三年支付一万欧元，然后才能成为合作社的所有者之一，即合股人。按照蒙德拉贡的理念，人是最重要的，而资本只是为人服务。在蒙德拉贡合作社，劳动者的地位要高于资本。这颠覆了现代公司治理结构的基础，消除了委托—代理模式的治理影响，在这里，经营者就是所有者。

蒙德拉贡合作社的最高权力机构是由全体职工组成的社员大会，大会遵循"一人一票"制，每一个社员无论其投入"股金"多少，都有权对合作社的重大决策和发展方向进行投票。它是真正采取全员控制模式的组织，由全体成员选举经营委员会主席，并由经营委员会聘请 CEO。蒙德拉贡合作社的治理更像是一个民主国家的政府，而不像是一家公司。蒙德拉贡治理模式的高度民主，并没有使其失去控制，反而使其成为世界上最有效率的机构之一。蒙德拉贡合作社的治理机制，堪称后现代公司治理机制的典范。这是一家创立于 20 世纪中期的机构，而在治理模式方面，比任何一家西方公司都更领先。

✿ 公司治理革命下的股权设计

股票期权作为一种激励手段，虽然有很多弊端，但总体而言是积极的。欧美国家的研究表明，实施股票期权制度的公司，生产率提高了30%，利润提高了50%，员工收入提高了25%~60%。但严格来说，以高管为主要对象的股票期权激励制度，并不是真正的共同治理机制，它只是从经典现代公司治理机制向后现代公司治理机制变革中的一种过渡模式。股权激励并没有从根本上改变现代公司治理结构中的所有者与经营者二元对立的格局，特别是当股权激励仅限于少数高管的情况下，委托—代理模式并没有被完全打破。

从理论上讲，全员持股是真正意义上的后现代公司治理机制，但到目前为止，包括谷歌、Facebook、阿里巴巴、腾讯等互联网公司的员工持股计划中，绝大部分仍然是股权激励，即股票期权方式，而不是严格意义上的员工持股。

根据上市公司相关法规，员工持股操作起来比股权激励更为方便，但员工对持股的积极性并不一定比股权激励更高。股权激励更多是针对管理层，而员工持股是普惠性的。在股权激励模式中，大多是配给型的激励，管理层无须出资购买公司股票。在员工持股模式中，员工要出资购买。由于对资金压力不满意、对公司前景不看好、对公司文化不认可或其他多种原因，目前员工持股模式在推行中并不一定都能得到积极的响应。同时，从公司治理角度来看，由于员工持股模式缺少股权激励的约束性，员工跳槽频繁，以及为保持公司竞争力而需要一定的淘汰机制等因素，导致泛泛的员工持股计划不如股权激励方式更具现实性。这就是目前大部分公司仍以股权激励方式为主的原因。

在大面积实施股权激励计划的公司中，虽然从法律意义上并未完全消除所有者和经营者之间的区别，但二者的界线实际上已经逐渐模糊，传统的委托—代理模式正在被逐步废除。目前，阿里巴巴员工持有股票期权大约占集团股权的3%左右，但阿里"小微"却已经拿出40%的股权，给"小微金服"以及阿里集团近2.4万名员工每个人发放股权福利，相当于实现了全员持股。除阿里巴巴以外，京东、百度、360、腾讯等中国互联网公司大多都实施了股权激励计划。其中，360 员工共持公司 22.3% 的股权，超过了第一大股东周鸿祎个人持有的 21.5%。目前全球公司股权变革呈现出从管理层期权激励到全员期权激励转变，从期权激励到员工持股转变的趋势。消除所有者与经营者之间的二元对立，打破委托—代理模式，无疑是公司治理结构变革不可逆转的大方向。

同时，实现员工持股并非仅仅靠单一的产权变革，组织模式变革也可以达到同样的效果，甚至可能更彻底。海尔集团从 2016 年 11 月才开始实施首期核心员工持股计划，但张瑞敏完成从自主经营体到"小微"的变革后，海尔实际上演变成一个投资平台，海尔采取控股或持股的方式来实现众多小微团队的自主经营管理。在此种模式下，小微团队自然而然成为公司的股东。这比一般的员工持股模式更为超前，是对委托—代理模式更彻底的超越。

华为的全员持股机制，是介于股份和股票期权之间的"虚拟股权"模式。虽然这种机制并不完善，但华为通过相关约定，尚能够保证虚拟股权的合法性。随着老员工持股的累积，股权收益比例远高于薪酬，实际上他们已经从员工身份向股东转变。与蒙德拉贡模式相比，华为治理结构的民主化较弱。由于任正非在董事会中独具的一票否决制，华为的决策权仍掌握在创始人手中。从公司控制角度来说这无可厚非，但蒙德拉贡模式和海尔模式却更能代表未来的普适性治理范式。蒙德拉贡合作社也不是法律意义上的员工持股，但它是真正意义上的全员所有。虽然每家公司员工持股机制各异，但传达了同样的信息和方向。海尔的小微创业平台模式，则是更长效的治理机制革命。

2017 年 2 月华为公司的大规模裁员事件，表明在"虚拟股权"模式下公司治理的困境，也侧面昭示了单纯的全员持股模式的局限性。任何一家公司要保障持续的创新力，都不可避免地需要一定程度上的淘汰制。大规模裁员对于那些已到中年的员工来说无疑是残酷的，与其通过公司层面大规模裁员来保障公司的生命力，不如从根本上杜绝这一模式。在海尔的小微创业平台上，每一个小微团队都是自主创业团队，此种模式下的员工淘汰完全处于自然的状态，不存在大规模裁员的撕裂性，也不会导致员工不满。这是一种生态型治理模式，小微团队像丛林里的生物群落一样自生自灭、自然而然，堪称未来公司治理模式的最高境界。实现员工当家做主，彻底终结委托—代理模式下的现代公司治理结构，是不可逆转的时代大势。而海尔的治理模式，并非单纯的治理模式变革，而是管理范式的整体变革，因此，在未来更具标杆意义。

彼得·德鲁克最早提出了目标管理思想，但对于如何能够做到目标管理过程中的自我管理，并没有做出理论上完整的解释。马斯洛率先指出，开明管理和人本管理是以合伙关系为基础的。合伙关系是承认他人利益和个人利益是融合的、共同的、一体的，而不是分离的、对立的、相互排斥的。人既有作为劳动者和创造者的积极的一面，也具有自私的一面。要想实现自我管理，就必须首先满足人自私的一面。协同作用理念在马斯洛组织理论中占有重要地位，他把协同作用视为调和解决自私和无私、利己和利他之间矛盾的办法。共同治理显然是协同管理的基础，要真正实现自我管理，就必须首先建立以共同治理为基础的公司治理机制。

五、共同治理范式与资本主义的终结

创新和持续创新是互联网企业和高科技企业最显著的特征，人的重要性由此被提到前所未有的高度。事实上，在互联网时代，创新已经成为所有企业的核心竞争力。在此背景下，就出现了人与资本对等，甚至人的因素高于资本的现象。创业公司合伙人通过人力控股，使风险投资只占小股成为普遍现象。这种现象颠覆了传统的资本雇佣劳动模式，但严格来说并非劳动雇佣资本。

无论资本雇佣劳动，还是劳动雇佣资本，都是现代世界观的产物。现代世界观把一方作为主体，而把另一方作为客体。但后现代世界观强调的是双方互为主体，这就是哈贝马斯所说的"主体间性"。后现代公司治理范式，需要以新的哲学理论为支撑。"主体间性"无疑是对现代治理结构中资本与劳动主客二分化观念的彻底颠覆。

❁ 公司治理：不仅是产权

人力资本模式变革必然导致产权革命，并引发治理结构的彻底变革。在从现代公司治理结构到后现代公司治理结构蜕变的过程中，产权始终是一个焦点问题。产权是公司控制的核心要素，但不是唯一要素。

在产权变革的基础上，目前新兴公司的主流控制模式为创业合伙人控制模式，其次是全员控制模式。但无论在创业合伙人控制模式还是全员控制模式中，现代公司治理结构中的董事会、监事会、外部独立审计等机制仍然是不可缺少的要素。后现代公司治理结构，是在产权变革的基础上所衍生出的系统变革。产权变革虽然颠覆了现代公司所有权与经营权分离下的委托—代理模式，消除了"内部人控制"问题，但变革后的公司治理结构仍须严密设计，甚至需要更多创新的设计。公司治理，绝不仅仅是产权变革这么简单。

产权变革后的公司治理，终结了现代公司治理中股东阶层对管理阶层的控制模式，但并不能导致管理层对股东的控制。后现代公司治理，应该是既消除了控制，也消除了雇佣，并产生了全新的公司利益相关方的协同与合作。这就是共同治理的核心所在。

共同治理范式的四重突围

相对于现代公司治理模式，后现代公司共同治理模式进行了多方面的突围。这些突围从整体上颠覆了现代公司治理模式，表明现代公司治理理论已经到了"寿终正寝"的时刻。

共同治理范式对现代公司治理范式的第一重突围，是终结了所有权和经营权的分离。通过彻底的产权革命，以全员持股为表征的后现代公司，经营者即所有者，公司不再由两个对立的阶层所构成，而是由一个阶层所构成。

共同治理范式对现代公司治理范式的第二重突围，是终结了委托—代理模式。既不存在委托人，也不存在代理人。公司成员的自我委托和自我代理，事实上消除了"委托"和"代理"这两个概念。

共同治理范式对现代公司治理范式的第三重突围，是终结了资本雇佣劳动模式。在后现代公司治理结构中，既不存在资本雇佣劳动，也不存在劳动雇佣资本，而是劳动与资本的相互协作。

共同治理范式对现代公司治理范式的第四重突围，是消除了"内部人控制"问题。根本上已经不存在"内部"与"外部"，所有的利益相关者都是公司的主人。不存在厚此薄彼的问题，也不存在孰重孰轻的问题，如图3－1所示。

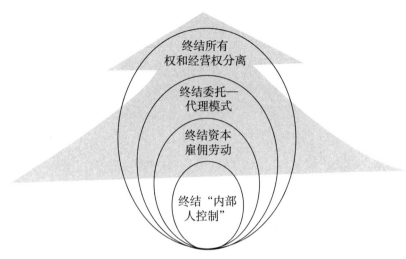

图 3 – 1　共同治理范式的四重突围模型

共同治理范式以产权革命为起点，但并非产权决定一切。在谷歌、Face-book、阿里巴巴、京东、腾讯、百度等公司中，创始人的股权都不是占最多，但通过相应的机制设计，他们都可以拥有对公司的实际控制权。虽然蒙德拉贡式的全员控制代表着未来大势，但在共同治理范式尚未成熟的情况下，创始人控制模式已经远远优于现代公司的管理层控制模式。

管理层控制曾经是先进的现代治理模式。美国自 20 世纪初进步主义运动开始，就抑制垄断，严格限制利用社会公众资金的金融机构控股产业上市公司，约束金融资本对产业的侵蚀和华尔街势力的过度扩张。1932 年，伯利和米恩斯在《现代公司与私有财产》一书中，首次提出了现代公司所有权与控制权分离问题，引起了世人的瞩目。1935 年的《公共事业公司法案》禁止家族控制公共事业公司，其中，立法部门、法院和监管部门的积极介入，对推动股权分散化和经理人经营起了重大作用。到 20 世纪六七十年代，"经理人资本主义"已经成为流行用语。日本在第二次世界大战后随着财阀集团被麦克阿瑟的统治所摧毁，大公司的治理完全脱离了大股东与家族控制的轨道，演变为以法人相互持股形式的经理人支配。

但经理人控制的辉煌期并没有持续多久。安然等大公司的破产，2008 年的美国次贷危机，均促成了新一波对公司治理和监管的严格立法。但美国公司治理结构权威、沃顿商学院教授麦克·尤西姆的"投资人资本主义"，并不能代表现代公司治理结构的变革方向，这毋宁说是一种退步。尽管美国公司治理结构从 20 世纪 90 年代以来确实发生了变化，正从不受制约的"经理人资本主义"转向由投资人控制、监督经理层的"投资人资本主义"。但这种转变只能代表一种短期反弹，并不代表未来趋势。

德国自卡尔·马克思高度评价的"1848 年革命"之后，员工参与管理就开始逐步成为传统，最终发展为成熟的职工参与式管理。"二战"之后，德国法规要求大型公司，其监事会成员中员工代表须占一半，德国公司的监事会职能相当于英美的董事会。德国式治理模式，是在现代治理架构内的一种改良，透露了公司治理变革的趋势。美国近年来发生的"占领华尔街运动"，以及 2016 年美国总统大选中民粹主义思潮的抬头，都突出反映了美国社会对贫富两极分化，以及全球化背景下中产阶级衰落的不满。在此种背景下，"投资人资本主义"也不具有可持续性。

事实上，两极分化式的治理结构早已落伍了。所有者与经营者的分离，虽然曾大大推进了资本主义的进程。但这种治理模式已经无法适应一个更为平等、公正，以及人的主体和自由意识高度上扬的时代。世界上大多数中小企业乃至 18 世纪以来兴起的古典企业，原本不存在所有者与经营者的分离问题，公司老板既是所有者，也是经营者。如果说古典企业是经营者与所有者的初级合一，现代企业是经营者与所有者的分离，那么，后现代企业就是经营者与所有者的高级合一。与古典企业的产权掌握在几个大股东手上不同，后现代企业的产权掌握在投资者、创业合伙人和企业所有员工的手中。后现代公司治理模式，无疑预示着一个更为平等与自由社会的到来。

共同治理范式的创新

就公司治理而言，员工持股并非尽善尽美，也非一劳永逸。但员工持股已经成为全球性浪潮，正在席卷从大公司到中小公司。员工持股堪称后现代公司治理结构设计的起点，同时也是其核心。后现代公司治理的其他机制，无不建立在产权结构变革的基础之上。

员工持股的优点是明显的，但同时也存在某些有待克服的缺陷。共同治理范式的创新，必须充分考量对其缺陷的规避或制约。当全员持股成为基础架构时，有可能会出现一种新的"懒人集体主义"，这对于企业生产力将会产生新的制约。为避免此种现象，公司股权设计须摒弃平均主义倾向，采取股权与绩效挂钩的方式。并制定相关条款，对不称职的员工保留一定程度上的淘汰。因特别问题而触犯底线的员工，将丧失部分甚至全部股权等。

全员持股机制下的理想治理模式理应是全员治理，但要视公司实际情况逐步推进。大部分情况下，实行创始合伙人主控，其他员工辅助控制，以及与投资人控制相结合的方式，比较符合现实。全员持股模式下的公司治理架构，同样需要股东会、董事会、监事会等基本的治理机构，但与经典的现代公司治理架构相比，这些机构本身的组成和职能必须进行创新，同时需要增加新的职能机构。

第一，股东会创新。股东会可改为决策委员会，由投资方代表、创始合伙人、员工代表组成。在决策权方面，成熟的股东会可采取一人一票制，过渡阶段的股东会可采取创始合伙人占大部分表决权的形式。具体采取何种表决权结构，取决于每家公司的不同情况。

第二，董事会创新。董事会可改为经营管理委员会，由投资方代表、创始合伙人、员工代表、外部独立董事组成。可加大员工（小股东）董事的比例，通过一人一票制选举经营管理委员会主席或董事长。

第三，监事会创新。监事会可改为经营管理监督委员会，由投资方代表、员工（小股东）代表、独立监事组成。其中，以员工（小股东）代表为主导。以一人一票制选举监事长，可选一定比例的用户或客户，以及合作伙伴为独立监事。

第四，采用"内部审计委员会 + 外部独立审计"的方式，加强财务监督。内部审计委员会以员工（小股东）为主导。

第五，设立全人教育委员会。安然、世通等公司丑闻发生的最根本因素不是公司治理结构问题，而是公司高管的集体败德问题。如果人的道德败坏，即使有铁壁铜墙般的治理结构也无济于事。虽然安然、世通的高管都受过良好的教育，甚至是哈佛这样顶尖商学院的 MBA，但这一切都不能改变他们的贪婪与妄为。事实上，现代 MBA 教育、现代世界观和文化需要被重塑，人性需要救赎。

在公司中设立全人教育委员会，是基于对人性的再教育，通过这样的再教育实现人的完整性。现代教育所培育出来的不是"全人"，而是"半人"。全人教育的实施，是比企业文化和价值观考核更根本、更深入的措施。全人教育委员会由公司最高领导主持，由公司高管、内部专家、员工（小股东）、外部专家和客户代表组成。

最后，公司治理离不开政府层面的监管。对于上市公司而言，除了证监会的监督外，还需要像美国政府在安然事件之后那样对当事人的法律严惩，以及与承担职业人操守记录与查询功能的非营利机构配合等。同时，对非上市公司的治理监管也应该设计更多有针对性的政策。

虽然知识社会每一位创造者都具有良好的素养，但是从人性的"99＋1定律"来看，即使道德上看起来毫无瑕疵的人也有可能犯下滔天大罪。因此，在共同治理机制的设计上，首先要释放每一位员工的人性，使之发挥最大的生产力。同时，必须通过辅助性治理机制的设计与组合，确保在人性失控的情况下，能够及时给予必要的制约乃至严厉的惩罚。

后现代公司治理结构，既非"经理人资本主义"，也非"投资人资本主义"，而是"数字生态共同体"。它以全员持股的产权革命为基础，是由创始人、投资人、经理人、员工（小股东）、用户/客户等利益相关者构筑的共同治理结构，如图 3－2 所示。

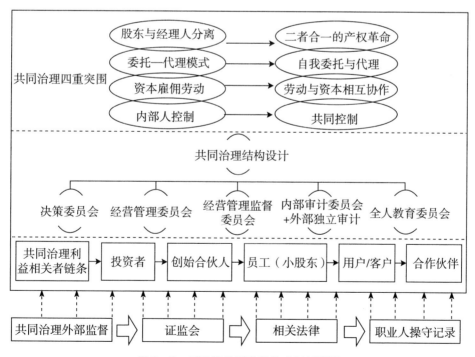

图 3－2　后现代共同治理范式创新模型

六、破译共同治理范式的基因密码

从现代公司对立式治理范式向后现代公司共同治理范式的转变，是人性觉醒所带来的管理复兴。人类历史就是一部人性沉沦与复兴的交响曲。在关于公司治理的论述中，大部分学者都未能从人性的角度去考量。如果缺乏这样真实的视角，不能带着对人类的深沉之爱来审视管理，那么一切管理都不过是"机器管理学"。

⚙ 彼得·德鲁克之梦

建立社区型公司曾经是彼得·德鲁克的梦想。一个伟大的管理学家，必定是深具理想主义情怀，时刻关心人类命运与人性救赎的人。

社区型公司中深藏着一个美好的梦想，那就是关于人类和谐生活之梦。或许正是在这样的背景下，彼得·德鲁克才会倾心于社区型公司。改变人类社会是一场旷日持久、艰苦卓绝的伟大斗争，而建立一个社区型公司却相对触手可及。

纵观商业发展史，实业家创建企业的同时，又创建社会体制的例子并不少见。美国霍顿（Houghton）家族创建了康宁玻璃艺术中心（Corning Glass）和纽约州的康宁镇；印度塔塔（Tata）家族在贾坎德邦（Jharkhand）建立了"钢铁城"贾姆谢德布尔（Jamshedpur）；西班牙蒙德拉贡合作社深远地改变了蒙德拉贡镇，并创建了蒙德拉贡大学。

随着现代经济和"股东资本主义"占据商业舞台核心，企业也脱离了特定的地理位置，这种企业对区域社会负责的作风就不再流行了。"股东资本主义"所代表的是现代公司治理模式，而社区型公司的理念则与以共同治理为核心的后现代公司治理范式血脉相通。

彼得·德鲁克期待的公司模式虽然从某种角度上已成过去，但他的理想却不会过时，因为那是关乎人类社会走向完美的不朽之梦。社区型公司和共同治理一样，都是建立在人性救赎的基础之上。没有人性之善的发扬，在公司治理中就会充满政治斗争，站在马基雅弗利的思维层次上，永远无法穿透公司治理的迷雾。

从 "社区公司" 到 "数字生态共同体"

地理意义上的社区公司已经成为过去,但以互联网为平台构筑的新型社区公司却在全球蔓延。阿里巴巴、Facebook、腾讯等正是新型社区公司的代表。这些庞大的互联网社区公司可以把触角延伸到世界的任何一个角落,它们不仅打破了地理意义上的社区边界,也打破了国家的边界。在产权革命的前提下,互联网巨头正在践行 "数字生态共同体",而不是凯文·凯利所说的 "数字社会主义"。

事实上,在海尔开放式创业创新平台模式中,小微团队的 "人人持股" 和全球性的 "人力云",同样也在形成一种数字生态共同体。数字生态共同体的出现,本质上是在互联网和公司产权革命基础之上的一种新型公司形态。数字生态共同体也可以称之为 "新公有制",这种公有不是产权模糊的集体所有,而是以全员持股为标准的人人所有。数字生态共同体或新公有制的出现,将颠覆传统的私营公司概念,导致私营公司的终结。事实上,若私营企业不进行数字生态共同体改革,其生存空间将日益逼仄。数字生态共同体在消灭传统私营公司的过程中,会间接促进人性的回归。现实倒逼所有企业经营者都不能再把公司视为自己的个人财产,善于分享才能成就真正的事业。分享是一种原始社会生活形态的回归,而数字生态共同体则是在此基础之上的一种进化。

数字生态共同体的力量足以改变世界历史的进程。这样一种强大的力量,如果没有人性之善的牵引,必将泛滥而成洪水猛兽。在世界范围内,公司治理变革不仅是公司本身的商业需要,也是人类走向更完善阶段的文化需要。值得庆幸的是,那些改变世界的数字生态共同体推动者,大部分都具有非常出色的企业文化,他们的创始人都深知自己对人类所应负的使命与责任。

因此,公司治理的意义非同寻常。建立一种怀有伟大梦想的共同治理架构,绝非仅仅是对现代治理架构的技术性改进,而是具有革命意义的世界观重塑。我们需要抛弃那些陈旧的治理结构预设,才不至于像笼中困兽一样徒劳地挣扎。治理结构的变革需要人类更宽广的胸怀和更开放的合作,我们需要一视同仁地对待任何人。

资本方必须低下高傲的头颅,创业者要拥有更伟大的情操,而普通员工需要不卑不亢。一个更完善的社会需要所有人的共同努力，我们都应回到人的起点——人性混沌未开的阶段。人与人之间的对立并非不可逾越，因为人性永远相通。现代公司治理结构曾经制造了人为的壁垒，但只要我们逾越人性的山峰，则一切皆可回到原初。

▨ 共同治理基因的超文化透视

现代公司治理理论似乎永远无法放下所有者与经营者分离、委托—代理这些陈旧的概念。在这些概念背后不过是文化的迷雾，如果我们采取超文化视角，就会很轻易地洞穿任何此类的迷雾。

共同治理并不是什么高深的理论，它基于一种朴素的观念。从超文化视角看待共同治理，它不过是人类共同的理想。互联网是一个万物互联、人人互联的世界，人类的联系越来越紧密，也必然越来越相互依存。从小我走向大我，就会看到更广阔的世界。

共同治理代表一种基因，而这种基因是每一个人的 DNA。根据人性的"99 +1 定律"，人性具有 99% 的善，这就是人类的共同基因。人与人之间的共同点远大于他们的分歧。从超文化的视角审视公司治理革命，一切都将变得简单，如表 3 - 1 所示。

表 3 - 1　　　　　　　　现代公司与后现代公司治理模式对比

现代公司治理模式	后现代公司治理模式
股东与经理人分离	股东与经理人合一
委托—代理模式	自我委托—代理模式
资本雇佣劳动	劳动与资本相互协作
经理人控制	共同控制
从上到下的单向治理	平行的多向治理
不信任—监控式治理	信任—协作式治理
法制为本，人性教育缺失	人性教育 + 法制

第四章
新丛林法则：后现代商业模式解析

商业模式重塑竞争战略

平台商业模式的本质

商业模式重构现代管理范式

以管理创新统领商业模式创新

过去 20 年是商业模式倒逼管理变革的时代，
今后则是管理变革推动商业模式的时代，
管理变革才是企业创新的根本路径。

商业模式是治理结构形成之后企业最基础的设计，也是顶层设计。在现代商业史上，由于商业模式相对稳定，所以没有得到像今天这样的重视。在企业家言必称商业模式的时代，我们既不能忽视商业模式的存在，也不应夸大商业模式的作用。而在现实中，商业模式显然有被夸大的倾向。

很多人引用彼得·德鲁克的观点，说现在是一个商业模式竞争的时代。彼得·德鲁克的观点并没有问题，但商业模式只是管理创新系统中的一个子系统。准确地说，现在应该是一个管理范式创新竞争的时代，商业模式不能一劳永逸地解决企业的所有问题。

事实上，如果说过去将近 20 年的时间是商业模式倒逼管理变革的时代，那么今后的 20 年则将是管理变革推动商业模式的时代。商业模式是管理变革的一部分，如果之前的商业模式变革是管理变革的领头羊，那么今后管理变革将成为商业模式创新的根本力量。

一、重新定义商业模式

果真一种商业模式就能创造一家伟大的企业吗？那么为什么不是所有的电子商务企业都能成为亚马逊或阿里巴巴？为什么不是所有地产企业都能成为万科或万达？为什么不是所有制造企业都能成为海尔或华为？为什么不是所有社交网站都能成为 Facebook？仅仅因为它们起步早吗？可是比他们起步更早的很

多企业已经不存在了，另外一些企业虽然仍存在，却永远达不到它们的境界。

中国是一个跟风现象很严重的国家，一旦某种商业模式出现，就会有大量的企业群起模仿。但无论中国还是西方，能够成为行业巨头的企业，既不一定是最先实施某种商业模式者，也不是把某种商业模式捧上天的企业。而是那些具有"笨鸟精神"，不断发挥管理创新的力量，用管理创新推动商业模式的企业。商业模式原本就是管理的一个子系统，脱离了整体管理创新的企业，无论有何种领先的商业模式也很难走远。

对商业模式概念的界定

管理是企业整个系统运行的逻辑和推动力。有一种对管理认识的误区，似乎把管理独立于商业模式、战略、组织和营销等系统之外。那么，我们还要管理做什么？难道管理是指所有创造性系统设计好之后那些非创造性的行政事务？这完全是对管理的误解！管理包含企业所有子系统，也在所有子系统之内。管理具有超越性，也具有贯彻性。只有我们厘清管理的本质，才可能洞穿商业模式的本质。

商业模式创新不是孤立于管理创新之外的企业成功神话，而是管理创新的一部分和管理创新的结果。只不过互联网时代的管理创新，常常是以商业模式创新为先导，以商业模式创新的形式而开启的。商业模式创新本身就是一个管理的过程和管理创新的过程。如此，我们就不会夸大商业模式的作用，也不会降低商业模式的重要性。

商业模式伴随商业发展史，只是随着互联网的产生而引发了转型与变革。商业模式变革是管理变革的一部分，它的本质则是回归商业的原点。这个原点就是回到人本身，回到企业赖以生存的根基。商业模式是企业创造价值并产生利润的方式，这是任何企业存在的基础。现代企业以股东利益为中心，而后现代企业以客户利益为中心，准确地说是以人性为中心。这个结果是双赢的，也非常朴素与简单。我们必须承认过去的商业是不正常的，因为现代企业有不正常的人性论。今天，我们要回到人本身，这不是高深的理论，而只是人性的回归。在人类历史和现代管理史上，我们缺少的不是理论，而是人性。原本朴素的事物，却被看作高深，这说明我们的人性被某种世界观扭曲了。

所以，商业模式概念的界定首先不应是高深的理论，而是一种人性回归之后的常识。我们要从常识的角度界定商业模式，其次才是从管理科学的角度对商业模式进行系统设计。那么，商业模式是什么，它有哪些基本的特性？第一，商业模式是管理的一个子系统；第二，商业模式是企业以客户为中心乃至以人性为中心创造价值和利润的方式；第三，为了实现商业模式，需要很多要素的组合与设计；第四，商业模式是企业存在的基础，因此也是战略和营销的基础；第五，商业模式是企业为了到达目的地而绘制的蓝图，而战略则是到达目的地的路线图；第六，商业模式作为蓝图虽然不像路线图一样充满变化，但也不是一成不变的，商业蓝图也具有适应、调整、变化与迭代的特征。

商业模式静态构成 11 要素

目前关于商业模式的著述非常繁多，但商业模式理论还存在很大的欠缺。相关论述大多把商业模式作为一个孤立的系统，并局限于从静态角度来看待商业模式。这里面存在根本的误区：其一，商业模式并非是一个孤立的系统，其与战略、组织、营销和文化，乃至与公司治理结构都存在着密切的关联。单独强调商业模式，会在实践中栽跟头。其二，商业模式存在静态的一面，也存在动态的一面。商业模式的实现过程，是一个管理系统创新推动并不断演变的过程，商业模式与战略是协同推进并演化的。

因此，我们要从双重角度来界定商业模式。第一个角度是商业模式的构成，即商业模式的静态结构，这是目前商业模式理论共同的维度；第二个角度是商业模式的管理，即商业模式的动态结构，这是目前商业模式理论所忽视的维度。之所以如此界定商业模式，是管理实践的需要。现实中商业模式的实现并非一劳永逸，只要商业模式设计出来就可以高枕无忧的情况绝不存在。商业模式与战略一样存在着一个适应、调整、优化、迭代和升级，甚至创新与颠覆的过程。很多互联网企业在较长的时间内无法明确商业模式，包括 Facebook 在内的互联网巨头甚至到目前为止都无法完全明晰所有的商业模式。只要盈利模式没有确定，就不能说商业模式已经确定了。盈利模式毕竟是商业模式的核心。

在阿里巴巴、谷歌、百度等企业的发展过程中，商业模式也一直处于适应、调整、优化、迭代和升级的过程之中。因此，商业模式的动态性十分关键。若没有对商业模式动态性的良好管理，则商业模式将一直处于残缺和无法定型的状态。即使已经定型的商业模式，也会随着竞争格局的变化而变化，甚至有可能被完全颠覆。必须把商业模式纳入到管理创新的统筹之下，才能确保商业模式在推进中的不断适应性调整。

目前，关于商业模式结构的理论众说纷纭，但几乎没有成熟的模型。在此仅举两例。在《商业模式新生代》一书中，奥斯特瓦德和皮尼厄把商业模式结构划分为客户细分、价值主张、渠道通路、客户关系、收入来源、核心资源、关键业务、重要合作和成本结构九大板块。而清华大学两位教授发明的魏朱商业模式六要素包括定位、业务系统、关键资源能力、盈利模式、自由现金流结构和企业价值六大板块。这两种商业模式结构都存在一定的欠缺，仅从商业模式的静态结构来看，也不能完整呈现商业模式的系统结构，更不要说加上商业模式的动态结构了。从商业模式的静态结构来看，奥斯特瓦德和皮尼厄的商业模式结构至少欠缺了产品模式和运营系统，而这都是商业模式中很关键的要素。在魏朱商业模式中，以业务系统来涵盖产品与运营系统同样过于笼统。同时，这两种商业模式都没有区别用户与客户概念，但在互联网商业模式中，用户与客户并不是同一个概念，区分用户与客户是互联网时代商业模式的前提之一。

我们认为，商业模式的静态结构至少包括 11 个要素：价值系统、商业定位、用户/客户定位、产品模式、成本结构、盈利模式、资本模式、渠道模式、核心资源、合作模式和运营系统。

在商业模式静态结构中，体现了商业模式的价值性和开放性。这是互联网时代商业模式的基本特征。商业模式的价值系统包括对用户与客户的价值、对利益相关者和社会的价值，一个成功的商业模式不可能像过去那样只关注企业自身的利益。商业模式的实现与企业的核心资源也紧密相关，商业模式的设计不能脱离自身资源，融资并不能解决一切。在开放式创新时代，合作模式也是商业模式的重要因素。海尔等企业的开放式创新平台，已经成为公司商业模式实现的核心载体。这里的运营系统，并不仅仅是传统的业务系统，而是包括传统业务系统在内，也包括为实现业务而设计的内部 IT 系统与管理系统。

资本模式也是很关键的商业模式要素，比如在商业地产中，传统的销售回笼资金模式已经严重制约了后期商业的运营。在欧美，商业地产大多通过房地产信托投资基金（REITs）等方式持有商业物业来实现持续运营。万达集团等商业地产开发商也早已采取"只租不售"的方式，来保障商场运营的良性发展。在商业地产中，传统地产销售模式下的资本运营模式，已经严重制约了商业物业的良性运营。因此，资本模式也是商业模式的核心要素。

以上强调了价值系统、合作模式、运营系统和资本模式，因为这是一般商业模式中容易被忽略的因素。至于商业定位、用户/客户定位、产品模式、成本结构、盈利模式、核心资源和渠道模式，通常是任何商业模式模型中都无法忽视的因素，因此不再赘述。

❋ 商业模式动态管理 8 要素

商业模式犹如一套基本的拳法。正如掌握同一套拳法的拳手在实战能力方面可能有天壤之别一样，实施同样商业模式的企业也可能在竞争力和规模方面千差万别。这就是我们必须重视商业模式动态性的原因。

从动态角度解析商业模式，实际上就是从管理创新的角度，解析商业模式在实现过程中与企业其他子系统的密切关系。后现代世界越来越是一个有机的世界，后现代企业也是一个有机生命体。商业模式如果不能与企业其他系统有机地融合，或企业如果只有领先的商业模式，却没有系统的管理变革，则商业模式必然成为乌托邦。

要避免商业模式成为乌托邦，就需要重视商业模式管理 8 要素：治理、战略、组织、营销、创新、领导、文化与哲学。几乎还没有人提出过商业模式与公司治理结构的关系，但实际上它们之间的关系非常紧密。在互联网时代的商业模式中，用户与客户至上成为一个基本原则。在现代公司治理结构下，由于经理层只是打工者，他们只关注短期利益，而不关心公司长期利益，客户至上的原则就很难得到真正的贯彻。因此，通过公司治理结构的变革导入后现代企业治理模式，让经理人变成公司的主人，是商业模式实现的关键因素。道理很简单，只有经理人拥有股份，成为公司的主人，他们才会把客户价值作为最高的追求。因为客户是公司的衣食父母，但只有公司的主人才会有如此切身的感受。

企业治理模式的变革是公司的筑基阶段，在公司初创时期就应该设计好治理模式，这是在互联网时代成为卓越公司的前提。互联网使所有公司处于同一起点，面临同样的竞争大格局，如果缺少完善的治理结构设计，即使凭借一项突破性技术而迅速崛起，也会在后续的管理中留下隐患，甚至在发展过程中遇到无法克服的瓶颈，乃至轰然倒塌。

商业模式与治理、战略、组织、营销、创新、领导、文化与哲学等 8 要素均具有内在的关联。商业模式本身是战略的基础，而战略的实施过程就是商业模式实现的过程。在此过程中，商业模式与战略均应经历适应、调整、迭代、升级、演化与创新等各阶段。商业模式的实现必然需要战略模式的变革，组织和营销变革则是商业模式设计之后的连带动作，互联网时代商业模式的固有特点必须由新型组织和营销模式来匹配。商业模式与领导模式、创新模式、文化模式和管理哲学的关系同样紧密，甚至创新、文化和管理哲学也是商业模式的一部分。在商业模式中必然深深带有着创新、文化与管理哲学的烙印。创新是企业战略的重要组成部分，企业的创新将首先体现在商业模式之中。同样，商业模式必定也是公司文化与管理哲学的直接载体。

当今商业模式之所以常常被作为一个孤立的系统，是因为管理变革的落伍。这是一个管理范式大变革的时代，如果没有治理、战略、组织、营销、创新、领导、文化和哲学模式的变革相匹配，则商业模式的创新犹如带着镣铐的舞蹈。现在有很多企业对商业模式非常热衷，却不肯改变其固有的组织模式与领导模式，这使商业模式的执行大打折扣，甚至根本无法执行下去。能够在商业模式创新的同时进行管理创新的企业是凤毛麟角，这就是大多数企业虽具有同样或近似的商业模式，但事业境界却完全不同的原因。凡是能够成为行业巨头的企业，一定是长于管理创新的企业。

商业模式重塑竞争战略

把商业模式看作管理范式变革的一个子系统，并非降低商业模式的重要性。恰恰相反，正因为商业模式与企业其他子系统之间的有机关联，才更显商业模式的重要性。商业模式牵动企业的方方面面，它是在治理模式形成之后首先要设计的系统。因此，商业模式既是企业的基础设计，也是顶层设计。

这就使商业模式设计上升到战略高度。事实上，商业模式已经成为企业战略的基石，甚至已经取代迈克尔·波特的竞争战略理论，成为新的企业战略。迈克尔·波特通过"五力模型"，来设计企业的基本竞争战略定位。在互联网时代，由于迈克尔·波特竞争战略定位的静态性，使其无法适应跨界竞争和颠覆性创新频繁的新市场态势。事实上，抛开商业模式的动态结构不说，即使商业模式的静态结构，也已经比迈克尔·波特的竞争战略更为完善。迈克尔·波特的理论虽然有效，不过只是在商业模式结构中的商业定位部分发挥效力。除了在定位板块可以参照迈克尔·波特的竞争理论外，商业模式静态结构中还有价值系统、用户/客户定位、产品模式、成本结构、盈利模式、资本模式、渠道模式、核心资源、合作模式和运营系统等要素。同时，商业模式系统中还有动态的战略、组织、营销、创新、领导和文化等要素。

可以说，商业模式的创新，是在迈克尔·波特竞争战略的基础上，对企业战略进行的一种更为系统和完善的顶层设计。在后现代商业实战中，竞争的因素并未消失，但整体范式已经不是竞争型战略，而是创造型战略。无论乔布斯还是贝佐斯，都会对竞争不屑一顾。在他们看来，企业的目标不是对准竞争者，而是对准价值创造。这是企业战略的升级与转型，商业模式的设计必须是在此种价值观基础上的商业基础系统设计。无论就竞争哲学还是实际的商业系统而言，商业模式创新都堪称是对经典现代竞争战略的彻底超越。

二、平台—生态化：商业模式基本形态

商业模式的创新是无止境的，每一家企业都应该力求在商业模式上具有独特性。本书不打算总结具体的商业模式，而是要探究商业模式转型的规律。因为在企业实践中，商业模式的设计通常不会复制任何已有模式，而是要在洞察商业模式转型规律上进行自己的创新。商业模式转型具有范式的高度，整合商业模式范式才是管理学的真正任务。

互联网所导致的商业模式变革，大致产生了如下商业模式：长尾商业模式、众筹商业模式、众包商业模式、跨界商业模式、多边平台商业模式、免费式商业模式和开放式商业模式等。这些商业模式类型已经在商业模式相关著述中反复出现，本书不再赘述。

在互联网所推动的商业模式变革中，最核心的变革是平台—生态化变革。这是商业模式的基本形态。未来所有商业模式创新，都将以此为起点，也将以此为终点。打造生态平台，是商业模式创新与持续发展的前提。

商业帝国时代的终结

这是一个平台的时代。阿里巴巴和 Facebook 这样的平台—生态型公司的诞生，意味着商业帝国时代的终结。从 1600 年到 1900 年的 300 年间，是真正的商业帝国时代。这个时代早已结束，它的代表是荷兰东印度公司这样拥有武装力量的公司。作为 17 世纪末全球第一大跨国公司，荷兰东印度公司的私人军队一度接近 10 万人，并拥有强大的舰队，令许多国家都相形见绌。英国东印度公司亦然。这些帝国型公司在商业版图的扩张中，无不伴随着野蛮的征服与残酷的军事斗争。

现代巨头公司实际上是 20 世纪以前那些野蛮的商业帝国的延续。在现代跨国公司的扩张中，存在着一种国家意志和征服欲，同时也隐含着不同程度的高傲。很多欧美公司在踏进中国市场时，都带着这样的高傲昂起着的头颅。结果因看不清中国市场的现实，轻视中国公司的竞争力而惨淡收场。过去的若干年中，大约 48% 的外国公司在开始运营的两年内就失败并退出中国市场，他们失败的原因都与商业帝国意识不无关系。

马云曾经一针见血地指出："商业帝国时代已经结束，现在是一个生态平台的时代。"商业帝国时代的企业带着一种征服者和统治者的姿态，这种反人性的企业在商业模式的设计上不可能真正以客户为中心，因此他们的服务意识不可能达到极致。生态平台则截然不同，作为平台搭建者的企业，要为别人提供舞台，因此必须做一个谦卑的隐身者和一个真正的服务者，让客户在自己的平台上尽情地发挥，充分享受当家做主的权利。平台的本质是社会化，乃至全球化的。平台时代的公司必须是一个消除任何文化偏见和文化优越感的世界性公司，他们赢得尊重的前提是尊重文化差异性，并在文化深处寻找不同民族的共同基因。

后现代公司意味着商业帝国的真正终结。从商业帝国到生态平台，是商业模式与企业组织革命，也是一次彻底的世界观革命。无论互联网、高科技公司还是未来的任何公司，都应该是创造性平台的搭建者。张瑞敏说："在互联网时代，你要么拥有平台，要么就被平台拥有，现在如果还不能够拥有平台，将来只能给平台打工。"

平台商业模式的本质

商业的本质在于聚集，人的聚集加上商品的聚集构成商业的基本要素，由聚集产生的规模化效应和信息对称产生了商业的公平。简单地说，原始一对一式的物物交换，没有商品与价格的比较，很难有公平可言。

因此，方便与公平是平台产生的主因。平台的结果是双赢和多赢的，既有利于卖家也有利于买家，以及所有利益相关者。对于卖家而言，平台带来了大量的客户；对于买家而言，平台提供了更多比较与选择的机会。因此，平台是商业发展的必然产物。

平台自古有之，最早的形式就是古代的集市。在商业高度发达的中国，这种集市方式仍然存在于广大的农村地区。平台商业模式就是古代集市的互联网化，淘宝就是一个网上大市场。这个市场前所未有的庞大，它汇集了全世界各地的商品，是一个 365 天昼夜不停息的全球性市场。电商平台本质上都是不受时间和空间限制的超级大集市。

工业 4.0 与商业模式转型

在人工智能飞速发展的背景下，平台商业模式也在不断进化。社群商业将是未来柔性制造的承载平台，同时像阿里巴巴这样的电商平台也将快速转型升级，成为柔性制造的另一大平台。

1. 传统电商的终结

正如马云所指出的："柔性制造将促使传统电商加速转型，这意味着电商将进入一个全新的时代。"这位中国乃至全球最大电商平台的创始人，总是走在变革的前沿。传统的交易型电商平台在工业 4.0 时代将"革掉自己的命"，通过自我救赎而在新的商业格局下继续保持领先地位。在这个时代，主动变革是避免被颠覆的最好选择。马云的选择意味着平台商业模式的华丽转型。

2. CBBS 与后电商时代

历史正在进入后电商时代。阿里巴巴认为，新电商不是 B2B、B2C 和 C2C，而是 CBBS（消费者、渠道商、制造商和电子商务服务提供商）。阿里巴巴的"淘工厂"就是把服装工厂的生产线、产能、档期搬到互联网上，打包成一种服务出售。电子商务催生了 C2B 模式，也倒逼制造业加速推进柔性化生产。阿里巴巴将致力于通过互联网 + 制造，催生中国版工业 4.0。在中国这样一个电子商务和制造业大国，制造业借助电子商务实现弯道超车，或许可以让中国走出一条完全不同的工业4.0道路。这正是阿里巴巴集团的下一步战略。

平台—生态圈商业模式演化

平台发展到一定程度必然演化为生态圈。互联网是强大的生态系统，未来的竞争是生态系统的竞争。所谓生态系统是一种跨行业的高效协同组织，生态圈商业模式将导致进一步的组织变革。

1. 互联网平台生态系统

全产业链、开放、跨界，是互联网生态系统的基本特征。在互联网平台上不仅要打通全产业链和用户群，也要将所有供应商、分销商、服务商与合作商全部互联互通，实现跨界融合。

乐视网作为乐视旗下重要的上市公司板块，其生态系统包括乐视视频、乐视超级电视、乐视商城、乐视云、花儿影视等诸多业务。而乐视未上市的核心业务则包括乐视手机、乐视体育、乐视超级汽车等。乐视生态系统的跨界性十分突出。小米也在构筑自己的生态系统，小米手机硬件免费，赚服务、软件和粉丝经济的钱。小米近年来最大的动作则是生态链投资，用小米模式复制100家生态链公司。

平台商业模式彻底改变了现代企业相对静态的竞争格局，每个平台通过自己独特的生态圈，都可以联结多边市场，因为潜在的敌人常常从无法预料的方向出现。比如，亚马逊成功地使美国读者购买电子书多于纸质书，但苹果的iPad（平板电脑）却大量覆盖了电子书的功效；以及手机短信遭到非运营商微信取代等，都是遇到从无法预料的方向出现的竞争者。平台商业模式的生态化，使商业模式的战略性特质更为突出。而打造生态圈，构筑开放式创新平台既是商业模式的需要，也是企业战略的需要。

平台企业联结了众多群体，打破了市场与组织的边界，平台商业模式促进了异业大结盟时代的到来。同时，平台商业模式对企业战略、组织模式和管理模式的变革均产生了深刻的影响。就管理而言，在一个超级平台上，要联结数亿用户和数量庞大的合作商，这对价值观考核和协同管理提出了更高的要求。价值观考核与协同管理，正是阿里巴巴制胜的关键。

2. 从电器到网器—场景商业模式

甚至传统制造业亦在向平台化和生态化转型。海尔提出要通过硬件免费打造生态圈，这是制造业的互联网革命。未来海尔的智能冰箱将免费，通过把电器变为"网器"，使硬件成为一个渠道，成为互联网入口，整合各类生鲜和食品企业，做成一个家庭生活的商业生态圈。

通过"网器"所构筑的生态圈，海尔也将成为连接器企业。所有的联结都不是简单的联结，而是商业模式的转变。海尔打造的馨厨互联网冰箱，汇集苏宁易购、京东、一号店等主流电商资源，搭载海尔自有电商平台闪电购，联结了中粮、宝洁、加多宝、统一、欣和、金龙鱼等品牌商，并接入了豆果美食等资源，通过百万在线智能菜谱，实时指导美食烹饪。

作为全球首款互联网冰箱，馨厨冰箱彻底改变了传统智能冰箱的单向"冷交互"运行模式，冰箱不仅会记录用户存取食物的时间，对食物进行智能管理，用户还可以在烹饪美食的过程中，使用冰箱听音乐、看视频，与朋友进行语音、视频交流，真正把冰箱转变为"智能网器"，实现了前所未有的产品交互体验。馨厨冰箱构建了厨房场景商业模式，联结了厨房生活服务所需要的各类提供方。同时，为了更好地推动美食圈的普及，海尔还将通过线上线下的互动，将产品变成具备智能感知和情感交流的互联网终端。海尔的场景商业模式，无疑正向更具人性化的方向发展。互联网将使未来的商业越来越逼近人最本真的需要。

▨ 平台—生态型商业模式的未来

平台将是未来商业的基础模式，未来商业格局将是由少数几个综合性大平台＋无数垂直平台＋无数企业平台＋无数个体平台组成的超级平台大系统。

1. 超级平台衰落

超级平台会越来越大，但达到顶峰之后则将面临逐步衰落的过程。电商、社交、搜索三大入口将被不断切割、分化，亚马逊、Facebook、谷歌，以及阿里巴巴、腾讯、百度并非永不衰落的神话。世界上不存在永久不衰的商业模式，也没有永存的商业组织。这不仅是事物发展的必然规律，也是商业模式本身发展的必然趋势。未来，三大入口将不断被垂直平台切割、分化，在达到顶峰之前，BAT 巨头必须完成商业模式的创新和自我超越。

2. 垂直搜索

基于大数据和人工智能飞速发展的现实，垂直搜索、语义搜索、场景搜索和社区搜索将冲击传统搜索。在 PC 端的搜索市场，目前已经形成了垄断。但在移动互联网领域，面向特定用户群的垂直搜索、基于大数据分析的语义搜索、基于特定位置和需求的场景搜索和基于关系链的社交搜索，将会逐步切割传统搜索市场份额，冲击传统搜索巨头的霸主地位。虽然百度已经在布局垂直搜索领域，但继续垄断垂直搜索几无可能。

3. 垂直电商

社群商业模式普及，意味着垂直电商的崛起。虽然社群的核心竞争力是内容，而非入口，社群通常无法兼顾入口与内容，但未来基于超级 APP 运营的社群商业，将同时成为另类入口。

平台型垂直电商将形成 C2S2B + B2S2C 的闭环模式，即创消者（创造 + 消费）→社群平台→制造商 + 制造商→社群平台→创消者的闭环系统。在这一模式中，渠道商的角色将消失。这是工业 4.0 与社群的融合版。而像海尔这样的制造企业，都将拥有自己的垂直电商平台，从而使制造企业也彻底转变为互联网 + 制造型电商企业。

另外一种模式则是纯电商型，比如互联网眼镜品牌 Warby Parker。这家公司向意大利以及中国厂商直接采购，以自己的官网为主要销售渠道，解除了传统的中间环节。这一模式显示出了强大的生命力，在维持低价位的同时，具有健康的毛利率。Warby Parker 95 美元一副的眼镜，其品质甚至高于纽约零售价 610 美元的高级眼镜。

4. 垂直外包

"猪八戒"创始人朱明跃曾说，未来他最担心的是重度垂直型平台来瓜分他的市场。这一现象已经出现，土巴兔、解放号等就是这样的垂直平台。土巴兔是一站式装修服务平台，解放号则是一站式 IT 设计服务平台。在这种垂直平台模式中，虽然实际服务方仍然是众多的公司或个人，但平台管控的流程化和专业度却空前提升了。

垂直外包平台是传统撮合型 B2B 平台的升级版，实际上就是一个超级平台型公司。通过垂直外包，平台型公司可以迅速整合行业资源，完成全产业链的融合，从而超越传统企业的发展逻辑，一跃而成为行业巨头。比如，土巴兔目前就聚集了中国 7 万多家正规装修公司和 95 万名室内设计师，这是任何一家传统装修公司所无法企及的规模。

5. 企业即平台

未来每一家企业都会成为垂直型平台。这些企业型平台本身即媒体，即入口。比如海尔、苹果和小米都是这样的入口。海尔不仅打造了全球最大的开放式创新平台，也建立了自己的电商平台。海尔的冰箱作为智能终端，也变成了互联网入口。海尔目前是中国制造业中平台化改造最彻底的公司。

在德国，所有的出租车公司都有自己的 APP 和预订电话，而且车辆配置合理，因此滴滴打车无法在德国崛起。所有的机场和航空公司都有自己的 APP 和移动网站，而且飞机很少有航空管制，像"非常准"这样的航班预订平台也很难发展起来。所有的银行也具有成熟的网络营销和 APP 移动产品，因此余额宝也无法对银行形成根本性冲击。未来的每一家公司都是平台和入口，都是媒体，"企业即平台"的时代正在全面到来。

6. 个人即平台

未来的个人也是平台，也是媒体和入口。随着物联网和人工智能的发展，未来甚至可能会出现不依赖微博、微信等社交入口的超级个体 APP。个体平台的崛起，也会颠覆传统公司的概念。逻辑思维就是这样的超级个体。

正如凯文·凯利所言，未来的一切都是"流"和信息，甚至车子、房子也都是"流"，像自来水一样很方便得到，而水是无孔不入的，拦截水流会变得越来越困难。如此，传统综合性平台的价值也将越来越小。谷歌董事长埃里克·施密特甚至指出："我可以非常直接地说，互联网将消失。"未来将有如此多的 IP 地址，如此多的设备、传感器、可穿戴设备以及你甚至感觉不到的却与之互动的东西，无时无刻都伴随着你。万物互联的时代，每个人都可能成为一个超级平台。特别是随着 5G 和量子互联网时代即将到来，世界将进入一个万物互联、人人互联的全新时代。

三、商业模式创新推动管理范式革命

历来管理变革都是由企业实践需求所推动的，当变革成为企业普遍需求的时候，管理范式变革以及新管理范式的建立将催生一个新时代的到来。当今商业模式的变革正在瓦解现代管理范式，这使后现代管理范式的构筑成为时代的迫切需求。而后现代管理范式的建立，将使商业模式真正走上科学的轨道。

互联网商业模式与管理范式革命

互联网商业模式具有平台化和社群化的特点，作为一种商业模式革命，它对管理的影响也是革命性的。商业模式推动管理范式革命，进而再由管理范式革命实现商业模式革命将成为一种规律。

而当下商业模式与管理模式的错位是非常突出的现象，这如同进入大数据时代的军队仍然沿用二战时期的作战方式和管理方式一样。譬如，美国军队的作战方式已经变成"特战小组＋后备平台"的模式。一个特战小组由武器专家、信息专家和作战专家组成，虽然特战小组只有 3 人，但其背后具有异常强大的支持平台——军事基地和航母平台。在美军的特战"商业模式"中，采取的是小组作战的模式，团队和个体具有高度自主性，但并非通常所理解的"去中心化"，相反，在高度自驱动的同时，后备作战支持平台的中心化和协同作用变得更加重要。这是自我管理与平台协同的高度统一，是个体与平台的共同驱动。如果仍然采用机械化时期的统一指挥和命令式作战管理方式，显然是无法匹配的。商业模式的变革，必然带来管理范式的变革。而管理范式的革命，是商业模式持续发挥效力的基础条件。甚至商业模式创新本身，也应该是管理创新的一部分。

商业模式创新全面瓦解现代管理

当下商业模式创新与管理创新的错位，已经严重制约了全球企业的创新与发展。管理创新的步伐必须同步商业模式创新，甚至要走在商业模式创新之前，否则商业模式创新将会举步维艰。必须认识到，在管理大变革的背景下，单纯重视商业模式的做法本身就是违背后现代商业模式本质的。这种急功近利的价值观，反而达不到商业模式创新的目的。

阿里巴巴、谷歌、腾讯、Facebook 等企业之所以能够取得比同类企业更大的成就，正是由于他们在新商业模式瓦解现代管理范式的同时，及时进行了后现代管理范式创新。那么，商业模式创新究竟颠覆了哪些现代管理范式？无疑，这种颠覆是全面性的。

互联网商业模式首先颠覆了现代企业治理结构。如果说在商业模式设计中，后现代公司消除了公司与客户的对立，那么在治理结构设计中，后现代公司又消除了资方与劳方的对立。在商业模式创新中，客户不是公司的客体，而是主体，公司与客户之间的关系，是主体与主体之间的关系。在治理结构创新中，资方与劳方的关系，同样不是过去的主体与客体的关系，而是主体与主体的关系。也就是说，大家都是对等的人。

同样，商业模式创新也颠覆了传统的竞争战略，改变了企业战略模式。商业模式创新颠覆了现代企业的科层制组织架构，颠覆了现代企业以大众传播和渠道依赖为特征的营销模式，颠覆了现代企业的权威式领导模式、封闭的创新模式和对立化的文化模式，最终瓦解了整个现代管理体系。在此过程中，商业模式创新一开始就走在前面，通常比治理结构、战略、组织、营销等变革先行一步。但随着商业模式对现代管理体系的瓦解式冲击，现在，管理范式变革已经变得比商业模式创新更为重要。

商业模式创新重构现代管理范式

在商业模式层出不穷而管理范式变革落伍的情况下，商业模式瓦解现代管理的使命已经完成。现在要把管理创新摆在首位，以后现代管理范式来引领商业模式创新与保障商业模式的实现。互联网商业模式创新对现代管理的瓦解与重构，大致经历了以下三个阶段：

第一个阶段：互联网商业模式崛起，现代管理范式开始进入全面瓦解阶段。这个阶段是亚马逊、谷歌、阿里巴巴等互联网巨头诞生的阶段，这些企业分别创立于 1995 年、1998 年和 1999 年，而高速发展于 21 世纪初的十几年。这场由互联网商业模式所推动的现代管理瓦解过程，与 20 世纪 80 年代末到 90 年代初的管理变革，如迈克尔·哈默的"流程再造"和彼得·圣吉的"学习型组织"具有完全不同的性质，它引发了后现代管理范式的整体变革，而非流程再造式的局部改进和学习型组织理论的初级管理变革。

第二个阶段：互联网商业模式逐渐成熟，后现代管理在领先企业的实践中逐步建立的阶段。这个阶段是互联网巨头和领先企业管理创新逐步完善的阶段，即从新千年之初到目前的阶段。2005 年 9 月，张瑞敏在海尔提出"人单合一"模式，将海尔由传统的"正三角组织"变为"倒三角组织"。2012年年底，海尔正式宣布进入网络化战略阶段，向平台企业转型。2014 年，海尔进一步提出"企业平台化、员工创客化、用户个性化"的战略主题，全面推动平台企业的转型和落地。与此同时，亚马逊、谷歌、阿里巴巴和后起之秀 Facebook 等也初步建立了各自的后现代管理体系。

第三个阶段：互联网商业模式理论趋于完善，后现代管理创新反过来推动商业模式在全球普及与创新的阶段。这个阶段将发生在从现在开始到未来 10 ~ 30 年之内。目前，相对于后现代管理实践，后现代管理范式的整合与创新尚处于十分落后的状态。而本书将从根本上转变这一现象，因为本书不是简单地总结亚马逊、谷歌、阿里巴巴、海尔和 Facebook 等企业所实践的后现代管理范式，而是在这些企业实践的基础上构建创新性的后现代管理思想体系。成功企业之道不等于企业成功之道，本书的使命，就是在成功企业之道的基础上，创新企业成功之道，推动全球进入后现代管理范式的系统创新与普及阶段。

四、商业模式创新与战略协同

商业模式创新之所以成为管理变革的先锋，乃因它是企业最敏感的神经。商业模式是反映商业前沿变化的晴雨表，犹如章鱼的触须，是企业触摸时代脉搏的"第一器官"。退一万步说，企业可以没有战略、没有组织，但不能没有商业模式。商业模式是企业存在的前提，任何企业，即便如何不完美，在管理方面如何粗糙，也一定有自己的商业模式。

虽然商业模式不只是盈利模式，但最起码每一个企业都需要盈利。这就是商业模式创新走在管理变革前沿和商业模式受到格外重视的原因。实际上，商业模式是战略的地基，商业模式创新就是战略筑基的过程。

商业模式创新与战略筑基

现代企业的商业模式相对单一且具有可持续性，很多企业一旦确立某种商业模式就可以高枕无忧。在此种情况下更重要的是战略，商业模式的战略属性并不突出。互联网时代的商业模式是基于企业资源的自然延伸，同时也更具多变性。因为随时会有跨界打劫者或颠覆性创新者出现，而导致已经成熟的商业模式的终结。这意味着商业模式的战略属性前所未有地提升了，不仅企业在设计商业模式的时候就是在进行战略部署，而且这种战略还要随时面临调整乃至废弃。战略的突变性导致对商业模式不能过度依赖，但又必须高度重视的双重格局。

互联网时代，商业模式已经成为战略的基石，且需要在战略推进过程中随时调整。商业模式对战略和营销的渗透，以及对组织变革和管理的影响都空前深入。商业模式既已成为战略不可分割的一部分，实际上也就成为管理创新的一部分。虽然单纯的商业模式创新和技术创新都很落伍，但实际上在互联网企业中这也是普遍现象。技术创新与商业模式创新息息相关，甚至技术就是商业模式的核心。但如果不是从管理创新的整体系统去把控技术创新与商业模式创新，则企业的竞争力会大打折扣，甚至出现商业模式与管理不匹配的现象。硅谷有句流行语是"文化吃掉战略"，同样，我们也可以说"管理吃掉商业模式"。因为文化是管理的一部分，管理包括文化、商业模式和战略在内及其余所有企业子系统。

事实上，无论技术和商业模式如何领先，若没有领先的管理，企业发展终将受到极大的制约，乃至无法支撑新技术和新商业模式下的膨胀式发展。互联网诞生的时代涌现了无数创业公司，但最终做大做强的只有谷歌、阿里巴巴、腾讯、Facebook 等少数企业，这根本不是商业模式的问题，而是管理创新的问题。

因此，越是商业模式成为战略基石的时代，越需要管理创新的匹配。在管理创新大系统下的商业模式，才更具战略竞争力。目前，管理创新的落后已极大地影响了全球企业商业模式的实现。很多企业虽然涉足互联网，在管理上却沿袭落后的现代管理模式。如此，商业模式将很难发挥其战略价值。未来，缺少管理创新匹配的企业，即便拥有领先的商业模式，也将举步维艰，随时可能被淘汰。

商业模式创新与战略选择

商业模式创建的过程也是战略选择的过程。在商业模式的静态结构中，价值系统、商业定位、用户/客户定位、产品模式、盈利模式、资本模式、渠道模式、合作模式等大部分要素都是战略选择的过程。

商业模式作为战略选择，其严密性也超过了迈克尔·波特竞争战略。它是在波特竞争战略基础上的更为高级的战略选择，比竞争性定位战略的选择更为完善。事实上，商业定位这一个要素就可以对应竞争战略选择。而价值系统、用户/客户定位、产品模式和合作模式等，则突破了传统竞争战略的封闭式模型，使商业模式成为一种开放性和创造性兼具的新型战略。

商业模式作为战略选择的升级，表明在不确定时代战略重要性的提升。换言之，互联网时代的竞争更加激烈、更加复杂了。要想在这个时代生存，企业就需要更高级的战略系统。这个战略系统，首先是由商业模式所体现的。为什么在过去商业模式没有那么重要，而现在言必称商业模式？实在是因为竞争升级了，商业模式也必须升级，战略必须升级。所以，商业模式创新已经成为企业的入门功课，无论是行业领袖还是初创企业，都必须具备过硬的商业模式设计能力。

战略选择是定位的延展与扩大，商业模式的严密性使战略选择成为一项高智力活动。如果一家初创企业没有清晰的战略选择，就很难获得风险投资的青睐。清晰的战略选择是企业持续发展的保障，它不仅是企业发展的方向，还包括达到目标的路径设计。所以，商业模式早已不是盈利模式这样单一的结构，商业模式本质上是一种严密的战略系统设计。

商业模式创新与战略破局

犹如艺术作品或设计作品需要突破性亮点一样，商业模式设计中也必须有突破性亮点。这种亮点要么是单点突破，要么是各要素的组合效应，总之它要与众不同且能够证明行之有效。商业模式设计的突破性，其实也是一种战略破局。一个好的战略必须拒绝平庸，这不是战略艺术的要求，而是市场的要求。缺少破局性战略设计的企业已经很难生存了。

商业模式创新与战略破局的关系，使其再次超越了传统的竞争战略。在迈克尔·波特理论模型下，企业可能选择成本领先战略、聚焦战略或差异化战略，但在商业模式设计中，你最好设计出自己的蓝海战略或颠覆性创新战略，至少是双元性创新战略，即在保留传统竞争战略的基础上同时进行战略破局式设计。商业模式的破局性，简单地说，就是你的个性是什么！在个性纷呈的时代，任何领域都需要与众不同，商业模式设计更加需要与众不同。因为商业竞争越来越高级了，大数据和人工智能的发展，要求企业必须站在时代的巅峰才能捕捉到未来的机会。

战略破局不是一次性的，而是一个动态的连续的过程。商业模式的突破性亦然。阿里巴巴的商业模式从来没有停止过突破，从 B2B 到 C2C 的演化，从淘宝到天猫的升级，再到今天的后电商革命——阿里巴巴电商平台与工业 4.0 结合而实现的柔性制造，都是商业模式不断演化与破局的证明。

所以，商业模式的破局始于其静态结构设计的阶段，持续于商业模式推行的全过程，但永无终点。不断地破局意味着不断地创新，商业模式创新就是一个不断破局、不断自我否定的过程。用海尔的话来说，这叫"自以为非"。企业只有具备"自以为非"的精神，才能保证商业模式的不断破局。而这种在商业模式推进过程中的破局，必然与战略突围形成共振。

⚙ 商业模式与战略的共振式推进

商业模式与技术一样具有迭代性与演化性，其演化的规律一般是从单一到多元产品，再从多元产品回归主力产品，最终则是颠覆式创新或被颠覆后的重塑。商业模式的这一演化过程也是战略演化的过程。

商业模式的迭代性与演化性，使之与战略交融性不断加强，战略与商业模式并轨、同步性现象加强。在互联网时代，商业模式最多维持 5 ~ 10 年，甚至 1~2 年，战略的制定要与之匹配，在发挥商业模式最大价值，到达商业模式极限之前导入商业模式创新战略。商业模式和战略并不完全相同，但存在很大程度上的并轨与共振。在商业模式设计阶段，商业模式与战略筑基、战略选择是重合的。而在商业模式推进的过程中，则与战略形成并轨与共振。

战略更多地体现于执行计划中，而商业模式则更多在执行计划之外。但为了确保商业模式的持续创新，就需要在一定程度上把商业模式创新纳入到公司整体计划中。如此，才能更主动地应对可能出现的新商业模式或新竞争者的挑战。在此种情况下，商业模式与战略必然会形成共振式推进。

在商业模式与战略的共振中，商业模式设计阶段，是以商业模式为重；商业模式推行阶段，则是以战略为重。但在商业模式迭代的关键阶段，则又要以商业模式为重。商业模式与战略的这种动态关系，决定了二者协同的重要性，也表明了商业模式管理的重要性。

商业模式对动态管理的需求，再次表明静态商业模式结构的局限性。一个完整的商业模式模型应该包含静态结构与动态结构，而目前的商业模式模型均为静态结构。在静态结构下如果夸大商业模式的作用，必然会导致对管理的忽视。目前的商业模式热已经凸显出这样的特点。这种急功近利的做法既不利于管理创新的推进，也不利于商业模式创新的持续。因此，虽然商业模式曾经是管理变革的先锋，最终却要回到管理创新的范畴。在管理创新系统之下的商业模式，才能真正形成与战略的共振式推进。

五、商业模式创新与组织协同

商业模式创新是管理创新的先导，正是商业模式创新撬开了管理革命的大门。甚至在以平台化为核心特征的互联网商业模式变革中，商业模式本身就是一种组织变革。互联网商业模式对组织变革的推动分为三个阶段：第一个阶段是电商、搜索和社交网站的平台化；第二个阶段是电商、搜索和社交企业组织的平台化；第三个阶段是所有企业的互联网化与组织平台化。

商业模式与组织模式的错位现象

在互联网商业模式引发的组织平台化浪潮中，大多数企业并没有认识到商业模式创新与组织变革的协同问题。商业模式与组织模式的错位成为一种普遍现象。大部分企业虽然推行新的商业模式，但组织架构仍然沿袭典型的现代科层制组织模式。

组织平台化本质上是管理范式的革命。第一，组织平台化颠覆了传统的权威式领导模式，把决策权下放到每一个小团队，形成自我管理格局；第二，组织平台化减少了层级，提高了决策速度；第三，组织平台化形成了"人人皆创客"的公司文化，公司作为平台的核心职能是建立后备支持系统。同时，为了使组织平台化彻底释放生产力，须进行相应的股权改制，打破股东与经理人的界线，创造人人皆主人的共同治理结构等。这些组织与管理变革已经成为互联网企业的基本架构，如果没有相应的组织与管理变革，即便从事互联网行业，其本质仍然是一家传统企业。事实上，已经不存在互联网行业这一概念，所有的企业都是互联网企业，所有的企业都应该按照平台化规则改造自己的组织与管理模式。

商业模式与组织模式的错位，原本是互联网商业模式刚刚兴起时的特征。那时的领先企业在组织与管理方面尚缺乏必要的经验，而后来成功的互联网企业都不是基于商业模式的成功，而是基于管理创新的成功。在互联网巨头的管理模式接近成熟和后现代管理革命已经全面展开的今天，如果仍然把商业模式放在第一位而忽视组织与管理变革，几乎没有成功的机会。互联网的草莽时代早已结束，现在是专业化作战时代，商业模式与组织变革都不可偏废，而组织变革比商业模式更具持久竞争力。如果没有组织变革为基础，任何商业模式都无法创造奇迹。

组织创新构筑商业模式竞争壁垒

2013 年，苏宁云商模式"店商＋电商＋零售服务商"启动，为此苏宁进行了组织变革，新增三大事业群，并将矩阵式组织调整为事业群组织，即平台共享＋垂直协同的模式。商业模式的变革必然带来组织模式的变革。

商业模式不是真正的竞争壁垒，组织创新才是。平台的本质在于公平与公正，平台商业模式的基本规律是"得民心者得天下"。因此，平台商业模式必定越来趋于人性化，反人性的商业模式在未来将毫无机会。而要使人性化商业模式发挥效力，必须有组织创新的匹配。因为商业模式无论如何出色，都会被模仿，乃至被超越，而组织创新之所以是真正的竞争壁垒，不是因为组织模式无法模仿，而是因为组织创新创造了团队作战的长效机制。商业模式的实现，必须依赖组织创新及在此基础之上的持续执行过程。

互联网时代正确的企业战略应该以组织创新引领平台商业模式变革，而不是让平台商业模式倒逼组织与管理变革。在这种被动的倒逼中，企业可能因管理变革的滞后而导致商业模式的效力无法发挥，从而影响战略目标的达成，甚至使商业模式的优势化为乌有。张瑞敏经常提到的"倾否，而非否倾"正是如此，意思是要主动颠覆封闭格局，而不要被封闭格局所颠覆。

阿里巴巴的电商平台本质上是为众多小微业主服务的创业平台，虽然阿里巴巴无比庞大，但马云说："阿里巴巴不是商业帝国，而是生态平台。"作为平台管理方的阿里巴巴的职责，是负责培育和浇灌的角色，是让众多小微业主像森林里的植物一样繁茂地生长，而他们却感觉不到"森林之王"的存在。阿里巴巴无疑颠覆了传统的组织模式与管理模式。

海尔建立了目前最大的开放式创新平台，这是以"小微"为主的创业平台。他们有来自海尔内部的员工，也有很多来自海尔外部的创业者。海尔打造的这个规模庞大的创业平台突破了企业的原有边界，这种商业模式本身就是一种新型的组织模式，其对治理模式和领导模式必将产生革命性影响。

同样，小米也是一个平台。小米的论坛是用户交互平台的载体，不仅具有搜集用户信息、分类、回复的作用，也具有用户参与工作的功能。如发现Bug、提出产品建议、论坛维护等。小米还有博客、微博、QQ空间等社交媒体进行用户交互，这些都改变了小米组织的结构与管理模式。同时，小米还是一个内部创业平台。为了匹配平台商业模式，小米从最底层员工到创始人只有三级。小米每个创始人分管不同领域，下面包括很多小团队，每个小团队独立运营，相当于小型创意公司。小米的组织类似于3M的团队模式和京都陶瓷的阿米巴组织。

所有成功的互联网企业，绝不仅仅是因其商业模式而成功，而是组织创新与管理变革的成功。组织创新相当于搭建了一个航母平台，并形成确保让战斗机作战能力最强化的航母战斗群。如果没有组织创新，商业模式将无所依凭。商业模式不是万能良药，也不是神话，它只是一套方法。要形成战斗力，不是靠方法本身，而是靠有组织的人，靠组织创新推动下的团队。

▦ 文化创新是商业模式创新的引擎

组织创新是商业模式竞争的壁垒，但组织创新的推动力来自文化。组织的灵魂不是某种架构，而是架构背后的精神。文化不仅高于战略，也高于组织。

互联网商业模式本质上是一场人性回归之旅，它要突破的是我们内心的屏障。这场看似距离很短的革命，事实上要越过千山万水。从心到心的距离，横亘着人类数千年的历史。文明和文化扭曲了我们的人性，使人与人的关系蒙上各种烟尘。管理的历史，也是一段蒙尘的历史。

所谓文化创新，首先需要新文化。我们需要超越现代文化的新文化，才能真正打造组织变革的引擎。对于企业领袖而言，新文化意味着一场自我革命。没有企业领袖的脱胎换骨，组织架构的变革也将毫无意义。雷军和张瑞敏都经历过这样的自我否定，所有成功进行组织变革的商业领袖也都曾经有过类似的经历。最早是商业模式变革倒逼组织与文化变革，现在则必须主动求变。率先建立消除心灵距离的后现代文化，才能赢得未来商业模式可持续的空间。

商业模式的 "三位一体"

文化、组织与商业模式，是一件事物不可分割的三个层面。商业模式是最浅的第一个层面，组织是较深的第二个层面，文化则是最深的第三个层面。所以商业模式创新的本质是组织创新，组织创新的本质是文化创新。这三个层面创新的协同推进，才算是真正的商业模式创新。

商业模式是工具层面，组织是机制层面，文化是精神层面。这是"三位一体"的商业模式架构，如果没有工具、机制与精神这三个层面的协同，就没有真正的商业模式。一个完整的生命一旦被切割，就变成尸体而非身体了。一个缺少组织与文化协同的商业模式是什么？跟行尸走肉差不多，它只是赤裸裸的商业工具，缺少规则的约束与推动，更没有灵魂。那么，这样的商业模式根本不可能在互联网时代存在下去。因为互联网商业模式变革首先是人性的救赎，是回到商业的本质，打破股东、经理人和客户之间的界线，让人与人之间没有距离。

因此，在管理创新登上历史舞台的时代，商业模式创新应该采取逆向创新的方式。所谓逆向创新不是先设计商业模式，而是先设计文化与组织。一个具有后现代有机文化的企业，才能建立真正的平台化组织。而具备平台化组织的企业，才能持续进行商业模式创新。张瑞敏在实施海尔组织与文化变革的初期，曾经被外界认为是组织压过战略，会导致海尔的战略失衡。实际上，张瑞敏的做法是真正具有前瞻性和深刻意义的管理变革，海尔的组织变革本身就具有战略和商业模式双重属性。在张瑞敏的组织创新中，组织、战略、商业模式与文化本质上是合一的。这绝不是单纯的战略或组织变革，而是系统的管理变革。任何企业都不可能只依赖某一种商业模式，因此重要的不是学会运用某种商业模式，而是建立商业模式创新的文化与机制。组织与文化显然比战略和商业模式更为重要。正如吉姆·柯林斯在《基业常青》中所强调的："重要的是造钟，而不是报时。"

综合上述，我们得出以下后现代商业模式的模型，如图4-1所示。

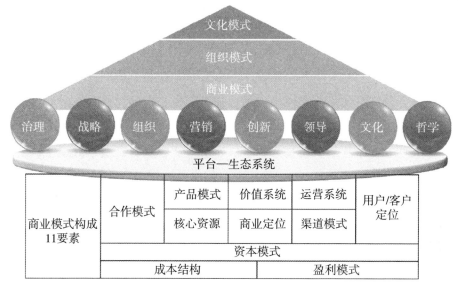

图 4 - 1　后现代商业模式模型

在上述后现代商业模式模型中，包含商业模式基础形态、商业模式创新 3 层级、商业模式构成 11 要素和商业模式管理 8 要素。这是迄今为止对商业模式最系统的整合与创新，它充分显示出了后现代管理范式变革的高度与整体性，也充分表明了企业成功之道与成功企业之道的根本区别。因为，这一后现代商业模式模型，并不是对成功企业之道的简单总结，而是在总结基础上的超越性创新。

六、商业模式创新的"造钟模式"

商业模式不能造钟，只有管理创新才能造钟。在草莽商业模式结束的时代，商业模式理应被管理创新所统领。商业模式神话的终结，恰恰使商业模式回到应有的地位上。这不是降低商业模式的重要性，而是凸显了其重要性。从某种角度而言，后现代管理的整个创新体系都是为商业模式的实现而服务的。

不要神化商业模式

商业模式仍然是具有战略性质的企业基本架构，是企业存在的基础。商业模式创新将层出不穷，并在与企业战略共振的过程中，将企业发展推向一

119

个个高峰。但是，绝不要神化商业模式。否则，我们将再次制造某种商业时尚。特别是对仍然处于青春期的中国企业而言，我们有必要指出商业时尚的毒害性。

尽管彼得·圣吉的学习型组织理论曾在中国风行一时，但中国企业经营者始终未能建立基本的商学知识架构，更没有建立起学习精神。缺少必要的知识，将导致人的盲信和对某些事物的过度推崇。"江湖大师"在中国的持续走红，说明企业家读的书还是太少了。如果不能建立自己基本的理性，企业家阶层确实会被情绪所左右。这个世界真的没有真相吗？真相真的不重要吗？这种思想经不起推敲，却被整个时代所推崇。这就是某种所谓的"后现代主义"，其实它与我们所说的"后现代"毫不相干，与"后现代管理"毫不相干。真正的"后现代"是要呈现真相，即便不能完全呈现真相，至少也要具备辨别真实的能力。

如果我们不能辨别真实，那么，管理学就可以作废了。任何关于商业模式的讨论也都可以终止了。知识的价值就在于其背后的真实与真相，即便我们不知道苹果的营养成分，但至少可以知道它有没有毒。否则，我们会在吃苹果还是吃罂粟之间无法抉择。世界的本质并非如此，一定有某种真实和真相可以让我们无限接近。就像面对商业模式一样，如果我们一定要把它神化，在非理性的迷狂中舞蹈，那结局必定是悲惨的。当今有太多煽动迷狂的商业著作，这些著作把商业的某一面放大而忽视了任何一种商业行为都是系统协同的事实。而正是由于读者知识架构的残缺所导致的基本理性的丧失，才造成了整个时代的迷狂。

一切神话皆可休矣，商业模式更是要及时终结的神话。管理首先是一门科学，它由诸多范式所构成。让商业模式回归到基本的科学轨道，是后现代管理的使命之一。

❀ 推进商业模式与产品创新的共振

也许从某种角度来说，商业模式比技术和产品更重要。但实际上，任何一方都不偏废才是正确的平衡之道。产品创新和商业模式创新，不过是同一事物的两个方面。产品创新本是商业模式创新的核心之一，那为什么一定要重商业模式而轻产品创新呢？这是根本无法成立的逻辑。

商业模式不是一劳永逸的制胜魔方，更不是某种投机取巧。只有以工匠精神对待商业模式创新，使产品创新和商业模式创新并驾齐驱，才是真正的商业模式创新。但工匠精神本身就融合了科技、人文与哲学，达·芬奇和乔布斯都是真正具备工匠精神的人，工匠精神并非"师傅"精神。很多人都以为苹果的成功是商业模式的成功，但是到目前为止，苹果的大部分利润仍然来自产品，而不是商业模式。苹果的商业平台聚集在线音乐、在线软件、在线阅读和在线游戏等，但其在线音乐等收入只占营业额的5%左右，苹果目前的营业额主要还是来自 iPhone、iPad 等产品。这并不是否认苹果的商业模式，而是要正确判断商业模式与产品之间的关系。

索尼曾经凭借硬件创新技术而做出了许多高品质、傲视全球的产品，但在面对互联网冲击后，索尼为了建立软硬件融合的商业模式，反而轻视了硬件与产品的创新。这最终导致索尼步入平庸，竞争力大幅下滑，陷入了创新者窘境。虽然索尼衰落的更深层原因，是管理范式导致的隐性傲慢，但其商业模式与产品创新的失衡，则是管理范式落伍的直接体现。

我们并非否认生态商业模式本身，而是强调即使在生态商业模式中，最佳的格局也一定是商业模式创新与产品创新的共振。如前所言，这本质上不是两件事情，而是一件事情。精细打磨的产品是商业模式的核心，如果只重视所谓的商业模式，而无核心产品的话，企业将再度落入急功近利式的传统商业陷阱。当今中国的互联网巨头在商业模式方面的成功是有目共睹的，但在基础的科技创新和产品创新方面，与美国企业相比仍有较大的差距。后现代商业模式创新，要具备基本的系统化思维，推进商业模式创新与产品创新的共振，才是真正的王道。

❋ 商业模式的双元性创新

已有商业模式是战略的地基，而创新商业模式是未来战略的新大陆。在商业模式创新过程中，并不存在"为颠覆而颠覆"的需要。大部分情况下，企业需要推进商业模式的双元性创新，其本质就是战略的双元性创新。

对于那些已有商业模式逐步趋于稳定的企业而言，双元性创新是最稳妥的战略。一方面，稳定的商业模式不宜也不可能轻易颠覆，而是要尽量优化、迭代和升级，使其发挥最大效力。因此，对已有商业模式的迭代、升级和持续创新是商业模式创新的基础。在此前提下，为应对未来可能的挑战，必须未雨绸缪，同时推进全新商业模式的创新战略。这种创新可以是针对平台用户的衍生商业模式，也可能是完全不相干的跨界创新。为了应对跨界竞争，必须推行以开放式创新为依托的跨界创新。

商业模式的双元性创新也是超越传统竞争战略理论的新企业战略，这一战略的特点是主动求变，在尚未出现对手的时候即进行新的定位与战略选择。商业模式的双元性创新，本质上也是商业模式与战略的共振。

商业模式创新的全程管理

商业模式创新已经到了必须全程管理的时代，而且这一过程必然也是后现代管理范式创新的过程。在互联网商业模式崛起的早期，是商业模式推动管理范式变革，现在则到了管理范式变革托举商业模式创新的时刻。

商业模式创新的全程管理需要跨越治理结构变革、战略模式变革、组织模式变革、营销模式变革、创新模式变革、领导模式变革、文化模式变革和管理哲学变革等主要板块。这也是本书所涉及的后现代管理范式变革的核心子系统。就此而言，后现代管理的整个体系都是商业模式背后的推动力量。

在后现代公司治理模式中，管理者变成股东是一种颠覆性变革。在后现代商业模式中，消费者变为股东，是更进一步的颠覆性变革。所有这一切变革的核心，都在于人与人之间的关系由现代的主客体关系，变成了后现代的主体与主体之间的关系。不平等消失了，虚伪也必须消失，任何精巧的包装都会丧失市场。这是互联网的革命性功绩，技术改变人性从而成为现实。

后现代战略模式变革、组织模式变革、营销模式变革、创新模式变革、领导模式变革、文化模式变革和管理哲学变革等板块，均以人性回归为共同基因。后现代管理的人性论是实现这些板块变革的核心要素。所有板块均为商业模式的实现而服务，这说明商业模式已经成为战略中的战略。唯其如此，对商业模式变革本质和规律的把握，以及对商业模式的管理才更显重要。从这一角度而言，商业模式不仅成为战略中的战略，也成为后现代管理的原点与目标，商业模式的重要性可见一斑。但只有我们摒弃功利主义之后，商业模式才能真正回归本位。

事实上，商业模式全程管理，是包含治理结构、战略模式、组织模式、营销模式、创新模式、领导模式、文化模式、管理哲学的整个后现代管理创新体系。本书的后现代管理范式，本质上就是后现代商业模式的实现体系。

后现代管理：打造生态丛林化公司

后现代管理的每一个环节，都透露着人性救赎的主题。在商业模式的设计中，同样以人性为中心。如果说现代企业商业模式着眼于公司利益的话，后现代企业商业模式则着眼于人性价值。彼得·德鲁克早就在公司定义中明确过客户中心的理念，菲利普·科特勒等现代营销大师也强调客户中心，但是在现代文化体系下，没有多少公司会发自内心地去实践。特别是，客户中心在今天并不是一个精准的概念，与其称其为客户中心不如说是人性中心。客户会错误，但人性不会错误。互联网时代，人性的本质并没有变，但透明的世界却迫使企业家改变自己的理念，去真正地洞察人性。这是互联网对人类社会所产生的最伟大的推动价值。

过去的商业模式是相对稳定的。在某些领域，比如麦当劳、肯德基这样的餐饮企业，商业模式可以持续几十年基本不变。即使像 GE 这样的多元化巨头，其既往的商业模式也是相对固定的。作为行业领先者的大公司，往往可以凭借总成本领先战略保持长期的竞争优势。因此，那时商业模式的重要性并不突出，商业模式并没有被提升到战略的高度。

互联网时代的商业模式是瞬息万变的。尤其关键的是，即使有好的商业模式，也随时可能被超越。即使那些行业巨头，也有可能被一家名不见经传的小公司的颠覆性创新所打败。互联网时代是一个平等的时代，任何公司都没有骄傲的理由，否则随时可能招来无法预料的厄运。但骄傲却是人性固有的劣根性，任何人一旦成功，都很难摆脱骄傲的包袱，更何况那些世界性巨头。马云提醒阿里巴巴员工要时刻控制自己的骄傲情绪，对于一个全球互联网企业领袖来说，这是难能可贵的。这说明马云很了解人性。商业模式和管理，从根本上都是人性的艺术。

互联网对商业模式的颠覆，首先表现在以人性回归为本的价值模式，其次才是盈利模式、销售方法与生产方式的变革。互联网的用户至上，用奇虎360 创始人周鸿祎的话说，"已经上升到信仰的高度"。

商业向来善于自我包装，而互联网时代如果缺乏对用户真正的爱心，这种包装迟早会露馅儿。但至少，把用户体验上升到信仰高度是一种进步。信仰原本是人的本质，一个有信仰的人，无论做什么事都是信仰的外化。因此，要把用户体验当作信仰，企业家就必须有信仰，企业就必须是信仰型企业。如此，则用户体验是信仰，商业模式是信仰，管理是信仰。

后现代公司是生态化丛林，其中，没有老虎和狮子这样凶猛的王者，但不等于没有王和中心。生态商业的特点是"新中心化"，而不是"去中心化"。譬如，魅力人格对社群的意义，相当于共同纲领，其本质就是一个中心。从雷军的"小米"、罗振宇的"逻辑思维"到罗永浩的"锤子手机"，"粉丝经济"绝不是"去中心化"。"网红经济"作为社群经济的初级阶段，具有典型的中心化特征。而当"网红"进化成品牌，或社群靠某种共同纲领而凝聚的时候，中心依然没有消失，而是隐身化、高级化了。去中心化，也许是互联网时代最具谬误性的流性概念。

事实上，中心化是粉丝经济的最大特点。若没有中心人物或主题，粉丝从何而来？粉丝成立的逻辑前提就是中心的魅力。作为粉丝经济演化版的社群经济，具有双中心的特点。中心之一是魅力人格或共同纲领，中心之二是每一位粉丝。因此，社群经济是双中心或互中心模式，而不是去中心模式。如果真的没有中心，则一切价值都不复存在，柔性制造也无法形成。柔性制造首先基于社群平台这个中心的形成，然后是粉丝的聚集，粉丝中心化是实现柔性制造的前提。柔性制造的生产过程要再度通过社群这个中心传递。因此，不存在去中心化。

在社群商业进化的过程中，商业的本质将不断回归。事实上，社群是商业的终极目标，但传统社会却无法实现这一目标，只有移动互联网才具备这样高效的联结功能。当人与人被无限联结在一起的时候，人性也将赤裸地暴露于阳光之下。当用户同时具备产品设计者和投资者角色，企业与用户之间变成了零距离的"自己人"，一切虚假都将逃遁，人性之恶变得无法躲藏，商业必定以真实作为根基。同时，社群商业将形成真正的生态丛林化公司，促进原创和众创时代的到来，将大众的创造力彻底释放出来，这本质上是对人性的解放。卡尔·马克思的伟大理想，也许将在这种"数字生态共同体"中得以初步实现。

⬡ 探秘商业模式的价值基因

后现代社会将促使企业从商业模式到价值模式的转变，此种转变首先在于诚信的建立。马云讲过："互联网最大的贡献是建立了信任。"作为商业的基本规则，这不是高深的哲学，而是简单的做人道理。中国古代就有"童叟无欺"的说法。价值模式的基础是诚信，最高境界也是诚信。在社群商业中所实现的消费者与生产者、投资者角色的融合，使欺诈行为无处可藏。因此，互联网从基础的大入口阶段到内容为王的社群阶段，一步步建立起信任的大厦，并创造了一个透明的世界。商业如果违背人性，必然会暴露于阳光之下。

"魏泽西事件"就暴露了从互联网企业到涉事医院价值维度的缺失，这也是中国当代商业发展史上一直难以杜绝的现象。在互联网发展进入下半场的时刻，人性的荒芜似乎仍然不可避免，但正在朝向更好的方向发展。事实上，中国企业并不缺少诚信基因。从早年的张瑞敏砸冰箱，到2011年马云对阿里巴巴"欺诈门事件"的严肃处理，都可以体现中国企业家的高度诚信。在阿里巴巴创业初期，马云曾经开除为公司带来当年大半业绩的两个员工，只因为他们给了客户回扣。这是伟大企业家的精神，其实也是做人的基本素养。

对于那些失信的企业及企业家，我们并不能以道德来棒杀他们。每个人的人性中都存在恶的成分，不同的是诱发条件是否具备。我们相信人性本善，并且在互联网背景下，人的善良本性将被更大程度地发扬光大。我们相信没有罪不可赦的恶人，也没有绝对的君子。

从互联网到生命互联，人性将彻底裸露出来。互联网是洪水消退后的大陆，像挪亚时代的洪水消退一样，一切腐烂的东西都被冲刷了，留下的是一个干净的大地。互联网时代，所有行业都是服务业，每个人都是服务者和被服务者。你不可能欺骗别人，必须用你的真心去服务别人，盈利不是你唯一的目的，人性要彻底回归。而只有人性完成升华，商业模式才有立足的基础。

在马云看来，互联网上半场是IT时代，信息是为方便自己控制和管理，信息是一种权力。互联网下半场是DT即数据时代，其本质是以利他、激发大众活力为主。DT是一个数据流动更为充分的时代，会更加透明、利他，更注重责任和体验。未来的经济将由数据驱动，商业模式将是C2B，而不是B2C。企业将不再关注规模、标准化和权力，而会关注灵活性、敏捷性、个性化和用户友好。

七格格、海尔、上海大众都在进行 C2B 商业模式革命。

在 Facebook、微信、微博这样的社交平台，已经形成了一个庞大的超国界的虚拟社会。在这些社交平台所形成的虚拟社会中，凯文·凯利所说的"数字社会主义"得以实现。而数字社会主义的主要特征就是人性的解放，这是社群经济时代商业的基本法则。随着阿里巴巴等互联网巨头的全员持股革命、以海尔创业创新平台为核心的产权革命和全球人力云革命的展开，未来更将形成全球性的"数字生态共同体"浪潮，它将终结私营公司的历史，开启全新的社会化公司时代。

未来的互联网世界，将比超级社交平台具有更强大的能量，也将带来更深刻的社会与商业变革。互联网世界是一个万物互联、人人互联的"超级宇宙"，也是个体价值更为突出和透明的人性高度回归的世界。在互联网所推动的深刻的人性解放中，商业将进一步回归人性的原点。只有抓住人性，并释放人性，商业模式才能成为价值模式，企业才能具备更广阔的生存空间，表 4－1 是现代与后现代企业商业模式的对比表。

表 4－1　　　　　　　　现代与后现代企业商业模式对比

现代企业商业模式	后现代企业商业模式
专一型商业模式	多元型商业模式
单一型商业模式	跨界型商业模式
盈利型商业模式	价值型商业模式
竞争型商业模式	创造型商业模式
封闭型商业模式	开放型商业模式
大众型商业模式	小众—个体型商业模式
公司型商业模式	平台型商业模式

第五章
后现代管理战略复兴图谱

一个放弃真相的时代是悲哀的时代，

而一个放弃战略的企业将是悲惨的企业。

在诡谲的 21 世纪大海上，战略像迷失的巨舰。在现代经典竞争战略失去效力的时代，作为先驱者的互联网公司只能在波涛和黑暗中摸索航向。即使在最混沌的大自然中，仍然存在着惊人的秩序，战略复兴就是要找到那些隐藏的结构。事实上，后现代战略复兴是从商业模式开始的。

商业模式是战略的原型，而战略是商业模式的实现路线。当商业模式迭代与创新之际，战略与商业模式再度重合，之后战略再次成为商业模式的实现路线。战略与商业模式的关系，是重合—并轨—交叉与协同共振的关系。战略与商业模式并不存在孰轻孰重的问题，只有如何协同的问题。过去的战略理论由于缺少与商业模式的关联性分析，因此都存在着各种局限与欠缺。

在一个不确定性时代，很多人对战略规划秉持悲观的态度。实际上越是不确定性的时代，战略的重要性就越突出。没有任何证据表明企业对战略的依赖性降低了。人们之所以在这个时代陷入迷茫，是因为战略模式完全转型了，过去的战略理论已经无法应对现实的挑战。与其说这是一个具有不确定性时代，不如说是一个具有复杂性的时代。企业的竞争环境变得远比过去复杂，因此需要更具穿透性的战略理论，来应对更为复杂的世界。战略的本质，就是洞穿现象迷雾的那一束强光。

战略，以及作为战略基础的商业模式，它们的使命是让商业的世界变得相对简单，透过纷繁复杂的表象，抵达商业的本质。这不是一场虚幻的哲学之旅，而是一场布满荆棘与陷阱的商业实战。

一、战略决胜时代刚刚拉开序幕

所谓乱世出英雄。在一个复杂而不确定的时代，战略才真正有用武之地。而在一个相对稳定的时代，反而并不需要伟大的战略。因此，现代企业战略表现出线性、单一化等特点。

在一个复杂的时代，企业需要复合式战略，任何单一的战略都无法应对企业所面临的多重挑战。无论是迈克尔·波特的传统竞争战略，还是蓝海战略、颠覆性创新战略，都无法完全适应复杂多变的跨界与开放式竞争环境。波士顿咨询公司合伙人马丁·里维斯等人在《战略的本质》一书中，总结了复杂商业环境中的五种战略：经典型战略、适应型战略、愿景型战略、塑造型战略、重塑型战略，并提出通过双元性创新来组合这五种基本战略的模型。

相对于迈克尔·波特的竞争战略理论，波士顿战略模型更具适应性，但并没有达到后现代企业战略的高度与系统性，也没有阐明战略与商业模式之间的密切关联与协同的问题。同时，虽然波士顿战略模型提到了战略与组织、文化、领导等要素的匹配，但并未从管理范式创新的高度审视战略与组织、文化、领导的关系。关于新的后现代复合式战略图谱，我们将在本章逐步展开。

❋ "定位理论" 过时了吗

张瑞敏曾经说："移动互联网时代，为什么会出现战略的迷茫？原因很简单，就是我们所有遵循的经典经济管理理论，被互联网时代颠覆了，而新的体系还没有完善。"张瑞敏所说的经典经济管理理论，是指现代经济管理理论，而他所说的新的体系则无疑是指后现代经济管理体系。

现代管理和战略理论是以企业为中心对消费者进行心智定位，这种经典定位理论曾经对中国企业产生过巨大影响。张瑞敏认为，在互联网时代，如果再坚持定位理论就是作茧自缚。那么，定位理论真的过时了吗？

如果我们所指称的定位理论，是从杰克·特劳特、菲利普·科特勒到迈克尔·波特的经典现代定位理论而来，那么，作为一种带有典型现代世界观色彩和明显时代局限性的战略和营销理论，它确实过时了。几乎人人皆知定位理论是以企业为中心、以竞争战略为前提的理论，却很少有人指出定位理论之所以过时，在于它是现代管理范式体系的子系统，因此，它与现代管理具有完全一致的世界观。

定位理论背后的世界观，是现代管理的机械论世界观，它导致了关于人性的错误假设。定位理论的产生基于竞争观念和企业中心（自我中心）主义，同时，定位理论时代的竞争者通常只是出现于行业的上下游，而没有今天的跨界竞争和隐形对手。在竞争环境和商业模式变革的背景下，现代管理的世界观基础被颠覆，现代管理范式被后现代管理范式全面超越了。就此而言，定位理论的终结是时代发展的必然。特劳特、菲利普·科特勒和迈克尔·波特等定位理论大师的历史地位已经奠定，而后现代管理对定位理论的超越也是时代发展的必然。

定位理论终结了，但定位却没有终结。后现代管理是现代管理的终结与重生，它必然带着现代管理的烙印。后现代管理超越了经典现代定位理论，但并没有完全取消定位。只是，后现代管理的定位是不同形态的更高级定位。如果说经典现代定位是单一性、竞争性和稳定性定位的话，后现代定位就是复合性、创造性和移动性定位。

后现代定位是在更为复杂和变动不居环境下的定位，它需要更广阔的视野、更深刻的洞察和更频繁的锁定。在后现代商业模式设计或战略基础设计中，价值体系的建立需要定位，商业系统需要定位，用户/客户需要定位，产品模式需要定位……几乎每一个商业模式要素都包含定位的过程。而整个商业模式则构成了完善的复合式定位体系，这一定位突破了经典定位理论的屏障，铸成了坚实的战略地基。对于后现代战略定位而言，我们是站在巨人的肩膀上，因此才能看得更远。否则，不仅定位理论会消亡，战略也要消亡了。

❈ 利他经济学与战略重生

战略不仅没有消亡，反而满血复活了。在后现代有机世界观与人性论重构的前提下，以阳光经济和利他经济学为特征的后现代经济诞生了。而与之匹配的，是后现代公司战略。

通常人们认为人的本性是自私的，因此利他经济学是对人性的升华。也许你会说这不过是被包装过的自私，但我们知道人性深处确实有利他的一面，这是人性本真之善的显露。从父母之爱以及伟大的爱情中，我们都能看到人性无私的一面。这说明，利他也是人之本性。人性是被文明浸染而失去了其原初的光芒，而非完全一片黑暗。事实上，无论人性的黑暗如何深重，人性之光都未曾被真正遮蔽。这也是本书提出人性的"99＋1定律"的依据。

在商业模式一章中，我们已经指出互联网商业模式的根本特征是人性的释放。由人性释放所产生的利他经济学，是后现代管理生长的土壤。由于彼得·德鲁克思想超越时代的高度，他早已指出公司本质上的利他性，但他的理想只有在后现代社会才能真正实现。利他经济学是后现代企业战略得以施展的大舞台，这一战略的重生最根本的就是颠覆了经典现代竞争战略。特劳特、菲利普·科特勒和迈克尔·波特的定位理论，都是竞争性战略的基础部分，而后现代战略是非竞争性的。

这并不是说在后现代社会竞争就消失了，而是互联网使人人互联、万物互联之后，一方面导致企业与企业之间的竞争关系弱于合作共生关系，另一方面导致企业的竞争思维与竞争战略转变了。在开放式创新中，企业变成了一个面向全球的开放平台，成功的前提不再是紧盯竞争对手去定位，而是通过创造全新的价值来定位。因此，本质上是战略的转型导致定位的转型。定位只是战略的开始。

移动性定位与移动性战略

商业模式的迭代与创新决定了战略定位的移动性，而定位的移动性决定了战略的移动性。在互联网时代，特别是移动互联网时代，企业战略是一个跟踪移动目标的过程，即"打飞靶"的过程。这里的"打飞靶"，并不是中国式管理所渲染的"打飞靶"。曾仕强曾经说："美国式管理打固定靶，日本式管理打活动靶，中国式管理打飞靶。"这种说法毫无科学依据。早在2007年出版的《中国式管理批判》一书中，我就已经对曾仕强的中国式管理进行过全面解构。

事实上，锁定移动目标是全球互联网商业模式变革背景下的战略共性。"打飞靶"不是玄虚的哲学，不是战略的终结，而是大数据和人工智能背景下的战略升级。一方面商业模式的迭代与战略的移动性，导致对经典现代战略模式的颠覆，另一方面对企业战略能力的要求也全面提升了。正如导弹之所以能够打击移动目标，在于其发达的数据链技术一样，未来移动性战略的实施也将首先借助大数据与人工智能技术。因此，移动性战略恰恰需要稳定的技术支持系统才能实现。所谓移动式战略的"打飞靶"，既非古代弓箭手，也非现代武器所能企及，而必须依赖数据化武器才能真正实现。

传统产业的周期以 10 年计，IT 产业的周期则缩短到 3～5 年。而移动互联网时代，产业成熟期仅需 1～2 年，其中决定企业命运的关键期甚至可能只有 1～2 个月。产业周期的大幅缩短，决定了商业模式迭代和颠覆的空前加快。在此种背景下，商业模式的迭代与战略的移动性调整，都不能依赖传统的市场调研方式与创新方式。大数据技术可以瞬间掌握原来需要经过数月乃至更长时间调研所得出的数据，而且效果更为精准。在现代企业封闭式创新体系下经过长期研发才能得到的成果，通过开放式创新可能在很短的时间之内就能获得。因此，移动性战略不仅不会导致战略的终结，反而意味着战略的升级。这一战略转型的本质是管理范式变革下的战略范式转型，是全球管理变革的共同路径。移动性战略是不确定时代的确定性战略，它表明在变动背后有不变，在表象背后有真相。

一个放弃真相的时代是悲哀的时代，而一个放弃战略的企业将是悲惨的企业。在不确定性时代，一旦我们掌握了战略的本质，就会更加充满信心，而不是在迷茫中陷入恐慌。时代所给予我们的恐慌太多了，我们需要通过战略救赎而重拾信心。在荷兰东印度公司、英国东印度公司等占据历史舞台核心的野蛮商业帝国时代，企业要面临残酷的军事斗争和自然资源的枯竭，不确定性也许比今天更为突出。但无论在何种时代，真正深谙战略本质者都会从容不迫。战略的意义，正在于养成企业家的高贵与从容。

❀ 战略角逐全球大舞台

我们已经清楚了战略与商业模式的关系，这对于正确构筑战略至关重要。在现代经济与现代管理时代，商业模式周期比战略更为长远，但企业战略却具有更重要的地位。在后现代经济与后现代管理时代，商业模式只是战略的基础部分，商业模式和战略不存在何者更具长期性的问题，而是相互交叉、并轨的关系；也不存在何者为重的问题，战略与商业模式的轻重取决于企业所处的阶段。

在商业模式设计阶段，是商业模式为重，而商业模式设计就是战略设计。在商业模式实现阶段，是战略为重。而在商业模式迭代与创新阶段，战略与商业模式再度重合。因此，只有把商业模式上升到战略高度，商业模式的竞争力才会凸显；只有使战略与商业模式达成协同，战略才能回归其应有的地位。

战略与商业模式的协同，是企业角逐全球大舞台的关键。在战略商业模式化与商业模式战略化的过程中，二者既水乳交融，亦有所不同。比如，海尔从"人单合一"到"小微"的战略演变过程，同时也是商业模式的演变过程，是组织变革与管理变革的过程，但其中战略、商业模式、组织与管理仍可区分。只有从后现代管理系统变革的角度，才能真正洞察战略、商业模式、组织与管理模式之间的有机关联。而站在任何一个子系统的角度，都能感受到整个管理创新系统的完整信息。这是一种"管理全息论"，后现代管理之所以是一个全新的范式系统，正在于各子系统都具备的全息特征。

正如后现代商业模式与后现代管理大系统之间血脉相通一样，后现代战略与后现代管理大系统之间也存在着血缘关系。这种共同的血缘就是世界观、思维方式和人性基因。也正是由于共同基因的存在，后现代战略与商业模式才具有如此紧密的交融关系。

二、战略之舞：冰刀上的决策

战略之舞始于决策，而决策是连续、频繁的，贯穿战略全程的一连串行为。决策不是静态的过程，而是动态、高度科学化、艺术化和高难度的动作组合。

商业模式的设计是一系列决策的组合，商业模式的适应、调整、迭代、升级与创新，也是一系列决策的组合。战略执行同样是一系列决策的组合。因此，赫伯特·西蒙说："管理即决策。"

不间断的决策构成战略之舞，这是冰刀上的舞蹈。如果没有对战略决策游刃有余的把握，这将是充满凶险的活动。反之，则像花样滑冰运动员一样，在锋利的冰刀上绽放出艺术之花。这就是后现代战略决策，风险与安稳同在，耻辱与荣耀共舞。而深谙战略决策之道的企业家，可以像花样滑冰大师一样，在坚硬而冷酷的冰面上，秀出火焰般的舞姿。

◈ 远见：确定性与战略决策

过度强调不确定性是当今企业战略的一大误区，这已经成为整个时代的痼疾。在战略决策中，我们需要摒弃对未来的不可知论，也需要摒弃巫术式的趋势预测。人的天性导致对未来的好奇，但问题是更多的人只满足于好奇，却不愿意花时间调整当下。我们理应让好奇成为我们追求知识的动力，而不是让我们被好奇本身所淹没。当众人对趋势预测趋之若鹜时，我们更应该沉下心来进行扎实的管理创新，去学习战略决策的科学与艺术。

不确定性时代的战略抉择，首先要关注确定性。通过确定性分析，建立自己的远见。世界并非完全由不确定性构成，周期性和线性变化就是确定的。伟大的公司如苹果，正是基于对确定性的把握而成功。而失败的公司如柯达，正在于没有把握好确定性趋势。

战略决策中的可确定因素，包括硬趋势与软趋势。其中，硬趋势是线性变化，软趋势是周期性变化。硬趋势是大的方向，比如大数据和人工智能会越来越发达，这是硬趋势。软趋势是大方向下的周期性变化，比如即使在房地产上升时期也有很多周期性变化，把握这种变化对企业至关重要。找出硬趋势，是看到未来的前提；找到软趋势，是打造未来的前提。谷歌、阿里巴巴、亚马逊、特斯拉等都是看到硬趋势，并把握软趋势而成功的企业。在战略决策中，首要的不是反应灵活，而是洞察先机。

赫伯特·西蒙提出的有限理性决策理论，今天仍然适用。任何决策都不可能达到无限理性决策，有限理性本身就是人类理性的特点，即便在云计算大数据的支持下，决策仍然是有限理性决策。因为大数据也不是无限的，运用任何决策工具所得出的决策都在有限理性范畴之内。商业计划书无论如何完美，与实际总有差距，甚至有天壤之别，这都是拜有限理性之所赐。正如西蒙所指出的，永远没有最好的决策，只有最满意的决策。

1987年，四通公司认为电子打字机将是中国电脑市场的主流。而规模比四通小很多的联想公司柳传志则认为，未来中国的计算机市场一定是个人计算机的天下。但联想内部的科学家们都认为，联想应该投入大型计算机的研发，承担起提高中国计算机研究水平的"历史责任"。为此柳传志与他们产生了巨大的分歧，他坚持联想未来的方向，不是自己定出来的，而是由市场需求来定的。柳传志对个人计算机市场趋势的正确判断，使联想成为中国最伟大的公司之一。这就是对硬趋势的判断。而后来联想的成功，则是基于对个人计算机市场软趋势的判断。对硬趋势和软趋势的正确把握，是战略决策的基础。假如过度强调不确定性，战略决策将不复存在。

事实上，对战略决策中可确定因素的把握十分普遍，它广泛存在于行业竞争格局分析，产业趋势、技术趋势、商业模式趋势和管理创新趋势的分析之中。在这些领域，均存在可确定因素，它们是战略决策的依据。而要掌握此类趋势，则需要足够的知识与判断力。

🏵 未雨绸缪：不确定性与战略决策

掌握确定性在于决策能力的提升，而决策能力的提升在于学习。通过掌握必要的知识，就能不断提高对趋势的判断能力。互联网时代的确出现了诸多不确定性，这些不确定性经常令企业决策处于被动的境地。对不确定性的判断力，并非掌握知识就能提升。从某种角度而言，不确定性与知识无关。

应对不确定性对决策造成的冲击，必须成为企业的核心战略。此种战略的要点不是判断力的提升，而是企业整体创新体系的打造。唯有不断创新，才能应对一切不确定性所带来的挑战。要具备未雨绸缪的战略应变能力，远比应对确定性更高更难，它是一场彻底的企业变革。为此，不仅企业的战略体系要转型，整个现代管理体系也要被彻底颠覆。

互联网时代的不确定性因素，包含政局动荡、政策变化、经济动荡、行业动荡、跨界竞争者、颠覆性技术、颠覆性商业模式等。其中跨界竞争者、颠覆性技术、颠覆性商业模式三大因素是核心。这三大微观因素均不可预测，企业的潜在对手大多是隐形竞争者，会从四面八方而来，令人防不胜防。而政局动荡、政策变化、经济动荡和行业动荡是宏观因素，属于不可控力，严格来说不在企业战略的研究范畴之内。

现代企业的竞争环境是可分析的，与之对应的是现代企业封闭的竞争战略理论和封闭的创新体系。后现代企业的竞争环境因不确定竞争者的存在而不可分析，与之对应的是商业模式创新和开放式创新体系。目前，越来越多的企业重视商业模式创新，另外一些企业则导入内部创业和开放式创新机制。海尔的变革则更为彻底，干脆把企业平台化，使海尔集团成为一个为"小微企业"提供创业服务的投资平台。在海尔、上海大众、宝洁等公司的创新平台上，过去不可能有出头机会的另类创新亦可获得支持。尤其海尔的"小微"模式，把企业变成了一个为无数小企业服务的创新平台，可以最大限度上提升对不确定性竞争的应对能力。

开放式创新与海尔的"小微"创业平台，本质上是忽略竞争者的后现代战略，也是一种商业模式。此种战略或商业模式，彻底超越了迈克尔·波特的竞争战略理论。同时，海尔等企业的平台化改造，已经超出商业模式、战略、技术创新的范畴，成为以组织变革为基础的整体管理创新。

目前，领先企业创新引导下的管理创新正在全面向后现代管理范式的系统创新转变，但全球后现代管理范式的整合与创新却步履蹒跚。后现代管理创新体系的建立，无疑是历史的需要。企业对不确定性战略决策的应对，正在引发一场以后现代管理范式构建为核心的系统变革。

⚙ 何为中性决策

即便建立了开放式创新平台或完成了企业平台化改造，面对不确定的未来，企业仍须具备足够的灵活性。为此，很多企业所采取的"中性决策"，就体现了一种面向未来、鼓励创新的实践智慧。

中性决策是一种试探式战略，其本质并不是非理性试探，而是以有限理性为基础的灰度战略。中性决策虽然存在模糊的一面，却是战略智慧的体现。在承认理性有限性的同时，中性决策恰恰彰显了理性的光芒。因为战略是灰色的，而实践之树常青。只有把战略置于实践的熔炉，才能淬炼出无坚不摧的宝剑。这与王阳明的"致良知"哲学有异曲同工之妙。战略决策或理论模型无论如何完美，都需要通过实践的磨砺才能成为真正的知识。否则，精巧的战略和理论都不过是虚幻的花朵。实践是检验战略的唯一标准，"知行合一"才能驾驭战略的铁骑。

复星集团在养老保险、综合地产和医药健康三大战略维度方面，均采取中性决策模式，郭广昌谓之为"灰度"。复星旗下各个团队之间的业务没有严格划定的边界，对新业务的发展也并非越清楚越好。郭广昌指出："最好的状态就是适度的灰度，适度的边界模糊。"复星的三个战略维度，并非一开始就明确地提出，而是在模糊的时候往前走，小步快跑，不断迭代，在探索和实践中逐步清晰。

同样，海尔的"雷神"游戏本，是两个"85 后"和一个"90 后"年轻人创立的。在海尔的整个平台上，这样的项目非常小，在传统的大企业机制下绝无出头之日。但海尔的创业平台没有对他们进行经验性扼杀，而是为他们提供了发展的机会。小米和腾讯鼓励的试错文化，也具有同样的性质。

总之，中性决策是对大企业傲慢病的一种有效规避。海尔的平台化组织变革，有效避免了大企业的隐性傲慢。海尔为中性决策提供支持的平台化改造，本质上是一种后现代管理创新。平台化组织贯彻着海尔"自以为非"的精神，这种为"小微"提供机会的决策机制，大大扩展了企业决策的广度，为企业开辟了更多的创新路径。

何为灵性决策

如果说在中性决策中存在着某种超越理性的智慧，那么灵性决策就更具超理性的色彩。直接穿透本质并不完全是一种天然的能力，而是天然能力、长期实践与相关知识共同作用的结果。直觉，是从有限到无限的最短路径。很多企业家对此都深有体会。

相信直觉，甚至被红杉资本沈南鹏称为风险投资领域"最迷人的地方"。很多重要的决策，的确是直觉的产物。而在现实生活中，几乎人人都有通过直觉进行决断的经历。直觉并不神秘，它只是人的一种本能。在战略决策中运用直觉，似乎多少有些反理性的色彩。实则不然，虽然直觉决策不能完全用科学解释，却普遍而真实地存在于现实之中。

事实上，直觉是灵性思维的运用，而灵性思维是最朴素的战略思维。马云追求战略的实效与落地，他认为这需要高度的智慧，甚至需要大智若愚。马云所说的大智若愚其实就是灵性。灵性思维是建立在理性的基础之上，灵性决策则是有限理性与直觉融合的产物。在互联网时代，当我们面对不确定性的时候，灵性决策往往是抵达真实的捷径。

在过去的时代，企业战略往往要规划 5～10 年。但在互联网时代，5～10 年时间足以让一家世界级巨头灰飞烟灭。在一个有限理性日益有限的时代，灵性决策也许更能发挥作用。事实上，灵性决策需要强大的支持系统。在大数据和人工智能时代，所有的灵性决策都不可能绕过这些基本的工具。当然，只有我们彻底忘记决策工具的时候，灵性之光才会像暗夜的萤火一样蓦然闪烁。

灵性决策既是理性极限的表征，也是理性之光隐藏之后的产物。而灵性思维始终都与非理性无关。灵性思维并不是虚幻的冥想，而是与董仲舒、王阳明哲学之中的"天人合一"有关。正如稻盛和夫所倡导的"敬天爱人"一样，在回归自然的过程中，灵性思维将得到最大限度的恢复与开启。灵性决策绝非神秘主义，而是企业家现实战略决策中常用的方式。在一个嘈杂、不确定的世界上，回到内心，回归人性，是灵性之火得以复燃的正途。

▒ "第七感"：另类决策密码

说企业家的核心素质是冒险精神，从熊彼特起就被广泛接受。但严格来说这不是一种科学的说法。企业家最重要的是信心，而非冒险。虽然二者表面看来通常难以区分，实际上却有根本的差异。信心是在有限理性决策下的果敢行动，也就是基于对趋势与市场需求研判前提下形成可执行的计划并实施，而冒险则更多基于非理性因素。特别是在一个瞬息万变的信息社会，在企业战略制定和决策中，企业家的理性更为重要，而不是相反。

有限理性＋果敢行动，构成了企业家战略决策的核心要素。这是信心前提之下的果敢，绝不是冒险所能描述的。所有企业家和风险投资者在面对投资决策时都百般谨慎，并不存在真正的冒险。如果说在商业帝国时代和商业蛮荒时代冒险确实是一种常态的话，今天的企业家则很少有人是真正的冒险者。

但企业家必定是"先行动后管理"者。在其中的极端者身上则存在以"第七感"为特征的另类决策，在美国总统和企业家身上，另类决策经常见到。他们行动的依据是信心，而非冒险，虽然看起来像是彻头彻尾的冒险。他们在行动之时并不具备相应的条件，但行动开始之后则相应的条件逐渐聚拢并达到完备。这在某种程度上有点类似于"中性决策"，实际却有本质的不同。因为他们的决策靠的是"第七感"，是比"第六感"决策即直觉决策更高级的决策模式。"第七感"是很少有人掌握的决策秘诀，并非神秘主义，也与非理性无关，而是"天人感应"的最高境界。虽然只有少数企业家拥有，但实际上又是人类最原始的本能与权利。"第七感"决策，适合在艰难环境和绝境中对未来的战略决策，但并非完全放弃"有限理性"分析，而是在灵性与有限理性互动基础之上的领悟。

对多数企业家来说，"第七感"决策是从未经历过的。"第七感"通常而言也无法学习，只能在感恩和敬畏中谦卑操练，以提升自己的本能，和对未知事物的预判能力。

由于"第七感"决策的某种不可学习性，对于企业家而言，更重要的是掌握系统的理性，在理性的基础上运用"第六感"即运用直觉去决策。但最重要的则是运用有限理性所构成的知识系统和管理创新系统，进行复合式战略决策。

三、后现代战略舞台图景

任何单一战略都无法适应复杂多变的市场环境。这是一个复合式战略时代，要角逐全球大舞台，必须具备复合式战略视野，它是世界观与工具的结合。今天，战略的地平线乃是世界观革命，它是商业革命的前提。

❖ 驾驭复合式战略的铁骑

战略的本质是企业的适应性方针，处于不同状况的企业自然要选择不同的战略。战略的选择受制于企业自身的条件，很多情况下战略设计是被动与妥协的产物。小企业因资源限制，战略选择很难，但具有更多的灵活性。巨头公司虽然拥有雄厚的资源，但在战略选择方面可能更加艰难，因为牵一发而动全身。这就是为什么很多巨头公司会陷入创新者窘境的原因。

跨界竞争所导致的巨变态势，令企业无所适从。无论迈克尔·波特的竞争战略还是蓝海战略，都无法解决企业的战略困境。对于那些巨头企业来说，虽然已有产业利润微薄，但要放弃既有市场却面临生死存亡。在此种情况下，双元性创新也许是最适合的战略。大多数情况下，没有最优的战略，只有最适合的战略。双元性创新可以解决既有产业巩固与扩大的问题，也可以在新的方向上产生创新的可能。因此，双元性创新可算作一种基本的复合式战略。

事实上，复合式战略不仅是战略选择与组合，也包括商业模式组合与组织变革的匹配。要驾驭复合式战略的铁骑，亦不是战略转型单一因素所能达到。在一个管理范式巨变的时代，不仅商业模式与组织错位现象突出，战略与组织、文化错位的现象同样突出。因此，战略的地平线乃是世界观革命。如果没有后现代有机世界观，我们仍以现代机械世界观来审视战略，就像在哈哈镜里看世界一样。因此，工具主义的战略模型并不能使我们真正具备驾驭战略铁骑的能力。

复合式战略作为一种世界观，它首先要颠覆的是站在竞争角度看战略的观念。无论企业自身资源如何受限，跳脱竞争的创造者意识都是打开复合式战略第一道大门的钥匙。无论企业处于何种状况，创新都是战略超越的最好路径。企业自身资源匮乏没有关系，当今是资本跟着创新走，而不是创新跟着资本走。企业是行业巨头也没有关系，在商业模式和技术创新巩固既有产业的前提下，开放式创新可以为企业打开通向未来的大门。

而跳脱行业的跨界意识，是打开复合式战略第二道大门的钥匙。互联网时代是一个行业消失的时代，固守某一行业无疑是作茧自缚。而一旦平台型企业涉足不同的行业，就会出现复合式商业模式，从而必然要匹配复合式战略。

❂ 一个全新的战略时代

这是一个风险与诱惑共存的世界。那些封闭自己视野的企业注定被淘汰，而那些超级平台企业则必须经历从战略扩张到收缩的过程。任何企业都是有限的，不可能无限地扩张。对于多边平台型企业来说，重要的是深度而不是广度。

在腾讯的开放平台上，聚集着数亿用户和几百万合作伙伴。腾讯的多边平台战略就必须有所取舍，不可能在每一边市场都达到极致。更重要的是，多边平台企业必须采取开放式合作战略，核心业务自己来做，非核心业务则放手给更具优势的合作伙伴。腾讯的核心优势是连接器，最擅长的是通信和社交。像腾讯这样拥有巨量用户的企业，理论上讲具备向任何领域扩张的可能，但腾讯多年来在电子商务板块都难有大作为。在经过多年的跨界扩张之后，腾讯近年来进行了战略调整，搜索业务与搜狐合作，电商业务与京东合作，其他板块与大量中小企业合作，腾讯则回归到最核心的连接器。腾讯定位的调整既是战略收缩，也是战略升级。在腾讯新的战略中，连接器概念涵盖了人、设备与服务。

多边平台商业模式与开放式创新，对企业战略的要求达到了前所未有的高度。这是一个绝无仅有的战略时代，不仅战略的复合性成为基本特征，战略与商业模式、组织、领导力等系统之间的关系也日益紧密。商业模式变革催生了战略模式变革，而战略变革催生了组织变革与系统管理变革，甚至商业模式、战略与组织之间的关系水乳交融。无论单纯的商业模式还是单纯的战略理论，任何一个孤立系统的创新，都无法代替整体的企业变革，也无法满足企业创新的需要。因此，不仅商业模式的实现需要管理创新，战略的实现也需要管理创新。这是后现代战略时代最根本的革命。

筑基：占领战略的大陆架

要实现复合式战略，首先要占领战略的大陆架。这是战略的筑基阶段，本质上也是商业模式与组织创新阶段。真正意义上的战略筑基，与商业模式、组织模式设计是同步的，也是同质的。

现代企业并非如此，在经典现代企业中，商业模式、战略与组织都是泾渭分明的。由于商业模式单一且长期不变，现代企业战略就可以脱离商业模式而独立设计；同样，商业模式和战略也不会影响到组织模式。在经典现代企业阶段，组织模式已经被固化，任何战略都要按部就班地以固定的组织模式去搭建团队。但后现代企业完全颠覆了这一格局，商业模式改变了战略模式，也改变了组织模式。如果没有商业模式与战略模式、组织模式的高度匹配，企业必陷入内部结构的错位，无法实现战略目标。

在商业模式平台化、组织平台化的背景下，平台化改造也成为战略筑基的一部分，平台化战略成为战略的大陆架。而平台化战略包含商业模式与组织平台化两大板块。商业模式平台化与组织平台化并不完全相同，前者是企业实现价值与盈利的资源组合结构，后者则是为实现商业模式而设计的团队机制、领导与协同机制。只有在海尔的"小微"创业平台模式中，商业模式与组织模式才具有很大程度上的统一性。但无论如何，战略筑基都包含商业模式与组织模式两大板块。

战略还具有更为广阔和纵深的维度。尤其在巨变时代，战略几乎涉及企业生命体的每一个子系统。真正的战略筑基，包含商业模式、组织、营销、创新、领导、文化和管理哲学等全方位的变革。后现代管理既秉持有机世界观，后现代企业就是一个有机生命体，每一个子系统既自成体系，又与其他子系统以及整体的系统具有千丝万缕的关系。这是现代管理理论所不具备的高度和深度，是管理范式转型所带来的深刻革命。

❀ 布局：战略的抉择与匹配

波士顿咨询公司的战略分类是经典的战略模型，但存在逻辑上的漏洞。其所谓的经典型、适应型、愿景型、塑造型和重塑型五种战略，是分别从不同角度、按不同标准来区分的，并不能完全概括企业的战略类型。

其中的适应型战略，不仅是 ZARA 等快时尚品牌的战略，某种程度上也是互联网时代所有企业都应该采用的战略。而其中的经典型战略，随着颠覆性创新所导致的战略突变日益常态化，已经很难发挥效力。波士顿战略模型还强调，适合采取经典型战略的企业包括保险、基本消费品、汽车等行业。但汽车行业正面临特斯拉等新能源汽车以及自动飞行器等更具颠覆性的交通工具的冲击，宝洁、联合利华的经典战略早已被强烈冲击，目前宝洁正在改变其经典战略，实施开放式创新战略。即使电力、石油等垄断行业，优势也是暂时的，新能源领域的颠覆性创新同样可能对其造成根本的冲击。

波士顿战略模型中，把海尔的开放式创新平台总结为双元性创新。实际上，海尔的组织、战略、商业模式一体化变革，本质上是颠覆性管理范式变革，与通常的双元性创新具有本质的不同。双元性创新一般是在维持旧模式的基础上，进行局部性的探索式创新，但海尔的创新是全面性和系统性革命，不应归入双元性创新之中。

虽然波士顿战略模型不乏对战略复合性的解析，但由于对五种基本战略模式的总结存在偏差，在此基础上的复合式战略匹配，必然会出现偏差。同时，该战略模型对战略与组织、文化、领导模式的匹配，尚缺乏应有的高度和系统性。因为该战略模型本身就缺乏管理范式创新的高度和系统性。

1. 战略的基本类型

根据企业的发展阶段，我们把战略划分为愿景型、塑造型、巩固型、再造型和颠覆型五种战略。愿景型战略对应初创企业，包括在技术和服务方面的创新企业；塑造型战略对应已经在新行业、新技术领域初步树立地位的新兴企业；巩固型战略对应已经成为行业领袖的企业；再造型战略对应已经成熟，面临增长困境或创新者窘境的企业；颠覆型战略对应那些进行颠覆式创新而重生的企业。

战略类型是随着企业生命阶段的变化而变化的，因此，我们不能用某一种战略锁定一个企业。波士顿战略模型中通常把 ZARA 作为适应型战略的代表，但 ZARA 快速求变的适应型战略并不是其战略的核心，而是其商业模式的特点。作为快时尚品牌的领袖，ZARA 目前的主要战略是巩固型战略，以做大做强稳固自己在业界的地位为主要目标。波士顿战略模型中把阿里巴巴作为塑造型战略的代表，但目前阿里巴巴的塑造阶段已经基本结束，正在向巩固型和再造型阶段发展。阿里巴巴以柔性制造为核心的后电商转型，正是其再造战略的体现。虽然波士顿战略模型也强调企业在不同生命周期与不同部门的不同战略匹配，但由于五种基本战略的总结不够严谨，因此必然会导致战略匹配的错位性。

目前，推行再造战略的还有中国两大地产巨头万科与万达。就这两家公司在业界的地位而言，根据波士顿战略模型，它们应该实施经典型战略，即进一步做大。但万科与万达都没有追求地产板块的继续做大，而是积极谋求转型。其中万达不断下调地产板块的销售额，向文旅和金融板块转型。万科则放弃过去"永远不涉足商业地产"的战略，不仅完成了从住宅到商业地产的跨越，把战略定位调整为城市综合配套服务商，还将进一步向以技术与互联网为导向的新型公司迈进。随着万科与万达战略转型的深入，未来则有进一步向颠覆型战略转型的可能。只有那些勇于自我否定的卓越公司，才会主动实施颠覆型战略。20 世纪 90 年代，苹果是一家 PC 公司，亚马逊是一家网上书店，而在今天，苹果实际上已经颠覆了 PC 战略，而亚马逊则通过颠覆自己发展成为网络零售巨头。

如果说万科与万达目前所采取的是再造型战略的话，那么海尔从自主经营体、利共体到小微的生态平台战略，则是一种更彻底的颠覆型战略。海尔未来的定位是做连接器和入口型企业，在此定位下，海尔同时进行了迄今为止最具颠覆性的组织、文化与管理创新。海尔战略的颠覆性，不仅仅在于战略与商业模式的颠覆性，而且在于管理范式的整体颠覆性。而在管理范式的颠覆方面，海尔的创新在全球范围内都是罕见的，乃至具有唯一性的。无论是万科、万达的再造型战略，还是海尔的颠覆型战略，都与波士顿战略模型中的重塑型战略不同。重塑型战略对应的是资源受限，陷入生存危机而求存的企业，但万科、万达与海尔并没有陷入生存危机，而是主动求变，通过再造或颠覆来改变企业既有格局。海尔的颠覆型战略与波士顿模型中的重塑型战略具有本质的区别，波士顿模型中的重塑战略偏向被动适应性战略调整。虽然重塑型战略也可以采取更为主动的战略变革，但与海尔的颠覆式战略仍然不可同日而语，因为海尔的颠覆式战略不仅仅是战略变革，而且是系统的管理范式变革。因此，波士顿战略模型中的五种战略都无法准确地匹配万科、万达和海尔的战略类型。

2. 复合式战略匹配

波士顿战略模型通过双元性创新进行五种基本战略的复合式匹配的思维是正确的，但它的缺陷在于五种战略类型的总结不够精准。同时，作为一种解释性战略理论，波士顿战略模型只是解释了某些成功企业的战略，却未能在此基础上构筑真正具有颠覆性的战略创新理论。其根本原因在于，波士顿模型缺乏世界观高度，因此，不具备管理范式创新的超越性视界。

在后现代战略模型中，愿景型、塑造型、巩固型、再造型和颠覆型五种战略，对应的是企业不同发展阶段的基本战略模式。在企业实践中，这五种战略并非泾渭分明，而是彼此交融。虽然企业发展的特定阶段对应特定的战略，但任何一种战略均存在复合性特征。在互联网时代，适应性战略和开放式创新战略已经成为贯穿企业生命各阶段的常态战略。关于常态战略概念的阐述，也是波士顿战略模型所缺乏的。

因此，企业实践中将呈现以下复合式战略图景：愿景型＋复合式战略、塑造型＋复合式战略、巩固型＋复合式战略、再造型＋复合式战略、颠覆型＋复合式战略。这意味着，复合式战略模型是由各阶段的基本战略加常态战略所构成，即每一种基本战略，都需要与适应性战略和开放式创新这两种常态战略同步推进。由于跨界竞争和隐形对手可能出现在企业发展的任何阶段，企业在生命周期的全程都应该具备适应性能力，并进行多元性创新。复合式战略的此种匹配，无疑是避免企业陷入战略困境的最佳方式。

▨ 跨越：复合式战略转型全景

战略具有多维度的特征，企业战略在平台化筑基和五大复合式战略组合的同时，还将出现跨越式转型。平台化筑基是战略转型的基本特征，五大复合式战略组合是企业不同发展阶段的总体战略。而从具体的经营战略角度，复合式战略还存在以下几个方面的转型：

1. 由纵向一体化到生态一体化战略

经典现代企业采取的是纵向一体化经营战略，其典范是福特的胭脂河工厂。后现代企业经营战略从横向一体化开始，最终演变为生态一体化。横向一体化的特征是把企业内部各职能板块分包给合作商，而生态一体化的特征则是基于互联网平台的更广泛、更深度的跨界合作与开放式创新。横向一体化可以看做是生态一体化的初级阶段。

2. 由静态战略到动态＋连接战略

现代企业战略相对静态，并且与外界处于相对隔绝的状态。互联网则建立起一个高度动态和连接的世界，基于产品、应用、社群、场景的连接无处不在，连接成为一种战略。在商业生态平台的连接中，个人与企业、企业与客户、企业与企业、企业与各利益相关群体、不同行业的企业和资源等，都可以连接在一起，形成一个庞大的社群。在社群生态中，共同进化的动态企业战略彻底颠覆了现代企业的静态战略。

3. 由单一型战略到杂糅性战略

企业战略不仅由单一走向复合，甚至走向杂糅。企业战略的组合，并不止于五种基本战略和通用战略的组合，而是完全打破了战略的边界。经典竞争战略、蓝海战略、颠覆型创新战略、多元性创新战略等可以杂糅于企业发展的任何阶段。同时，愿景型、塑造型、巩固型、再造型和颠覆型五种战略之间也不是封闭的关系，而是存在着演化、循环和一定程度上的相互交融。颠覆型战略之后，愿景型战略必定重新启动。在开放式创新体系下，五种战略类型完全可能在同一家企业身上形成循环。

4. 由竞争型战略到竞合型战略

传统的竞争型战略转变为竞合型战略，对手之间不再水火不容。企业平台化导致行业边界的扩大，也导致不同行业之间的跨界合作。虽然跨界也会带来竞争，但在商业生态丛林中，跨界合作更为主流。竞争变为竞合，商业丛林中不存在绝对的敌人。利他经济学的含义不仅是企业以消费者为中心，也要转变合作者与利益相关者的观念，甚至转变竞争对手的观念。阿里巴巴与腾讯一向是互不相容的竞争对手，但横在它们之间的"柏林墙"似乎已悄然倒塌。从华谊兄弟分别与阿里巴巴、腾讯的战略合作，到阿里巴巴、腾讯同时入股 58 到家，都表明在互联网时代没有绝对的敌人。滴滴与快的合并、与 Uber 的战略合作，以及大众点评与美团的合并等，均打破了过去的竞争格局。

5. 由封闭式战略到开放式战略

宝洁、大众、海尔和特斯拉等，越来越多的企业建立了开放式创新平台，让全球资源都能够为己所用。这种开放式战略彻底转变了过去的封闭式战略格局，企业的竞争力不再取决于闭门造车，企业变成了社会，乃至成为超越国家的巨型数字生态共同体平台。这些超级创新平台的存在，不仅改变了企业的战略格局，也将改变整个商业的格局与人类历史的进程。

四、巨变时代的战略特质

战略本质上是对环境的适应，因此，本无一成不变的战略。在互联网时代，由于环境本身的变动不居，战略的流动性成为一种常态。在现代企业时代，战略是相对稳定的，战术则具有灵活多变的特质。但在后现代企业时代，战略本身也具有流动性特质。

海豚：战略的柔性

首先战略要有一定的柔性，即战略适应性，战略柔性本质上是用户/客户至上意识的反映。在波士顿战略模型中，把 ZARA 等快时尚品牌的快速反应视为一种战略，实际上快速反应只是后现代战略的一种基本特性。互联网时代，任何一种类型的战略都应该具备适应性，否则将丧失其作为战略的价值。

在愿景型、塑造型、巩固型、再造型和颠覆型五种战略类型中，都应该具备战略柔性，即战略适应性。五种战略类型只是企业发展不同阶段的总体战略，是对各阶段战略的概括性命名，并不能完整呈现战略的特质，也没有指出战略的方法论和工具属性，因此需要通过更具体的解析才能凸显战略的价值。

事实上，由于战略与商业模式在筑基阶段的同质性，战略的基本属性在商业模式中已经得到全面体现。战略是商业模式的达成路径，因此本章关于后现代战略的解析，是以战略操作与执行为导向的。执行层面的战略与战术仍具有层次上的不同，故此对战略的解剖不同于战术。管理包括科学、艺术和技术三个基本的维度，以及哲学与灵性两个更高的维度，而战略更多属于科学与艺术的维度。战略研究关注的不是技术性的方法，而是理念性的规律。即便战略的工具属性，仍然不属技术层面。否则，我们讨论的就不是战略了。

战略的柔性无疑是战略科学性与艺术性的综合体现。根据客户的反应而做出适应性调整，与拳击或散打实战中的适应性战法具有一定的相似性。武术实战高手从不固守一种打法，而是根据对手的特性与反应而做出适时调整。外行人都以为泰森是刚猛型拳手，实际上泰森的力量在同级别选手中是偏弱的。泰森最突出的特点是其柔性，他是海豚型拳手而非鲨鱼型拳手，这是他成为顶级拳王的核心特质。泰森的拳法无疑是科学性与艺术性的统一体。

ZARA、H&M 等快时尚品牌的产品开发战略具有与海豚型拳手的可类比性，ZARA、H&M 等快时尚品牌从不花费大量时间研究消费者喜好，而是通过快速推出新款式来试探消费者反应。一旦某款服装滞销立即下架，而即使畅销的款式，上架时间也不会超过 4 周，以便给客户制造饥饿感，这就是战略的柔性。根据消费者喜好而即时做出调整，已经不仅是 ZARA 等快时尚品牌战略的特质，而是成为互联网时代企业战略的基本特质。以工业 4.0 为核心的柔性制造，无疑也是战略柔性特质的反映。

⚙ 流动：战略的变化性

"人不可能两次踏进同一条河流。"赫拉克利特的名言今天可用来描述战略的变化性。任何故步自封式的战略宣言，在互联网时代都会成为笑谈。战略的变化性不是基于企业领袖的喜好，而是战略因适应市场而固有的特性。战略的首要特征是实战性，因此战略不是一成不变的。

战略的变化性首先在于，行业本身具有变动不居的特性。其次，战略竞争环境的跨界性，行业概念的消失，导致战略不得不因环境的变化而变化。万科曾经高调宣称永远不涉足商业地产，只专注于住宅。万科在宣称此种战略的时候，显然对中国房地产市场的硬趋势判断不足。在房地产市场进入下半场时，住宅市场由于受到宏观调控的影响，导致了商业地产的崛起。为适应房地产市场的变化，万科最终不得不放弃原来的战略而涉足商业地产。相比之下，万达的战略则更为主动。由于商业地产开发的过度和电商的冲击，商业地产热也很快冷却。而万达在商业地产下滑之前，就完成了向文旅产业的转型。与此同时，万科在刚刚进入商业地产之际，亦紧跟市场变化，进一步将未来的定位转向技术和互联网公司。这就是战略变化性的充分体现。

当行业概念消失之后，任何一家公司都有可能随时跨界。在此种情况下，战略的变化性就更为明显了。华为曾经说自己是一家硬件制造商，永远不做信息服务，这一战略今天也要收回了。在硬件复兴浪潮下，硬件与软件的界限已经消失。"摩尔定律"曾经让硬件的运算能力疯狂增长，但也让硬件厂商陷入了无法逃脱的收入陷阱——"反摩尔定律"，即如果一个硬件厂商现在与18 个月前销售的产品型号和数量一样，那么它的收入就会下降一半。硬件厂商之所以不断升级型号和创新技术，正是基于对这种收入衰退的简单抗拒。从苹果的 iPod 开始，硬件与互联网服务的结合颠覆了这一定律。在移动互联网时代，计算机芯片可以装入各种工具和操作系统，于是在云计算能力不断提升的同时，硬件复兴浪潮开启。这是网络智能硬件的复兴，传统的功能型硬件的生产销售模式，被基于智能硬件的在线服务模式所取代。因此卖手机卖的不仅是硬件，而是必须在手机里提供导航、搜索、游戏、生活服务，要变成一个信息服务商。硬件免费是一个不可阻挡的趋势，未来不仅手机会免费，连特斯拉汽车也有可能会免费。

周鸿祎曾说："360 当年做免费杀毒时，也是竞争激烈而做出的无奈选择。"当时他做免费的决策，也不知道下一步该怎么办。最终，周鸿祎发现360 只做安全也会死掉，所以后来做了搜索、导航和浏览器，最后则做了手机。这一切皆因市场竞争的变化而变化。华为现在不仅要收回永远不做信息服务的战略，甚至将来还可能涉足金融。曾经被现代企业奉为金科玉律的战略法则，如今都被彻底打破了。战略的变化性，与商业模式的变化性直接相关，是商业模式的变化导致了战略的变化，而商业模式的变化源自市场竞争的要求。

❀ 瀑布：战略的突变性

战略不仅具有变化性，还具有突变性。战略突变性是战略变化性的一种特殊形态，但与战略变化性具有本质的区别。无论被动还是主动，战略变化性都是对市场的适应性调整，但战略突变性却具有更大杀伤力，很多企业因此而走向崩溃。战略突变性如同骤然出现的瀑布，让瀑布成为葬身之所，还是成为美丽的风景，则取决于企业对战略突变性的应对机制。

柯达和诺基亚的陨落，都是战略突变性的结果。颠覆性技术和跨界竞争者的出现，都会导致战略突变。由于战略突变的致命性杀伤力，如果没有完善的战略突变应对体系，则任何企业都无法承受这种猝不及防的变故。在互联网时代，此种变故已经成为常态。

大数据与公司触角的修炼，是应对战略突变的有效方式，"数字神经系统"正在真实成长。大数据使企业的触角智能化、生命化，这是生命型企业的特征之一。在移动互联网时代，名不见经传的新公司可以借助破坏性技术颠覆大公司，甚至颠覆整个行业，从而使大小公司均处于同一起跑线。因此，对战略突变的应对是所有公司都要面对的任务。在此过程中，最可怕的不是战略突变性本身，而是大公司的隐性傲慢。此种傲慢的罪魁祸首，正是已经走向终结但目前仍然占据统治地位的现代管理范式。

因此，就本质而言，应对战略突变，不仅是战略转型的问题，更是企业整体生命系统的升级与重生的问题，这是管理救赎的任务。开放式创新也不是应对战略突变的万能良药，这需要包括开放式创新体系在内的管理体系的全面创新。目前，海尔的平台化创新较接近系统管理创新的范畴，但仍需在理论和实践体系上的进一步提升与完善。

❀ 迭代：战略的演化性

"彼得斯定律"指出，为产品最后 1% 的完满性所做的努力，可能导致市场的丧失。这告诫企业经营者，在管理中对完美主义须慎用。消费者的需求不像单纯的功能需求那样简单和直接，对消费者需求的把握是一个测试的过程。在互联网时代，产品的迭代性已经成为普遍特点，每一位产品经理都知道迭代的重要性。小米手机每周迭代一次，而微信第一年则迭代开发了 44 次。

不仅产品具有迭代性，商业模式也具有迭代性，而战略的演化性正因商业模式的迭代性而来。从谷歌、阿里巴巴、百度、360 等企业的发展历史看，商业模式的迭代与战略的演化伴随始终。战略的演化性与战略的变化性不同，战略的演化性是企业各生命阶段的反映，是企业本身的生命曲线。而战略的变化性是企业为应对市场变化而进行的战略调整，与企业的生命阶段并不成正相关。

战略演化性的第一个层次，是企业在不断走向成熟的过程中，随着商业模式演化而出现的战略演化。这个战略演化过程是一个不断趋向成熟的过程，与企业生命周期有关，但并非完全对应企业的生命周期。

战略演化的第二个层次，则是与企业生命周期完全对应的演化过程。企业在不同的生命周期，对应不同的战略。这就是愿景型、塑造型、巩固型、再造型和颠覆型五种战略类型与企业生命周期的对应。其中，愿景型战略对应企业初创时期，塑造型战略对应企业占领市场的阶段，巩固型战略对应企业垄断并扩大市场的阶段，再造型战略对应企业面临发展瓶颈或需要转型升级的阶段，颠覆型战略对应企业浴火重生的阶段。并非所有的企业都会经历颠覆型战略阶段，只有那些具有前瞻性并掌握系统管理变革思想的企业才具有此种可能。

与企业生命周期对应的五种战略类型，体现了战略本身的迭代性。战略周期对应企业的生命周期，这是企业作为一种类生命体所固有的规律。

鸽子：战略的专注性

在跨界和多元性创新时代，战略的专注性甚至更加重要，但性质与过去不同。互联网时代的战略专注性，不是固守某一行业，而是固守开放式平台本身的核心竞争力，多边平台商业模式与开放式创新战略的实施都有赖于此种固守。无论多大的平台，都不可能无所不能。应该像马云一样，时刻站在宇宙的宏观角度看企业，这样才可能有效地避免骄傲。

欲望膨胀是战略失控的最大根源，但对于那些超级平台来说，诱惑是难免的。就此而言，平台化时代的战略专注性似乎比以往更重要。深度高于广度，任何企业都只能在有限的领域深挖。只有这样，才会衍生更多的跨界合作与创新。

亚马逊和阿里巴巴专注于电商，谷歌、百度专注于搜索，Facebook、腾讯专注于社交，苹果专注于 iPhone、iPad 等核心产品，海尔专注于白色家电，华为专注于通信。只有专注才能发散，而发散的同时要更加专注。虽然 Facebook 已经布局人工智能、VR 和无人机，但它仍然需要对社交的专注。

大企业专注核心板块，小企业则专注细分市场和技术领先性。未来只有平台型企业和专家型品牌，而专家型品牌亦须平台化，因此所有企业皆平台。在综合性超级平台之外，大量的巨头公司和隐形冠军企业将成为垂直平台。无论综合性平台还是垂直平台，都有自己的专注领域。

综上所述，我们得出后现代管理的战略模型，如图 5-1 所示。

图 5-1　后现代管理战略模型

在后现代管理战略模型中，包括战略筑基、战略类型、战略常态、战略转型与战略特质。后现代复合式战略模型并不仅仅是对现有企业战略的总结，而是针对互联网时代企业战略的需求而做出的创新模型。波士顿战略模型的局限在于，它仅仅是对既有企业战略类型的总结，而缺少创新性的设计。严格来说，管理学不应仅仅是对成功企业实践的总结，而应在总结成功企业实践的基础上提出创新性理论，否则管理学就对企业实践毫无实际意义了。理论只有源于实践并高于实践才具有对实践的引领价值，因为实践中的企业，它们的模式并不一定都是正确的。在这一点上，存在的未必是合理的。克里斯坦森也犯了同样的错误，他把那些被颠覆的企业总结为"管理良好"，却没有从管理范式革命的高度看到那些企业的管理已经病入膏肓。

五、从战略协同到生命共振

平台与生态化已经成为战略的基石，专注核心板块与战略协同是维系平台生态化系统的命脉。在大数据和人工智能升级的背景下，生态平台的战略协同正在向生命共振形态进化。企业不仅是生态丛林，也是庞大的生命系统。

✳ 从企业帝国到集群平台

现代企业时代，以企业集团形态形成庞大的商业帝国。后现代企业时代，则是若干集群形成生态型企业。企业集团的特点是中央集权下的扩张与布局，集群企业的特点则是"准"自组织的繁殖形成超级生态。前者是自上而下的扩张，后者是自下而上的繁殖。现代企业像巨型机械，后现代企业则像超级生命。

企业帝国需要的是一体化战略，超级生命型平台需要的是生态化战略。然而，生态化是一种更高级的一体化。生态化企业像蚁群等生命系统一样，在互联网平台上自我协同，并共同进化。在维基百科、Facebook 和新浪微博这样的生态平台上，用户是真正的主人。他们自我生长并共同进化，使平台生命体不断生长与进化。在海尔的小微创业平台上，小微集群同样自我生长并共同进化。在此过程中，战略也像植物一样，随着环境的变化而生长。战略的柔性、变化性、突变性及演变性，均为生命体的特征。与生命型企业匹配的必然是生命型战略。

后现代企业战略的生命性特征，也是后现代世界观的产物。从商业模式到企业战略，我们都能看到后现代管理背后的世界观革命。

✳ 生命型战略图谱

后现代生态型战略是对经典现代竞争战略的全面超越，体现在从战略决策、战略筑基到战略选择的全过程之中。经典现代竞争理论的终结，是世界观革命、商业生态和商业模式革命的结果。而后现代生态战略的崛起，则是从视角到思维再到战略模型的彻底重构。

在战略决策层面，后现代战略决策仍以确定性为基础。在应对不确定方面，除了中性决策、灵性决策和"第七感"决策之外，后现代战略决策的根本不是战略决策技术的改变，而是通过开放式创新以及管理创新体系的构筑，从机制上预先堵住跨界竞争和颠覆性创新等可能带来的挑战。战略决策与商业模式设计一样，已经不是孤立的系统，而是整个企业生命体大系统中的一部分。

与经典现代竞争战略首先需要定位不同，筑基战略是后现代战略的首要任务。建立互联网平台以及组织的平台化，成为所有企业的基本功课。战略筑基几乎没有行业的区别，因此是定位之前的隐性定位，实际上则是无须论证的战略预设条件。

在战略筑基的前提下，才是战略选择。此种选择不是如波士顿战略模型一样，根据企业类别来划分战略类型，而是根据企业生命周期来匹配相应的战略类型。从愿景型战略、塑造型战略、巩固型战略、再造型战略到颠覆型战略，后现代战略分别对应企业从初创到重生的各个生命阶段。后现代战略选择与企业生命周期的匹配，正是其作为生命型战略的典型特征。

而后现代生命型战略最核心的特质是其复合性。在每一战略阶段，战略类型只是基本的战略匹配。在任何一种基本战略类型的执行中，都可能存在着其他类型战略的混合匹配。同时，更重要的是，在每一种战略类型背后，都有适应性战略和开放式创新战略作为常态或通用战略与其同步推进。此外，在整个生命型战略系统之中，也能看到竞争战略和蓝海战略的影子，经典战略仍然在某些产品或细分市场中发挥着效力。企业并非在所有领域都能占据颠覆性创新的地位，在某些领域仍然可能会采取成本领先战略、聚焦战略、差异化战略或蓝海战略。在波士顿战略模型中，也阐述了此种战略的复合性。

事实上，后现代生命型战略并非没有定位，而是在商业模式设计中就已经完成了定位。而商业模式本身是一个完整的战略顶层系统，比竞争战略更为完善。由于在商业模式设计阶段，后现代战略与商业模式具有同质化特点，因此，后现代战略对经典现代竞争战略的超越是彻底而全面的。后现代生命型战略图谱，远比经典现代竞争战略更为丰富和系统。

❖ 战略共振

战略作为商业模式的达成路线，重要的是执行。如果说商业模式直接导致了组织与文化变革的话，战略与组织、文化之间的关系则更为密切。组织的本质不是静态结构，而是其结构背后的动态团队。同样，文化不仅是纲领，更是团队执行力的引擎。

正如商业模式与组织、文化错位的现象比比皆是一样，战略与组织、文化的错位也很普遍，这是管理大变革时代的特征。在后现代管理范式尚未完全建立之际，企业在实践中只能摸着石头过河。作为企业最敏感神经的商业模式和战略，能率先感受到时代的脉搏，但组织与文化往往后知后觉。特别是文化，可能会成为变革最滞后的板块。文化原本是企业最核心的推动力，是企业的基因所在。但在巨变时代，多数企业仍然表现为工具先行。比工具更重要的是世界观和思维模式，但目前，以世界观和思维模式为基础的文化显然没有受到应有的重视。

在战略、组织与文化的共振中，文化作为企业引擎是最核心的动力。组织表现为团队，而战略是文化催动下的团队作战行为。因此，在战略、组织与文化的三层结构中，战略是最表层，组织是第二层，而文化是第三层。可见，组织与文化变革的匹配，对于后现代生命型战略的重要性。

六、复合式战略管理

要形成战略、组织与文化的共振，绝不仅仅是这三个子系统之间的协同，而在于企业整个生命系统的协同。这是管理范式变革的任务。

迈克尔·哈默和詹姆斯·钱皮在20世纪80年代末90年代初所推行的企业再造之所以受挫，在于他们只是重点对经营流程和组织架构进行了局部改造，而不是对企业进行整体的系统再造。当时，后现代管理才刚刚萌芽，迈克尔·哈默和詹姆斯·钱皮作为后现代管理伟大的先驱亦未达到管理范式再造的高度。这种局部性改良，必然造成企业生命诸系统之间的冲突与错位。后现代战略若是在此种残缺的管理改良中前行，必然使企业成为"跛脚的巨人"。

⚙ 战略定义：蓝图＋计划＋执行

那么战略是什么？战略的本质，是蓝图与行动的结合体，它包含蓝图、计划与执行三个层面。并不存在静态的战略模式，战略模式只有与实践结合才算是完整的模式，否则只能算是纸上谈兵。这并不是否认战略类型或战略工具的意义，而是强调战略的实战性，知行合一方能构成完整的战略。

战略是达成商业模式的路径与行动，商业模式是企业存在的基础架构，是企业大脑中的完整蓝图。而商业模式不仅是盈利模式，它是企业生命系统的完整呈现。因此，战略是实现企业生命系统价值与使命的蓝图与行动，这就决定了战略的实施必定是企业整体的行为。那么，当一个企业处于局部变革的时候，它的整个生命系统就是不协调的。如此，战略的实施必定大打折扣，这就是为什么当今的战略理论仍然缺乏必要穿透力的根本原因。

21世纪以来，彼得·德鲁克这样的综合性管理大师似乎销声匿迹了。众多关于企业子系统，也就是管理二级系统的商业畅销书，商业模式、战略、组织、营销等方面的著述层出不穷，却鲜有系统的管理变革著作。在少数关于整体管理变革的著作中，大多也缺少足够的洞察力和宏大的理论统摄力，个别管理学家炮制的概念则处于"夹生"的状态。我们需要划时代的管理革命，迈克尔·哈默和詹姆斯·钱皮所倡导的企业再造到了真正开启的历史阶段。只有系统的后现代管理范式变革，才能达到战略的彼岸。

战略执行：达成商业模式的路径与行动

战略执行是达成商业模式的路径与行动，而商业模式又是企业生命系统的基础架构。因此，战略执行是企业生命周期内所有行动的集合。生命并不存在漫无目的的活动，企业战略更是有着明确的目标。

在战略执行中，"速度＋试错＋迭代"成为核心特征。并不存在完整的路线图，战略执行本身就带有强烈的未知性。战略执行是"有限理性＋果敢"的行动。

在互联网时代，速度成为战略执行的第一要素，它的重要性已经超过产品质量和成本。腾讯就秉持"唯快不破"的原则，把时间问题绝对地凌驾于所有问题之上。腾讯用"极速"来表达对研发团队的最根本要求。在此基础上，腾讯还鼓励试错，这与3M公司的创新机制十分相似。

事实上，几乎所有互联网公司都秉持这种"速度＋试错＋迭代"的文化。Facebook在战略执行过程中，大部分时间不会参考书面经验或什么才是"正确的做法"，他们只是坐下来，写代码。虽然这样会导致bug（漏洞）过多，在产品制造环节出现问题等，但这时他们会回过头来解决这些问题，然后再扑向下一个任务。Facebook 的战略执行，也是试错战略的表现。

在 ZARA 的战略中，不预测流行趋势，也不制造舆论引领时尚，而是不断推出新产品去寻找消费者的真正需求。而同为快时尚品牌的先行者 GAP 却做不到这一点，从策划到商品上架，GAP 至少需要 9 个月，而 ZARA 却仅需两个星期，比 GAP 整整快了近 20 倍。

在创业公司中，存在着"180 天现象"，即产品具有先发优势，如果在 180 天之内趁竞争对手还来不及反应，迅速建立自己的口碑和用户基础，就可以在行业中稳固地位，使竞争对手难以赶超。反之，如果产品因追求完美上市晚了 180 天，则市场可能已经被他人所占领。这一现象同时也是对"彼得斯定律"的印证。

事实上，在战略执行中，包含计划实施、战略学习和战略调整的过程，速度与试错，是为了迭代。战略是"蓝图＋计划＋行动"的产物，而行动会导致战略调整。在互联网时代，后现代战略具有变化性、突变性和演变性，任何战略都需要与行动的结合才是完整的战略。

❖ 决胜全局：复合式战略管理创新

战略管理无疑涵盖对整个企业的系统管理。在管理范式变革时代，这意味着战略管理是一个管理系统创新的过程。因此，我们不可能在本章中就解决战略管理的所有层面，只能先做一个大致的鸟瞰。正如对商业模式的管理一样，要贯通战略管理的全过程，需要本书所构筑的完整的后现代管理范式体系。

战略管理所涉及的板块包括战略愿景、商业模式、战略筑基、战略选择、组织模式、营销战略、品牌战略、战略执行、战略创新、战略文化和战略哲学等。战略愿景是企业的整体愿景，是企业的顶层设计。商业模式系统，我们在前一章已经全面阐述。而战略筑基和战略选择在本章已经阐明。

组织模式、营销战略、品牌战略、战略执行、战略创新、战略文化和战略哲学等都将在本书的后续章节中陆续深入阐述。并不存在孤立的战略管理，所谓战略管理不仅与其他子系统密切相关，甚至本身就是企业管理的全部内容。管理具有交融性，商业模式和企业战略只是我们解析管理的不同角度。这些子系统虽然可以从理论角度加以鉴别，但在管理实践中，却是水乳交融的。如果企业是一个完整的生命体，那么战略和商业模式就只是这个完整生命体的某一系统，比如血液循环系统或消化系统。而呈现给外界的，只能是一个完整的生命体。我们要驾驭战略，也必须从企业整体的生命入手。现代与后现代管理战略模式的对比如表 5 – 1 所示。

表 5 – 1 现代与后现代管理战略模式对比

现代企业战略	后现代企业战略
战略与商业模式分离	战略与商业模式同质与交叉
机械型战略	生命型战略
单一型战略	杂糅式战略
竞争型战略	竞合型战略
静态战略	动态 + 连接战略
纵向一体化	生态一体化
封闭式战略	开放式战略
战略渐变性	战略突变性
定位理论	生态理论

第六章
后现代管理的超生命组织蝶变

重新审视关于组织的流行概念

颠覆"科斯定律":组织的超生命模式

超生命组织如何构筑战略壁垒

平台型组织与数字生态共同体

超生命组织的进化基因

　　　　　　　　　汤姆·彼得斯对无结构企业的定义，

　　　　　　　显然不能解释后现代企业的组织架构。

　　　　　后现代企业虽然颠覆了经典现代企业组织，

　　　　但并非没有结构，它的结构是全新且完整的。

　　我们面临的是一个前所未有的组织大变革时代，组织变革是商业模式和战略变革的产物，更是互联网文化的产物。然而，关于组织变革的讨论大多还是着眼于组织的外在形式，而缺少对组织基因的内在洞察。

　　彼得·德鲁克指出，现代企业组织在观念和结构上有两个主要的发展变化。第一个变化发生在1895—1905年之间，即管理权和所有权分开。这一变化首先发生在德国，之后在 J. P. 摩根、卡耐基和洛克菲勒公司得以沿用。第二个变化发生在20年之后，即"命令—支配型"现代公司制的诞生。这起源于皮埃尔·杜邦20世纪初对家族公司的重建，之后又在阿尔弗雷德·斯隆改造通用汽车公司的过程中得以延续，在20世纪50年代通用电气早期的重组中达到顶峰，并被世界上大多数企业所采用。

　　虽然彼得·德鲁克没有明确反对现代公司组织结构，但彼得·德鲁克所提出的"知识工人"和"自我管理"概念，表明他对新时代的组织变革并非没有预见。彼得·德鲁克从不认为组织是一成不变的，而是深刻地洞悉到组织结构要根据公司的规模和管理的具体情境来确定。相对而言，汤姆·彼得斯在反对彼得·德鲁克时就有些过于激烈了。他忽略了德鲁克这位前辈大部分管理思想所具有的超越性。

　　汤姆·彼得斯的贡献，在于打破了以往管理学的沉闷，但在批评彼得·德鲁克时他暴露了自己思想较偏激的一面。汤姆·彼得斯说："我讨厌谁呢？彼得·德鲁克就是一个。今天，大家都觉得彼得·德鲁克似乎总是属于明白人之列。让我们回到《公司的概念》并读一读它吧。彼得·德鲁克可能是奥地利人，但当谈到科层制、命令和控制，由上而下的商业运作时，他比德国人还要德国人。看一看据彼得·德鲁克所说的这部商业圣经，你就会看到，组织就是组织！你将无法越轨！这就是当时的风气。因此，在我心目中，彼得·德鲁克是敌人。一个好的敌人，但仍然是敌人。"汤姆·彼得斯应该知道，《公司的概念》是 1946 年的著作，任何一位大师都难免有时代局限性，汤姆·彼得斯本人也一样。汤姆·彼得斯之所以对彼得·德鲁克采取此种态度，具有刻意显示自己个性和管理思想颠覆性的倾向，也暴露了其思想的不成熟。

在《解放型管理：无结构时代的企业》一书中，汤姆·彼得斯推崇混乱，并提出"四大短命"——短命组织、短命组合、短命产品和短命市场。事实上，后现代公司短命的是团队，而不是组织。互联网平台上的工作小组可以临时组成，待任务完成之后就解散，这是提高组织效率和灵活性的方式，但不是组织本身生命周期的反映。在海尔的创业创新平台上，小微团队可以随时成立也可以随时解散，但海尔不能随时解散，后现代组织仍然追求基业常青。汤姆·彼得斯是后现代管理的"破坏小子"，代表的是后现代管理的少年时代，还带有很浓厚的消极后现代主义色彩。如果我们今天仍然在汤姆·彼得斯的高度上徘徊，组织变革理论将无以为继，后现代管理范式的建立将成为空谈。

野中郁次郎就强烈反对汤姆·彼得斯革除中层的观点。野中认为，中层管理不仅在知识创新方面，而且在新知识的推广和企业团结方面都起着至关重要的作用。事实上，从巴西塞氏企业的革除中层开始，就不是对中层职能的革除，而是组织扁平化的表现。总之，汤姆·彼得斯的初级后现代管理思想很多方面是经不起推敲的。今天的后现代管理范式缔造，必须从超越汤姆·彼得斯的水平线开始。

一、误导全球的流行组织概念

我们必须站在比汤姆·彼得斯更高的山峰之上，才能构建新的组织理论。互联网时代的组织变革彻底颠覆了经典现代企业组织，但企业并非如汤姆·彼得斯所说变成了"无结构组织"。传统的组织结构被颠覆之后，出现了新的结构，但汤姆·彼得斯时代新的结构尚未完全显现。不过，在组织理论上，很多全球一流的管理大师都未能摆脱某些流行的谬见。这与他们对后现代哲学和后现代主义本身的片面性认知有直接的关系。

去中心化

去中心化显然是一个尽人皆知，却完全错误的概念。与现代企业相比，后现代企业从未去中心化，只是组织架构和领导模式发生了转变。但每家企业的领导并没有消失，中心控制和战略协同没有消失，反而加强了。

以客户为中心是去中心化吗？这不过是商业模式回归人性的表现，若没有企业这个中心，又如何实现用户或客户的中心化？即使在海尔小微创业平台上，每一个小微都相当于一家高度自治的独立公司，但如果没有海尔生态平台这个中心，没有张瑞敏所设计的管理创新体系，没有张瑞敏这样的企业领袖以及将来他的后继者作为中心，"小微"将如何存续？事实上，正是由于后现代组织摒弃了传统的"命令—支配型"权力模式，通过高度自治而实现企业生态，才更需要中心化的管理。虽然权威式管理模式终结了，但中心化的力量不仅没有消失，反而加强了。后现代组织的中心化加强表现在战略的加强、文化的加强、协同的加强和企业领导力的加强等。中心是什么？如果仅仅以权威式领导为中心，那么这种思想也太片面了。

去中心概念的流行源于德里达等人的消极后现代思想，实际上也暴露了整个时代思想的荒芜。德里达、福柯等后现代思想家并未给这个世界带来真正有价值的思想，反而带来更多的混乱。与去中心相匹配的相对主义，是现代社会沉沦和自由主义泛滥的主要因素。而绝对性、客观真理、中心性是宇宙存续的永恒法则，是超文化视角下真正深刻的洞见，也是积极后现代思想的核心所在。如果没有客观真理，一切学科都将消失，管理学也将消失。管理学若停留于汤姆·彼得斯关于无结构组织的破坏阶段，所谓的创新也将无以为继。真正的无中心，就是无价值、无标准。世界在这样的状态下已经运行太久，我们需要回归基本的价值，回归非专制的新中心时代。

郭广昌强调，复星集团所有的资源，只有一个中心，一个平台；利益可以分配计算，但是方向和资源，只能是一个中心。复星全球合伙人制度就是把复星最重要的人的利益跟复星集团高度相通，而不是跟项目的利益挂钩，这样才能确保指挥整个战役的时候可以将资源充分利用起来。因为市场变化太快，所以要及时转换阵形应对，最有效率地将组织资源进行再整合。因此，郭广昌指出："复星全球合伙人战略最重要的目的，是要将集团的所有资源形成一个整体来进行调配，通过全球合伙人机制，复星要统一一个思想，形成一个平台。"

我们需要完成从互联网思维到互联网基因，从文化到超文化的跨越。从互联网思维中我们看到用户中心。但没有企业平台这个中心，用户中心将成泡影。从互联网基因，我们看到人性解放，真正的人性解放是超文化的结果。所以互联网不是去中心化，而是新中心化。在海尔的开放式创业创新平台上，海尔可触及的全球一流资源达 300 多万家，平均每天产生创意 20 多个，源源不断的用户交互为海尔的技术创新提供了有力支撑。但海尔并不是以全球资源为中心，而是以平台为中心，整合全球资源为己所用，为小微团队的发展提供支持。这是世界观的转变，是由现代企业的单一主体变成双主体或多主体格局，但企业这个主体仍然是真正的掌控者。海尔仍然是中心。

"人人皆创客"也不是去中心化，其本质是个体的解放，是领导模式的变革。事实上，企业仍然存在中心，企业领袖仍然是企业真正的中心。虽然海尔倡导人人都是 CEO，但真正的中心和唯一的 CEO 仍然是张瑞敏。这一点是毋庸置疑的。用户中心的本质是什么？其最高境界是"爱人如己"。如果没有这样的爱，所谓用户中心就只是一种谋略，这和传统商业时代没有什么区别。连一般的生意人都知道取悦客户，但要做到爱人如己，靠文化不行，靠道德不行，这需要超文化，需要深入灵魂的救赎。张瑞敏认为，企业没有领导，员工的领导不是他的上级，而是用户，因为和用户之间要直接对话。张瑞敏的"企业无领导"是一种形象的比喻，其实，不是没有领导，而是领导模式改变了。

领导变成了服侍者，但服侍型领导依然是领导。用户不是员工的领导，从超文化的角度看，用户只是员工人性升华之后所关爱的对象。所以张瑞敏说，最高的领导境界就是"太上，不知有之"。为什么？因为创造了一个非常好的平台，非常好的氛围。如果每个员工都是一棵树，每个小微都是一个创业公司，这个边界就非常大，可以吸引种子、水流、空气，那它一定会做得非常好。显然，张瑞敏还是承认领导的存在。海尔所实现的，是一种更高级的领导、更高级的中心化而已。

❖ 去中间化

去中间化是关于组织变革的第二个错误概念。互联网革除的不是中间商，而是传统的信息不对称式中间商。在此过程之中，互联网平台成为新的中间商。从 B2B 到 C2C，再到今天 B2B 的复兴，互联网平台正向更为专业的中间商转型。阿里巴巴的后电商革命，正是基于工业 4.0 的更高级的中间商角色升级。事实上，一切互联网平台均为新的中间阶层。

在海尔的用户驱动企业模式中，平台成为新的中层，平台上聚集的全球设计师和创客群体也是中间层。在 C2M 模式中，如果真正由客户直接面对生产线，则柔性制造将无法实现。除了有平台的居间作用，平台上的设计师也是柔性制造重要的中间环节。中间层具有了远比过去更为丰富和更重要的价值。

郭广昌说："C2M 是什么？其实是让客户在参与产品生产的全过程中，最大程度与最快速度地满足观众、粉丝、消费者和客户的喜好与需求。同时，C2M 不是消灭中介，不是消灭中介环节，而是通过直接或者间接的方式帮助、引导顾客去参与产品设计和生成。"另外，不要一味地追求 C 端和 M 端的直接连通，M 可以到 A 到 B 再到 C，其中的中间环节也在创造价值，比如红领的设计师。

随着 B2B 网站的复兴和各类垂直化平台的崛起，中间层正在向以大数据为基础的更专业的服务商角色转换。互联网不是取消了中间商，而是引导了中间商的专业化和平台化。在专家型品牌的平台化中，企业的自有平台也承担了居间的职能。如果要把自有平台打造为开放式创新平台，则必须同时聚集众多组织外的设计师及其他合作者。这些设计师与合作伙伴也将部分承担中间层的功能。

在公司组织架构变革中，也没有从实质上取消中层，而是让中层也平台化了。在海尔组织变革初期的三级自主经营体中，二级经营体又称平台经营体，负责为各类一级经营体提供资源和专业服务支持，相当于新的中间层。到了利共体和小微阶段，海尔的中间层则彻底平台化了。在最早"取消中层"的代表机构巴西塞氏企业，其领导人里卡多·塞姆勒抛弃了僵化的组织结构。他设计了三个圆环，第一个圆环包括副总裁一级和级别更高的人，被称为

"顾问"；第二个圆环包含 7～10 个业务部门的领导，被称为"合伙人"；第三个圆环包括所有其他人，如机器操作员、销售员、食堂员工、保安等，他们被称为"伙伴"。塞氏企业其实并不是取消中层，而是减少层级，其第二个圆环仍然承担着中层的功能。

公司组织变革中的"取消中层"本质上都是减少层级，是组织扁平化的结果。在组织平台化模式中，中层的功能被平台所取代，而不是彻底消失。所以，从商业模式到组织架构的变革，中间层都没有真正被取消，只是转化了形态。不是去中间化，而是新中间化。商业模式的新中间化与组织模式的新中间化，具有内在的一致性。其中，商业模式的新中间化是组织模式新中间化的直接导因，其发展方向则是商业模式与组织架构的共振或趋同化。

✿ 无边界组织

组织变革本质上是世界观革命，是世界观革命前提下管理变革的核心部分。面对这个被互联网和技术创新所翻转的世界，我们首先需要思维的革命。而无边界组织概念则是陈旧思维的产物，它是站在现代企业封闭式组织时代观看后现代组织时所发出的感叹。

企业边界是由组织的渗透壁垒所形成的。在现代企业组织中，存在着四类边界：垂直边界、水平边界、外部边界和地理边界。与此相应，现代组织边界的渗透壁垒，是由权威式领导、职能化部门、封闭式战略和信息技术落后等因素造成的。权威式领导形成了上下级之间的垂直边界壁垒，职能化部门形成了水平边界壁垒，封闭式战略形成了外部边界壁垒，而信息技术的落后形成了地理边界壁垒。

那么，互联网是否使这些边界全部消失了呢？事实上，各类边界仍然存在，只是边界之间具备了更强的可渗透性。同时，对边界概念的界定应该抛弃过去那种空间化思维。在组织扁平化改造过程中，企业垂直边界的可渗透性提高了，但基本的层级仍然存在。小米的扁平化组织，从创始人到一线员工仍然有三个层级。海尔的自主经营体组织也有三个层级。而在大部分巨头公司中，即使在扁平化改造之后，仍然存在着更多的层级，比如郭士纳时代的 IBM 有五个层级。组织扁平化不可一概而论，而要根据企业管理的复杂度来确定。因此，在扁平化组织中，基本的垂直壁垒仍然存在。虽然相比现代科层制，扁平化组织的可渗透性提高了，一线员工的意见可以更容易传达给高层领导，但垂直边界是一定存在的。

在事业部制和职能制组织被取消之后，水平边界亦未完全消失。包括在海尔的自主经营体和小微架构中，众多的自主经营体或小微团队之间是平行的关系，但他们之间的边界仍然存在。虽然自主经营体或小微组织之间可以互相渗透，但这是基于一定规则之下的渗透。而每一个自主经营体或小微组织，在业务和团队架构方面是基本稳定的。即使在现代组织模式下，水平边界亦非完全不可渗透，只是规则更严格，渗透性相对较弱而已。

组织的外部壁垒被横向一体化和生态一体化格局所打破，这是事实。不过，企业的外部合作关系因契约而形成壁垒。这种合作体系是在相对稳定状态下，不断开放边界的。也就是说，开放式合作体系下的外部边界仍然相对稳定。如果企业组织像汤姆·彼得斯所说的那样毫无结构，那么，汤姆·彼得斯所谓的解放型管理将失去对企业的控制。

组织的地理边界已经被互联网彻底打破，但正是在此种意义上，企业的边界不是消失，而是变得更加容易触摸。在互联网时代之前，地理限制使很多资源几乎无法触及，但借助互联网技术，则可以随时触及曾经无法触及的边界。地理边界限制的消失，使企业边界无限扩张，同时也具有了可即时触摸边界的特点。特别是在移动互联、物联网、VR（虚拟现实）和人工智能背景下，企业边界无处不在，通过智能终端，可以在瞬间抵达任何边界。在移动互联时代，企业的垂直边界、水平边界、外部边界和地理边界均可以实现瞬间抵达。在互联网平台上，所有企业相关资源均可以实现在线全时间无缝连接。就此而言，企业的可渗透性空前提高，企业的终极边界变得触手可及了。

在互联网和人工智能时代，我们需要以宇宙思维看待组织。在移动互联背景下，企业更像一个超级智能生命体，而不是无边界组织。生命型组织的终极边界就是作为智能终端的每一个个体，智能终端的高度灵敏化，使企业大脑和神经末梢高度协调。站在宇宙的角度看公司，即使有几亿用户也如沧海一粟。再大的组织也很小，因此需要像马云一样时时不忘谦卑。再小的组织也很大，因为万物互联，因为同属人类，没有高低贵贱之分。

从无边界组织到超生命组织，我们更加逼近互联网时代组织的本质。这对于组织变革、营销模式变革、文化变革和系统管理变革都具有重要的意义。

二、传统组织已死

虽然流行概念对后现代组织的定义多有偏颇，但传统组织已死，后现代组织正在改变历史却是事实。超生命组织比无边界组织更能概括互联网时代组织的特征，这一全新的组织模式意味着企业定义的革命。现代企业概念被彻底瓦解了，科斯的经典理论已经被后现代企业所终结。

❈ 颠覆"科斯定律"：组织的超生命模式

科斯曾因《企业的性质》（1937）一文获得诺贝尔经济学奖。在该文中，科斯对企业的经典定义是："对于一个企业，只要所需物品的内部生产成本低于外部采购成本，它的规模就会不断扩大。"根据科斯的理论，企业这种组织形式之所以存在，是因为它能够降低纯粹市场交易带来的成本，使得交易更经济和有效率。科斯的定义对应的是科层制的经典现代企业，在后现代企业时代，这一经典定义已经无法成立了。

哈耶克在《知识在社会中的运用》（1945）中指出："知识散布于不同人群，因此在固定的组织中我们无法得到分散的知识，唯有自由市场才能实现这一诉求。"而乔伊法则指出："聪明的员工不干活；大部分绝顶聪明的员工不为自己公司干活；因此创新都出自外部。"由于乔伊法则的存在，彼得·德鲁克指出，企业选择外包并不是出于降低成本的考虑，而是为了得到更好的服务。事实上，外包的成本通常要高于雇佣员工的形式。

在开放式创新模式，特别是海尔生态创业平台组织模式下，企业的边界早已突破了外包的范畴，向更广更深的合作方式延展。海尔已经变成一个为小微提供支持的超级创业平台。海尔的员工分为在册和在线两大类，前者是海尔的正式员工，后者是海尔平台上遍布全球的数百万合作伙伴，二者可以相互转化。在海尔的组织格局中，雇员概念消失了，消费者概念也转变了，不仅员工成为公司主人，消费者与合作伙伴也可能变成员工。海尔员工还可以与经销商合股经营，由海尔员工控股，这完全打破了过去的组织格局。海尔与经销商的相互持股，不是为了降低成本，而是为了获得更高的效率。所以，从降低交易成本角度去界定海尔的组织模式与企业边界，已经完全不适用了。

不仅海尔如此，众多互联网企业也都已经形成了以生态化平台为依托的开放式创新体系。此种模式下企业的固有边界都被无限地扩大了，企业不再秉持交易成本最小化的原则来决定公司的内部边界，科斯的经典企业理论已经在普遍意义上被彻底颠覆了。

重新定义公司

Facebook、Airbnb、维基百科、海尔等企业的组织模式，均表现出对科斯企业定义的颠覆。组织架构如同人的骨骼一样，是企业这一生命体最基本的结构。从组织架构的变革中，我们可以看到企业生命体的升级换代。现代企业终结了，在互联网背景下，后现代企业已经全面兴起。在13年前出版的《后现代企业与管理革命》一书中，我已经对后现代企业概念进行过初步定义，但今天需要进一步更新和完善这一概念了。

后现代企业定义

后现代企业是以互联网和人工智能等技术手段为凭借，以世界观革命与人性回归为根基的社会化、开放化的超国界和超文化公司。平台—生态化为其商业模式的基本特征，它以节点网络式组织颠覆了科斯对企业的定义，并打破了股东与经理、企业与员工、企业与客户的对立格局，改变了现代企业的治理结构、战略模式和营销模式，并在创新、领导、文化与哲学等方面完成了对现代企业的全面超越。

后现代企业首先是超生命组织，因为组织是企业生命系统的核心形态。而组织形态是在商业模式、战略模式转型基础上的企业生命形态转化，其转型的背后基因则是文化，更深一层则是世界观。在现代机械论世界观到后现代有机论世界观的转变过程中兴起了后现代企业，并由此催生了后现代管理革命。因此，后现代企业的定义，涵盖了后现代管理的整个系统，它的核心特质是超文化。本书正是对后现代企业这一超级生命体的全面解析，要全面而透彻地了解这一超级生命体的秘密，需要整本书的内容。

⚙ 组织复活之海尔模式

汤姆·彼得斯对无结构企业的定义，显然不能解释后现代企业的组织特点。后现代企业虽然颠覆了经典现代企业组织，但并非没有结构，而是有着全新且完整的结构。我们以海尔为例，来解析后现代组织的结构特点。

海尔的组织架构经过了从自主经营体、利共体到小微组织三个阶段的进化，逐步形成了较完善的平台化生态圈组织。其中，自主经营体阶段由原来的正三角结构变为倒三角结构，衍生了包括一线经营体、资源经营体和战略经营体三级经营体在内的2000多个自主经营体。由于自主经营体面临目标不一致的问题，海尔又进行了利共体变革，将倒三角组织转变为利共体＋平台模式。利共体阶段的组织架构解决了目标协同的问题，但又面临平台和利共体之间的"市场结算"，以及如何为企业内部创业提供孵化支撑的问题。到2013年年底，海尔的小微组织形成，在组织架构中只有平台主、小微主和小微成员三类角色，小微组织和平台之间是"市场结算"关系，平台报酬源自小微组织。小微组织是快速配置资源的主体，如果现有平台满足不了小微组织的需求，小微组织可以直接利用海尔之外的资源。因此，小微组织是一个开放的组织，打破了企业与市场之间的界限，如图6-1、图6-2和图6-3所示。

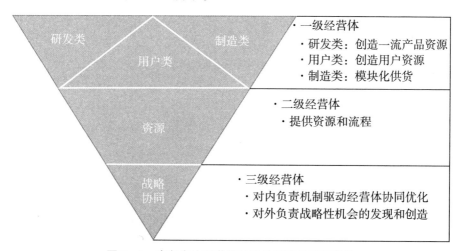

图6-1　海尔自主经营体阶段的倒三角组织结构

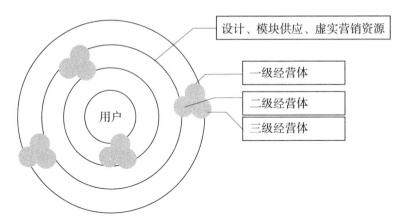

图 6-2　海尔利共体阶段的闭环网状组织结构

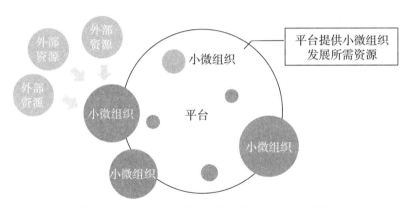

图 6-3　海尔"小微"阶段的平台化生态圈组织

　　根据以上对后现代企业的定义，可以发现海尔的组织结构及其他方面的特质，基本上契合后现代企业概念。海尔堪称是合格的后现代企业践行者。

　　第一，海尔的开放式创业创新和小微平台，具有高度社会化、开放化、超国界和超文化的特点。作为数字生态共同体的践行者，海尔的组织模式将终结私营公司的历史，全面开启公司社会化时代的到来。

　　第二，海尔以平台—生态化为其商业模式的基本特点，从自主经营体、利共体到小微组织的演变，不仅是海尔组织模式，也是海尔商业模式的核心演变路线，且目前海尔已经成为全球最大的平台化生态圈企业之一。

　　第三，海尔的生态平台组织，打破了企业与员工、客户与员工间的界限，颠覆了科斯对企业的定义。并通过市场机制和控制机制的融合，实现了整个组织的高度协同，形成了全新的企业结构。

第四，在商业模式和组织模式重构的基础上，海尔在治理结构方面也形成了对现代企业的突破。海尔对现代公司治理结构的突破体现在股东与经理、企业与员工之间对立的消失，因此终结了现代企业委托—代理模式，形成了自我委托—代理的格局。比尔·费舍尔等在《海尔再造》一书中提到的海尔对代理理论的贡献则是指：市场是委托人，自主经营体是代理人；或者，一级经营体是委托人，二级、三级管理人员是代理人。此种对代理理论的解释，并非从公司治理理论出发，而是从商业模式和营销模式角度出发，因而在理论视角上存在偏差。

第五，海尔在战略模式、营销模式、领导模式以及创新，文化与管理哲学等各方面均表现出对现代企业的全面超越。海尔采取的是以颠覆性创新为基础的复合式战略，而在营销方面则是客户参与式的后现代交互营销模式。在领导模式方面，海尔具有赋能式领导的典型特征。在创新方面，海尔建立了以管理创新为驱动的开放式创新体系。在企业文化方面，海尔"自以为非"的企业文化，本质上是直抵人性的超文化。而在管理哲学方面，海尔秉持的是后现代有机哲学。

值得注意的是，海尔的组织架构虽然高度自治，但并没有完全消除传统的自上而下的权力通道。为了实现对各经营体的有效控制，海尔还创新财务和薪酬机制，通过战略损益表、日清表、人单酬表，共同构成了海尔独特的会计体系。海尔通过组织变革，将企业家精神注入整个公司，将执行力文化转型为创业文化，形成了高度自治与中心控制相结合的格局。这是对"去中心化""无结构"等早期有关后现代企业的不科学描述最有力的反驳。而海尔组织变革的精髓，在于张瑞敏对人性本质的深刻洞察。

人性的自由，必须建立在信任的基础之上。聪明的帝王总是把一块块领地分封给不同的功臣，与他们共享天下。这从某种角度上与京都陶瓷的阿米巴经营、海尔的"人人都是CEO"等管理模式异曲同工。中国改革开放以来的"包产到户"亦是同理。

问题的关键是，君王或国家领袖由于所在的高度，容易具备相应的气魄。但企业经营者出于利益考虑，鲜有如此胸怀。但互联网的发展，倒逼企业家必须提高境界。企业的社会化，又呼唤胸怀天下的公司领袖，超生命组织自然应运而生。但目前成功实施超生命组织变革的，仅限于少数目光高远的社会型企业家。

❀ 海尔组织变革的标杆意义

海尔组织变革的意义，在于其开创了后现代组织范式，彻底颠覆了现代管理理论，并初步构建了后现代管理体系。海尔的组织变革，无疑具有全球性价值和标杆意义。

美国宾夕法尼亚大学沃顿商学院教授马歇尔·梅耶指出，海尔搭建创业生态圈的管理创新体系超越了传统的管理理论。他认为，张瑞敏是一个伟大的管理思想家，将海尔创造为一个改写全球管理理论的伟大公司，张瑞敏创新的管理理论将影响全世界。

英国《金融时报》副主编安德鲁·希尔认为："张瑞敏比彼得·德鲁克所创造的更进一步。"瑞士洛桑管理学院教授比尔·费舍尔认为海尔管理重塑，是"我们心目中的未来理想的组织形态，以及不仅在中国，甚至全世界的领袖企业标杆"。美国管理大师加里·哈默尔说："现在海尔是全球先驱型公司中的执牛耳者，正在为后科层制时代和互联网时代重塑管理学的面貌。"

目前，海尔的变革在世界上得到了广泛认同，在国内则反响平平。这主要与中国企业家和管理学者对管理范式创新的认知不足有关。同时，目前国内外学者对海尔实践的总结也远未达到应有的理论高度，关键是尚未从后现代管理系统创新的角度解析、提升及完善海尔管理创新的价值。

海尔组织变革的标杆意义在于它不是单纯的组织变革，而是以组织变革为依托的商业模式、战略与文化变革，乃至是系统的管理变革。海尔组织变革超越了过去以商业模式和战略变革为先导的局部管理改良，率先开启了以组织变革为核心与先导的整体管理创新，这是当代管理变革的跨越式转型，堪称全球进入管理范式创新时代的重要标志。

三、什么才是核心竞争壁垒

战略和商业模式容易模仿，只有组织能力才是真正的竞争壁垒。组织结构是企业生命体的基本形式，它决定了企业生命力和战斗力的高下。若没有组织创新，商业模式和战略创新都将寸步难行。

组织创新也是管理创新的核心，因为组织是企业生命体的核心结构，企业结构改变必然意味着企业灵魂的改变，否则组织创新就毫无意义。事实上，并不存在单纯的结构性组织创新，真正的组织创新，必定是以企业灵魂重生为核心的管理范式创新。

组织创新才是最大的竞争壁垒

互联网商业革命始于商业模式的转型，商业模式变革推动了战略转型，最终导致了组织变革。这是企业作为生命体自身的适应性调整，至此，后现代管理革命才进入核心阶段。

在互联网商业模式引发的管理变革浪潮中，对经典现代管理范式的颠覆是一步步深入的。原本管理革命应该始于世界观和文化变革，但世界观和文化毕竟是隐性的，并不容易被实践者所发现。企业家更容易从商业环境的变化和企业生存所面临的切身问题入手，进行适应性变革。从商业模式到战略，再到组织的变革，就说明了这一点。然而，到了组织变革这一层次，再回避世界观与文化问题就属于鸵鸟政策了。杰出的企业家如稻盛和夫、张瑞敏和马云等，能够深切地洞察组织变革背后的世界观与文化变革。但一般的企业家能够进行组织外在结构的变革，就已经勉为其难了。因为组织变革会导致权力结构失衡，那些习惯于现代科层制的企业家骨子里并不愿意失去对权力的占有。

但如果只进行商业模式和战略变革，不进行组织变革的话，企业发展将会受到根本性的阻碍。如果仅有组织外在结构的变革，而无文化的脱胎换骨，则组织将如行尸走肉。因此，最终仍要回到文化变革上来。世界观和文化并不神秘，但实践者通常很难触及其本质。因此，当企业实践达到一定程度时，划时代的管理理论就将诞生。伟大的理论总是源于实践并高于实践，它是对企业实践规律的总结，但绝不仅仅是总结，而是包含着创造性整合与前瞻性创新的过程。因此，管理学家的根本任务不是总结成功企业之道，而是创造企业成功之道。当然，要实现这样的创造，首先需要总结。但总结只是开始，而不是结束。

前文中曾提及，迈克尔·哈默和詹姆斯·钱皮的企业再造理论之所以没有成熟，主要是全球企业实践远未达到相应的程度。当时，谷歌、阿里巴巴等互联网企业尚未诞生，海尔也还没有开始后现代管理实践，创新后现代管理范式的条件还相差甚远。因此，迈克尔·哈默和詹姆斯·钱皮所引领的管理变革主要是流程再造。虽然也涉及组织再造，但还无法彻底颠覆经典现代企业组织。同时，由于缺少对世界观以及对管理范式变革的系统认知，迈克尔·哈默和詹姆斯·钱皮的思想高度也极大地制约了他们在理论方面的建树。

组织变革是管理全面变革的最后一道壁垒，组织创新也是企业的核心竞争壁垒。一旦现代管理的组织架构被全面颠覆，整个现代管理大厦也就崩塌了。因此，当前后现代管理革命的主要任务，就是通过解构现代管理组织架构来全面颠覆现代管理范式体系。在此基础上，才能构筑新的后现代管理范式体系，形成后现代企业的真正竞争壁垒。

组织、战略、商业模式铁三角

海尔组织架构从自主经营体、利共体到小微组织的进化，是张瑞敏在实践中对海尔组织所作出的创造性调整。海尔组织架构进化的三个阶段，堪称后现代企业组织进化的三部曲。

从第一个阶段的倒三角模式开始，海尔就颠覆了现代企业的权威式组织架构。虽然该架构已经把客户和一线经营体置于前端，但由于无法解决自主经营体协同的问题，才进一步演变为利共体阶段的闭环网状组织结构。由于利共体架构又出现了自主经营体与平台之间的"市场结算"和内部创业孵化问题，最终进化到平台＋小微组织阶段。海尔最新的组织架构，解决了小微自治、战略协同、内部市场和创业孵化等关键问题，在打破企业与市场界限的基础上，真正形成了完整的柔性战略方阵，使海尔开放式创新模式得以在良好的轨道上持续运行。

可以说，海尔是通过三个阶段的实验与创新，才最终形成了组织、战略与商业模式铁三角，构筑起自己的竞争壁垒的。尽管在自主经营体和利共体阶段，海尔的组织架构已经相当领先，但都存在着组织与战略、组织与商业模式不完全匹配的问题，因此仍然无法真正形成战略壁垒。平台—小微组织模式、开放式创新—复合式柔性战略、平台—生态圈商业模式，这三者之间要真正形成水乳交融的关系，绝非一蹴而就。

⚙ 打造超生命组织战略壁垒体系

超生命组织是后现代商业模式和战略实现的核心保障，要形成强大的竞争壁垒，组织、战略、商业模式必须高度匹配。海尔的平台—小微组织模式、开放式创新—复合式柔性战略、平台—生态圈商业模式三者的完美融合，是组织、战略与商业模式高度匹配的典范。

在此基础上，超生命组织要保障企业可持续的增长空间与创新活力，则需要进一步完成后现代管理创新体系的构筑。这包括柔性制造＋智能营销体系的构筑，领导力、企业文化与管理哲学的全方位重塑等。

正如张瑞敏所言："海尔不是把员工变成创业者，而是把创业者变成员工，海尔则变成了一个创投平台。"像海尔这样的创业与创新社会化平台，不仅创新力极强，而且具有可持续的保障，其巨大的能量与活力是传统企业无法比拟的。但创业者是最难管理的，即使给予充分自主权，未来，"Z 世代"和"阿尔法一代""新新人类"仍会出现归属感等问题。超生命组织的核心要素应该包括平台性、开放性、创客性、协同性和幸福感。而创业精神空前高涨的"Z 世代"和"阿尔法一代""新新人类"对幸福感的期待会越来越强烈，特别是较为成功的小微成员。"新新人类"获得幸福感的首要条件是自由、创造、快速成功，海尔的创客平台可以基本满足以上要素，但未来仍将面临巨大的挑战。

这种挑战将主要是文化与战略协同的挑战。除了创业创新机制外，超生命组织还应具有信仰级的文化和超强的战略协同能力。随着开放式创新的推进，超生命组织将面临跨界发展的问题，企业将逐渐出现不可控因素。届时文化与战略的地位将空前提升。可以确定地说，未来超生命组织最后的竞争壁垒将是文化。

四、平台：岛屿、航母与联合舰队

平台化将是未来最深刻的组织革命，一切公司都将成为平台，否则只能依附于平台生存。平台化的本质是个体的解放与自由，组织的职能是为个体成功提供服务。企业家若不能彻底革新自己的世界观和人生观，未来必将被淘汰。

✿ 组织: 漂移的平台

平台不仅解放个体, 也解放企业。观念和模式的转变, 只会让企业更轻松地成功。由于战略的移动性, 每一个组织都是漂移的平台。一切都处于变化之中, 而平台具有天然适应变化的能力。平台的两大基本属性是轻资产与开放性, 这使平台组织具有轻捷与快速反应的特点。阿里巴巴采取轻资产的开放式社会平台模式, 京东则是重资产的封闭式自营模式。长远来看, 京东模式的竞争力将受到严峻挑战。

在亚马逊、阿里巴巴、Facebook、腾讯等超级平台继续扩大的同时, 更深刻的平台化浪潮正在推进。不仅垂直化平台革命将席卷全球, 且所有企业都将平台化。随着各类平台的崛起, 个体工作者越来越多。目前美国的个体工作者已经达到就业人口的 30% ~ 40%, 未来这一数字还将不断上升。共享经济和各类众包平台的兴起, 也会助推个体工作者数量的大幅度增长。共享经济并不会导致企业的消亡, 而会催生更多的自由职业者, 并催生平台型企业。由于协作越来越重要, 企业不仅不会消亡, 反而会有更大的生存空间。只是, 企业的商业模式、管理模式和组织将发生深刻的变革。共享经济对协作和契约要求的提高, 也向管理提出了新的要求。不是企业消失, 而是企业平台化。

未来的大型组织将会面临越来越大的扩张与生存压力, 将组织“化整为零”是不可避免的趋势。所有企业都将像海尔一样小微化、创业化, 类似美国特战部队的 3 ~ 4 人小组, 将成为主流团队模式。组织平台则将成为航空母舰和军事基地。在 21 世纪商业的海洋上, 将游弋着众多航母型企业与联合舰队型企业, 另外还有更庞大的漂移性岛屿。岛屿 + 军事基地 + 航母 + 联合舰队 + 小微组织 + 个体, 将构成未来商业世界的核心风景。

✿ 岛屿、 军事基地、 航母与联合舰队

组织是漂移的平台, 而平台包括岛屿型平台、军事基地型平台和航母型平台三大类。岛屿型平台同样具有移动性, 它们是亚马逊、阿里巴巴这样的综合性超级生态平台。军事基地型平台和航母型平台是以母企业为核心的战

斗群与联合舰队，它们是海尔这样的垂直化超级生态平台。

1. 岛屿型平台——阿里巴巴

阿里巴巴是移动的岛屿，各类在阿里巴巴平台上的企业和个人，是岛屿上的生物群落。亚马逊、滴滴、Airbnb 等都是类似的平台。综合性超级平台，用户群都数以亿计。淘宝卖家数超过了 1000 万个，用户数超过 4 亿人。滴滴平台上聚合了数亿用户及 1500 万名以上的司机，2015 年全年的总订单量超14.3 亿次，截至 2016 年 10 月，滴滴全平台每日移动出行规模超过 1400 万人次。这些都是传统行业无法企及的数字。

阿里巴巴俨然已经成为一个超级创业平台，聚集的商家和企业几乎涉及所有行业，像一个不沉的生态宝岛。之所以说阿里巴巴是生态平台，因为聚集在平台上的商家像岛屿上的生物一样自生自灭。每一家企业和个体，均靠自己的努力而生存。阿里巴巴作为平台，只提供客户资源和其他资源的支持。

越来越多的小微企业依附于阿里巴巴这样的平台创业，这比他们脱离平台创业具有更多有利的条件。阿里巴巴像生态丛林为各种动植物提供它们所需要的食物和生存条件一样，为各类企业提供发展的资源。互联网服饰品牌韩都衣舍，凭借"款式多、更新快、性价比高"的特点，在天猫平台上创下了多个销量冠军，2015 年，全年收入达 12.6 亿元，净利润 0.33 亿元。目前韩都衣舍拥有 16 个自有品牌、4 个合资品牌、10 个代运营品牌。而韩都衣舍本身也采取平台化组织模式，很多人借助韩都衣舍这一品牌实现自我价值，这些创业团队或个人具有与海尔的小微组织类似的性质。而韩都衣舍也努力发挥平台组织的特点，给予创业团队充分的自主权。

未来，在阿里巴巴这样的巨型平台上，将涌现出众多韩都衣舍式的平台型企业。在大平台上寄生着无数小平台，将成为平台生态的一道亮丽景观。平台企业非常适合"新新人类"的创业，他们酷爱自由，又渴望快速成功，而平台则为他们提供了各种机会与资源。因此，无数小平台搭载岛屿型超级平台将成为未来经济的主流形态之一。

2. 航母型平台——早期海尔

自主经营体阶段的海尔像航空母舰，而 2000 多个自主经营体则像航母上的战斗机群。未来只有平台型企业和专家型品牌，除了像海尔这样的平台型企业之外，专家型品牌的最终出路也是平台化。赫尔曼·西蒙在《隐形冠军》中指出，作为隐形冠军的专家型品牌，通常是营业额 50 亿欧元以下的超级利基市场垄断者，其中大多数营业额在 1.5 亿~5 亿欧元之间。在未来互联网和全球化浪潮中，这些企业若要保持竞争力，进行平台化改造在所难免。以往，战略联盟很少发生在隐形冠军身上，他们坚信强有力的独行者才是最强者。

然而，互联网将颠覆他们的观念。互联网时代的开放性，使传统的隐形冠军企业很难再像过去那样低调地运行。替代性技术以及跨界竞争者随时可能出现，使这些企业保持自己优势的压力越来越大，最终迫使他们不断扩大企业的边界，向平台型组织模式靠拢。事实上，隐形冠军已经运用了大量的组织工具、过程工具和文化工具，尤为重要的方式是建立多个分散的单位。许多隐形冠军把企业划分为多个小部门或者划分为多个小公司。这与海尔的自主经营体无疑是相似的。

3. 军事基地 + 航母 + 联合舰队——近期海尔

小微阶段的海尔更像是军事基地 + 航母 + 联合舰队。张瑞敏对小微的比喻是："海尔原来是一艘航空母舰，现在把它拆掉变成一艘艘军舰，然后再把这些军舰组成一个联合舰队。"在小微阶段，海尔的母体好比军事基地，小微平台替代了原来海尔母公司的航母功能，而众多的小微组织则组成海尔的联合舰队。这样，海尔的整个生态型组织就是由军事基地（母公司）＋航母（平台）＋联合舰队（小微集群）＋个人＋机构所共同构成的。海尔的开放式创业创新生态平台聚集着数量庞大的小微联合舰队，以及来自全球的数百万创客，海尔的在册创客与在线创客则可以视为海尔平台上的战斗机群。作为垂直型平台，海尔与阿里巴巴的不同在于，它是着眼于某一产业的单一化平台。虽然随着开放式创新的推进，海尔也会打破行业的限制，但与阿里巴巴这样的综合平台相比仍然具有根本的差异性。

虽然张瑞敏称海尔为联合舰队，但与一般的联合舰队具有本质的区别。这首先是基于在海尔联合舰队中，海尔母公司和海尔平台的中心性质，因此海尔联合舰队不是真正意义上的"去中心化"，高度自治和中心控制的完美统一才是海尔模式的核心所在。在海尔的组织模式中，高度自治的本质是对小微组织创造力的释放，是一种领导模式和控制模式的转变。高度自治不等于没有控制，反之，中心控制也不等于权威性压制，中心控制的目的是让小微组织发挥更大的创造力。这是自由与管理的平衡，与"去中心化"没有任何关系。

◈ 互联网与超生命组织

未来，在超级岛屿型平台、军事基地型平台和航母型平台之外，是不计其数的专家型平台，和依附于阿里巴巴、海尔这样大平台的小平台，如韩都衣舍和海尔的小微组织。而韩都衣舍和小微这样的企业或团队，也将成为更小的平台。最终，一切企业都将平台化，平台＋个人时代就真正到来了。

超级平台＋大平台＋小平台＋个体，相当于岛屿型平台＋军事基地型平台＋航母型平台＋联合舰队＋战斗机，在层层叠加的平台生态体系中，各类移动终端、VR和人工智能将发挥重要的连接作用。大数据和人工智能将造就组织的超级神经末梢，使组织具备如章鱼般的敏捷反应本能，互联网将造就真正的超生命组织。而在移动互联和高度智能化的超生命组织社会，人性将更受重视。无论商业模式还是管理创新，都将以人性为出发点。

稻盛和夫以"做人何为正确"的哲学为出发点，指导京都陶瓷会计学和阿米巴经营体系的构建。阿米巴经营不仅使稻盛和夫缔造了两家世界500强企业，也是华为、海尔、阿里巴巴等企业所推崇的经营模式。张瑞敏在阿米巴组织的基础上，建立了海尔从自主经营体到小微组织的生态平台化组织，并且超越了阿米巴组织。回到人本身，也是张瑞敏管理哲学的出发点。

五、超生命组织与公司社会化

超级生命组织如同春天的野花，将在未来的世界遍地开放。这场平台化盛宴正在席卷全球经济，并成为商业模式与组织变革的主流形态。

◈ 生态型公司的野蛮生长

阿里巴巴与海尔的组织模式正在趋同。2013年，阿里巴巴确定了新的变革方向，要把公司拆分成更多的小事业部运营，其目标就是："同一个生态，千万家公司。"

事实上，像阿里巴巴这样的平台型企业，过去并不是组织平台化，而是商业模式平台化。阿里巴巴先是商业模式平台化，然后是组织平台化。海尔则是以组织平台化为先导，进一步完成商业模式的平台化。阿里巴巴存在商业模式平台化与组织平台化两个层次，海尔则实现了组织与商业模式平台化的合一。

未来所有采取平台化商业模式的企业都将进行组织平台化改造，所有传统企业也都将进行组织平台化改造，并完成商业模式与组织平台化的合一。组织变革将广泛引入生态化和生命化思维，生态型公司将进入野蛮生长阶段。

未来公司与数字生态共同体

未来组织将出现"小微化"与"超级化"并存的格局。公司可以无限大，也可以无限小，一人企业越来越多。个体专家在相应的平台上出售自己的经验和知识，设计师等知识工作者的自由化将会进一步推动个体的崛起。大数据催生的科技跨界，必然导致设计创新跨界。这一浪潮与设计师自由化交融，会产生律师事务所式的设计师事务所和联合舰队式的咨询公司。设计师虽然倾向于自由，但业务却需要依赖平台或公司品牌。大平台生小平台，小平台生小小平台，小小平台生个体现象的燎原式扩展，意味着后现代平台化企业时代的全面到来。

凯文·凯利说："当一场席卷全球的浪潮将每个个体时时刻刻地连接起来时，一种社会主义的改良技术版正在悄然兴起。所有这些发展都预示着我们在稳步迈向一种网络世界所特有的、数字化的'社会主义'。新兴的'数字社会主义'借助网络通信技术运行在无边界的互联网上，催生了贯穿全球一体化经济的无形服务。它旨在提升个人的自主性，反对中央集权。它是去中心化的极致表现。"

凯文·凯利所说的"数字社会主义"，正在向数字生态共同体转变。因为后现代公司对个体的解放，首先基于产权的共享，没有产权共享就没有真正的平台企业。借助互联网实现数字化平台，再加上产权共享，这就是数字生态共同体，比"数字社会主义"更为高级。同时，凯文·凯利在此也使用了"无边界"和"去中心化"这两个充满偏差的概念。互联网绝不是导致无边界，而是令终极边界触手可及。互联网也不会导致去中心化，而是带来新中心化时代。这将是一个以仁爱取代威权，以协同取代统治的后现代管理时代。

这个时代具有双中心和多中心的特点，但平台化组织仍然是真正意义上的中心，领袖的地位仍然不可取代。否则，组织将如汤姆·彼得斯所说的那样不再具有结构，而这将意味着组织的终结。

平台社会化与公司使命

马云说："20 世纪的公司是抓住一个机会起来的，21 世纪的公司必须解决社会问题。"没错，因为 21 世纪的公司是社会化公司，平台化的本质就是社会化，传统意义上的私营公司将消失。公司打破了企业与市场、企业与社会之间曾经的边界，将组织扩展到理论意义上的无限大，公司的性质也就随之改变了。

后现代公司的使命与现代公司也有本质的区别。合法纳税和参与公益、慈善事业，这是任何时代公司的基本职责，但后现代公司的社会使命并不是指这两个层面。由于平台的社会化性质，公司的边界触及到更多的角落，甚至触及到世界的每一个角落。平台化公司超越国界和文化的性质，使之具备改变人类社会结构、释放个体生产力、促进人性解放和文化融合的功能。

所有这一切并非脱离公司经营活动的义务，而是与公司经营紧密结合，乃至就是公司经营本身的使命。除此之外，由于商业模式的价值化倾向，后现代公司在商业模式设计和产品设计的过程中，自然会更加关注商业模式及产品对社会进步的创造性价值。因此，所谓公司解决社会问题，是公司经营本身所具备的特质。在现代企业阶段，公司同样负有社会责任，只是由于世界观和商业模式的落后，远远达不到后现代公司社会使命这样的高度与广度。

后现代公司将催生新的社会形态，这就是以数字生态共同体为特征的组织模式的普及。海尔的创业创新平台组织，是基于数字化、产权变革、文化变革的超生命组织或超级数字生态共同体。它打破了企业与市场、企业与社会、企业与国家之间的界限，形成了全新的人类命运共同体，因此必将深远地影响人类社会的未来发展。

六、自由、效率与组织协同

未来，无论大型组织还是小微组织都将走向分散合作，而分散合作的核心架构在于平台化。以互联网为基础的公司平台，主要的功能是资源配给与战略协同。自由与效率的实现将依赖于平台的功能，平台代表着管理的转型与升级，而不是管理的终结。在小米看似松散的架构背后，是强大的大数据系统。汤姆·彼得斯所说的无结构企业，显然是对后现代企业的一种误读。即使在大自然的混沌状态中，仍然存在着惊人的秩序和结构，人类的组织更不可能没有结构。

自我管理团队与自组织

在开放式组织平台上，更多的是自我管理团队，而不是绝对意义上的自组织。特种部队作战小组是自我管理团队，但航空母舰和军事基地是高度协同的超级组织。平台化公司也是高度协同的超级组织。

在海尔从自主经营体、利共体到小微组织的平台进化中，其商业生态的核心是平台的支持与协同。海尔的小微组织相当于独立的公司，但还不是真正的自组织。小微组织是海尔整体管理体系下的自主经营团队，比阿里巴巴平台上的商家更需要支持与协同。海尔的平台具有创业孵化功能，是小微组织发展的强大支撑，并且小微组织仍然受海尔集团战略、管理和文化的驱动。阿里巴巴平台上的商家更接近自组织，是社会性生态圈自发形成的群落。

真正的自组织只发生在自然界、原始家族或部落，以及初创企业，但平台化公司正在形成自我管理团队乃至自组织生态。平台上的企业或团队越接近自组织，则平台就越成功，但这种成功必须基于最大限度的驱动与管理能力。

平台的驱动与管理

事实上，海尔并不是单纯的自驱动，而是共驱动。海尔营造了雨林式生态，在此生态中自驱动是基础，但共驱动却是核心。从京都陶瓷的阿米巴组织，到海尔的小微生态平台，后现代组织的进化已经达到相对成熟的程度。阿米巴组织更多依赖文化驱动，但文化必须有产权或薪酬机制的匹配。事实上，产权或薪酬机制革命才是后现代企业文化的根本体现。

张瑞敏指出，阿米巴经营模式是在整体组织下面，允许员工自己组成团队去发挥作用。但是有两个问题：第一，激励同市场不挂钩，还是要由公司来决定"阿米巴"可以获得多少收入。稻盛和夫对张瑞敏说："他们不注重物质激励，而主要靠精神激励。"第二，"阿米巴"的任务，不是听命于市场，而是听命于他的上级。

海尔的小微模式比阿米巴经营模式更先进之处，在于张瑞敏对企业文化有更高一层的理解。换言之，张瑞敏所领导的是整体的管理变革，而非稻盛和夫的单纯性组织变革。稻盛和夫的阿米巴组织，没有产权变革等根本性的变革，并不是对现代管理范式的颠覆，只是在现代管理范式体系内所设计的较为灵活的组织模式。稻盛和夫依赖其"敬天爱人"的企业文化和日本人固有的敬业精神而取得了阿米巴模式的成功，但这种成功在互联网时代已经不具有更大意义上的可复制性。而海尔的平台模式才更具可复制性。

因为海尔首先创造了一个真正接近自我驱动的平台，也就是努力让小微组织最大限度地接近自组织的平台。要打造自组织平台，首先要解决驱动的问题。企业自组织的根本驱动力不是来自任何组织架构变革和精神激励，而是来自产权。让员工创客化，或把创客变为员工才是关键，这样他们才是在"做自己的事"。这个道理很简单，做起来却很难。大企业集团的管控越来越难，无论薪酬机制如何创新，精神激励如何重视，创客获得主人身份才是关键。张瑞敏在与野中郁次郎的交流中指出，海尔之前是对下边很多企业从战略、组织各方面都要管理，现在则变成了平台上创业团队的一个投资方。在这种模式下，海尔可以控股，也可以占小股。即使小微组织成长为独立的大品牌，且脱离海尔之后，海尔仍然拥有它的股权。这就使企业具有了无限创新、无限成长的可能。

但海尔模式真正的核心却是以自驱动为基础的共驱动，它实现了自由与控制、企业与市场、企业与社会的高度平衡。目前，海尔的组织模式虽然引起了全球的关注，但很多企业界和学术界人士都觉得贯彻此种模式不可思议。之所以如此，在于观念的限制，本质上则是人性的狭隘。一旦我们超越了人性固有的狭隘性之后，则一切皆有可能。

自由、效率与组织协同

因此，仅仅搭建投资平台还不够，因为海尔的平台化组织与投资公司仍然存在本质的差异。投资公司不存在对所投资企业的战略协同与管理的问题，但对于平台型组织来说，成功的关键是达到自由与效率双重目标，而其秘诀则是协同管理。协同已经成为平台型企业最核心的管理要素。

阿里巴巴高度重视协同，已经用内部协同软件取代了传统的 ERP 系统。随着阿里巴巴未来组织平台化改造计划的实施，对协同管理的需求必然会进一步升级。而海尔协同管理的核心，是市场机制与控制机制的有机结合。这使海尔既打造了一个高度自由的生态化平台，又保留了传统的中心控制机制。

海尔模式既超越了现代管理的科层制，也摒弃了汤姆·彼得斯的无结构组织。在海尔的管理创新中，"去中心化""去中间化"这些流行的概念都不成立。海尔以领导模式转型而形成"新中心化"，以中层革命而实现"新中间化"。自由与约束双重目标的实现，是后现代管理的精髓，也是管理永恒的本质。就此而言，极端专制和极端自由主义都不符合人性。

互联网时代，所有成功的企业都是高度自治与中心控制完美结合的企业。阿里巴巴如此、谷歌如此、Facebook 如此，格力电器也如此。格力最大的特点是极度放权，它特别看重对年轻人的培养，这是格力的文化。同时董明珠也指出，格力又非常集权。自由与集权的合一，这原本是极其朴素的管理原则。

我们从组织的基本形态、组织的控制模式、组织的反应特点和组织哲学四个角度，来构筑后现代企业超生命组织的模型，如图 6 - 4 所示。

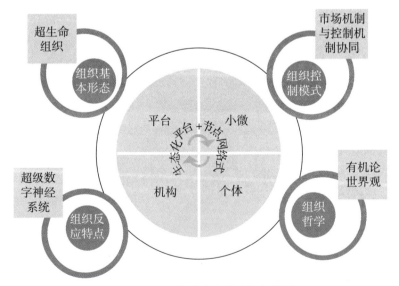

图 6 - 4　后现代企业超生命组织模型

从模型中，我们可以看到后现代组织的基本形态是超生命组织，其核心特质是生态平台化和节点网络式。超生命组织的控制模式，体现了自由市场机制与中心控制机制的协同。超生命组织拥有发达的数字神经系统，因此其反应十分敏捷。超生命组织哲学是有机论世界观，它强调企业与社会、企业与客户、企业与员工之间的有机和谐关系。总之，超生命组织具有生命体的特征，它能够把自由、效率与协同发挥到极致。

七、超生命组织的进化基因

马云说："新加坡以管理公司的方式管理国家，而在互联网时代，要以管理社会的思想管理公司。"因为公司无法垄断信息，只能成为公共服务商。在从现代企业集团化到后现代企业生态化的过程中，组织进化完成了一次质的飞越。

❖ 超生命组织与生产力升级

超生命组织的本质在于生产力升级，组织变革是绩效和社会进步的需要。企业的每一次组织变革，都将带来生产力的巨大提升。互联网与技术革命、商业模式变革只是生产力升级的前提，只有组织变革才是生产力升级的持续保障。

现代公司机制下的雇员社会，人力资源的浪费惊人。在个体崛起的后现代社会，公司＋雇员模式已经无法适应互联网对效率的要求。公司平台化浪潮将彻底颠覆雇员社会，而带来创客社会。通过平台生态与准自组织的孵化，释放每一位创客的智慧与能量，是超生命组织推进生产力升级的核心所在。

组织平台的开放性和全球化，将使创客经济席卷世界，促进全人类创造力的全面激发。懒人社会将终结，大前研一所说的低智商社会，将被高智商社会所代替。面对创客经济与企业平台化浪潮，"千禧一代""Z世代""阿尔法一代""新新人类"将不得不提升自己的学习能力和创造能力，否则在未来将无法立足。低智商社会是现代企业雇员体制的产物，在此种背景下，要取得成功需要经过数十年奋斗，且只有少数人具有这样的机会。因为在科层制下，高层职位本身就很稀缺。

在组织平台化社会，每个人都有机会成为创业者，且只有成为创业者才可能有立足的机会。另外，互联网已经颠覆了过去的成功定律。现在的创业者，如果有好的商业模式加上管理的到位，人人都具有快速崛起的可能。Airbnb、滴滴等企业都是在数年间超越了过去经过数十年艰苦奋斗才创建起来的企业帝国。

超生命组织与人性解放

我在本书序言中就指出，管理学是巨变时代的真正灯塔。因为在文化领域，关于人性与自由的争论从未停息，也从未产生足够有建设性的创见。而在后现代管理创新中，我们既能切实地推动经济与社会的进步，亦可通过这一过程洞悉人性的本质，并通过脚踏实地的实践来完善和升华人性。

让组织回归到人，是彼得·德鲁克在斯隆时代就发出的呐喊，但只有互联网才使人类具备了重回"部落时代"的可能性。现代企业的边界是人性自我封闭的结果，而超生命组织则意味着人性的真正解放。互联网不能改变人性，但它确实打破了人性的藩篱。

数字生态共同体是超生命组织实现人性解放的根本路径，但信仰级文化却是洞悉人性本质、持续驾驭人性的秘诀。互联网首先打通了人与人之间的阻隔，建立了一个跨越国界和文化的自由平台。在互联网经济继续推进，引发商业模式革命与组织平台化浪潮后，必然产生大面积的产权革命，因为产权是创客成为主人的前提。互联网平台＋产权革命是数字生态共同体孵化的温床，在海尔小微平台为全球创客提供孵化支持的同时，也在孵化数字生态共同体。人性解放绝非泛滥的自由主义，更不是抽象的艺术，而是物质与精神完全融合的现实路径。

超文化：超生命组织的驱动力量

超生命组织变革需要文化的强力支撑，文化基因直接决定着组织变革的成败，甚至，组织变革的本质就是文化变革。在海尔和小米的组织变革中，都践行着"自以为非"的文化基因。

"自以为非"和"归零"心态是海尔的特质。面对环境的迅速变化，海尔既能否定自己并即时"归零"，又能迅速重新出发。这种自我颠覆在别人看来很难，在海尔却习以为常。海尔的"自以为非"和"归零"心态是一种超文化，二者均是回到人性的本真状态，这在一般的文化层面上是做不到的。

一位跨国公司人力资源总监曾经深入研究过海尔，他认为培育员工"归零"心态，这一点很难学会，无法模仿。小米创始人雷军在领导金山软件时，被称为中关村"劳模"，要求大家开会着正装，注重 KPI，对员工也严格要求。但是，这些并没有帮助金山抓住互联网快速发展的机遇。雷军经过深刻反思，在 2010 年创立了小米。一位与雷军一起工作 10 多年的金山同事说："这几年雷总彻底变了一个人，把自己真的'倒空'了。"

正是"自以为非""归零"和"倒空"的原动力驱动着海尔和小米的组织变革。组织变革的过程本质上是一个组织学习的过程，如果没有"自以为非"的超文化基因，是很难通过学习接受新知识的，没有新知识的创造也就无法创造用户价值。组织变革的结果是组织知识的变革，是创造价值能力的变革。

在全面构筑后现代管理的时代，我们需要从深入颠覆现代管理世界观和导入后现代世界观开始，反过来梳理组织、商业模式与战略，以及整个管理范式体系。世界观与文化是管理变革的灵魂所在，全球企业实践已经到了必须提高境界与系统创新的时刻。

虽然谷歌、苹果、Facebook、阿里巴巴、海尔等领先企业的组织变革已经达到文化变革的层面，但并不等于说它们在文化上毫无瑕疵。事实上，再伟大的企业在文化方面仍须谦卑。就本质而言，在文化中充满许多迷雾，甚至在人性中也充满黑暗。对作为聚集全球创客、超越国界与文化的超级生命型组织而言，理应具备信仰级的超文化体系，才能应对公司全球化的挑战。阿里巴巴是深谙全球化之道的企业，但阿里巴巴的企业文化中尚存在局限性的东西。比如阿里巴巴的武侠文化，植根于马云的个人喜好，与阿里巴巴这样的全球化企业并不相称。乔布斯时代的苹果，在企业文化方面则带有强烈的专制主义色彩。成功的企业并不一定是完美的企业，成功企业之道并非都可以复制。虽然我们都不完美，却不能放弃对完美的追求，这是我们创新企业成功之道的动力。

超生命组织背后的基因是什么？其实既深奥又简单。全球化企业若要突破文化的屏障，必须借助超文化，也就是回归人性。但回归人性却是一场漫长而艰难的旅程。张瑞敏始终强调"企业即人"，回到人本身是管理创新的起点和终点。但没有人能够完全了解人性，特别是没有人能够完全驾驭人性。不过，超生命组织在洞察人性和驾驭人性方面，将开辟一个前所未有的新时代。表6-1是现代管理企业组织模式与后现代管理企业组织模式的对比。

表6-1　　　现代管理企业组织模式与后现代管理企业组织模式对比

现代管理企业组织模式	后现代管理企业组织模式
科层制	生态网络式
单中心	双中心—多中心
边界渗透性低	边界渗透性高
企业与市场边界清晰	企业与市场边界被打破
公司＋雇员	平台＋小微＋个体＋机构
员工职能化	员工创客化
组织股东化	组织社会化
组织控制	自我管理＋组织协同

作为"创消者"的"阿尔法一代"，

对经典现代营销理论的颠覆无疑是彻底的。

这不仅是营销模式的改变，更是文化与世界观的改变。

彼得·德鲁克说："企业只有营销和创新两大基本职能。"因为客户价值是企业存在的根基，企业的使命就是创造客户。商业模式、战略与组织变革，本质上都是为营销服务的。后现代管理的一切创新，也都是为了实现新营销的目标。

互联网时代，在世界观革命和文化革命的浪潮下，建立于商业模式、战略与组织变革基础之上的营销模式也产生了裂变，菲利普·科特勒和唐·舒尔茨的经典现代营销理论受到了根本性挑战。

本章在唐·舒尔茨的 5R 理论及其最新的 SIVA 理念基础上，提出了超文化营销的 6 要素模型和"第一原理"品牌战略。一旦我们成功地转化思维与视角，呈现在我们面前的，将是一个完全新鲜的世界。

一、需求：面向 2030 年的消费者

婴儿般的单纯、新鲜与好奇感，是通往未来世界的门票，"第一原理"心态是营销获得成功的前提。在未来世界，只有打开心扉，才能触摸人性如初的花蕾，超文化营销乃是一场"品尝天真"的智慧盛宴。

▩ "阿尔法一代"与新营销开端

在科学领域，用光罗马字母或阿拉伯数字之后，都会以希腊字母来命名。在《圣经》中，"Alpha（阿尔法）"被用于指称上帝这一宇宙的伟大开端。

未来学家、人口统计学家马克·麦克林登对"Z世代"之后的群体进行了研究，将其划分到"2010年以后出生的群体"，并命名为"Alpha一代（阿尔法一代）"。他们出生于21世纪，并且塑造了完整的21世纪生活形态，还将有机会参与22世纪的生活。将"Z世代"之后的一代，命名为"Alpha"，意味着他们不会在"X、Y、Z"之后回归原点，而将有一个全新的开始。

面向"阿尔法一代"的营销革命，可以称之为"阿尔法营销"革命，也就是"第一原理"营销革命。所谓"第一原理"是一种凡事回到原初，不拘泥于任何陈规陋习的思维方式。这是后现代超文化营销的本质，它不是迎合某一时代的表面喜好，而在于洞察人性最初的需求。"阿尔法一代"是更为本真的一代，他们是数字化生存的真正践行者，从一出生就活在虚拟世界中。对他们来说，虚拟现实比物理世界更真实。互联网文化成就了"阿尔法一代"更为纯真的性格，他们是情商和智商都很发达的个体，是高智商社会的主人，同时对精神和心灵维度更加重视。

菲利普·科特勒在《营销革命3.0》中指出："现在营销者不再把顾客视为消费的人，而是把他们看作具有独立思想、心灵和精神的完整的人类个体。如今消费者正越来越关注内心焦虑的问题，在混乱嘈杂的商业世界中，他们努力寻找那些具有使命感、愿景规划和价值观的企业，希望这些企业能够满足自己对社会、经济和环境等问题的深刻内心需求。"

菲利普·科特勒所说的内心焦虑，正是现代哲学和文化给人类带来的黑色礼物。在萨特等存在主义思想家那里，对存在的焦虑是他们思想的主要特点。此种焦虑仍然在当代社会中大面积蔓延，它不仅是知识分子的内心状态，也是商业时代民众的固有心理。在茫茫大海上，"阿尔法一代"将致力于寻找心灵停泊的港湾。当文化领域本身充斥着浓厚的焦虑氛围时，具有使命感的公司与产品可能就是他们所能触及到的可以暂时落脚的岛屿。

在后现代营销中，"阿尔法一代"本质上代表着消费者角色的改变，而不仅仅代表一个时代的"新新人类"。只有如此，我们才会避免陷入营销短视的陷阱。面对未来的创造性消费者，我称之为"创消者"，比凯文·凯利的"产消者"更进一步。凯文·凯利的"产消者"是指参与生产过程的消费者，而未来的消费者本质上则越来越倾向于参与产品设计的过程，甚至参与企业的投资（众筹）。如此一来，消费者变成了企业创造者，而不仅仅是生产者。显然，"创消者"概念更能概括未来消费者的特质。

因此，由"阿尔法一代"所开启的"阿尔法营销"，不是针对某个特定族群的营销法则，而是一种新营销思维。这种思维开启了一个全新的营销时代，它将重新审视人的本质，重新定义消费者。"创消者"思维将引领一场崭新的营销革命，它本质上是文化的革命。管理学是巨变时代的真正灯塔，透过后现代营销之旅，我们将看到管理创新如何一步步引领人类回归人性。

⚙ AI 新人类

"阿尔法一代"不仅仅是一代人，而是整个新人类的代表，其中也包括所有紧密关切未来，思想与"阿尔法一代"同步的人。就此而言，"阿尔法一代"也代表着"Z世代""千禧一代"，甚至更早的"Y世代"和"X世代"中的思想前卫者。在已经到来的人工智能时代，"阿尔法一代"作为 AI 新人类，不仅将深刻地颠覆营销模式，也会引发新的消费热点和新的商业模式。

马克·麦克林登说："'阿尔法一代'是第一个只知道数字世界、无线连接、社交媒体以及 APP 的一代，他们不会回顾过去，他们是全新时代的开始。""阿尔法一代"是面向未来的新人类，他们对一般意义上的传统不再感兴趣，因此是超文化的一代。他们伴随着触摸屏，在游戏的世界中长大，不再区分数字和物理世界。对他们而言，虚拟世界更加真实。

作为"创消者"的"阿尔法一代"，不仅将参与产品设计，还将直接导致参与性产品的问世。为"阿尔法一代"提供的高科技玩具将把编码作为一项基础技能，让"阿尔法一代"参与创建内容。"阿尔法一代"甚至可以自己创建高品质的 AI、媒体、游戏和娱乐。未来这些领域的产品，可能会成为"阿尔法一代"进行创造性消费的大舞台。人机互动，以及人与 AI 的互动将彻底改写营销规则。"创消者"一代将颠覆现代营销的历史。

越来越多的"阿尔法一代"将成为海尔、上海大众、特斯拉等开放式创新平台的在线员工。他们可以根据自己的喜好，与这些企业一同打造自己喜爱的互联网冰箱或自动驾驶汽车。他们也会成为某些机器人公司创新平台的主人，与机器人企业一同设计自己所期待的机器人厨师、机器人管家等。"阿尔法一代"将颠覆现代营销中的消费者、员工、投资者角色，将这三类角色全部集于一身。

作为"创消者"的"阿尔法一代"，对经典现代营销理论的颠覆无疑是彻底的。这不仅是营销模式的改变，更是文化与世界观的改变。面对作为"创消者"的 AI 新人类，谋略将全部失效，营销将回归纯真。这绝不是天方夜谭，而是正在发生的现实。毕竟，没有人能够愚弄"创消者"。而且，从"千禧一代"开始的"创消者"，对企业社会责任、品牌的文化内涵和道德属性的重视，都远远超出他们的父辈。

尼尔森的调查表明，超过一半的"千禧一代"愿意去购买那些以实际行动回馈社会的企业所提供的商品和服务。随着教育水平的不断提高，未来的"Z 世代"和"阿尔法一代"在此方面的追求将更加突出。从"千禧一代"开始的"新新人类"，并没有像他们的父辈所担忧的那样沦为颓废的一代，反而比任何时代的人都更加追求正义、真理与正面价值。作为数字原住民的 AI 新人类，堪称是正派新世代，他们代表了一种积极向上的形象和新阳光精神。

洞察"新新人类"的共性与个性

"阿尔法一代""Z 世代""千禧一代"所代表的"新新人类"，正在穿越文化的迷雾而回归人性的源头。他们越来越习惯于一个不确定的世界，习惯承担风险，即时做出决定，精于计算和实践，并具有强烈的商业意识。在此过程中，他们也在解构一切传统文化，对于传统文化中那些违背人性的因素将会毫不犹豫地摒弃。

探究"新新人类"的共性，就是洞察人性的过程。对于那些人性被文化过度扭曲的人来说，洞察人性也许很难。因为，他们所看到的更多是人性之恶。所谓人性之恶未必是看起来坏的东西，而常常是通过精巧包装的文雅之恶。诸如被中国式管理所推崇的、偏激的权谋文化，和现代营销中某些华丽而虚假的广告等，在后现代营销中都将被彻底摒弃。

中国商业环境中的欺诈和毒性为何屡禁不止？正是由于人性之恶的存在。对于那些认为商业难免欺诈的人来说，人性的回归无疑是跨越千年的艰难之旅。但"创消者"的出现将使传统商业中的欺诈因素无处可逃，由"阿尔法一代"所带来的商业模式和营销模式变革，虽然不能立刻改变人性，但可以起到约束人性，并逐步净化人性的作用。

对于"新新人类"的消费个性而言，某种角度上无须洞察。互联网社交是"新新人类"的基本生活方式，社交入口不是工具，而是生活方式本身。社群经济的普及，将使对"新新人类"个性需求的洞察变得极其简单。

社群、大数据和人工智能的持续发展，使未来可以瞬间触摸"阿尔法一代"的消费个性。从消费者、"产消者"到"创消者"角色的演化，使"阿尔法一代"的消费个性可以自然地注入到产品之中。"创消者"需求无须通过调研即可更精准地锁定，这一切都颠覆了现代市场调研模式。在小米的初级社群营销中，"产消者"角色的出现，已经终结了传统的消费者洞察模式。在未来以"创消者"为目标的营销中，消费者洞察更将是一个完全不同的概念。

二、移动互联与部落化营销

互联网将使人类回到新部落时代，而移动互联催化了这一进程。与原始部落不同的是，互联网社群的新部落文化将跨越地理与文化的界限，集亚文化和超文化于一身。

❖ 社群—新部落文化的两个层次

新部落文化颠覆了关于亚文化的定义。在传统的亚文化族群中，亚文化加剧了不同文化之间的差异与隔阂。但在互联网亚文化社群中，由于对地理与文化边界的跨越，各类亚文化族群的出现，反而会促进人类文化之间的融合。

共同的喜好将削弱文化差异性的阻隔作用，使亚文化社群成员之间直接诉诸人性中共通的部分。互联网社群的此种特性，催生了超文化的菌落式繁殖，解放了个性并成就了共性。在看似矛盾的融合中，社群文化不是像原始部落一样导致文明的封闭，而是在开放中创造了一种更为先进的文明。这是互联网文化的深度催化作用，它推倒了一道道横亘在人类之间的"柏林墙"，促进了科技的融合、文化的融合与信仰的融合。

未来的平台化企业都将成为社群文化的推广者，换言之，每一家公司都会成为社群文化的大使。在企业平台化浪潮中，"创消者"族群将会主导未来社群文化的走向。在大数据和人工智能的推动下，AI"创消者"将改变传统消费者被动接受历史的命运，一跃而成为历史的创造者。开放式创新平台的广阔视界，科技革命的共同纲领，将极大地提升"创消者"的知识量级并扩展他们的心灵维度。全球性分散合作日益频繁，使各类平台如雨后春笋般迸发出核子级的生命能量。

这是比全球化企业更伟大的新生力量。全球化企业只是带来企业内部的文化融合，且需要艰难地冲破霍夫斯泰德的文化差异模型。而"创消者"则代表着全人类的融合，他们将推倒公司与社会之间的围墙、国家与国家之间的围墙、文化与文化之间的围墙，消弭人类数千年历史上的无情对立与残酷斗争。"创消者"所成就的，将是互联网下半场和人类有史以来最伟大的社会变革，而绝不仅仅是商业革命。在"社群"这个看似普通的概念背后，拥有着超越国家机器和帝国军事力量的伟大能量。这是继阿里巴巴、Facebook、腾讯之后的第二波互联网大潮，是一场真正波及所有人，也是所有人均可成为主角的超文化大剧。

部落化营销回归商业本质

商业最原始的形态是部落之间的物物交换，那时的交换是交换者双方自愿的，虽然价值不一定对等，但在心理上是基本对等的，并不存在主客体的问题。商业的本质，原本是平等和信任的产物。随着交易规模的扩大，信息的不对称导致了交易双方地位的不对称。工业革命后的大规模生产和营销的产生，更加剧了信息不对称和企业与消费者之间的不平等关系。巨型现代公司则将这一格局扩展到极限，营销变成了由企业所主导、消费者被动接受的不对称现象。至此，现代营销已经完全背离了商业的本质。

在上一轮互联网革命中，阿里巴巴等电商巨头的崛起改变了传统商业信息不对称的格局，但消费者仍然无法完全避免被愚弄的地位。由于电商平台控制体系的不够成熟，寄生于电商平台上的不良商家仍然可能以假冒伪劣商品损害消费者利益。但在由工业 4.0 所推动的新电商革命中，阿里巴巴等电商平台正在向柔性制造平台转型，而未来垂直型平台的崛起和企业平台化浪潮的推进，将引领全球进入以社群为依托的部落化营销时代。

部落化营销的推进，将导致"创消者"角色的普及。在参与产品设计乃至参与投资的前提下进行消费，使"创消者"具备了与企业完全对等的地位，甚至使"创消者"成为更具主动权的角色。在这种企业与"创消者"双主体的格局中，现代营销中的弄虚作假现象将被杜绝，商业将变成伙伴之间的友好游戏，商业的人性化属性将得到彻底彰显。这是商业本质的回归，也是人性本真状态的回归。部落化营销因此发挥了抑恶扬善的作用，同时也避免了现代营销中的产品滞销现象，杜绝了社会性的生产浪费，从而也就避免了传统资本主义的经济危机。

因此，部落化营销不仅是一场商业和营销革命，也将是一场前所未有的经济革命和社会革命。顺应人性、回归人性，使部落化营销所具有的正能量得到了充分彰显。这无疑是人类商业史上划时代的伟大事件。

⚙ 部落化营销引领原创时代

部落化营销还将引领真正的原创时代，作为"创消者"的消费者成为全民创新的主角。海尔的"人人皆创客"文化，正由海尔内部扩展到外部，使所有海尔的客户都有可能成为海尔创客的一分子。

未来"阿尔法一代"良好的教育背景，高涨的创业热情和卓越的创新能力，是全民创客的基础。就此而言，社群文化一定会颠覆大前研一所说的低智商社会，并引领一个新的高智商社会。"创消者"主导的全民创客社会，对企业既是机会也是极大的挑战。不仅所有企业均需平台化改造，更要具备开放式创新体系和保障企业持续创新的能力，而这需要系统的管理范式创新。因此，未来企业必须深谙后现代管理创新之道。如果固守已经落伍的现代管理范式，将无法应对管理全面升级的 AI 时代。

目前，只有少数企业已经建立或正在建立开放式创新体系，并努力进行平台化改造。小米的社群营销虽然很成功，但只是社群营销的初级阶段，远未达到"创消者"主导的阶段。海尔的平台化变革初具成效，但距离"创消者"经济仍有很大的距离。目前海尔柔性制造的比例只有 10% 左右，其交互式创新平台创造力的完全释放，还需要较长的时间。对于全社会而言，"创消者"时代似乎还很遥远。但是，这场未来变局已经到来，工业 4.0 的最终状态必将是"创消者"主导的高级柔性制造。

原创时代，在众多消费品领域，品牌的原有地位将会被削弱。"阿尔法一代"将更加注重品质而不是品牌，企业要维系自己的品牌黏性，唯一的方法是提高自己的创新能力。而企业平台化和开放式创新体系的普及，又会缩小企业之间创新能力的差距。因此，文化将成为未来企业的最后竞争利器。平台化企业必须拥有信仰级的企业文化，才能在未来的营销中不断维系自己对"创消者"的吸引力。

三、大数据重塑营销模式

"创消者"的出现将开辟逆向创造时代，也必将颠覆经典现代营销理论。面对互联网营销时代，菲利普·科特勒曾指出："真正的变革就在于互联网让普通消费者拥有了更大的话语权，每个人都能够在网上登录 Facebook，发布博客，在 Twitter 上发布信息，当普通消费者的沟通方式和信息源非常发达的时候，对于传统基于产品的营销就提出了挑战。"

❀ 逆向创造与营销革命

菲利普·科特勒认为，从以产品为中心的营销 1.0 时代，到以客户为中心的营销 2.0 时代，如今互联网正在把营销推向以价值为中心的 3.0 时代，营销是为了给人们生活中遇到的各种问题提供解决方案。因此，3.0 时代的营销是以人为核心的营销，关注的不仅是用户，而是更广泛意义上的人，带有人本主义的色彩。回到人本身，也是彼得·德鲁克的呼声。

"回到人本身"绝不是一句口号，但只有"创消者"的出现才能真正实现这一目标。"创消者"所开启的逆向创造，是互联网、大数据等技术条件和"阿尔法一代"的良好教育背景等社会条件共同作用的结果。在逆向创造模式中，企业不是闭门造车地设计产品，而是直接按照"创消者"的设计或交互设计来完成产品设计过程。这一过程不仅取消了传统的市场调研环节，也不像传统的家具定制模式。一般的家具定制，只是按照厂家已经设计好的款式来制作，而逆向创造则是消费者直接设计产品或参与设计，然后委托厂家去生产。

逆向创造在企业与"创消者"之间产生了一种"委托—承包模式"，而不是"委托—代理关系"。比尔·费舍尔在阐述海尔自主经营体模式时，将客户和自主经营体之间，一级经营体和二级经营体之间的关系总结为一种新的"委托—代理"关系。这种总结之所以存在着理论上的错位，是因为委托—代理是现代公司治理理论，它所反映的是股东与管理层之间的关系，是公司管理层面的问题。随着后现代公司产权革命导致的股东与经理层之间对立的消失，委托—代理理论也随之终结了。在新的后现代公司中，不存在委托—代理的关系，只有利益相关者相互协作的关系。在逆向创造营销模式中，"创消者"确实在某种程度上成了委托者，但企业并不是代理者，而是承包者。企业承担的是产品的生产或服务的实现，这是营销模式的变革，与公司治理具有本质区别。

我们所关注的，是海尔从自主经营体到小微阶段的平台化改造。这不仅是商业模式和组织的变革，也是营销模式的变革。从用户中心，到直接切入用户人性层面的营销理念变革，才是逆向创造的核心所在。客户中心很容易沦为口号，但逆向创造模式的出现，使企业在与"创消者"的交互中完成营销过程，避免了口号化。在此过程中，存在着人性的交融。只有通过交融，才能真正创造价值和完善人性。在充满焦虑和陌生感的现代社会中，人性因孤岛效应的出现而日益封闭，但"创消者"的出现，可以一定程度上缓解此种紧张。以逆向创造为核心的逆向营销所推动的营销革命，因而具有了推动社会进步的功效。所以，创造需求不是后现代营销的突破，"创消者"的出现以及逆向创造模式的出现才是。

❖ 产品经理角色的升级

目前流行的产品取代营销的观念，是一个伪命题。产品是营销的开始，虽然产品的重要性空前提升了，但营销并没有终结，只是营销要素面临重组。

产品经理的火热的确反映了互联网时代产品的重要性，但真正的产品经理应该是CEO。在"人人皆为CEO"的时代，产品经理不是要成为整个集团的CEO，而是应该具备CEO的思维、高度与领导力。海尔每一个小微主都是CEO，Facebook每一个开发小组负责人也都是CEO。

产品经理已经不是工程师角色，而是设计策略师角色。他所承担的是整个产品概念的构思，以及为完成产品设计和生产所需要的内部及外部人力组合与协同的任务。产品经理应该是创新团队的负责人，他需要把为数众多的"创消者"聚集在公司的创新平台上，通过跨界团队与"创消者"的合作而完成产品设计乃至融资、生产的过程。星巴克的My Starbucks Idea社区就调动起大多数消费者的兴趣来为其产品提供创意和思路，借此，星巴克把用户变成了自己的产品设计师。用户不仅可以提交点子、认识有共同兴趣的人，还可以看着自己的想法实现。这种"创消者"模式把市场调研、产品设计和产品销售融为一体，完全颠覆了传统的产品营销模式。

"创消者"的出现，从某种角度上导致了"产品即营销"的格局。但锁定"创消者"与产品设计管理本身，又是一个全新的营销体系。新的营销要素组合、新的品牌与传播策略等，都对后现代营销提出了更高的要求。Airbnb创始人布莱恩认为："现在有大量的文章谈论如何打造一款火爆的商品，但是很少有人谈论企业文化。企业文化很难去量化，不可能通过业绩去衡量。最大的问题是，你不可能立刻从企业文化里得到回报。如果你想第一年成立公司，第二年就把它卖掉，那么就不要谈文化了，赶快雇人，赶快干活，拥有文化的公司雇用每一个员工都小心翼翼、深思熟虑。此外，企业文化能够让你在面临巨大的抉择时能不失本心、毫不退缩。"

布莱恩提出了一个产品背后的竞争力的问题，对于产品热的确是一种棒喝。但是，布莱恩的企业文化观还需要进一步提升。企业文化的本质，并不是独立于企业经营之外的一种精神，而是渗透于企业的每一个环节。作为企业命脉的产品，自然更是企业文化的直接载体。产品设计的每一个细节，都是企业文化的外化。之所以说产品经理就是CEO，正是基于此种理念。

🔳 大数据与营销模式变革

埃弗雷特·罗杰斯在《创新的扩散》中曾经指出："技术的选择来自于大企业的利益，而不是消费者的选择。"这是现代经济和现代企业时代的普遍现象，但如今已被互联网和大数据所打破。来自消费者的大数据，将冲破各种"防火墙"。在企业数字神经系统高度成长的同时，消费者的数字神经系统也在成长。

"创消者"的出现，使营销模式被彻底颠覆。"创消者"主导成为大数据营销的首要特点，它代表着营销模式的彻底转型。在颠覆现代营销中企业与消费者关系的基础上，"创消者"还是工业4.0的核心所在。柔性制造和个性化营销皆通过"创消者"而得以实现。

大数据与人工智能，将使生产进一步成为幕后角色和独立的环节，品牌企业与制造商的关系更普遍地成为一种外包与合作的关系。这意味着生产商的多元化，品牌企业可以和众多生产企业形成外包关系。同时，AI化生产将逐步成为主流。目前，特斯拉工厂主流程都实现了AI化生产，整个特斯拉工厂只有150个机器人。未来，所有的工厂都将实现AI化生产。

大数据还将取消经销商和销售员环节，中间商的平台化成为基本的渠道模式。新中间化将催生更专业的服务，一切企业都将成为服务性企业，服务在营销中的地位将上升到前所未有的高度。硬件复兴浪潮不是导致企业都转向硬件制造，而是推进软件与硬件企业的更广泛和更深度的合作。这种合作的结果是硬件与软件企业界限的消失，其背后则是企业的服务化。另外，中间商的平台化既是专业中间商的崛起，也代表着企业自身平台的普遍出现。同时，线上与线下平台融合，O2O模式成为基本的渠道模式。

在"创消者"营销模式中，交互成为产品设计的核心环节，交互的社群化则是基本的形态。未来，一切营销皆离不开社群平台。借助移动互联、VR技术、人工智能技术等，交互将不受时间和空间的限制。

传播则走向复合化与AI化。一方面传播渠道涵盖了传统渠道和互联网渠道，另一方面大数据和AI的发展，使精准传播成为主流模式。物联网的发展，使终端设备无处不在。这既增加了入口，也提高了传播组合的难度。但大数据和AI的组合，将突破所有的传播屏障。

四、超文化营销时代的到来

电子商务、移动互联、大数据和人工智能四大要素的组合，是营销模式变革的核心条件。以"阿尔法一代"为代表的"创消者"，正是在此种背景下产生的。"创消者"的出现，是经典现代营销理论终结的核心要素。

经典营销理论的终结

经典现代营销理论并非毫无是处，从菲利普·科特勒的4P理论，到唐·舒尔茨的4C和5R理论仍然具有基本的价值。但后现代营销代表着一种全新的世界观与文化视角，使现代营销的要素和整个结构都被打破了。从系统思维的角度来审视现代营销体系，会发现其中有很多空洞与落伍的因素。

从菲利普·科特勒的 4P：产品、价格、渠道和促销，到唐·舒尔茨的 4C：消费者、成本、便利和沟通，再到唐·舒尔茨的 5R：关联、感受、反应、回报和关系。如果按照这些经典的营销理论去解释和指导今天的营销实践，显然存在根本的障碍。消费者概念被颠覆了，产品形成过程被颠覆了，渠道、沟通、关系等都发生了根本的转变。营销理论具有很强的时代局限性和实用性，时代大背景的改变自然使传统的营销理论无法立足。

连整合营销之父唐·舒尔茨本人都承认："传统的整合营销已经过时，市场规则已经改变。我们需要建立一个以消费者为主导，具有交互性的营销体系。"过去的营销喜欢控制一切，现在，控制者由品牌转变为消费者。鉴于 4C 和 5R 理论已经无法解释互联网时代的营销，唐·舒尔茨提出了最新的 SIVA 理念来取代自己的 5R 理论。SIVA 理念包含解决方案（Solutions）、信息（Information）、价值（Value）和入口（Access）四大要素。

不过，虽然唐·舒尔茨意识到消费者主导、交互性等因素的重要性而提出了新的 SIVA 理念，但从后现代营销实战角度而言，SIVA 理念因仍然缺乏必要的深度和成熟的架构而稍显空洞。经典大师往往是一个时代的代表，特别是在营销等实操领域，理论受技术和社会变革因素的冲击较为突出，经典大师超越时代而再创经典理论的可能性不是很大了。即便彼得·德鲁克这样最具超越性的管理大师，虽然其大部分思想具有永恒性，但从管理范式变革的角度来看，彼得·德鲁克也无法超越其时代的某些局限性。因此，经典营销理论的终结是很正常的现象。

超文化营销 6 因素模型

在菲利普·科特勒和唐·舒尔茨对营销的最新反思中，都不同程度提到了消费者主导的问题。但他们都未能从管理范式变革的高度，阐明消费者主导现象背后的世界观革命与文化革命。

从具体操作模块来看，唐·舒尔茨的 5R 理论多少有些晦涩，5 个要素的表达不够清晰，心理学的色彩过于浓厚而对营销操作模块的概括缺乏足够的凝练性。在唐·舒尔茨最新的 SIVA 理念体系中，四大要素相对 5R 理论清晰了很多，但仍然欠缺必要的完整性和理论高度。

同时，传统营销理论与商业模式、战略、组织之间的关系，远未达到像今天这样紧密和系统。后现代营销是后现代管理创新的一个子系统，它与商业模式、战略、组织的变革具有千丝万缕的关系。商业模式、战略和营销之间，在筑基部分都具有很大程度上的同质性与交叉性，而组织架构变革则是后现代营销实现的大前提。后现代营销模型的设计必然要充分考量其与商业模式、战略和组织之间的多重关联。因此，从后现代营销的世界观变革，及其与后现代管理创新整体系统的关系等角度出发，本书提出后现代超文化营销6因素模型，如图7-1所示。

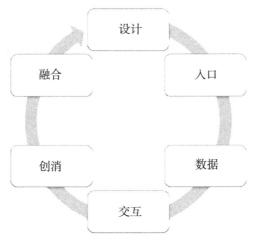

图 7-1　后现代超文化营销 6 因素模型

后现代超文化营销首先是世界观和文化革命，它代表了后现代有机世界观和双主体的人性观。在此基础上，"创消者"概念就不再是一种谋略，而是自然生成的全新理念。超文化营销的第一个板块是设计，这里所说的设计板块不仅是产品设计，而且是营销顶层设计，它几乎包含商业模式设计的所有内容。营销设计板块，本质上就是包括价值系统、商业定位、用户/客户定位、产品模式、成本结构、盈利模式、资本模式、渠道模式、核心资源、合作模式和运营系统等在内的商业模式静态系统的构筑。如此，超文化营销模型，在第一个模块中就具备了足够超越经典现代营销基础的系统性。

在营销顶层设计之后的第二个板块是入口。互联网时代，入口是一个十分关键的因素。入口不仅是锁定客户的渠道，也是营销传播的渠道。在唐·舒尔茨的 SIVA 理念中也包含了入口要素。入口解决之后第三个板块是数据，这是超文化营销的核心要素，营销的全程都需要大数据的支撑。超文化营销的第四个板块是交互，通过社群平台的交互是消费者主导的充分体现，没有交互就没有超文化营销。超文化营销第五个板块是创消，也就是企业与消费者交互之后，消费者变为"创消者"并完成产品设计的过程。在第一个板块的顶层设计中，产品模式只是对产品的策略性定位，而产品设计的具体完成则要在创消板块。超文化营销的第六个板块是融合，与 5R 理论中的关系相比是一次质的飞跃。

超文化营销中的融合板块是"创消者"模式下，企业与"创消者"之间超越商业层次的视界融合。在社群所特有的"迷文化"中，品牌与创消者的关系是一种高度融合的关系。其中，涉及心灵层面的世界观与文化观融合。在此过程中，还存在着全球范围内的"创消者"之间，因产品纽带和社群平台等导致的不同国家和民族之间的文化融合。"创消者"的出现本身就是一种超文化现象。

人工智能与超文化营销

人工智能将彻底颠覆营销模式，未来大部分营销工作将由超级智能系统来完成。营销机器人将取代 4A 公司艺术总监或创意总监的工作，营销机器人不仅能锁定目标客群，还将具有广告创意设计的功能。

未来，由营销机器人、设计机器人和创意机器人等主导的营销场景将无处不在。借助物联网和 VR 技术，现实与虚拟世界之间将实现深度交融。营销无处不在，却不会像传统营销那样强加于人。用户随时可能被锁定，却是很乐意地被锁定。营销像空气一样普及，却像爱情一样温馨。无论你在购物中心还是在电商平台上的消费，都将被输入大数据系统，成为营销机器人下一次营销的依据。人脸识别技术，将使你的面孔在任何地方被 AI 识别出来，VR、AR、MR，全新的交互与体验，使你足不出户就能到达全球的每一个角落。AI 营销将极大地突破地理空间的限制，某种角度而言，所有企业都将变成全球化企业。

像百度大脑这样超大规模的人工智能，拥有万亿级的参数、千亿样本、千亿特征训练，能模拟人脑的工作机制，学习训练极其复杂的模型。百度大脑包括计算方法、计算能力和数据三个部分，目前已经具备了语音、图像、自然语言理解和用户画像四大前沿能力。百度的人工智能营销已经有了很多案例，包括奔驰、美国传奇影业、伊利、肯德基、欧莱雅中国等。在百度大脑为奔驰所做的营销中，用户只需打开手机百度 APP，在搜索框内输入"奔驰 e 级"等相关系列关键词，奔驰 E – class 将会从手机屏幕里缓缓驶出，与用户进行 AR 形式的互动。人工智能营销方式彻底改变了汽车厂商展现产品的方式，增强了体验感与互动感。百度大脑只是人工智能的初级阶段，未来的人工智能将更深刻地颠覆过去的营销方式。

人工智能技术和物联网技术的结合可以为企业提供先发制人的营销策略。在耐克体验店，商家可以利用类似于 iBeacon 的技术向周边消费者实时推送销售及活动信息，吸引顾客到实体店试用。同时，商家可以在实体店的样品中放入传感器，记录消费者试用的次数和感受，并将体验信息发送至后方企业进行数据分析。依据真实可靠的数据，在对数据快速分析下，通过建立数据模型，后方企业的人工智能可以为营销人员提供策略建议，并将信息发送至体验店中，及时调整营销策略。

未来的营销机器人将无处不在，甚至可以无所不能。物联网将实现万物互联、人人互联，AI 营销将跨越空间的限制，消除文化的隔阂，瞬间联通并触及全球的任何角落，将人与产品、人与人随时连接在一起。最重要的是，AI 营销将打造一个虚拟与现实无缝对接的高度信任的世界，抵达人性深处，让世界更加温情，充满理想国的色彩。但营销机器人将导致更多岗位消失，甚至创意总监这样的位置都可能被智能系统所取代。只有成为超级个体，具备跨学科、跨行业的能力和卓越的领导力，才能驾驭未来的营销世界。

五、"精准 + 复合"传播策略

传统的广告理论和广告方式已经崩溃。营销传播经历了大众传播、分众传播之后，正在向以个性传播为特点的精准传播转型。而大数据和人工智能的发展，已经使精准传播时代初步开启，未来将越来越成熟，新的技术手段也将层出不穷。

复合式传播策略

精准传播是主流趋势，但传播渠道组合仍然是必要的。移动互联导致信息传播更加多元化和碎片化，传播渠道也变得更加复杂。复合式传播渠道至少包括传统媒体、网络媒体、自媒体和 AI 精准传播四类渠道。

某种角度而言，传播正在进入失控时代。由于大数据技术尚处于起步阶段，精准传播也刚刚起步，并不能解决所有传播问题，否则人人都能做品牌了。事实上，品牌营销的成本在上升，有效的传播渠道组合难度在加大。

每一个从事品牌传播的人都知道，媒介计划越来越难做，但做出来的计划很可能只能自娱自乐。传播，不仅仅是渠道的问题，还在于策略。有效的传播首先要回归内容，内容至上、制造热点，仍然是传播制胜的关键。

复合式传播策略包含四大要素：精准定位、产品为王、极致内容和交互传播。这里的定位不是竞争定位，而是对传播对象的定位。在精准传播时代，首先要精准锁定对象，然后才能确定传播渠道组合策略，如图 7 - 2 所示。

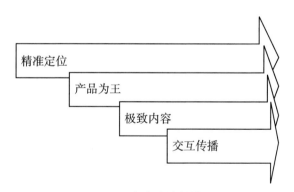

图 7 - 2　复合式传播模型

复合式传播渠道组合不是各种渠道的简单相加，而是针对传播对象定位的最优化组合，即精准定位。产品为王是传播的基础，特别是在社群营销中，产品仍然是第一要素。小米的成功主要还是靠性价比，如果没有超高的性价比，则小米的社群也将变得十分脆弱。就像商业模式一样，传播更需要产品的支撑。极致内容是指传播形式、传播语言的极致，这是广告意义上的精益求精。在信息多元化和碎片化时代，广告形式本身的吸引力更加重要了。在内容的制作方面，必须达到"语不惊人死不休"的境界。最后是交互传播，"创消者"的出现使产品设计过程就充满了交互，传播阶段更需要交互。成功的交互传播要引起"病毒式"传播效应，让所有参与者都不遗余力地主动为你去传播。

全媒介、媒介碎片化、全民自媒体时代，消费者对内容的掌控越来越强。但在传播策略方面，技术不是主要的。因为在技术的使用上没有门槛，所有人都在使用同样的技术手段。人工智能只能提供新的传播技术，但不能提供真正的传播策略。即使未来的营销机器人能够取代创意总监，创作出优秀的广告创意，这种取代仍然是有限的。产品设计方面的决定因素依然是人脑。无论人工智能如何发达，真正创造性的工作仍然掌握在人的手中。

人工智能与精准传播

但在营销实战中，我们不会轻视任何一种新的技术手段。对精准传播渠道的组合，是未来营销制胜的关键因素之一。目前已经出现的精准传播包括谷歌的 AdWords、百度竞价广告，LBS（Location Based Service）营销，程序化购买，以及基于人工智能的广告投放方式等。

谷歌的 AdWords 和百度竞价广告虽然在服务方式上有很大区别，但在传播本质上没有区别，它们都是对传统广告的颠覆。它们的精准之处不仅在于关键词投放，还具有投放时间、投放地点、模糊关键词投放、完全匹配关键词投放等精准选择。与传统的撒网式广告相比，谷歌和百度的互联网广告可以获得最大程度的精准反馈。因此，这已经成为目前最基本的精准传播渠道之一。

LBS 即基于位置的服务，它是通过无线电通信网络或外部定位方式，获取移动终端用户的位置信息，为用户提供相应服务的一种增值业务。LBS 将成为移动互联网的入口，随着移动终端在人们生活中所占的比例越来越大，LBS 营销应用会越来越广，逐渐覆盖社交、出行、O2O、物流、资讯和智能硬件等领域。百度地图、陌陌、美团、滴滴和 Uber 等均使用 LBS 营销方式。百度地图开放平台平均每日响应定位请求次数超过 230 亿次，2016 年"十一"当天则达到 262 亿次，以 70.7% 的活跃用户覆盖率领跑中国手机地图市场，已经成为一个超级移动互联入口。未来，LBS 营销模式将越来越发达。

程序化购买是通过自动化系统和数据来实现广告投放。传统广告是购买媒体，程序化购买则是购买受众。目前的程序化购买大多是狭义的，在数字展示广告领域的运用，未来，程序化的整套产品体系可以运用到更加广义的整个营销生态中去，能够一站式地导航和管理除了数字展示广告以外的更多广告渠道，包括搜索、电视、户外、广播等正在数字化与程序化的传统媒体形式，以及泛营销领域的其他渠道，包括 EDM、PR 乃至线下等，最终实现整个营销生态的程序化及自动化。程序化购买是对传统广告投放的全面颠覆。

基于人工智能的人脸识别技术的发展，则可以让广告投放因人而异。在数字广告牌上安装软件和网络摄像装置，广告牌利用人脸识别技术，识别观看者的体貌特征和所观看广告的内容等信息。企业利用搜集到的数据来作为衡量广告投放的依据，从而合理选择广告投放人群和区域。此外，人工智能广告牌还可以根据观看者的反应，感知受众的偏好，从而进行广告筛选，有针对性地推送广告。人脸识别技术的发展，将使广告无处不在，却又不会像传统广告对受众那样形成干扰。未来，高级的人工智能广告牌将使广告变得更加生动、温馨和充满互动性。人工智能广告将为生活增添更多的色彩，从而有效地杜绝信息暴力。

由人工智能所推动的精准传播，彻底颠覆了传统的广告模式。在数字营销时代，一些依赖传统营销手段的大公司遭遇了极大的挑战。比如宝洁就面临传统营销方法的失效，宝洁每年近 100 亿美元的营销投入并没有带来更多的销售，业绩反而在不断下滑。宝洁也公布过要成为一个"数字公司"，但并没有太大成效。因为公司的数字化并不仅仅是精准传播这样简单，而是管理范式体系的全面缔造。精准传播只是营销技术手段的变化，其背后却是整个企业生命体的颠覆与升级。因此，后现代营销也绝非孤立的系统，而是后现代管理系统的一部分。

营销传播的 "超真实" 模式

未来的营销传播不仅将越来越精准，也将越来越真实。互联网、大数据、VR 和人工智能的发展，将使人类处于一个"超真实"的世界，营销传播也将"超真实化"。

所谓"超真实化"，是指营销传播的内容打破了现实和虚拟之间的界限，但又容不得任何虚假的信息，大数据将使虚假营销再无立足之地。不仅消费者会暴露于"超真实"的数字化世界，企业同样暴露于"超真实"的数字化世界。

营销传播的"超真实化"本质上也是后现代营销和后现代管理革命的结果。一方面，互联网和大数据的发展倒逼企业在商业模式和营销中必须回归人性，另一方面，后现代世界观与文化革命也催生回归人性的营销革命。在"创消者"逐步主导未来营销格局的背景下，"超真实"模式也是与后现代营销传播高度匹配的模式。

未来的世界，将是一个人工智能高度发达，虚拟与现实紧密交织，而人性又被彻底激活的"超真实"世界。技术发展可以日新月异，但人性却亘古不变。尤为关键的是，在由互联网、大数据、人工智能、智能终端等所创造的互联世界中，"超真实"营销将使一切虚假无处可遁，而人性之善也将得到最大限度地发扬。"超真实"营销作为后现代管理的子系统，与后现代管理革命的整体系统及其他子系统，无疑都需要高度的匹配与协同。

六、AI 新人类与品牌战略转型

"超真实"营销的背后必然是"超真实"品牌。在"千禧一代""Z世代""阿尔法一代"所主宰的 AI 新世代，必须以未来的眼光看待当下。因为未来已来，活在今天就是活在未来，活在未来就是活在今天。大数据打通了过去、现在和未来之间的屏障，使我们可以超越时代而进入"时间"，超越文化而进入超文化的维度。

互联网已经催生了一个完全不同的品牌世界，摧毁了人们过去对品牌的认知。第一，互联网颠覆了过去的品牌成长规律，曾经需要数十年才能建立的品牌，现在一夜之间就能崛起；第二，品牌价值在发生质变，过去品牌背后的奢侈和虚荣，正在被一种适当、理性的资源价值所取代；第三，品牌的重要性在下降，品牌的忠诚度在降低。

面对"阿尔法一代"的 AI 新人类，必须摒弃一切陈旧的品牌观念，以婴儿般的心态来重构品牌战略。这是一次世界观的革命，而不仅仅是品牌战略转型的问题，若没有全新的思维与视角，根本无法理解后现代品牌的实质。

"第一原理"时代的品牌战略

品牌战略已经进入"第一原理"时代。这不仅是一种物理学方法，更是一种哲学方法。物理学方法是一层层剥开事物，直到本质显露；哲学方法则是通过形而上思维直接穿透事物的本质。我们从世界观、价值观、美学、商业系统和思维5个维度来解析第一原理品牌战略。

第一原理品牌战略摒弃传统的功利化商业思维，通过超商业思维来洞穿品牌的本质。在世界观层面，后现代品牌代表着一种后现代宇宙观，这种宇宙观就是有机和谐、回到世界本源而感知生命意义的哲学。我们在特斯拉和无印良品等品牌的背后，能感知到这种有机论世界观，特斯拉和无印良品的哲学观都是超越现代机械论思维的典型品牌。

在价值观层面，第一原理品牌具有反奢侈、反虚荣的特点。无印良品所追求的适度、理性与资源可持续模式，正是第一原理品牌理念。优衣库也具有类似的理念。无印良品和优衣库的品牌价值观，包含着对人类欲望的理性控制，因此是抑恶扬善的人性哲学。从人性角度，第一原理品牌也具有回归本源的特质。Facebook创始人扎克伯格的生活理念，就与优衣库和无印良品的价值观高度契合。这位世界上最年轻的亿万富豪之一，不仅承诺捐出自己99％的财富，在衣食住行等各方面也都体现出反奢侈、反虚荣的特质。这种价值观不仅是未来的趋势，也是人性朴素回归的体现。

在美学层面，第一原理品牌高度重视设计在品牌中的重要性。第一原理品牌代表了一种极简主义美学观，所谓极简包括形式的极简和物质的极减。无印良品、优衣库乃至特斯拉和苹果，都具有强烈的极简主义倾向。它们不仅在产品外观和操控设计上表现出明显的极简倾向，也都存在着"减物质"的倾向。凯文·凯利指出："平均来看，大多数现代产品都在经历着减物质化。自从20世纪70年代开始，汽车的平均重量已经下降了25％，各种功能的家用电器也在变得更轻。我们所需投入的物质总量在减少，这说明我们在用更少的物质创造更大的价值。"极简主义品牌观，无论从资源利用还是从生活哲学来说，都具有回归本源的倾向。

从商业系统设计的角度而言，第一原理品牌战略囊括了商业模式、战略与营销三个维度，因此是一个较为完善的品牌系统。通过这种系统思维，不仅使品牌逼近本质，回归本源，更重要的是获得更强大的竞争力。品牌战略原本就不是孤立的系统，而是整个企业商业系统的集中体现。商业模式、战略、品牌的一体化模式，也是品牌战略的本质性呈现。

在整体思维层面，第一原理品牌摒弃了经典现代企业战略的竞争思维。超越竞争的理念和追求品牌唯一性的理念，是第一原理品牌的基础性思维。越来越多的品牌正是借助此种思维脱颖而出，在全球商业领域独领风骚。特斯拉 CEO 马斯克在多领域的成功都得益于对"第一原理"的思考。马斯克指出："我们运用'第一原理思维'而不是'比较思维'去思考问题是非常重要的，我们在生活中总是倾向于比较——别人已经做过了或者正在做这件事，我们也去做。这样的结果是只能产生细小的迭代发展。"马斯克正是通过对比较和竞争思维的超越而赢得了成功，竞争思维是一种意识形态，它是现代管理世界观的反映。第一原理品牌对竞争思维的摒弃，无疑也是后现代管理世界观的充分体现。

通过以上对世界观、价值观、美学、商业系统、思维 5 个维度的解析，我们可以得出第一原理品牌模型，如图 7 – 3 所示。

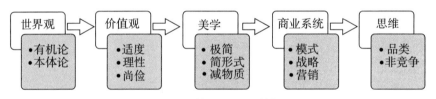

图 7 – 3　第一原理品牌模型

第一原理品牌模型的 5 个维度均完美地体现了后现代世界观。回到有机哲学，回到世界的本体和本源，回归人性，超越竞争，是第一原理品牌战略的核心所在。星巴克、无印良品、优衣库、耐克、苹果、特斯拉、谷歌和 Facebook 等品牌崛起的故事，都是第一原理品牌故事。通过系统的第一原理思维，这些品牌都开创了新的品类，而不是在原有的品牌阵营上强力突击。微软寻找能带来营业收入的市场，然后再决定去做什么，而苹果首先考虑的是做出了不起的产品，然后把它们卖出去。苹果追求引领世界，而不是一味地服务世界。采取第一原理品牌战略的企业超越了迈克尔·波特的经典现代竞争战略，以商业模式创新为出发点进行战略筑基，通过商业模式和产品双重创新，而达到超越竞争的目的。他们不仅开创了新的商业史，更创造了一种新的生活方式。

无印良品由起初提供价廉物美的日常用品,逐渐升华为通过生活哲学、设计理念、美学主张,来创造和推广一种新生活方式。在世界观、价值观、美学、商业系统、思维 5 个维度上,无印良品都是第一原理品牌战略的践行者。无印良品设计顾问原研哉指出:"无印良品追求的不是'这样好',而是'这样就好'。它将价值赋予可接受的质量,一种倡导以理性的视角来使用资源的哲学。""去奢侈化"的品牌理念,在对人性贪婪的摒弃中,完成了人性的升华。这样的品牌理念,无疑是后现代品牌观和后现代世界观的真实体现。

品牌"超真实化"与人性化趋势

第一原理品牌是回归真实的品牌。在一个不相信真实和真相的世界上,第一原理品牌却体现了对真实和真相的执着追求。无印良品、优衣库等品牌的价值观,颠覆了传统的消费理念,似乎是对这个虚假与浮华世界的一种反证。这导致了第一原理品牌的"超真实"状态。

似乎是不真实的,却是真实的,这就是超真实品牌的实质。在营销回归人性的浪潮中,很多人把人性化泛泛地理解为顺应人性。如果我们把顺应人性之恶也列为人性化,那是对人性化的极大扭曲。鼓吹营销要充分利用人性的贪婪、懒惰和虚荣,导致奢华、损害健康的生活方式。比如,奢侈品营销使成年人陷入疯狂的欲望旋涡,游戏产品的过度开发和伦理失控严重危害青少年的身心等。如果这一切在互联网时代仍被当做营销秘籍,那说明这种营销真的该终结了。

在现代世界观和现代管理分崩离析的时代,现代营销作为现代管理的子系统当然也要终结。第一原理品牌战略正是对后现代营销理念的实践,在品牌的超真实化模式中,只有抑恶扬善的品牌才是真正人性化品牌。长期以来关于商业人性化的言论大多浮于表面,人性化变成了最具歧义的概念之一。因为,人性虽然触手可及,却又充满深奥。人类数千年文明史尚且未能参透人性,寄希望于以逐利为主要目标的现代商业体系诠释人性,无疑是天真的。

但互联网对商业所产生的巨变式推动,却在逐渐让人性回归本源。互联网文化似乎在催生一种"天真即成熟"的人格,当人性之恶在万物互联的世界无处藏身时,鸽子般的单纯将成为最高智慧。这就是马云所说的大智若愚吧!

互联网具有奇妙功效。当技术变革倒逼人性回归时，有一只看不见的大爱之手覆翼着这个蓝色的星球。回到人性，这个需要穿越千年尘埃的理想主义旅程，一旦找到那扇秘密之门即可瞬间抵达。第一原理品牌战略与后现代营销实践，正在从另一个角度寻找丢失的人性之钥。

✿ 后现代品牌的分化与进化格局

随着用户对地理边界和文化边界的扩充，互联网具有无限扩大企业边界的可能性。而社群文化的普及，则会大面积催生长尾品牌的诞生。同时，"创消者"将从根本上改变品牌的属性。如果说超级品牌与长尾品牌代表品牌的分化格局，那么"创消者"品牌就意味着品牌性质的蝶变。

1. 超级品牌崛起

商业帝国时代的终结，并未导致企业规模的缩小，反而引发了企业规模的无限扩大。在未来，谷歌、苹果、Facebook、阿里巴巴、百度、腾讯等超级生态型平台的规模将继续扩大，平台化商业模式的野蛮生长与巨头公司的组织平台化改造，将进一步提升互联网平台企业的兼容能力。后现代管理超文化企业缔造，将重构公司生命系统，使之具有更强大的适应力与繁殖力。开放式创新与更广泛的分散式合作，将企业边界一次次地推向极限，又一次次突破极限。企业与市场的交融颠覆了科斯理论，使企业成为一种跨越国界与文化的超生命体。由此，超级品牌将成为超越国家与文化的权利体系。

超级品牌的社会化和超文化属性，决定了其对人类使命的承载也将达到前所未有的高度。在大国博弈和文明冲突充满不确定性的国际格局中，超级品牌将起到缓冲文明冲突与协调大国博弈的作用。2017 年 1 月 9 日，马云与特朗普的会晤就具有微妙意义。超级品牌所具有的跨国色彩，也在暗示人们，和平与共生是未来的大势。企业品牌对现代竞争战略的超越，或将启发大国战略在外交上的超竞争思维。大国战略与超级品牌具有很大的相似性，第一原理品牌战略也可以被大国借鉴。在世界观与文化观转型的前提下，以超文化思维面对文明冲突，构筑以和平与人类共同福祉为使命的强国战略，是未来大国战略的超越性选择。超级品牌与大国战略的共振，无疑是超级品牌实现其社会使命，推动人类进步的最高体现。

2. 长尾品牌普及

如果超级品牌代表着一种显性新文明的话，长尾品牌则代表着一种隐性新文明，而二者之间是同质的。长尾品牌虽然不具有超级品牌那样广泛的影响力，但在势力所及的范围内，其影响的深度却是超级品牌所无法比拟的。长尾品牌和超级品牌都在推动一场全球性的商业革命、营销革命和文化革命，虽然它们的角色不同，起到的作用却是相同的。长尾品牌虽然属于亚文化领域，但其超文化属性却同样明显。

由于长尾品牌的社群化营销，企业与客户之间的交互，以及客户之间的交互更为频繁和更具深度。长尾品牌所特有的"迷文化"，使粉丝对品牌有一种超乎寻常的热衷，进而形成"品牌宗教"。同时，人性求同的倾向，使长尾品牌更具消弭文化隔阂的属性。在长尾品牌的塑造中，坚持第一原理品牌战略同样是成功的不二法则。"阿尔法一代"的消费特性，将创造更加有利于长尾品牌生存的土壤。他们不迷信权威，不会对超级品牌产生崇拜，也不会热衷于奢华。在众多领域，坚持第一原理品牌战略，秉持有机和谐、极简等理念的长尾品牌，将在"阿尔法一代"中得到更多的拥趸。长尾品牌将与超级品牌共同构成后现代品牌的生态丛林，使后现代商业时代呈现出缤纷多彩的风景线。

长尾品牌的崛起必将对传统的消费型大品牌形成强大的冲击，宝洁近年来的业绩下滑就与此有关。宝洁采取的应对战略是精简品牌数量，但此种方式仍然是传统的竞争战略思维，长期而言并不是遏制下滑的根本之道。面对未来的竞争，宝洁更需要的是海尔创业平台式的组织变革以及管理范式变革。宝洁应该在巩固优势品牌的前提下，通过开放式创新向长尾品牌发力。虽然宝洁已经建立了开放式创新平台，但由于过度依赖外部力量而导致了自身创新力的下降。就根本而言，宝洁的开放式创新与西门子一样，都未能达到管理范式变革的高度，因而仍然是一种局部创新。

3. "创消者"主导品牌

尤为重要的是，在超级品牌与长尾品牌共生的后现代商业丛林中，"创消者"正在推动一场品牌生命的进化。从公司品牌到"创消者"品牌的演化，是现代品牌与后现代品牌的分水岭。消费者角色的转变，蕴藏着更多革命性信息。在世界观、价值观、美学、商业系统、思维5个维度，"创消者"均可达到完全的渗透。因此，"创消者"堪称是推动第一原理品牌战略实施的核心力量。

假如没有世界观与文化的转型，消费者不可能成为与企业对等的主体。"创消者"亲自介入产品设计，必然倾向于理性和尚俭的价值观，奢侈并不是人的天性，而是人性发酵之后的产物。在"阿尔法一代"的审美观中，个性和极简主义是统一的，在"足够个性"前提下的简形式和减物质，必将成为最基本的美学取向。对历史和传统毫无概念的新生代，将摒弃一切烦琐的形式，并将体验上升到极致。传统的工业设计概念将不复存在，从世界范围来看，科技产品都在倾向于极简主义。

以"创消者"为主导的商业系统，也将是有史以来最完善的商业系统，它必定兼顾商业模式、战略和营销三个维度的融合。因为这三个维度融合的结果是营销系统的人性化，而没有比"创消者"主导更人性化的营销了。"阿尔法一代"的"创消者"群体，对产品个性也将达到苛求的状态。因为他们是见惯各种科技产品的一代，在他们的主导下，任何不具第一原理效应的产品都难有问世的机会。

4. 未来品牌进化趋势

从"Y世代"开始，就不再迷恋奢侈。"Z世代""阿尔法一代"更将趋向理性消费。虽然新世代人类追求高品质的生活，但他们更关注的是品质而非品牌。由于价值观的转变，新世代人类的消费态度将从过去的炫富转变为中庸实用。这将进一步催生独立品牌和小众品牌的兴起，个性化、定制化的理性品牌将成为一种国际化潮流。

品牌的超文化趋势也将日益突出。苹果的产品就具有全球性产品的特点，是人文、科技与艺术的融合，受不同文化背景消费者的欢迎。特斯拉、无印良品等品牌也是全球性超文化品牌，在他们背后的不是民族文化，而是人性。新世代人类更倾向于纯粹的生活方式，更关心家人、更重视朋友之间的友情，也更关心社会公平。这一切都属于人性，而不是文化。新世代人类对产品个性的追求，本质上是塑造自我、表现自我和延伸自我，这种消费观同样不在文化的层面，而是超文化之人性层面的反映。在个性化追求上，并不存在民族的特点，而是全人类共同的特点。另外，"千禧一代"即"Y世代"的消费正呈现出一种"成人儿童化"倾向，他们已经成熟，但拒绝长大。这种对天真的留恋与追求更是本真人性的反映。

在大数据和人工智能背景下，新世代人类对未来和宇宙奥秘的兴趣日趋浓厚。在物质高度发达的 21 世纪，精神空虚的加重使新世代人类对哲学、未来主义、神秘主义和宗教神学产生了更多探求的渴望。很多游戏就采取梦幻画风、探索神秘和未知的主题来吸引玩家，例如《纪念碑谷》用的是埃舍尔式的视觉错位，《梦游逃生》表现了弗洛伊德《梦的解析》中关于潜意识的概念。未来，品牌的超现实主义和未来主义色彩将不仅局限于游戏和娱乐领域，而是向汽车、高科技产品，乃至日常消费品等领域全面渗透。

七、AI 新人类与营销基因重组

从某种角度而言，我们都是"阿尔法一代"。在巨变的世界上，如果没有阿尔法精神和第一原理品牌意识，我们将成为后现代营销时代的落伍者。

"新新人类" 与营销的超时尚基因

未来就在脚下，我们都是 AI 新人类的一员。在"创消者"时代，商业的主宰者将是每一个个体。所有人都要成为创造者，所有人都要创造历史。而创造营销的历史就是创造时尚。

真正的时尚永远属于未来，任何当下流行的元素都是反时尚的。"新新人类"是创造时尚的一代，他们将"鄙视"一切时尚，他们本身的存在就是时尚。未来，更多的"创消者"将加入无印良品、优衣库、小米、苹果、海尔的创客大军。当产品真正成为众创之造物，亚文化的尘埃将被无限荡涤，剩下的将是柔嫩人性的最核心部分。

本体、极简、理性、超越，第一原理品牌战略将缔造信仰级的超时尚品牌。不得不说，品牌营销将成为一项哲学运动，贯穿品牌血脉的将是一种前所未有的超时尚基因。

一切浪漫主义、欧陆式奢华和东方古典主义的山峰，都将被超时尚基因所削平。在 AI 新人类这里没有浪漫主义，也没有东西方文明的铅华，只有"超真实"。互联网和 VR 所构筑的超真实世界，袒露着超真实的人性。"阿尔法一代"不再具有文化意识，他们只有创造意识，文化将是他们在路上留下的脚印或任何不经意的涂鸦。他们将重估一切价值，而他们唯一的标准就是灵魂的足音。

那是超文化基因在宇宙深处种植的音乐,如同空谷足音,充满着未知的新鲜和令人敬畏的神秘。在"新新人类"洞开的灵魂中,我们将看到人性超真实的面目。这是新世界出发的地方,也是人类浪迹千年之后的终极归宿。

目前已经兴起的无时代族群,以及他们对无时代风格的追求,都是超文化和超时尚的重要标志。这是一个超越时代乃至超越时间的大数据时代,从物理学角度,虫洞可以把平行宇宙和婴儿宇宙连接起来,使时间旅行成为可能。在万物互联的宇宙中,一切皆有可能。过去、现在、未来共同构成当下,大数据时代,未来就是当下。无时代族群所追求的无时代品牌风格,本质上就是对永恒和本体的追求,这使品牌具有了哲学和神学倾向。无时代风格就是对过去、现在与未来的自由穿越,它超越了过去那种奢华和复杂的美学,通过另类的材料和形式,抵达人性的深处。

简易穿搭风(Normcore)所渗透的正是超时尚基因。这是数字游牧者、未来主义者、超人类的共同喜好。苹果公司首席执行官库克、Facebook 首席执行官扎克伯格、阿里巴巴董事局主席马云等商业领袖都是简易穿搭风的忠实拥趸。简易穿搭风是对时尚的重新定义,它寻找的不是个性,而是人类的共性,是适应性而非排他性。马云说:"我不爱穿西装,我觉得那不像我。我就喜欢这样穿(针织衫+衬衫),我觉得特别像自己。"传统的自由通过个性来实现,但过于个性化会导致孤独,简易穿搭风正是通过非排他性来重新定义自由和归属感。它代表了更加平实的生活,以及人与人之间差别的消失。这是超文化与超时尚的真正魅力,也是后现代世界观对品牌的重塑。在简易穿搭风看似平凡、朴素的美学风格中,展现了新世代自由的灵魂,蕴含着适应、共性、非权威的理念,它本质上是经济全球化和公司全球化所带来的文化变革。

❀ 触摸灵魂的超文化营销

后现代营销是一场触摸人性的神圣之旅,玩世不恭的传统广告和充满权谋的营销策略必将终结。在诈骗横行和各种商业败德仍然甚嚣尘上的世界中,我们有理由说这不是梦想。

虽然人性之恶无法根除,但后现代商业具有抑恶扬善的功效。在后现代营销 6 因素模型中,经过设计、入口、数据、交互、创消等过程,最终要达到融合。这是企业与"创消者"的融合,它是比唐·舒尔茨 5R 理论中的关系更高的阶段。唐·舒尔茨的营销理论，以企业与客户的关系为最高追求，后现代营销却要以关系为起点，以融合为终点，而融合又将成为新的起点。

在交互和创消阶段，企业与"创消者"的关系就已经建立且形成密切的互动，并完成了产品共同创造的过程。而在后续服务中，企业将与"创消者"达成真正的融合。在第一原理品牌战略的高度，融合绝不仅仅是商业层面的契合，而是灵魂层面的共振。也许你觉得这太离谱了，但这是"创消者"角色所导致的必然。"创消者"的效应尚未扩散，一旦到了那一天，整个世界都将被改变。在这一天尚未完全到来之前，先进行"自以为非"的革命，无疑是明智的选择。

作为数字游牧者的新世代人类，已经不满足于纯粹的物质消费，而是在消费中努力寻求精神排毒。面对数字游牧者的精神需求，一些商家打出了"重拾旧日时光"和"怀恋互联网出现之前的日子"等招牌。但此种做法并不具有持久性，因为这并未从根本上穿透数字游牧者灵魂游牧的真谛。数字化并不是导致新世代迷失的根本原因，物质满足之后的精神需求是人类的永恒追求，哲学和信仰维度是人类的本质生存状态。在数字世代，我们既不能将大数据上升到神的高度，也不能把精神迷茫归结到大数据身上。在大数据所导致的对过去、现在与未来的穿越中，只有恢复对宇宙的敬畏，才能重拾宏大的精神场景。我们不是要逃离大数据，而是要在敬畏与感恩中寻找生命的意义。

事实上，任何品牌都不可能具备抚慰心灵的功效。把品牌上升到宗教的高度，只会加重数字游牧者的迷失。品牌所能做到的，只是传达某种世界观，而真正的心灵排毒则需要回到信仰本身。触摸灵魂的超文化营销，是对这个时代精神荒芜的真实反映。我们需要在数据的海洋中捕捉精神的游鱼，更需要在数字游牧中回归心灵的宁静。

"人工智能 + 超文化"营销的扩散

"创消者"的扩散就在不远之处，大数据和人工智能的突飞猛进将把整个世界卷入"创消者"浪潮。"人工智能 +"将全面颠覆现代营销模式，超文化营销的扩散必定影响全球所有公司。

超文化营销将在营销系统、品牌战略、传播策略等方面开启一个全新的时代。从菲利普·科特勒的 4P 理论，到唐·舒尔茨的 4C、5R 理论，乃至唐·舒尔茨最新的 SIVA 理念，都无法精准地匹配后现代超文化营销实践的需要。为此，本章在经典营销理论的基础上提出了后现代营销 6 要素模型，和后现代第一原理品牌模型。营销是企业的命脉，也是商业模式、战略、营销三大系统的贯通。超文化营销革命绝不是技术性改良，而是后现代管理范式革命系统的一部分。因此，其本质是后现代世界观与文化变革，超文化就是其一切模式变革背后的基因。

未来的人工智能不仅能改变生产方式，也将彻底改变我们的生活方式。DNA 营销将创建完全个性化的产品和体验，产品将根据每一个人的口味乃至基因来设计。智能可穿戴设备也将普及化，使一切服装和用品都智能化。对于"阿尔法一代"而言，一切科幻都将成为现实。未来的新世代人类可能像钢铁侠一样，一伸手衣服就自动穿上身。未来的智能服装不仅会具有四季皆宜的自动控温功能，也将具有自动飞行的功能。这无疑将是一个超现实又超真实的世界。

虽然人工智能是一场科技革命，但科技革命背后是世界观与文化革命。当今的管理与营销变革研究，尚很少达到此种高度的认知与整合。在未来的人工智能革命中，只有以超文化的视角审视人性，以人性为营销的手段与目的，也就是以人本身为目的，才不至于在科技大潮中迷失方向。人工智能营销革命绝非宗教，但必须要达到信仰的高度。表 7-1 是现代与后现代企业营销模式对比。

表 7-1　　　　　　　　　现代与后现代企业营销模式对比

现代企业营销模式	后现代企业营销模式
企业中心	客户中心
消费者	创消者
竞争导向品牌战略	第一原理品牌战略
大众传播	分众—精准传播
传统广告	大数据人工智能广告
虚夸传播	超真实传播
扬善顺恶	扬善抑恶
品牌崇拜	品牌共创
品牌奢华	品牌极简

第八章
后现代管理创新拯救之道

现代创新范式的终结

被颠覆的公司是因为管理良好吗

设计思维主导的创新转型

创新永续：开放式平台创新模型

思维与管理创新：被忽视的救赎

> "撼动这个世界的绝不是博古通今的学者，
> 而是那些无知无畏的人！"
>
> ——硅谷之父弗雷德·特曼

在创新至上的时代，对创新本身的创新同样存在着范式转型的问题。越来越多的企业重视创新，也在创新上不遗余力，但能做到创新、特别是做到持续创新者却是少数。这说明对创新本身的创新是一个极重要的课题。

创新是一种管理，并且是一种管理创新。真正的创新至少包含技术、制度和文化创新三个维度。但多数企业对创新的理解还仅止于技术层面，这就难免造成一种创新焦虑了。当创新已经变成一种宗教狂热，科技也变成一种宗教狂热的时候，更重要的是消除焦虑。只有内心的狂躁和不安平静下来，我们才能开启真正意义上的创新。未来，如果创新导致我们失去了内心的平衡，再伟大的技术或产品创新也不过是一种失败。

一、现代创新范式的终结

每个时代都有创新，互联网时代的创新之所以空前热门，并非这个时代的特殊嗜好，而是由于技术与文化巨变倒逼企业巨变。不是过去没有创新，而是过去的创新范式已然失效。

✦ 大企业的创新陷阱

现代创新范式的失效，使无数大企业创新乏力。他们深陷高强度研发与技术创新的陷阱，尽管既有高投入又不乏对创新的执着精神，却难以逃脱创新力下降，甚至被新锐公司取代的命运。曾经是全球创新领头羊的索尼、摩托罗拉、柯达、诺基亚，甚至20世纪最伟大的IT公司微软等巨头，都在不同程度上遭遇了创新危机，其中有些公司甚至在颠覆性技术的冲击下黯然淡出历史舞台。

高强度的研发和专利数量并不能保障企业的持续成功，这从索尼和苹果的对比之中，可见一斑。索尼的研发投入是销售额的5.9%，苹果仅为2.2%。1993—2011年间，索尼获得了7500个专利，而苹果公司仅为800个。苹果在2013年度的销售额为1720亿美元，税后利润370亿美元。索尼的销售额为750亿美元，却亏损12.5亿美元。索尼长期以来都是日本企业国际化的标杆，在索尼历史上，盛田昭夫曾经两度聘请美国人为CEO。索尼创新力的衰退，绝非公司自然生命周期规律的体现。比索尼历史更久远的美国3M公司就几乎没有面临创新衰退的问题，可见，索尼的创新衰退是其创新体系本身的问题。索尼因过去的成功而陷入傲慢之中，其中尤以管理范式僵化而导致的隐性傲慢最为突出。

由于索尼未能很好地融合技术与市场两种因素，虽然索尼的研发投入远大于苹果，但其专利的市场转化率却远低于苹果。大公司对技术与市场推动力的融合一向偏弱，大约有2/3的隐形冠军实现了这种融合，而大型企业的数量只有19%。隐形冠军之所以具有更好的创新能力，是因为他们规模相对较小、市场专注度较高，因而在创新方面更容易贴近客户。

大型企业的另一个创新陷阱是局限于技术创新，而缺少与技术创新足够匹配的组织、管理与文化创新等。因此，大企业的创新衰退本质上是基因的问题。前谷歌资深工程师、IT畅销书《浪潮之巅》的作者吴军就提出了"基因决定论"。摩托罗拉、诺基亚、英特尔、微软等公司，在时代发生变化、行业发生转型以后所面临的不同程度的衰落，正是由于此种基因问题。由于公司基因的影响，当一家大公司想要转型占领新的领域，做出颠覆性创新产品的时候，往往会一败涂地。但是，什么是大公司基因？为什么同为大公司，有些公司就有这种遏制创新的基因？显然，所谓的公司基因，无非是构成公司核心竞争力的制度、文化，以及创新机制等。技术本身不会成为阻碍创新的基因，因为大公司在技术研发投入上都不遗余力。

公司基因一定是内在的，它是构成企业生命系统最深层的结构。在互联网时代，有些大公司之所以陷入创新衰退，正是由于他们本身的生命基因已经无法适应新的竞争环境了。而在当下，大公司内在的衰老基因，正是作为经典的现代管理范式，以及现代管理范式下创新体系的问题。由管理范式滞后而产生的隐性傲慢，是这些大公司创新衰退的根本原因。

微软不仅是 20 世纪最伟大的 IT 公司，也曾经是后现代管理的先行者。微软较早实施了包括员工股票期权制、弹性工作制、自由宽松的企业文化等，但面对互联网时代的巨变，以及谷歌等强大竞争对手的崛起，微软并没有推进更进一步的系统管理创新。特别是微软创始人比尔·盖茨功成名就之后的退居二线，使微软的创业创新精神与比尔·盖茨时代已无法相比。相应的，鼎盛时期的微软文化也必然会大打折扣。凡此种种，构成了微软的"衰老基因"。曾经充满活力的微软，现在已经派系林立、内斗不止，与苹果和谷歌等公司明显拉开距离。

然而，公司基因并非如生命基因一样，是完全不可逆的。通过自我颠覆，可以改变公司基因，从而让增长乏力或陷入衰退的企业重新恢复创新活力。本章将全面解析在互联网背景下，公司创新基因的重组与缔造。

现代创新范式的终结

现代公司从未停止过创新，也没有停止过对创新本身的创新。很多企业推行了保持企业创新活力的举措，其中包括内部分拆或成立独立创新机构、内部赛马机制和投资并购等方式。

内部分拆或成立独立创新机构是最简单的方式。20 世纪 60 年代，本田宗一郎在改变本田公司的世袭制度时，就把研发部门剥离出来，使之成为一家独立运作的公司。美国通用电气和西屋公司等，采用与负责创新任务的"创业企业"合伙的形式来组织创新工作。在欧洲，也有一些企业专门组成独立的创新公司，采取母公司控股的方式来实现创新部门独立与控制的合一。内部赛马机制更被广泛采用，联想和早期的海尔均采取赛马机制。甚至腾讯也采取这种方式，微信的诞生就是内部竞争的结果。另外一些公司通过投资或并购来实现创新，这种方式被硅谷的一些大公司所采用，他们通过收购初创公司来增强自身的创新力。但此种方式往往存在制度与文化冲突的问题，因为大公司文化与创业公司文化很大程度上是不兼容的。张瑞敏曾指出："大企业如果期望通过到硅谷收购一些初创公司以增强它的创新能力，是根本不可能的。微软收购了很多这一类公司，但往往收购后小公司就丧失了活力。为什么？因为大公司并不拥有创新文化。"

事实上，分拆或成立独立创新机构、内部赛马机制和投资并购等方式，都不能从根本上避免现代公司的创新衰退。所有大公司最终都会扼杀创新，这是现代科层制体系无法逃避的宿命，甚至已经基本打破现代科层制的微软都难逃这一怪圈。这意味着现代公司创新范式的终结，其本质则是现代管理范式的终结。

创新：从本能到管理

创新并非神秘，它原是人的本能。每一个人一出生就具备了创新的能力，虽然能力有大小、创新领域有不同，但创新能力是每一个人的天赋，也是人的基本权利。只是由于文化和后天制度的压制等原因，才导致大多数人的创新力被扼杀了。

任何企业在初创时期，也都具有创新本能。随着企业规模的扩大，这种本能在得到最大限度发挥后，往往走向衰退。这似乎是企业生命周期的显现，但很多时候却是管理的问题。曾经的互联网巨头雅虎衰退的根本原因，就是管理创新力的匮乏。雅虎历史并不长，从企业正常寿命而言绝没有到自然衰退的阶段。但与其他互联网公司不同的是，雅虎成功后，创始人很快就退出了公司管理，改由职业经理人掌控公司。这与互联网公司的创新属性完全不匹配，管理创新的落伍使雅虎一次又一次失去机会，最终落得被低价收购并失去品牌的结局。

事实上，所有的组织性创新一开始就会面临管理问题。没有管理的创新不可能产生专业性和规模效应，更不可能实现创新的领先性与创新效应的最大化。管理推动创新，是企业的根本任务。某种角度而言，管理就是对创新的管理。因此，企业创新力衰退的根源一定出在管理上。在一个管理大变革的时代，如果没有管理的创新，就不会有企业的创新。于是，管理变革就成了创新的前提，乃至变成了创新的全部。这样我们就不难理解，为什么索尼、柯达、雅虎等公司会面临创新衰退的问题了。从管理与创新的关系角度来看，创新衰退一定是公司管理创新落伍的直接结果。

二、走出创新战略的误区

我们的结论似乎与克里斯坦森的结论刚好相反。克里斯坦森在《创新者的窘境》中所得出的结论是："管理良好的成熟企业在破坏性创新面前常常会遭遇惨痛的失败。"那么，"管理良好"是一种罪吗？为了避免被颠覆，要变成一个管理差劲的公司吗？显然，绝不存在这样的逻辑。

被颠覆的公司是因为管理良好吗

柯达、诺基亚等巨头都曾经是管理良好的公司，但他们被颠覆的原因却不能归罪于"管理良好"。柯达、诺基亚之所以一夜之间走向崩溃，表面看来主要有两个原因：其一是颠覆性技术的出现，其二是产品过于单一。乐视前董事长贾跃亭曾经指出，很多巨头之所以轰然倒塌，就是死于专注，因为他只是专注在自己的一个领域或环节内，所有的创新仅仅只是改良性的创新，当变革大潮来临的时候，原来所有的竞争优势都变得不重要了，反而成为一个很大的劣势。

诺基亚没有抓住智能手机趋势，被苹果所取代；柯达没有抓住数码相机趋势，被索尼所取代。虽然颠覆性技术是他们崩盘的直接诱因，但战略上的单一化也是不可忽视的因素。诺基亚的战略集中于手机，柯达的核心业务则是胶卷。这种单一化战略，在现代企业时代曾经是经典战略。但在互联网时代跨界竞争和行业概念消失的背景下，此种战略的风险却十分巨大。一旦出现颠覆性技术，实施单一化战略的企业无论在管理上如何完善，也难逃崩盘的命运。

在同样情况下，3M 公司就不会遭遇柯达、诺基亚同样的命运。3M 公司是一个跨行业的多元化企业集团，其产品多达 6 万余种，任何颠覆性技术都不可能一夜之间打败 3M 公司。除了管理落伍、企业文化活力下降外，3M 公司几乎不存在其他可能导致创新衰落的致命因素。

克里斯坦森指出了那些具有良好管理的公司无法避免被颠覆的事实，但实际上"管理良好"与他们的崩盘并没有直接的关系。他们的崩盘不是由于管理的良好，而是由于战略上的局限与创新能力的衰退，而战略局限与创新能力衰退倒是与管理落伍有关。从经典现代管理范式角度来看，柯达与诺基亚都是堪称规范的现代公司。但正是由于管理的经典，才使他们落后于一个全新的时代。

在后现代管理时代，商业模式的设计已经上升到战略高度。而在商业模式设计和战略设计中，应对跨界竞争的平台化模式已经成为企业的战略筑基部分。就此而言，后现代企业不太可能因某一种产品而被瞬间颠覆。其次，组织的平台化缔造又将使后现代企业具备开放式创新能力，在不断自我颠覆的过程中，也就具备了不会轻易被他人所颠覆的能力。因此，克里斯坦森所说的那些"管理良好"的公司，在管理范式上一定存在着固有的缺陷。

后现代管理创新，是商业模式、战略、组织与技术创新的综合，乃至是全方位的管理革命，管理创新是创新战略的最高体现。在互联网时代，所谓的管理良好，必须建立在对现代管理范式的颠覆之上。而克里斯坦森所说的"管理良好"，其实代表着落后的现代管理范式。那些沉湎于现代管理范式的企业，满足于维持既有市场的红利而不思进取，因此，他们的管理只是在既有轨道内的程序化运行。这在本质上并不是良好的管理，而是糟糕的管理。因为，真正的管理必定包含着创新管理。克里斯坦森的《创新者的窘境》初版出版于1997年，那时，后现代管理尚未诞生，若没有超越性远见，很难对现代管理形成正确判断。因此，克里斯坦森得出有所偏颇的结论也在所难免。

但更重要的是，克里斯坦森的创新理论着重于解释企业实践现象，而缺少引导企业创新实践的真正创见。虽然克里斯坦森也提出了一些应对性的创新策略，但缺少实质性的突破价值。同样，迈克尔·波特的竞争战略、波士顿战略模型等也是对成功企业实践的总结，而不是针对企业成功之道的创新性建构。任何企业的成功之道都未必具有普适性，有些企业的成功之道充满缺陷，甚至有些企业的成功之道代表了腐朽的管理范式，也许一夜之间就成明日黄花。仅仅总结成功企业之道，而缺乏超越性洞见与创新，是极其褊狭和危险的。可以说，大部分学者的管理理论都是解释性的，这种对成功企业之道的总结与对企业成功之道的创新具有天壤之别。100多年来的世界管理学大抵如此，管理学家创新力的匮乏，使管理学的价值大打折扣。卡尔·马克思曾提出："哲学家只是用不同的方式解释世界，但问题在于改变世界。"那么，管理学家的价值无疑更在于改变世界。从成功企业之道迈向企业成功之道，是管理学的彻底转型与超越。若管理学本身不具备如此的创新高度，又何谈对企业创新实践进行指导？

双元性创新中的战略错位

双元性创新可兼顾既有市场的持续性创新和颠覆性创新，是大公司较为推崇的创新模式。双元性创新作为经典创新战略，曾一度为破解公司创新难题而做出重要的贡献。

但在双元性创新实践过程中，普遍存在着与管理创新不匹配的现象。最突出的矛盾就是，已有技术或市场的持续创新，与颠覆性创新部门存在明显的战略错位。在双元性创新战略中，实施颠覆性创新，通常采取独立创新部门或独立公司，以及收购创业公司的方式。这样就导致了双重战略、双重领导，乃至双重文化的格局。由于庞大的传统业务部门仍然占据主导，颠覆性创新部门很难有所作为。硅谷大公司收购创业公司而导致后者丧失创新力，就属于此种类型。

真正的双元性创新，应该基于对公司管理范式和创新体系的全面颠覆，不仅颠覆性创新部门需要根据新的商业模式、战略来运行，传统部门也需要进行大刀阔斧的变革。但往往采取颠覆式创新部门独立方式的公司，在总体创新战略上都很保守。双元性创新不应该仅仅作为一种试探式创新战略，而应该代表着整体创新战略的转型。这需要传统部门和新部门按照统一的商业模式、战略模式、组织模式和文化模式协同推进。

由于目前后现代管理范式创新的整体落伍，即使全球领先企业在实施双元性创新时，也很难做到新旧部门在创新体系上的完全匹配。真正的颠覆性创新包括技术与产品创新、商业模式创新、战略模式创新，最终必然涉及组织模式创新。目前阿里巴巴、腾讯等互联网巨头均采取双元性创新战略。阿里巴巴在传统电商板块持续性创新的同时，正在着手准备以柔性制造为核心的后电商革命，其中就存在着新旧业务创新体系相匹配的问题。微信的开发过程，也是双元性创新的例证。在维持 QQ 部门正常运营的前提下，微信开发是自下而上的创新过程。起初公司高层并不清楚该项开发，直到微信产生较大影响后才受到高层关注并得到相关资源的支持。虽然腾讯给予张小龙微信创新团队以充分的自由，与 3M 创新模式和京都陶瓷的阿米巴模式近似，但目前阿里巴巴和腾讯在开放式创新的管理创新匹配方面，仍需进一步的完善与升级。

✿ 创新战略与组织战略的匹配

组织创新是与创新战略最密切的部分，而组织变革的本质是整体的管理变革与企业基因重构。平台化是组织变革的未来趋势，而平台化的本质是对现代公司组织模式的彻底颠覆。与组织平台化同步的，是后现代管理范式的全面创新，涉及公司治理结构、商业模式、战略模式、组织模式和领导力等在内的整个后现代管理体系。

目前，互联网巨头的商业模式平台化已经趋于成熟，其他行业也将进行商业模式平台化改造。但组织的平台化尚属于初级阶段，甚至大部分企业不了解组织平台化变革的实质和意义。除了海尔一枝独秀外，阿里巴巴也在计划未来实施组织平台化变革，其他大部分企业则尚未触及到组织平台化的边缘。目前所说的平台化，大部分还停留在商业模式层面，很多人把商业模式平台化与组织平台化混淆了。简单地说，商业模式平台化就是为他人提供平台，企业转为服务和支持的角色。电子商务商业模式的平台化很容易理解，就是别人在你的平台上做生意。但对于组织平台化，多数人的理解只是为员工提供发展平台，至于是什么样的平台体系则很模糊。传统企业也强调为员工提供平台，但这与真正意义上的组织平台化完全不同。真正的组织平台化不是激励制度的改良，而是把创业者变成员工，也就是公司成为一个为创业者提供服务的平台，组织平台化是对现代企业文化的彻底颠覆。现代企业是执行力文化，重点是对员工的激励；而后现代企业是创业文化，重点是创业团队的自我激励，本质上是终结激励。目前，真正达到这一标准的大企业只有海尔一家。

大多数公司的平台化，能达到阿米巴组织的程度就已经很前沿了。但从后现代管理范式的高度来看，阿米巴组织存在很大的局限性，已经不适合在互联网时代普遍复制。阿米巴组织是后现代组织的初级阶段，尚未解决产权、自治与控制、商业模式、战略、领导与文化等在内的系统协同问题，与成熟的后现代组织模式有很大的差距。

三、设计思维主导的创新转型

快速消费和以"创消者"为主导的柔性制造，不仅导致产品周期大为缩短，也极大地提升了设计的重要性。ZARA 推出新款只需两周，淘品牌每天都有新款上架，其中韩都衣舍每天上架的新款高达 70 ~ 80 种。传统品牌通过技术创新，并投入大量成本维护线下渠道来保持竞争优势，互联网品牌则致力于通过设计提升用户体验来打造自己的核心竞争力。

产品的快速迭代，和 ZARA、韩都衣舍等商业模式的适应性特点，都在催生一个设计制胜的时代。设计创新不仅是快时尚领域的制胜利器，也代表着某种普遍意义上的创新范式转型。

设计的战略属性

设计是一种战略思维，而不是一种技术手段。设计思维是对技术创新模式的全面超越，因此它正在颠覆企业的创新模式。苹果、三星、小米、腾讯等，都是靠设计制胜而不是靠技术制胜。设计重要性的体现，并非仅仅通过提高设计部门的地位，而是把设计作为一种创新思维和战略工具来重构企业的创新系统。海尔在 1994 年就成立了设计创新中心，是中国第一个企业设计团队，目前海尔设计创新中心已经成为辐射全球的开放式创新平台。张瑞敏一直强调自己不是 CEO，而是海尔的组织设计师，这就是把设计上升到战略高度的体现。

由斯坦福大学教授大卫·凯利等人所创立的 IDEO 设计公司，一直致力于把设计作为战略工具来改变企业的创新基因。IDEO 已经成为全球顶级设计公司，并成功转型为一家提供战略性设计的创新咨询公司。奥巴马上任后，派白宫工作人员考察学习的三家美国公司中就包括 IDEO，另外两家则是谷歌和 Facebook。IDEO 在欧美企业界的地位丝毫不亚于麦肯锡等顶级管理顾问公司，这说明欧美企业早已认可设计的战略属性。

以设计创新取代技术创新

设计与管理一样，需要系统思维。以设计创新取代技术创新，并非降低技术的重要性，而是一种战略思维的转变。以技术或研发主导的创新，是缺少全局观的产品创新模式，不仅容易使创新脱离市场，也会形成创新与企业整体系统的脱离。在管理大变革的时代，技术创新显然已经无法适应以整体管理创新为驱动的后现代企业革命。

当三星试图超越索尼和松下，成为全球电子设备领导者时，将设计人员增加了三倍，并且正式将设计师的地位置于工程师之上。Facebook 的个性小组由工程师、产品经理和设计师组成，而主导权在设计师。创造需求是设计的核心使命，在用户体验越来越重要的时代，设计的艺术性也超过其科学性。苹果就是把设计的艺术性置于第一位的企业，乔布斯本人的最大特点不是其科技创新精神，而是其人文精神。

苹果、耐克、亚马逊、Kindle 等都是"一键"需求的创造者。在"一键世界"中，设计被提到了空前的高度。其中涵盖了外观设计、用户体验设计以及整个商业系统的设计。新技术不等于新需求，从技术到需求之间的桥梁，将由设计来连接。设计包含技术，而不是技术包含设计。亚马逊创始人贝索斯一向从客户的角度出发进行思考，亚马逊的整个商业系统都体现了设计思维。简洁明快的网站设计，便利的一键式购物系统，以及上千家零售商销售的无缝融合、客户评价、个性化产品推荐等增值服务，所有这些设计都有一个共同目标，那就是让消费者获得更加轻松、愉快、完整和满意的购物体验。

在传统商业中，我们很难看到爱和人性中闪光的东西，原因就是人类陷入了自私自利之中。商业的最高境界是恢复人性、尊重人性，这样的理念可以为企业创造需求。这不仅是以客户为中心，更是以人性为中心。泛泛的以客户为中心，有可能产生顺应人性之恶的拙劣商业，以人性为中心则会造就伟大的商业。真正伟大的商业其实是最平凡的商业，并不一定需要聪明绝伦的头脑，而只需要找回人性的光芒。这是十分简单和朴素的道理，但要完全做到却并不容易。

利乐无菌纸盒包装是设计创新的经典案例之一，它以无须冷藏就能保鲜的方式创造了巨大的需求。为实现这一创新目标，利乐创始人劳辛和他的团队花了整整十年的时间。利乐设计团队的最大特点就是跨学科性与跨职能性，覆盖了流程管理、设备设计、材料学、微生物学，以及均化技术、蒸发技术和过滤技术等诸多领域。而在利乐公司全球 12 处研发中心，由工业设计师、心理学家、平面设计师、工程师等组成跨界团队，他们共同研究有关包装的消费者行为，而不是进行闭门造车的技术研发。对于利乐而言，设计思维无疑是一种战略思维，乃至是战略工具。

宜家也是以设计创新制胜的典型代表。宜家的设计思维体现了一种类似优衣库的品牌理念，致力于用低成本制作精美耐用的家具。在竞争异常激烈、品牌识别度和忠诚度极低的家居行业，要想脱颖而出十分困难。但宜家创始人英格瓦·坎普拉德不仅做到了，而且还把宜家做成了全球最大的家居品牌。宜家的成功是设计思维的成功，通过以客户为中心的简约灵动的产品设计、低廉的价格、平板包装和营销通路设计，宜家实现了创新模式的升级。宜家的创新不是单项创新，而是集成创新，这是现代企业技术创新模式所无法企及的。

技术创新是工业时代的产物，所对应的是以企业为中心的营销模式，以及商业模式的相对稳定性。在商业模式完全转型的互联网时代，重要的是应用创新，即用户体验创新，其本质则是设计创新。摩托罗拉和诺基亚都是技术导向，诺基亚的技术很过硬，手机摔不坏，但体验感差，所以被设计导向的苹果、三星所超越。智能手机、平板电脑、笔记本电脑的技术差异化已经走到尽头，只有设计能制造差异化。从技术导向到设计导向创新模式的转向，是现代和后现代两个完全不同创新时代的分水岭。

工业时代的创新以技术为中心，因为成功的要素是技术。而互联网时代以用户体验为中心，成功的要素是设计。汽车、电脑、手机等领域的蓝海都不是靠技术创新所开启的，相反，科技产品的价值创新常常基于简化技术，这无疑是设计思维的体现。苹果公司从来没有把自己定位为手机或电脑设备制造商，而是定位为顾客体验的设计者。在双元性创新中，大企业为巩固自己的地位而进行的持续性创新，大多也是以设计创新为核心。腾讯QQ和微信的迭代、苹果智能手机的迭代等，都是设计创新的典范。

互联网时代最大胆的商业创新，往往都是设计创新的产物。设计思维比技术思维更具整体性，也更具有艺术化色彩，较少受到条条框框的限制。设计思维更好地体现了创造性思维，因此是创新精神的最佳载体。而一旦设计思维上升到战略高度，它将成为一种企业基因，彻底改变企业的生命形态。当今大部分设计学院的教学体系都远离设计创新本质，而加州艺术学院奉行汤姆·彼得斯的理念所推行的艺术硕士（MFA），即新型的工商管理硕士（MBA），则同时颠覆了传统设计学院和商学院的教学体系。在传统的绘画、版画和摄影专业外，他们还设置了设计战略方向的工商管理专业。

20世纪90年代以来，市场竞争的成败明显取决于设计竞争，无论国家还是企业都纷纷把设计作为跨世纪的发展战略。美国的科技政策本身就高度强调设计，这是美国企业具有强大竞争力的重要因素之一。未来的一切企业皆为服务性企业，产品与服务，服务与体验之间的界限消失，设计思维将由制造型企业扩展到服务型企业。无论制造型企业还是服务型企业，都应设立开放式设计创新中心。这是设计创新上升为企业战略的必然结果，也是企业创新体系的彻底转型。

设计创新的四大维度

设计思维正在引领一场后现代创新革命，由于组织模式和领导模式的变革，企业领袖已经成为公司生命系统的设计师，而不是战略师。设计是科学、艺术与技术的统一，同时还具有哲学与灵性的维度。设计创新堪称企业顶层战略，而又超越了传统战略的统御色彩。

设计创新至少涵盖四大维度：商业模式、产品设计、交互设计以及系统设计，这使设计创新远远超越了现代企业的技术创新层次。所有类型的设计都含有技术成分，而所有的技术都是通过设计转化为商品。设计没有技术无以为设计，而技术没有设计也找不到与社会生活的结合点，从而不能转化成社会物质财富和精神财富。设计不只是科学技术的载体，它本身就是技术的一部分。

消费是一切设计的动力与归宿。因此，IDEO 创始人大卫·凯利认为："设计思维的核心原则既不是美观，也不是实用性，而是换位思考（Empathy）和人类观察（Observation）。"他说："通过换位思考，理解人们真正重视的是什么。"为直观设计打下坚实的基础。设计思维首先来自于对人需求的关心，它其实是一种新时代的商业管理模式，它的本质是解决问题的策略。因此，在产品设计之前必须先进行商业模式设计，这也是后现代企业战略筑基的需要。在商业模式设计中，企业要解决商业价值、商业定位、产品定位以及资源的整合和商业实现系统等一系列商业基础设计问题。商业模式设计是产品设计的坚实基础，它解决了"创消者"时代企业发展的蓝图问题，接下来的产品设计就游刃有余了。

我们之所以把交互设计与产品设计分开，是因为交互设计的重要性使之可以成为一个独立的系统。产品设计主要包含硬件和外观等设计，在第一原理品牌时代，极简主义将成为产品设计的主导方针。而交互设计解决的是用户体验问题，这是后现代设计的核心板块。苹果、谷歌、Facebook、腾讯、海尔、小米等，无不遵循用户体验至上的原则，甚至把用户体验升级为商业信仰。简洁、方便、令消费者尖叫的细节，是交互设计所追求的准则。在"创消者"时代，交互设计本身可以通过交互的方式，由企业与"创消者"共同创造完成。当产品的技术与功能实现后，用户体验设计是一种艺术，交互设计就变成了无止境的艺术。产品迭代正是这样一种以人性为目标的设计创新过程。

艺术原本起源于实用。19 世纪英国设计师威廉·莫里斯主张回到中世纪，主张真正的艺术要为大众服务。在由"创消者"主导的阿尔法商业时代，产品设计正是一种大众的艺术。在艺术终结的背景下，当代艺术已经乏善可陈。而在商业领域，在乔布斯、贝佐斯等商业巨擘的创新实践中，艺术被赋予了全新的含义。科技产品不仅引领着全新的生活方式，也具有完善人性的功用。就此而言，科技已经与艺术同质化了。这就是为什么乔布斯作为一个科技创新者，却如此痴迷于人文精神的根本原因。

而要真正实现科技创新的伟大使命，就需要设计创新的第四大维度：系统设计。工业设计本身就是将科学技术和文化艺术相结合的一门边缘学科，它凝聚了科技、文化艺术与经济的成果，涉及美学、人体工学、市场学、创造学、技术学等广泛的学科领域。同时，要实现产品的商业化，不仅需要商业模式的设计，还需要以此为基础的公司战略、组织、营销、文化体系等全方位的系统设计相匹配。在管理范式巨变的时代，设计创新涉及后现代管理范式的系统创新，没有管理范式的系统创新，设计创新的目标也将无法得到完全地实现。

☀ 以价值为中心的设计创新管理

设计创新本质上是一种管理。在管理大变革的时代，设计管理意味着管理范式的创新。因为设计创新不是少数天才的任务，而是整个公司系统高度协同的结果。由本能上升为管理，是设计创新实现的核心路径。

弗雷德蒙德·马利克指出："革新主要不是取决于创造力，而是取决于跨界思维和对市场需求的挖掘与实现。"革新大多不是发生在高科技领域，即使在高科技领域，最重要的创新也不是技术，而是市场、社会、人类行为方面的改变。同时，设计创新是 IDEO 式"极端合作"的产物，它需要把不同部门、不同专业、不同地域的创新者凝聚在一起。因此，协同管理是设计创新实现的关键。

设计与管理的合一，就是让那些倾向于高度自由的设计师统一在一个目标之下。在一个全球性合作，线下与线上合作复合式交织的创新大舞台上，没有对设计管理本身的创新，则设计创新目标的实现将受到极大的限制。

设计创新是以价值为中心，而不是简单地以客户为中心，客户大多数时候并不清楚技术创新趋势和市场走向。价值是企业与"创消者"交互的结果，但企业仍处于主导地位。以价值为中心的创新管理，包括设计创新流程管理和设计创新板块管理两大部分。

1. 设计创新流程管理

完整的设计创新流程管理包含价值、概念、"创消者"交互、设计执行、设计整合、样品、测试、投产、迭代、颠覆等环节。其中，价值体系完成于商业模式设计阶段，经过消费者洞察、头脑风暴和系统设计，构筑产品价值体系。在此基础上，由设计团队提出初步概念并完成原型图设计。之后是与"创消者"的交互，在交互的基础上完善原型图或进行相应的个性化调整，形成系列产品原型和个性化产品。在此基础上设计团队分工，各自完成相应的设计任务，最后在产品经理或设计师主导下进行设计整合。经过设计整合完全成型的产品，可以先制作少量样品进行测试。通过测试的产品投产，而投产之后的产品仍需不断迭代，直到最终出现颠覆性设计使之退出市场。

真正完整的设计创新流程管理，涵盖从产品调研到产品退出市场的全过程。整个设计创新管理过程，紧扣市场需求和用户反应，并经过与"创消者"的深度交互。腾讯的设计创新就高度重视跨界流程管理，同时高度重视以用户反应为核心的产品迭代设计。张瑞敏用内部契约关系来完成设计管理过程的控制，销售人员认同设计部的设计，必须保证卖掉多少台。设计人员在设计之前也必须通过市场了解客户需求，否则销售人员也可以拒绝他们的设计。

设计创新流程管理的精髓不在于流程，而在于团队。虽然流程很重要，但团队的组合更重要。以"极端合作"的理念整合跨界人才，是设计创新成功的关键。谷歌的两位创始人谢尔盖和拉里就取消了产品研发中的"过关制"，给予工程师非比寻常的自由和权力。互联网时代，产品的研发过程越来越快，腾讯甚至把速度放在比质量更重要的位置上。腾讯给予产品研发团队充分的自由，产品刚立项时，没有任何流程和规范的束缚，直到产品上线后，公司才会提出一些基于经验的规范性条例，例如数据指标等来约束产品，保证其可持续性与健康度。互联网企业产品数字化程度高、调整成本低、易于修正，好的产品都是迭代的结果，如图 8 - 1 所示。

图 8 - 1　设计创新流程管理模型

2. 设计创新板块管理

相对于设计创新流程而言，设计创新板块的管理更为重要，因为这是管理创新层面，是对设计创新的战略管理。设计创新板块管理与管理创新的相关子系统是交叉的关系，包括商业模式、战略创新、组织创新、跨界人力云、文化创新等内容。

商业模式已取代竞争战略成为后现代公司筑基设计和顶层设计，它不仅是企业战略和组织变革的基础，也是设计创新的基础。设计创新是企业发展的命脉，因此必定与战略具有密切关联。设计创新本质上就是开放式创新战略的一部分，与战略具有很大程度上的交叉性，设计创新与战略的协同是必然的。

开放式设计创新将从根本上突破组织的各类边界，因此设计管理打破组织边界、促进组织变革也成为必然。设计创新管理将打破组织的水平边界，消除设计、市场、工程、生产等部门之间的隔阂；打破组织的垂直边界，促进组织扁平化改造；打破外部边界，建立跨界团队；打破地理边界，完成全球化线下与线上设计资源整合。因此，设计创新管理必然导致组织创新。事实上，设计创新作为一种后现代创新战略，本身就是后现代管理创新的子系统。因此，并不存在孤立的设计创新管理。

同时，设计创新必须具备跨界人力云的管理和文化创新管理，才能确保组织创新效应的实现。所谓跨界人力云，是全球化的创新人才团队。跨界人力云系统的建设，本身也是组织边界扩展的过程。而为了应对全球化的人力云管理，文化创新就成为重中之重。在全球化的开放式创新平台上，任何一种文化都不可能征服另一种文化，霍夫斯泰德的文化差异模型也无助于文化的对话与融合。只有建立超文化的新文化体系，才能适应全球化创新平台的管理，如图 8 - 2 所示。

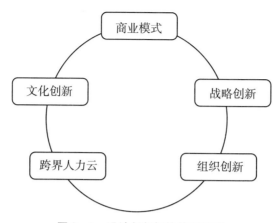

图 8 - 2　设计创新板块管理模型

超文化不仅是一种全新的文化思维，更是一种管理思维。这是对文化差异理论的超越，因此具有切实的实践指导价值。霍夫斯泰德的文化差异模型，只是对文化差异现象进行了解释，却没有提出突破文化差异的方法。由于解释性的管理理论一直占据历史舞台核心，使管理学离实践越来越远。后现代管理必须颠覆此种缺少实践价值的陈旧的管理学研究方式，这是后现代管理创新体系所应具备的基本水准。

四、突破创新者窘境的创新之路

克里斯坦森所说的"管理良好"的公司，恰恰是沉溺于现代管理范式隐性傲慢之中的企业。他们满足于技术创新体系和既有市场红利而不思进取，这样的"管理良好"其实是创新精神丧失的表现。在传统的现代组织中，公司一旦走向成熟即意味着创新的终结。因此，颠覆现代公司组织模式，成为突破创新者窘境的必由之路。

❖ 自我驱动的组织模式

创新精神是人的本能，也是创始性组织的本能。因此，自我驱动的组织模式才是突破创新者窘境的根本之道。在当代组织变革浪潮中，除了对"去中心化""去中间化""无边界组织"等概念认知的模糊之外，组织变革与整体管理范式变革的错位，是更重大的变革误区。

组织变革不仅需要管理范式整体变革的匹配，更需要文化变革的匹配。要建立真正意义上的自我驱动组织，彻底颠覆现代公司组织模式的反创新体系，无疑是一场划时代的变革。谷歌、Facebook、亚马逊、阿里巴巴、腾讯、海尔等领先企业在组织创新方面都做出了重要的贡献。3M的创新团队模式和稻盛和夫所创导的阿米巴组织模式，也都是很优秀的组织模式。但这些优秀企业的创新体系，并不都具备可普遍复制的价值。

为了实现可持续创新，领先公司往往会进行全方位的变革，包括组织模式、领导模式的变革，充分授权和鼓励试错文化的导入等有益的创新。但只有创业型平台型公司才拥有真正意义上的创新基因，只有创业型平台型公司才是自我驱动型组织。伟大的创新是在创业精神的支撑下不懈努力、永不放弃的结果，因此需要强大的意志力。谷歌眼镜开发的失败，就是在公司做大后，由于资金的充裕而缺少对创新团队的创业性约束机制而导致的。这种漠视失败的自由创新氛围并非一无是处，但对于大多数企业来讲却没有可复制性。3M和京都陶瓷的创新模式，也难以成为组织创新的持续动力，因为他们的创新机制本质上仍然是一种激励文化，而非创业文化。

海尔的平台化组织模式，是目前最具整合性创新价值的组织模式。海尔的组织创新，真正意义上把海尔变成了一个超级创业创新平台。这相当于把海尔分拆成数千个独立的公司，在接受统一平台资源配给的基础上，进行独立创业。海尔组织平台的活力在于，它不单是一个开放式创新平台，同时具有创业孵化平台和控制中心的性质。也就是说，海尔实现了高度自治与中心控制的协同。以人人创客的创业机制来实现创新的可持续，无疑是根本性的解决之道。同时海尔的创新体系已经上升到管理范式创新的高度，海尔的创新铁三角包括管理创新、技术创新和市场创新。

⚙ 超文化创新哲学

在一个创新至上的时代，很容易产生某种创新宗教。而创新宗教的结果是为创新而创新，最终反而迷失了创新的本质。商业领域的创新也像文化艺术领域的创新一样，应该有使命感的牵引，这是后现代商业的核心所在。凯文·凯利每次在中国演讲时都深感寂寞，因为中国听众的反馈大多只对未来科技趋势感兴趣，但凯文·凯利所传达的重点却是科技哲学。在一个缺乏哲学思考的时代，任何热门的事物都有被宗教化的危险。创新热潮正是如此。

在一个狂热的创新时代，最重要的是洞察创新的本质、使命及路径，面对创新能够更加从容。在第一原理品牌时代，真正的创新不是关注客户，而是关注人性，企业创新应该是价值导向而非客户导向。因为很多时候，我们不知道客户在哪里，客户也不知道未来的科技趋势。颠覆性创新通常先创造价值，然后所有人都可能成为客户。尽管"创消者"会源源不断地提供创意，但企业自身也必须具备超强的创造能力，必须具备引领"创消者"的高度。否则，企业就将丧失对"创消者"的凝聚力。

只要企业具备足够前沿的创新能力，具备足够颠覆性的产品，理论上每个人都可能是潜在的客户。无论是自动驾驶汽车、自动飞行器、绝对健康的食品、真正益智的游戏、功能强大的净水器、可调节温度和自动飞行的服装、可击退歹徒的眼镜、可防止溺水的泳衣、取代平板电脑和智能手机的 VR、取代秘书和律师的机器人等。凡是能够以可接受的成本、以前所未有的方式为人类创造更高级生活方式，实现人性自由的产品，都将被大多数人所接受。

因此，重要的不是客户，而是对人性的洞察，是对人类共同需求洞察前提下开发出的具有足够创新意义的产品或服务。同时，更重要的是，在一个创新的时代，能够做到不为创新而创新，不成为创新狂。对于乔布斯来说，以清晰的头脑从科技、人文两个角度把所有需要审视的问题都梳理一番，并不等于完成设计。乔布斯说："我对创新没兴趣，我只关心伟大的产品。如果你关心的是创新的话，那你最后只会列出我们做了哪些创新，一、二、三、四、五……就好像把这些东西堆起来就成了似的。"

✳ 创新永续： 开放式平台创新模型

面对创新者窘境，克里斯坦森曾提出一套突破性创新原则，主要内容包括创建负责颠覆式创新的独立事业部门、通过学习突破思维模式、创造组织新的潜能以及密切关注市场等。

克里斯坦森的创新原则，并未突破现代企业的组织架构和管理体系，是一种改良式创新思维。今天优秀企业的创新几乎都已经践行了克里斯坦森的创新原则，但在管理范式大变革的背景下，克里斯坦森的创新原则并不能从根本上突破创新者窘境。关于创建独立部门的局限性，前面我们已经指出。至于学习突破思维模式、创造组织新的潜能以及密切关注市场等方式，如果在维持陈旧的组织模式及管理范式的情况下，此类方式无疑收效甚微。

克里斯坦森曾强调，很多公司被颠覆，正是由于"管理良好"。但是他所提出的创新原则，却无疑是对管理的改良。可见他所谓的"管理良好"仅仅是在某种管理范式内的管理有序，因为真正具备良好管理的企业都是创新的沃土。

克里斯坦森的《创新者的窘境》已经是 20 年前的著作，我们尊重其历史性功绩，但必须看到今天的创新环境与管理变革的背景已经大为不同。众多企业的实践和管理创新，已经为突破创新者窘境提供了更为完善而成熟的路径，这就是以后现代管理范式系统创新为前提的开放式创业平台创新模式，如图 8 – 3 所示。

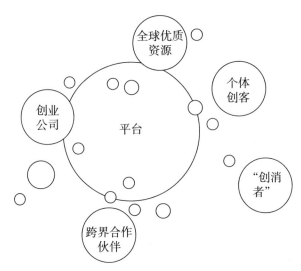

图 8 – 3　开放式创业平台创新模型

目前，最具前沿性的开放式创业创新平台，是海尔以小微孵化平台为核心的生态化组织平台。在这一平台模式中，海尔设计了创业型创新机制，使海尔分化为数千家独立的小公司，解决了大公司无法克服的衰退问题。海尔开放式创业创新平台，不是简单的"平台＋个人"模式，而是在平台上聚集创业公司、个体创客、"创消者"、跨界合作伙伴以及各类全球优质资源。

虽然世上没有永存的组织，但海尔等企业的生态平台化组织创新，毕竟为从根本上突破创新者窘境设计了一个较为成熟的路径。未来，阿米巴组织将为开放式创业创新平台所超越，全球企业将进入一个以开放式创业创新平台为核心的后现代管理创新时代。

在蚂蚁金服总裁井贤栋看来，很多企业和组织已陷入"为了创新而创新"的泥潭，并没有掌握创新的本质。在开放式创业创新平台模式中，有限的开放，以及创新的管理是可持续创新的关键因素。而由执行力文化向创业文化的转变，是创新管理最核心的突破。宝洁的开放式创新在机制和管理方面都有所欠缺，宝洁没有像海尔一样建立创业文化，在其单纯的开放式创新中，由于对外部资源产生过度依赖，而导致了内部人力资源和技术经验的匮乏。同时，并非所有的外部供应商都愿意和宝洁分享最前沿的创新，宝洁的开放式创新因此面临重重障碍。西门子的创新模式在德国企业中位居前列，西门子采取三种模式推进创新：与初创企业合作、成立初创企业、投资初创企业。同时，西门子中央研究院还成立了创客空间。但西门子的创客空间只对西门子员工开放，与海尔的开放式人力云模式还有根本的差距。西门子的总体创新则尚未突破研发创新模式，更没有建立完全意义上的创业型创新平台。

五、跨界创新的人力云管理

学科的分界并非自古就有，而是近代才产生的。20 世纪中叶以后，社会科学面临着跨学科趋势。华勒斯坦在《开放社会科学》中主张破除社会科学之间的界限，以开放的视野构建社会科学。

而创新是更加综合的工程，不仅打破了人文学科与社会科学的界限，打破了不同社会科学之间的界限，也打破了人文社会科学与自然科学之间的界限。在此背景下，以技术为主导的现代企业研发模式必然面临被终结的命运。

"极端合作" 是创新的关键

因此，IDEO 提出的"极端合作"理念，是企业跨界创新人才管理的核心。在设计思维主导的企业创新模式中，创新需要设计、市场、技术、工程、材料、人体工学、艺术、哲学、心理学等不同学科背景的人才共同组建团队。这种大幅度的跨界合作，是创造性思想和突破性技术产生的沃土，将直接催生达·芬奇式的天才创新。过度细分的现代学科体系和高等教育本身的狭隘化倾向，导致今天很难再出现达·芬奇式的跨学科人物，企业创新不可能依赖少数天才。因此，"极端合作"才会成为企业创新人才管理的根本之道。

管理学本是跨度最大的学科，但现代 MBA 教育体系却很狭窄。MBA 教育所设置的学科，是按照现代经济和商业目标设立的纯商科体系。在跨学科、跨行业日益突出的互联网时代，高层经理在管理实践中所需要的跨学科和跨行业素养，是 MBA 教育所难以达到的。彼得·德鲁克和明茨伯格均批评 MBA 教育的不切实际，在互联网时代，这种情形日益突出。明茨伯格强调管理是诸多技巧、艺术与科学融合的产物。彼得·德鲁克强调管理是一种跨学科实践，同时他相信管理是人文艺术，涉及艺术、文学、历史、哲学和宗教等诸多领域。

在《管理的实践》一书中，彼得·德鲁克甚至宣称："对于管理学本身而言，大学商学院的课程中，只有两种知识来源最为有效：短篇小说和传统诗歌鉴赏。"在彼得·德鲁克看来，诗歌鉴赏可以帮助学生练习用感性、富于想象力的方式去影响别人，而短篇小说的写作则培养学生对人际关系的入微观察。只有在阅读小说和诗歌的时候，人们才能够细致入微地把握人性。1971年秋天，彼得·德鲁克离开了任教 20 多年的纽约大学商学院研究生院，到加州克莱尔蒙特研究生院为企业高层管理人员培训班授课。原因就是克莱尔蒙特研究生院遵从了他的管理哲学，在这里的学生不仅要学习经济与管理，还要学习历史、社会学、法律和自然科学。这种学术训练方式沿袭了欧洲的大学传统，也反映了管理的本质要求。

在互联网和大数据时代，跨界合作将达到无以复加的程度。要求创新团队中的所有人都具备跨学科背景并不现实，但作为创新团队的领导者，如果具有跨学科能力，无疑更加有助于团队的协调和不同观点之间的融合。同时，一个创新领导者，不应该仅仅是一个科技狂，还应该是一个深谙人性的人。越是在科技创新的迷狂中，越需要让团队成员找到归属感。如果没有一颗沉静的心，所谓的创新热情将很难持久。

乔布斯就具有多学科思维，他既不是艺术天才，也不是技术天才，但他兼具人文与科技的特质，并且十分重视人文精神。乔布斯说："苹果之所以能与人们产生共鸣，是因为在我们的创新中深藏着一种人文精神。"因此，跨学科"极端合作"的目的，不仅是产生创新，而且要产生更伟大的创新。

✿ 拒绝高级平庸

常春藤名校并不是产生杰出人物的摇篮，从那里出来的大多数人都是高级平庸者。大公司也不是杰出人才汇聚的地方，那里的职员大部分都是高级平庸者。商学院不是培养企业家的地方，文学系和艺术系也不是培养作家和艺术家的地方。在传统教育体制下，大机构、知名机构所造就的大多是傲慢的高级平庸者。

从常春藤名校出来的佼佼者，并非因为他们是从常春藤名校毕业，企业家不是因为读了商业院才成为企业家，作家和艺术家也不是因为读了相应的专业而成名。从大公司出来而缔造另外一家伟大公司者，也不是因为他出自大公司。很少有从大公司出来的人，能够缔造另外一家同样伟大的公司。即使出现此种情况，也并不是因为他出自大公司，而是因为他本身就具有一个伟大企业家的基因。这样的人无论在哪里，迟早都会发光。

杰出的人才是创造环境者，他们为着一个目标可以百折不挠，在此过程中他们将不断改变环境，直到改变历史。杰出人物的共同品质是强大的信心、执着的信念、藐视一切困境的坚韧、博大的心胸、持之以恒的自学能力，以及伟大的使命感。这一切都与他曾经待在哪里无关。

但大公司的人力资源管理误区，恰恰使其陷入高级平庸陷阱。从某种角度而言，所有大机构都是高级平庸的制造者。知名的教育背景、知名的大机构背景等，它们选人的标准本身就是极其褊狭的。为什么克里斯坦森所说的那些被颠覆的公司都"管理良好"？因为那里聚集了一群高级平庸者。为什么索尼创始人井深大和阿里巴巴创始人马云，当年找工作时都屡遭拒绝？因为大机构选人的标准，是高级平庸的标准。像井深大和马云这样杰出的人物，根本不符合他们的标准。

阿里巴巴曾经一度招聘过很多 MBA，但后来大部分都被马云开除了。马云开除 MBA 的原因是，他们所推行的战略正规化大多数不切实际，缺乏基本的礼节、专业精神和敬业精神。这些所谓的精英分子，就是高级平庸者。

高级平庸，会使一家伟大的公司一步步失去创新能力，也会限制一般投资者向伟大投资家的转变。大公司的人并不比小公司的人更优秀，他们更多是依靠公司背后雄厚的资源和团队力量，而非个人的创造力。中国的风险投资者在接触创业者时，过度重视他们的名校背景和大公司履历，却忽视核心创新能力。创造历史的人不是因为他们过去曾经如何，而是因为他将会如何。风险投资机构的傲慢和所设立的高级平庸标准，不知错过了多少伟大的创意。

❂ 废弃僵化的人才模板

斯坦福大学前校长、硅谷之父弗雷德·特曼说："撼动这个世界的绝不是博古通今的学者，而是那些无知无畏的人。"同样，伟大的创新往往不是出自受过正规教育者，最佳的解决方案和最具创造性的实践通常都来自那些"门外汉"。

事实表明创新往往来自于那些亲朋好友眼中的"普通人"。不仅比尔·盖茨、乔布斯、扎克伯格等世界级企业家都没有大学文凭，爱迪生、华罗庚、计算机横断扫描的发明者，诺贝尔奖得主戈弗雷·豪斯菲尔德等科学家也从来没有获得大学学位。陈寅恪、钱穆、梁漱溟等大师级学者，和齐白石、莫言等文学艺术大家，也都没有上过大学。从科学家到文学家、艺术家、企业家，没有受过正规教育的各领域杰出人物不胜枚举。他们没受过正规教育，却不等于没受过教育。相反，由于打破了学科的限制，他们自我教育的过程，加上更多的实践磨砺，使他们受到了更加高级的教育。他们的自我教育过程，无疑更接近教育的本质。

亚马逊的人才团队由自由派艺术家、摇滚音乐家、学者、职业滑冰选手、赛车手等组成。华为正在尝试废弃僵化的人力资源评估体系，任正非说："我们要让优秀人才活下来，优秀人才大多都是'歪才'。在座各位能接受贝多芬到华为应聘吗？华为公司要能容忍一些'歪瓜裂枣'，容忍一些不太合群的人，允许他们的思想在公司发酵。"任正非指出，企业领袖不能有思想洁癖，尤其是不能有道德洁癖。企业领袖自己当然需要有价值观和道德标准，但不能以此道德标准框定人。盛田昭夫虽然是大阪大学的毕业生，但是在用人上一直强调注重个人能力而非学历背景。为此他还写了一本《学历无用论》，这是一本从 20 世纪 60 年代起多次再版的畅销书。

面对企业创新对"极端合作"的旺盛需求，全球顶尖大学正在锐意革新。

牛津大学赛德商学院将人才培养目标，从教授"财务、会计和营销"等常规的商科专业基础知识，扩展到培养具有"整合思维"的，能"跨界"解决难题的商业领袖。这一方案旨在利用牛津大学丰富、深厚的学术资源，打破学科界限，开展跨学科交流，开设多种专业的联合课程。在清华大学 2016 级研究生开学典礼上，清华大学校长邱勇提出"文理渗透，提升学术和人生境界"的跨界理念，结合清华大学新开设的"全球创新学院"，体现出清华实验性的人才培养目标：着重培养交叉、创新、异质性的全球化人才。由斯坦福设计学院牵头，以建设斯坦福开环大学（Open－loop University）为目标的《斯坦福大学 2025 计划》也已经正式启动。斯坦福开环大学将取消入学年龄限制，学习年限设置为一生中任意加起来的六年；更重视职业生涯的培养，改变传统大学按知识划分不同院系归属的方法，按照学生的不同能力进行划分，重建院系体系；推行有使命的学习，培养具有大格局和大视野的国际领导型人才。

要真正产生"极端合作"的沃土，推进全球创业创新浪潮，必须改革全球高等教育体系。如果不彻底变革夸美纽斯大教学论所推动的现代课堂教学体系，以及近代以来僵化的学科划分体系，互联网时代的开放式创新将大打折扣，人人创客的创新文化也将受到极大的阻碍。在这个创新为王的时代，谁率先废弃僵化的教育和人力资源评估体系，谁就将获得更强大的创新能力。

数字游牧者与内部营销

彼得·德鲁克之所以主张从小说和诗歌鉴赏中学习管理，是因为在真正的文学中蕴藏着真正的人性。对人性细腻的感知，是一切管理的开始和最终归宿。特别是对于创新人才的管理而言，感知人性是管理中的管理。

杰克·韦尔奇是率先实施内部营销的企业家，他倡导的"走动式管理"曾经极大地激发了通用电气的活力。把员工当作客户的内部营销式管理，原本是管理的本质。彼得·德鲁克就曾经提出，领导力的本质是一种营销。但现代管理体系把人异化了，在现代管理中，企业与客户、企业与员工的关系，都不是正常的人与人的关系，而是人与对象的关系，甚至是人与物的关系。杰克·韦尔奇只是摆正了人与人的关系就大获成功，说明现代管理已经畸形到何种程度！

在数字游牧者占据主导的互联网时代，内部营销式管理应该是管理的基本起点，而不应是大肆宣扬的伟大创举。如果仰视内部营销，只能说明这个世界缺少温情。但是，在人性被异化的大背景下，能够做到内部营销的人，仍然是值得尊敬的。管理中人性的升华，毕竟需要更多企业的默默努力。腾讯的人力资源管理就是内部营销式管理，腾讯以用户思维制定管理制度，自下而上让员工自己做主，把人力资源管理变成了一种服务。在腾讯，如果要推出一种新的制度，需要在内部进行宣传，就像产品营销过程中的推广传播一样。

随着开放式创新而来的组织平台化浪潮，未来，内部营销体系的建立对企业越来越重要。像海尔这样的创业创新型平台企业，面对的员工本质上是数千家独立的公司，企业与市场的边界被突破，内部营销体系的建设就更加重要。内部营销将是海尔协同管理的重要组成部分。

同时，在"世界就是研发部"的全球人力云体系下，平台企业将面临来自全球不同国家、民族和文化背景的庞大的员工队伍，甚至面临作为"创消者"的客户随时转化为员工的格局，内部营销的重要性无疑将空前提升。在此种情况下，所谓内部与外部已经无法区分，人才管理就更应该具备营销思维。身兼多职是数字游牧者的主要特征，朝九晚五的工作方式正在被渐渐废弃。数字游牧者的线上游牧，彻底颠覆了传统的人力资源管理体系。

开放式创业创新平台的普及和众包平台的崛起，将促进21世纪成为"跳蚤"的天下。在《个人与组织的未来》一书中，查尔斯·汉迪指出，从传统大公司（大象）到自由个体（跳蚤）的转变，是21世纪的普遍趋势。"跳蚤"的重要形式就是组合式工作者，另外还包括微型企业和自由代理商等小型的经济个体。查尔斯·汉迪所预言的情景，正是今天海尔等平台化企业的现实。在此种状况下，突破企业边界的"内部营销"，必将成为企业创新管理的"标配"。

六、思维与管理创新：被忽视的救赎

创新始于思维，而成于管理。思维革命与管理革命，是创新开启与创新持续的两大核心保障。纵观当前的企业创新，无论在思维的深度与广度方面，还是在创新管理方面，都存在着根本性欠缺。

❋ 创新者应具备思想史思维

一切创新史都是思想史。所以凯文·凯利才强调他研究的重点是科技哲学，而不是科技预测。从思想史本身而言，科技与哲学从未脱离，任何科技背后都有哲学观，科技与哲学之间也存在着不可分割的内在联系。物理学达到极致就是一种哲学，所以爱因斯坦相对论某种角度上是宇宙哲学，而牛顿最终由物理学转向了比哲学更高的神学。

在当今的大数据时代，思想界空前迷乱。很多人以为大数据是本体论革命，岂不知这不仅不是什么新思想，也不是正确的思想。毕达哥拉斯在 2000 多年前就已经指出数的本体论属性，但数的本质只是物质的内在结构，并不是真正的本体。鲜活的宇宙和生命系统，并不是由抽象的数所能产生。因此，大数据最多代表着一种认识论和方法论，它改变我们认识世界的方式和改造世界的方法，也改变着商业模式与企业战略。

创新者若具备思想史思维，不仅对于科技创新具有重要的指导意义，对于管理创新、商业模式创新、品牌营销创新等均具有十分重要的意义。当今管理范式变革的滞后，从根本上来说，是管理界缺乏对思想史通透认识的结果。如果管理学家能够洞穿现代管理背后的世界观迷局，就可以颠覆整个现代管理范式体系。如果管理学家对消极后现代与积极后现代思想具有真正清晰的分辨力，就能够在此基础上构建后现代管理范式体系。

商业模式创新和品牌营销创新，无不渗透着思想史革命的因素。在世界观革命的前提下，我们才会彻底转变商业模式与品牌营销中那些非人性的因素。组织变革就更加是思想史的变革了，因为组织变革的本质，在于对现代科层制背后的机械论世界观的颠覆，以及回到人本身这一始自苏格拉底的伟大哲学使命。

❋ 创新者应具备超文化思维

超文化思维本质上也是一种思想史思维。在第一原理品牌战略下，超时尚作为一种新文化，正是人类走过漫长的文化对立化历史所悟出的朴素真理。在互联网时代，无人能够阻挡全球化浪潮，而民族品牌将成为一个逐渐消失的概念。

我们能说苹果和 Facebook 代表美国文化吗？显然不是，它们所代表的是一种直接穿透人性的超文化。在苹果的品牌中，并不存在任何民族性的成分，只有高科技所代表的人文精神。苹果手机和电脑在外观上所追求的极致美学，与无印良品一样是一种极简主义。你能说极简主义是日本文化吗？显然不能，只能说极简主义代表着"阿尔法一代"的共同审美取向，即超文化的审美取向。我们能说"阿尔法一代"是中国的、日本的，还是美国的？都不能。"阿尔法一代"是新人类，是最没有历史和文化包袱的超文化一代。

同样，我们能说阿里巴巴、腾讯、华为和海尔是民族品牌吗？那么，阿里巴巴哪一点能体现出民族文化属性？除了马云所推行的武侠文化外，阿里巴巴的民族性在哪里？武侠文化最多只是阿里巴巴企业文化的一个特色，而不是阿里巴巴企业文化的本质。因为像阿里巴巴这样的全球性企业，是无法贴上特定文化标签的。腾讯、华为、海尔等公司亦然。它们都是全球性企业，它们的品牌也是全球通用的。海尔并不是靠民族文化来征服世界，而是靠产品的高科技属性和人文内涵，未来还将靠产品的互联网化。

在一个互联网化的世界中，传统意义上的民族品牌已经无法成立了。当然，民族传统文化依然存在，并且具有重要的意义。但传统文化的真正意义不是标新立异，不是与他人搞对立，而是在相互尊重和欣赏差异化的基础上，寻找人类的共同基因。各民族的传统文化中，都存在着共同的人性基因。即使具有民族文化属性的品牌，若要成为世界性品牌，也必须在保持民族特色的同时强化其超文化的属性，每一种文化都有超文化基因。因为每一种文化的背后都是人性。

科技背后也是一种超文化，科技哲学所反映的是人类对宇宙规律和宇宙本体的共同认识。科技产品则代表着一种全球趋同的超文化，只有具备超文化思维，科技创新与商业创新才不至于落入某种狭隘。这对于创新至关重要。

❋ 以管理范式为本的创新体系

熊彼特认为，在自由竞争市场前提下，经济的本质不在于循环流转式均衡，而在于创造性破坏，凯恩斯等经济学家的根本取向是错误的。在《经济发展理论》中，熊彼特指出创新包括五类：原材料、工艺、产品、市场及管理方式创新。彼得·德鲁克指出，真正重要的并不是人们熟知的前四种创新，而是管理方式创新。苹果公司也强调，创新不是经济增长的关键，管理才是。

在大变革时代，我们更需要管理创新，让管理变革成为企业常态才是真正的创新突围之路。克里斯坦森指出了创新者窘境，却没有指出突破创新者窘境的根本路径。在克里斯坦森时代，后现代管理尚未诞生，克里斯坦森是在假定现代管理范式体系仍然有效的前提下，对企业创新提出改良性方案的。甚至克里斯坦森并没有觉得现代管理范式有什么问题，因此他才得出"管理良好"的企业被颠覆的结论。

关于创新的呼声以及创新体系的探索已经十分热门，关于商业模式、战略、组织、营销、领导力等方面的创新也层出不穷，但唯独管理范式创新没有得到应有的重视。其中，思想史素养的欠缺和超文化思维的空白，是管理范式创新的根本屏障。当人们仍然被陈旧的世界观所束缚时，就无法做出真正划时代的管理创新。这一当今世界最大的创新迷局，已经到了须彻底破解的时刻。图 8 - 4 是后现代企业创新思维模型。

图 8 - 4　后现代企业创新思维模型

在上述后现代企业创新思维模型中，管理范式创新是突破创新者窘境的根本路径，在管理范式创新大系统下的商业模式创新才不会成为一个孤立的系统，不会产生商业模式与战略、组织的错位现象。也只有在管理范式创新体系下的组织创新，才能真正成为企业的核心竞争壁垒。其次，突破创新者窘境的路径还包括设计创新和创业式创新。设计创新作为一种战略思维，代表着创新模式的系统转型。创业式创新则是超越现代企业一切改良式创新的根本出路，而达成创业式创新的方法又是管理范式创新。事实上，创业式创新本身就是后现代管理范式创新的核心所在。只有运用整合性的思维，才能真正构筑一个超越克里斯坦森理论的创新者窘境突破体系。

创新者极限与管理救赎

任何企业的生命都有极限，但并非所有的创新极限都是企业生命周期的反映。相反，目前全球企业的创新困境，大多不是由企业生命周期所导致的衰老，而是因管理创新滞后所产生的衰退。

管理救赎是根本的创新拯救之道，任何企业都可能借助后现代管理范式的缔造而获得重生。与迈克尔·哈默和詹姆斯·钱皮时代不同的是，今天全球领先企业实践中对后现代管理范式的创新，已经属于全面性的管理变革，而不仅仅是流程和组织变革。虽然企业实践中的后现代管理变革尚缺乏世界观革命与系统的范式革命，不过对后现代管理范式体系的创造性整合与推进的历史条件，已经相应地趋向成熟。

如果说迈克尔·哈默和詹姆斯·钱皮的企业再造代表后现代管理的先驱性探索。那么，今天的超文化企业缔造，则是后现代管理走向成熟的表征。在谷歌、Facebook、阿里巴巴、海尔、华为等企业的实践中，虽然尚未提出超文化思维方法论，但他们的实际行动正在向超文化思维靠拢。以后现代管理范式创新为根基的企业创新，将彻底改变现代企业创新体系，并深远地影响未来经济的进程以及人类历史的进程。但是对后现代管理创新范式的总结不是企业家的任务，而是管理学家的任务。

企业创新包含三个层级：一级创新是管理范式创新，二级创新是管理子系统创新，三级创新是技术与产品创新。在巨变时代，一级创新，即管理范式创新是企业创新的前提与核心。而当前企业创新的窘境是，大多数企业局限于三级技术创新和二级商业模式、股权模式、组织结构、营销模式等创新，但唯独忽略了最根本的一级管理范式创新。大部分企业把二级乃至三级创新当做企业的整体创新，这在根本上是对管理创新认知的极大偏差。若没有整体的管理创新，则企业创新就不是真正的创新。由于此种创新的不可持续性，这种本末倒置的"跛脚创新"必须终结。表8-1是现代与后现代管理创新模式的对比表格。

表8-1　　　　　　　　现代与后现代管理创新模式对比

现代管理创新模式	后现代管理创新模式
技术创新	设计创新
以企业为中心	以价值为中心
专业团队	跨界团队
封闭式人才机制	开放式人力云
文化创新	超文化创新
双元性创新	开放式创新
激励式创新	创业式创新
局部创新	系统创新
管理改良	管理范式革命

第九章

人性救赎与后现代领导力缔造

面向未来的领导力创新

领导者的心灵管理

逆境管理与领导者灵商指数

为何兴起女性领袖

超文化：领导力与管理范式变革

"每一个持续扮演着领导角色的怪杰，
都有一种压倒一切的品质：赤子之心。"

——本尼斯和托马斯

管理是包含领导在内的。没有脱离管理变革的领导模式，领导模式本身就是管理变革的一部分。领导力变革与组织变革是同步的，科层制组织的终结必然导致权威式领导的终结，而权威式领导的终结必然需要新的组织模式来匹配。

这是一个需要重新审视领导模式的时代，与现代公司架构匹配的领导模式已经无法适应后现代公司的管理实践，过去的领导大厦必须推倒重来。领导既是管理的一部分，又是推动管理变革的核心。因此，若没有领导力的重构，管理变革也将无以为继。

一、面向未来的领导力创新

领导力既具有亘古不变的一面，也具有与时俱进的一面。在互联网背景下，领导力兼具回归与创新的特质。而领导力的回归与创新，是后现代管理回归与创新不可分割的重要组成部分。

领导的本质

领导的本义是带领与引导，并无任何统治色彩。从人类的起源来看，领导始于家庭中父亲的角色。父亲往往作为一家之主第一个出现在我们的生命里，其地位的确立不是基于任何行政的属性，而是基于管理最原始的定义。

管理的概念比领导更大，领导者首先是管理者。

以丈夫和父亲角色为起源的领导，其权威地位是生命本身的属性所赋予的。其中，父亲的角色是领导者角色的根源。孔子及董仲舒等儒家代表，之所以构建"三纲五常"的伦理秩序，正是基于此种天理。"三纲者，君为臣纲，父为子纲，夫为妻纲。"三纲之中，"父为子纲"是基础，而它所要求的社会规范就是孝敬。这里的孝是指子女对父母的绝对顺从，即使父母有过错，做子女的也只能柔声以谏，不能触怒父母。按照"父子相隐，直在其中"原则，子女隐瞒父母的罪责和过失，在当时的社会条件下是符合天理人情的。

《圣经·创世记》中记载了一个故事，挪亚在大洪水过后因为骄傲放纵而酩酊大醉，他的第二个儿子含看见父亲因醉酒而暴露的裸体后，将其报告给另外两个兄弟，但另外两个兄弟是倒退着前去遮盖父亲身体的。挪亚的另外两个儿子闪和雅弗因遮盖父亲的过失而得到了祝福，但二儿子含却因暴露父亲的过失而受到了诅咒。

我们回到领导的本质来看，如果小到家庭和组织中的领导者，大至国家领袖，都能够以仁爱为首，则"三纲五常"无疑代表着最和谐的秩序。事实上，"三纲五常"作为奴化人民的工具，是在宋明以后才出现的，这违背了孔子及董仲舒等思想家的本意。而无论中国还是西方历史上的领导角色，也都存有一个偏离领导本质的过程。

西方现代民主既有伟大的历史贡献，也具有根深蒂固的残缺。就领导力而言，建立在机械论世界观之上的现代公司科层制，与抛弃"三纲五常"精髓的封建专制没有本质的区别。互联网时代的领导力创新，首先要回到领导的本质上来。阿莱桑德雷说："传统是革命的同义语。"在东西方经典中，我们能够找到领导原初而精准的定义。在此基础上，所谓的领导力创新才可能令人信服。

今天的领导力创新，大多强调员工的自我领导，强调"去领导化"色彩。但领导的本质却是父爱、带领、引导以及顺服与交互的过程。事实上，管理的本质就是实现自由与控制的协同，片面强调任何一面都会失去平衡。海尔之所以能够成功推行平台化组织模式，就在于自治与控制的协同，而不是真正的"去领导化"。在后现代管理范式革命中，领导力的革命具有举足轻重的地位。只有在回归领导的本质，同时兼顾互联网时代特质和后现代组织变革本质的前提下，才能建构真正牢固的后现代管理大厦。

❖ 数字化领导

在数字化时代，恢复领导的本质是第一要义。大数据的世界，一面是确定性，一面是不确定性。在一个高度科技化和数据化的世界，人类更容易迷失自我。而一个迷失自我的人，不可能是合格的领导者。因此，数字时代的领导者需要出色的灵商，应该深谙天理，明白人的终极价值与目标，才更能明确企业的目标。

在一个科技突飞猛进的巨变时代，需要更强有力的领导，但领导者的权威首先基于领导本质的回归。在以爱为本的前提下，领导者才能建立企业人之间的亲密关系，而亲密的关系是企业创新的不竭动力。

将一群"跳蚤"聚合为"大象"，是看似矛盾实则统一的领导力目标。无论公司如何"小微"化，大的方向仍然由领导者来掌控。领导者的本质性角色，在数字化时代不会改变，而只会加强。领导者没有消失，而是变换了形态。因为战略改变了，组织改变了，文化改变了。

相对于战略平稳的工业化时代，在战略变化性突出的数字化时代，领导者的微观性领导行为减少，而宏观性领导行为增多。所谓微观性领导行为，是指在有序管理过程中为实现管理目标而产生的领导行为；所谓宏观性领导行为，是指在变革管理中所产生的领导行为。

❖ 从超情境领导开始

保罗·赫塞的情境领导模型，是截至目前最经典的领导力工具之一。情境领导模型更注重微观性领导行为，即在有序管理过程中为实现管理目标而产生的领导行为。情境领导要求管理者要同时扮演管理者与领导者两种角色，管理者首先是一个领导者，其次才是管理者。这与我们对管理与领导的区分有所不同，我们认为领导者首先是一个管理者，其次才是领导者，管理的范围比领导更大，它包括企业整个系统运作的维系，即"管理（宏观）＝领导＋管理（微观）"。

诞生于20世纪60年代的情境领导模型，至今仍然广受包括世界500强企业在内的全球大公司经理人的追捧，它是一个成熟的领导力工具。到目前为止，几乎还无人指出情境领导的缺陷。情境领导模型本身不存在重大的逻辑性错误，它的问题不在模型本身，而在于整个体系的工具化属性。而把领导力工具化，存在着割裂领导力的问题。

保罗·赫塞认为情境领导模型是站在三个巨人肩膀上的成果，他们就是发现 X 理论和 Y 理论的道格拉斯·麦格雷戈、亚伯拉罕·马斯洛以及卡尔·罗杰斯。麦格雷戈、马斯洛和罗杰斯对人性的人本主义阐释，一定程度上提升了现代管理的人性化程度，但并没有达到颠覆现代管理的程度。总体而言，他们的理论本身就是现代管理理论的一部分或是与现代管理理论相匹配的心理学体系。同样，保罗·赫塞的情境领导研究，也是建立在现代公司治理结构与组织架构基础上的领导力体系。由于时代的局限，情境领导缺乏从管理范式变革高度对领导力进行的更为宏观的研究，而是止于在现代公司组织架构下，对基于科层制体系的经理人领导行为进行研究。因此，情境领导更注重微观性领导行为，即在有序管理过程中为实现管理目标而产生的领导行为。

在情境领导模型中，四种领导风格分别对应四种准备度水平。其中，四种准备度水平为"R1 没能力没意愿""R2 没能力有意愿""R3 有能力没意愿""R4 有能力有意愿"；四种领导风格为告知型、推销型、参与型、授权型。情境领导这一模型非常适合规范化的现代大公司，即克里斯坦森所说的"管理良好"的公司。对那些以实现既有商业模式为目标，处于相对稳定状态的公司经理人而言，情境领导是提升领导人性化的科学工具。对处于创新和变革背景下的企业而言，情境领导模型虽然有效，但如果使用过当则不利于创新目标的达成。

在以创业创新为主导的组织中，作为高层领导不可能也做不到常态性采取告知型、推销型和参与型领导风格。特别是对于创业型团队而言，很多时候需要打破常规，在极端的环境中才能迸发出创造力。马斯洛的需求层次论和情境领导模型在创业团队中都将被颠覆，创业团队可以为着一个理想而暂时放弃较低层次的需求，也可以在没有领导指导和参与的情况下突破某些难以逾越的瓶颈。创业型团队将全方面突破情境领导模型：第一，对于应该采取告知型、推销型、参与型的员工或团队，在海尔这样的平台型企业，面对数千个独立的小微创业团队，整体上的领导模式也必须采取授权式领导；第二，在大面积采取授权领导模式的同时，对于小微创业团队需要战略与文化方面的控制，而战略与文化控制的过程，通常需要采用推销式和参与式领导风格，也就是说，即使在员工有能力、有意愿的情况下，也不能完全采取授权式领导模式。这就导致了面对同一准备度的员工，却需要采用不同领导模式的现象。同时，对于开放式创新平台遍布全球的在线员工，无论其准备度是否成熟，也只能采取授权式领导。

另外，根据情境领导模型，对于不同层级的领导者具有不同的技能结构要求。比如，对于高层领导者而言，技术技能的要求是最低的，但不等于没有技术技能要求。也就是说，在情境领导模型中，完全意义上的外行领导内行是不可能的。而在现实中，很多高层领导的技能结构虽然打破了这一平衡，但并不影响他们具有卓越的领导力。马云和 IBM 的郭士纳，都是 IT 技术门外汉，马云甚至连在电脑上怎么放 DVD、怎么存储照片都不会，他只会发邮件和浏览网页。但马云和郭士纳都是非常卓越的 IT 企业领导者。

在马斯洛所研究的黑脚族印第安人中，领导只是充当集体的助手或仆人，将集体组织起来，形成合力，就像一支足球队那样。在无必要时，黑脚族印第安人也不去烦扰领导人。黑脚族印第安人虽然无组织无结构，但也运行顺畅，他们的领导方式，就很接近平台型企业创业团队的管理。在创新型组织中，很多时候只有突破中规中矩的情境领导模式，才能真正释放团队的创造力。因此，情境领导模型虽然很正确，但更适合现代管理机制下的守业型经理人团队。在管理范式全面变革的后现代创新情境下，情境领导只能作为补充型领导风格被运用于微观管理的过程中。

在开放式创业创新平台组织模式中，从宏观角度来看，不可能机械地照搬情境领导模型。并不是情境领导模型有什么问题，而是它不适合大变革背景下的公司宏观领导，而只适合微观领导。

对约翰·科特的超越

约翰·科特作为世界"领导力大师第一人"，其主要贡献是区分了领导与管理概念，以及在现代企业组织架构体系下，建立了基本的领导者行为理论和企业领导理论。约翰·科特的领导理论在今天看来，已经是十分基础性的领导常识，且具有明显的时代局限性。其主要局限在于，无论是对领导与管理的定义，还是领导者行为及企业领导理论，都带有深刻的现代企业烙印。

可以说，约翰·科特的领导理论是现代管理范式的一部分。

约翰·科特虽然区分了领导与管理行为，但在二者总体关系的界定上存在偏差。约翰·科特指出了管理与领导的交叉性，但他认为，领导的目的是产生变革，而管理的目的是建立秩序。这种泾渭分明的区分，很多时候并不符合企业实践。虽然科特并不否认领导与管理的互补，但他的观点倾向于突出领导。他没有指出领导与管理何者为大的问题，而是突出了领导的作用，认为取得成功的方式"75%～80%靠领导，其余20%～25%靠管理"。且不说这一数字是否科学，单就领导与管理的关系来说，这种观点就值得商榷。我们认为，管理是比领导更大的概念，"管理（宏观）＝领导＋管理（微观）"。其中前一个管理是宏观的，后一个管理是微观的。企业运行的全部管控行为总称管理，在这一大的前提下，变革型的管理可以称为领导，而秩序性的管理可以称为管理。但在实践中，领导与管理总是水乳交融，不可区分的。在领导中有管理，在管理中也有领导。而总体上，无论领导还是管理，都是管理行为。科特认为，管理者试图控制事物，甚至控制人，但领导人却努力解放人与能量。实际上，在互联网时代，管理的目标就是解放人，而不是控制人，管理与领导的目标是一致的。无论在任何时代，管理与领导都不应该产生约翰·科特所说的这种矛盾，而应是完全匹配的。即使在现代企业时代，权威型领导与控制式管理也是匹配的。其中的本质是管理范式的问题，在现代管理范式时代，管理与领导总体上都属于控制型范式；而在后现代管理范式时代，管理与领导都属于解放型范式。可见，约翰·科特对管理与领导的基本定义和区分，就带有明显的现代管理范式烙印。

约翰·科特的个体行为领导在中国被称为"总经理学"，是完全按照经典现代企业组织架构下的职位设置结构来研究领导者行为。科特领导理论中的"总经理"是指综合性企业内的不同类型的总经理工作职位，具体分为七种职位：职能型业务主管、多部门型业务主管、企业集团型总经理、分公司总经理、子公司总经理、产品/营销型总经理和经营性业务总经理。显然，在这种架构下对领导行为的研究无法适应后现代企业组织模式的领导行为，因为互联网时代已经颠覆了这些传统的领导岗位设置，领导模式也完全不同了。

约翰·科特的企业领导理论，研究的是领导过程、结构、领导艺术、企业领导环境的产生和企业文化对企业经营的作用等。科特认为领导过程包括确定企业经营方向、联合群众、激励和鼓舞。这一领导过程是现代企业领导者的基本领导行为，但已经无法概括后现代企业的领导过程。在开放式创业创新平台组织中，所谓的确定经营方向、联合群众、激励和鼓舞，都具有完全不同的含义。领导过程首先是设计，他要从系统和范式变革的角度设计企业的整个架构，包括商业模式、治理架构、组织模式、文化模式等，而这一切远比确定经营方向要丰富得多。同时，联合群众与激励完全不是内部意义上的联合，也不是通常意义上的激励。领导者需要联合的是全球化的资源，包括各类合作者，他们已经超越"群众"这一概念。使用"群众"概念，说明科特是站在科层制领导的位置上俯瞰员工。而在激励层面，后现代企业领导最核心的任务不是精神上的鼓舞，而是创业平台的搭建。总之，科特的理论在思维与范式上已经落伍了。

1996年，科特出版了畅销全球的《领导变革》，总结出企业变革的八个步骤：建立紧迫感、成立指导联盟、形成远景和战略、传播变革远景、授权员工行动、创造短期成果、巩固成果并推行更多的变革、深植新做法于文化中。科特的变革领导理论，站在今天的管理范式变革角度来看显得过于空洞。科特所总结的是一些常识，而没有真正的创造性洞见。因为这些变革的步骤，一般的领导者即使没有受过理论训练基本上也会如此实施。科特变革领导理论的最大缺陷，是缺少具有超越时代高度的范式思维，他的变革只是一种朴素性变革。科特还特别强调，在进行大规模变革的时候，企业所面临的核心问题绝对不是战略、结构、文化或系统，而是改变组织中人们的行为；在改变人们行为的过程中，目睹所带来的感受上的变化的作用，要远远大于分析所导致的思维上的改变。

科特在方法上重视变革过程中的目睹与感受，当企业尚未面临重大历史性转折与范式变革时，他的理论并没有什么问题。但是，在当今的巨变时代，科特理论的局限性就非常明显了。今天的企业变革，不仅仅是重视行动就能奏效，而必须首先具有范式变革的高度，也就是必须从战略到文化进行全面变革，且必须具有历史性的突破。如此，仅仅靠朴素的目睹与感受显然无法达成有效的变革。特别是，变革设计本身若达不到范式变革的高度，则变革必然沦为局部性创新或改良。科特重视感受，轻视思维，这在现代管理范式之内也许没有问题，但对于今天的后现代管理范式变革来说，感受与思维却都不可偏废。总体而言，科特的领导理论是现代管理范式的一部分，虽然他提出了很多那个时代颇为有效的领导理论，但已经无法适应今天的后现代管理时代。

领导行为的四个层次

领导行为本质上作为一种管理，它至少包括四个层次：决策、变革、协同与控制（见图 9－1）。其中决策与变革属于宏观领导，相对而言，协同与控制属于微观领导。虽然在领导行为的四个层次中都可能出现情境领导模式，但更多的是在协同与控制层次的微观领导中。

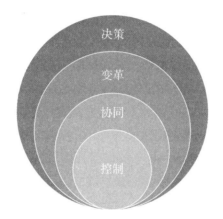

图 9－1　领导行为四层次模型

西蒙认为管理就是决策。那么在此基础上，领导更是决策。因为领导首先是管理过程中的决断行为，没有决策就没有领导。决策过程中存在着管理，因为决策是一个系统的过程，一次重大的决策通常需要战略部门或多个部门的共同参与，在此过程中就需要管理，而最终拍板则需要领导者的决断。决策，特别是重大决策，虽然其过程会不同程度地运用某种情境领导风格，但其关键过程是脱离情境领导模型的。因为关键决断很大程度上是领导者的个人行为。

变革的过程也多是领导者的个人行为，特别是在变革的总体设计阶段，企业领袖并未涉及管理目标的推进，因此还没有发生对员工的影响行为。变革需要颠覆，真正的变革无法考虑员工的准备度。即使有能力、有意愿的明星型员工，在面对变革时也可能茫然失措。因此，在变革推行之前，要把所有员工都归零，这时不存在任何形式的情境领导。只有归零之后的变革执行过程中，才会显出员工不同的准备度。此时，才是运用情境领导模型的时候。

因此变革领导的过程，很大程度上也是脱离情境领导模型的。

在协同与控制层次的领导行为中，领导者需要与不同准备度的员工进行频繁互动，在此过程中就需要熟练地运用情境领导的四种风格。协同与控制是管理执行过程中管理行为的两个方面，在大数据和人工智能背景下，大量的协同与控制行为已经被程序化协同软件或管控系统所取代，只有涉及人员沟通的部分，才真正需要情境领导。因此，即使在协同与控制阶段，情境领导的运用也不是全面性的，而是局部和微观的。

领导行为具有远比情境领导更为宽广和丰富的维度，因此我们需要突破情境领导模型，以更广阔的思维视域来构建后现代领导力理论。

二、领导力的基本构成

情境领导是一套微观上较为完善的模型，可以有效地提高领导者的领导力。不过，领导力最基础的部分并不是领导技巧，而是领导者本人的决断力和性格因素。历史上杰出的领导者都具有深刻的洞察力，他们在长期的实践中通过洞察人性即可建立出色的领导力。即使没有受过情境领导训练的领导者，也能熟练使用其中的两三种领导风格。这不是否认情境领导模型的价值，而是强调领导力的提升具有多方面、多层次的特点。

沃伦·本尼斯指出："几乎没有一个人是因为缺乏经营知识而从组织高层领导岗位跌落的，真正的原因始终是判断失误和性格问题。"这就意味着，决断力和性格培养在领导力中占据核心位置。决断力并非纯粹天生，性格也是一个养成的过程。决断力是天然禀赋加后天习练的结果，而性格也一直处于变化之中。从心理学角度而言，性格代表着人格完善的过程。这里的人格不是道德意义上的，它包含道德成分，但更多是指人格特质，即一个人的心智结构。

领导者的心智结构

杰出的领导者并非老谋深算的人，而是有着赤子之心的人。这与通常的观念截然不同，尤其在以权谋文化为特色的东方国家，很多人会对此不以为然。但是，赤子之心是一种由人格特质所表征的高度智慧，而不是普通意上的天真。

正如《圣经》所说："要像鸽子一样单纯，像蛇一样灵巧。"赤子之心正是这样的一种状态，它具有十分丰富的含义。首先赤子之心表明人格上的单纯，而这种品格上的优点是赢得尊重和征服一切的力量。正直和正义是人类的普遍追求，即使在政治、军事和商业斗争最激烈的时代，正面的品格也会赢得尊重，甚至赢得对手的尊重。

其次，赤子之心或童真之心是一种婴儿般的心态，它使领导者能够始终保持最纯净的好奇心，这是推动创新的不竭动力。在 2002 年出版的《极客与怪杰》一书中，本尼斯和托马斯指出："我们发现，我们的每一个持续扮演着领导角色的怪杰，都有一种压倒一切的品质，即赤子之心。"他们所使用的英文词"Neoteny"是一个动物学概念，直译过来是"幼态持续"，指年轻的特征保持到了成年。本尼斯和托马斯还说："赤子之心是保持那些将我们跟年轻联系在一起的特征：好奇、顽皮、热心、无畏、热情和精神。与那些被时间和年龄所击败的人不同，我们的怪杰非常像是我们的极客——开放、愿意冒险、对知识和体验如饥似渴、勇敢、渴望看到新的一天所带来的事物。"

最后，赤子之心或童真之心可保障领导者面对失败时的归零心态，这是持续创业和持续成功的前提。对于保有童真之心的领导者而言，创业是他的生活和生命的本真状态，失败则只是创业过程中的插曲或休止符。一个以童真之心面对失败的领导者，失败是他生命中最美好的乐曲和宝贵的财富，对他而言，并无失败可言。保有此种心态的领导者，成功永远都是自然状态。美国文化不在意失败，但中国所特有的面子文化使大部分人很害怕失败。如果不克服这种心态，就不可能具备真正的创新精神。不过，随着创业创新文化的不断普及，中国的面子文化和对失败的不正确态度将逐步消失。当中国世俗社会不再嘲笑失败者的时候，才有可能建立成熟的商业精神。中国社会中普遍存在着一种对失败者的嘲弄习俗，这是极其褊狭和缺乏远见的表现。任何人的成功都可能是暂时的，而任何人的失败也都可能是下次成功的种子。中国人都知道"失败是成功之母"，但在现实中却很难欣赏失败者。中国人也知道"成功是失败之母"，但现实中也很难面对成功而不骄傲。世人大凡小有成功就喜欢教导别人，这实在是一种短视和缺乏智慧的表现。存有此种心态者，大都失去了赤子之心。他们既被骄傲所蒙蔽，因此也不可能持续保持创新力。以赤子之心和谦卑之心面对自己和他人，才是真正智慧和伟大的领导者。

迪士尼公司创始人沃尔特·迪士尼就是这样一位怀有赤子之心的杰出领导者。沃尔特·迪士尼说："我的同事说我'行事天真'。他们说我有一个孩子的天真和无自我意识。也许我有。我仍然带着未受污染的惊讶在打量这个世界。"沃尔特·迪士尼这种"未受污染的惊讶"无疑是弥足珍贵的领导者品质，它与老子所说的"大智若愚，大巧若拙"具有异曲同工之妙。

经受现代文明浸染和古代权谋文化影响的人，以及在世俗社会中成长起来的人，几乎都很难相信这样一种结论。但这是东西方文明共同追求的境界，也是现实中仍然存在的高贵品质。那些四五十岁就开始研究退休生活，并倾向于及时行乐的人几乎不可能是一个杰出的领导者。事实上，人类的幼年时代和老年时代都具有某种同质性的天真，所谓"返老还童"就是指老年人的天真状态。这说明人性本身就具有此种天真，幼儿带着人性原初的天真，老年人则因感人生已到尽头而回归本真，这正是所谓的"返璞归真"。

幼年的天真和老年的返璞归真都是人性的自然流露，而要让天真持续一生，却是杰出领导者所独具的品质。实际上，不仅杰出的企业领导者具有这一品质，杰出的科学家、艺术家，杰出的政治家也具有此种品质。华盛顿能够功成身退，甚至发自内心地向往田园生活，就是此种品质的显露。而邓小平在垂暮之年仍然能够担当中国改革开放的总设计师，一定具有一颗赤子之心。没有赤子之心的领导者，很难在那样的高龄发起如此变革。

赤子之心乃人之本性，虽然只有少数人能够保持这种"幼态持续"，但它本质上却是人类共同的渴求，也是人性共同的基因。现在越来越多的企业家渴望回归自然，说明人人都具有赤子之心。不过，从文明的浸染中回归人性本真是一个漫长的过程。但无论如何漫长，只要有这样的心志，就总有跨越的一天。后现代管理是一场人性回归之旅，后现代领导力同样具有此种回归性。

事实上，很多中外顶级的商业领袖都具有此种赤子之心，他们都从根本上颠覆了所谓的"商人气息"和商人形象。任正非、董明珠、扎克伯格等众多企业家都不擅长社交，他们的性格要么羞涩、要么大胆，但共同的特质却是率真。

董明珠说："我比较直截了当，不像别人会考虑方式，和讲话时对方的感受，我是不会的，我是就事论事，不管任何场合、任何地点、任何时间，我会很直率说出来。你不喜欢？我不在乎你喜不喜欢，我心中只有消费者和产品，我是做企业的，不是搞关系的。"

巴菲特曾踌躇满志地报考哈佛商学院，却遭到哈佛商学院的拒绝。原因是当年的巴菲特"看起来是 16 岁的样子，但是我的心理年龄只有 9 岁。"而周鸿祎曾经说："我不是情商低，我的情商都是负的。"同样，万科的领袖王石也是一个性情中人，他是典型的不向现实妥协的理想主义者，但他不是文人，而是企业家。而马云则一直强调，要坚持理想主义。这一切，都是卓越领导者具有"赤子之心"的明证。

领导者的使命

正如每个人都有赤子之心，杰出的领导只是比较突出一样，使命也不是少数人的专利。有些人天生就具有伟大的使命，他们适合成为伟大的领导者。有些人天生没有伟大的使命，但随着事业版图的扩大，使命也会随之提升。

使命并非高不可及，它是责任的扩大。每个普通人最起码具有对自己家庭的责任，这个责任就是最小的使命。随着事业的扩大，领导者的使命扩展到组织，进而扩展到社会。像马云、扎克伯格这样的企业家，他们的使命会波及国家乃至整个人类。但无论使命大小，其本质都是一样的。

使命感和野心常常难以区分，甚至领导者自己也无法区分。大多数使命感都是被包装的野心，只有被上天所催动的人，才有真正的使命感，比如华盛顿、尧、舜、禹这样的伟大领导者。只有纯粹满足自己权欲者才是真正的野心家，而大部分领导者虽然具有野心，也可以通过天人合一的信仰使野心得以升华。没有人生来就是毫无瑕疵的伟大领导者，但人人都具有抑恶扬善完善自身的可能。孔子追求"内圣外王"，孟子和王阳明主张"人皆可为尧舜"，基督教主张通过人性救赎而成圣。这表明人本身虽不完善，但通过相应的途径都可以达到至善。事实上，即使华盛顿、尧、舜、禹这样的伟大领导者也都不是完人。反之，即使最普通的领导者，也都可能具备伟大的使命。

是否具有伟大的使命与企业规模的大小并没有直接的关系，而与使命本身的性质有关。这就是张瑞敏在海尔灌输"人人皆可为尧舜"精神的原因。正如每个普通人都可以忧国忧民、关怀人类命运一样，每一位企业领导者只要具备这样的心志，他就是一个怀有伟大使命的人。后现代社会是一个全面升华的社会，传统商业的纯功利性正在被超越。当一个企业领导者负有使命的时候，他就是一个具有人格魅力的人。这无疑是领导力最基础的部分。

使命感能创造归属感。在这个科技革命时代和阿尔法时代，一切都将被更新，创造归属感成为领导者无法逃避的使命，也是领导者的荣耀所在。无论大小领导，都应该从建立使命开始。那些只为实现自己财富野心而创业的领导者，将会遭到"阿尔法一代"的集体唾弃。

领导者 10 力模型

使命感是领导者的驱动力，既驱动自我亦驱动组织。在组织驱动的前提下，领导者具有 10 个方面的领导力，即洞察力、决断力、行动力、适应力、忍耐力、学习力、创新力、感染力、公关力、包容力。因此我们得出以下领导力模型，如图 9 - 2 所示。

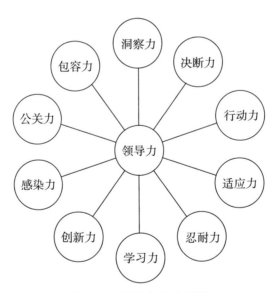

图 9 - 2　领导者 10 力模型

洞察力是领导者的第一力。杰出的领导者，对商业和人性均具有出色的洞察力。此种洞察力首先是直觉和天赋的反映，其次是基于后天学习的提升。没有出色的洞察力，领导者将无法把握企业发展方向，也无法驾驭管理中各种人性的平衡。伟大的领导者总是人性大师，无论商业洞察还是管理洞察，本质上都是人性洞察。

决断力是领导者的第二力。很多人具备出色的洞察力，却没有决断力，这样的人适合当顾问，不适合当领导。决断不是运用理性的过程，而是运用意志的过程。因此，杰出的领导者都具有坚强的意志和果敢的品格。在传统商业社会中，商场如战场，而在互联网商业时代，虽然竞争战略发生转变，但决断却更频繁、更快速。因此，优柔寡断的性格更加不适合做互联网时代的领导者。

行动力是领导者的第三力。只有决断没有行动就不是真决断，决断必然伴随着行动。杰出的领导者，都不是最佳方案制订者，而是迅速行动者。尤其在互联网时代，行动高于一切，速度高于一切。只有迅速决断，马上行动，才能抢占先机。所以，杰出的领导者都是"先行动，后管理"。他们倾向于在行动中调整路线或动作，而不是在行动前把方案做得尽善尽美。杰出的领导者，必是反彼得斯定律的践行者。他们不会因追求产品最后1%的完美，而迟迟不肯行动。

适应力是领导者的第四力。在企业行动过程中，会出现各种错综复杂的情境，领导者必须具备强大的适应力，才能应对各种挑战。领导者的适应力不是妥协，而是巧妙利用各种力量的艺术。只有不达目的不罢休的精神，才能真正把适应力提升为一种商战智慧。适应力某种程度上对应柔性战略，但更多情况下是一种常规性领导行为。

忍耐力是领导者的第五力。《圣经》说："患难生忍耐，忍耐生老练，老练生盼望。"没有超常的忍耐力，就不会有超常的成功。杰出领导者与一般人的区别在于，一般人会因环境的艰难或事情持久没有转机而放弃，而杰出领导者却能近乎愚钝地坚持。在此过程中，领导者要忍受常人难以忍受的困苦、误解、耻辱、打击和嘲弄，甚至遭受妻离子散、家破人亡的悲剧。几乎所有伟大的创业者都是这样熬过来的，令人崩溃的煎熬几乎是走向成功无法逃避的道路。

学习力是领导者的第六力。所有杰出的领导者都具有出色的学习力，比尔·盖茨、扎克伯格、李嘉诚等企业家虽然没有大学文凭，但都是持续学习者。张瑞敏每年读书量在100本以上，因此才能带领海尔进行一次又一次创新。俞敏洪每年的读书量也在100本以上。领导者和学者的学习具有本质的不同，学者学习是为了构建某种学术，而领导者学习是为了学以致用。因此，杰出的领导者都是灵活学习，善于结合实践者。另外，领导者的学习也不止于书本，与各类高端人士的交流、企业中的实践等，都是更为有效的学习途径。《圣经》说："著书多，没有穷尽；读书多，身体疲倦。"领导者的学习必须是活学活用，以有益于企业发展为目的。即便修身养性的著作，对于领导者来说，同样与企业经营有关。

创新力是领导者的第七力。学习的目的是为了提高创新力，若学习不能提高创新力，这样的学习就不是领导者的学习。杰出的领导者都具有杰出的创新本能，学习自然会提高他们的创新能力。在一个创新的时代，创新力对于领导者至关重要。领导者若无创新力，则不可能带出一个具有创新力的企业。

感染力是领导者的第八力。凡杰出的领导者，必具备超群的感染力。感染力未必和口才有关，但一定与人格有关。伟大的人格与伟大的使命、胸怀天下的格局、从内到外透出的爱、渊博的知识等，都是构成领导者感染力的重要因素。如果再加上出色的口才，则领导者的感染力将达到无以复加的程度。如此，愿景的传播和战略的动员，才能达到最高境界。感染力是凝聚力的达成渠道。

公关力是领导者的第九力。杰出的领导者未必是八面玲珑者，但一定是个性鲜明者。领导者的公关力并不一定意味着外向型代言，而更多是脚踏实地的苦干和个性卓尔不群所带来的效应。任正非、史玉柱等企业家并不擅长社交，但他们仍然具有强大的公关力。如果在脚踏实地的前提下，同时具备马云等企业家的外向性能力，则领导者的关公能力就更加完美。但领导者不是专业公关人士，脚踏实地打造一家伟大的企业才是关键。

包容力是领导者的第十力。领导者所创建的组织越大，就会有越多不同的意见。另外，在企业发展过程中，领导者会面临各种反对、误解和伤害，若没有博大的心胸和对人类的大爱，领导者将时刻处于风声鹤唳之中而不得安宁。伟大的领导者是可以在风暴中安息的小鸟，巨大的包容力是其精神平衡和内心宁静的秘诀。面对嘈杂的环境而始终保持内心宁静，是一种无法复制的领导力。

领导者的经历

阅历贫乏的人不可能成为杰出的领导者，丰富的经历不仅提高领导者对人事物的判断力，也构成领导者独特的魅力。经历的沉淀是造就成熟人格的最佳路径，而人格是领导力中最重要的非技巧部分。

事实上，经历虽然不是直接的领导技巧，却是领导艺术得以充分发挥的前提条件。在以上领导者的 10 力模型中，几乎都与经历有关。领导者的经历，将会在各方面成全他的领导力诸要素，经历是领导者综合学习的沉淀，是生命成长中最核心的要素。一个杰出的领导者，具有把任何经历都转化为生命基因的能力。

让所有正面和负面经历都转化为领导力的秘诀，是领导者自身人格的健全。对于那些以阴暗之心看待世界的人来说，消极的经历增加他们对世界的仇恨，使他们更加与世界格格不入。而对于拥有健全人格的领导者来说，一切委屈、耻辱与迫害反而提升他们生命的纯度。正如甘地和曼德拉一样，迫害与苦难没有扭曲他们的心灵，反而造就了他们伟大的品格。而经过如此苦难所成就的卓越品格，将成为他们作为伟大领导者最核心的领导力。

领导者的心灵管理

现代文化是一种焦虑文化，整个世界因此都弥漫着焦虑。在不确定性、野心和企业绩效的多重要求下，商业领域的焦虑更是一种常态性现象。摆脱焦虑对幸福感的剥夺，已经成为全人类的重大课题。

在此背景下，领导者的心灵管理成为重要的领导力要素。领导者首先要实现自我心灵管理，然后才是对组织的心灵管理。若非领导者本人能够做到在商业狂潮中安之若素，他就无法让企业具备某种沉静的品格。

心灵管理不是要把企业变成灵修的场所，而是要实现绩效与幸福感的平衡。心灵管理也不是所谓的工作与生活的平衡，而是要在高度的敬业下实现心灵的宁静。事实上，心灵管理必须是一种全新的创业和创新文化。这种创业和创新文化要制造一种适度的紧张，而不是失控的焦虑。从生命本身的规律来看，逆风飞扬才能活出精彩，适度的紧张才能释放生命的能量。因此，约翰·科特指出："真正的紧迫感跟错误的紧迫感是不一样的，我认为真正的紧迫感是一种信仰，是你的一种决心，是内心所做出的一种积极反应。它不是由焦虑感引起的行为，它是一种正面的情感力量。"

心灵管理正是约翰·科特所说的那种信仰，它的目的是释放生命的能量，并在积极的创造性劳动中，让劳动者获得幸福感。这种心灵管理必定是超越现代的，因为在现代公司中缺少此种基因。后现代领导者将承担这个前所未有的使命，通过具有信仰高度的心灵管理，后现代领导者将不仅改变公司的文化，也将重塑整个现代经济体系。

任正非、俞敏洪、史玉柱等杰出的领导者都经历过难以逾越的灰暗地带，在那样的情境下，心灵管理就具有至关重要的作用。心理学并不能解决一切，甚至许多心理咨询师都患有严重的心理疾病。因为一切心理痼疾最终都要触及一个基本的原点，即生命的意义、人活着的价值的问题。对此，心理学不可能有终极的答案，甚至哲学也没有答案。面对这样的终极课题，任何人都只能心存敬畏与谦卑，通过抵达信仰的层面而获得答案。而一个真正深谙信仰秘诀的人，才能真正超越生命中最根本、最重大的难题。只有信仰能赋予生命终极的价值，并超越看似不可战胜的死亡。人只有解除对死亡和生命意义问题的困惑，才能从容应对一切现实中的困境与绝境。这是战胜抑郁症，实现强大心灵管理的终极途径。

三、后现代企业的领导模式

后现代领导模式正在颠覆被人们耳熟能详的现代企业领导模式，由于兼具领导力回归与创新的双重属性，后现代领导模式将是原初领导与未来领导的混合体。混沌领导，或许是对后现代领导模式的最佳概括。

既非独裁，也非民主

后现代领导首先颠覆的是非此即彼的现代领导模式，它既非独裁式领导，也非民主式领导，而是两者之间惊人的平衡。独裁式领导模式固然为后现代领导所摒弃，而民主式领导也不是后现代领导的唯一形态。所谓的民主领导，无论从人性角度还是管理实践上，都远远不能概括领导的本质。民主领导充其量不过是后现代领导的方式之一，而不是全部。

在微观领导中，情境领导模型本身就是对独裁与民主两种领导模式的同时超越。情境领导既非独裁亦非民主，而是对两种领导模式的糅合，究竟采取何种领导模式，取决于被领导者的准备度。假如被领导者的准备度是最低的 R1，即"没能力没意愿"，此时最有效的领导方式是告知式，即"独裁"式领导。假如此种情况下采取"民主"式领导，完全授权于被领导者，将导致被领导者的茫然，从而极大地降低领导行为的效力。假如采取推销式或参与式领导，同样会导致被领导者不同程度的茫然或抵触。因此，最有效的方式反而是"独裁"，即直接告知被领导者该如何行动。假如被领导者的准备度是最高的 R4，即"有能力有意愿"，此时最有效的领导方式是授权，即"民主"的领导模式。假如此种情况下采取告知式领导模式，无疑是粗暴而低效的领导模式。假如此种情况下采取推销式和参与式领导，仍然会出现低效的现象。因此，情境领导的四种领导风格，共同构成了一种混沌式领导模式。这是对所谓独裁与民主领导模式的同时否定与超越。

在宏观领导中，决策与变革领导同样既非独裁也非民主。因为重大决策与变革有时需要集体决策，有时需要企业领袖的个人决策。且无论集体决策还是个人决策，最终的决断往往并不是投票模式最佳，而是企业领袖个人决断最佳。是否每次都由企业领袖个人决断，取决于所决策事项的具体情况。在企业领导拿不定主意的时候，集体决策则是最佳的决策模式。百度的李彦宏被称为"君子型领导"，就在于百度的决策经常是高管反对李彦宏的结果，而只要下属的观点有道理，李彦宏都能虚心地接受。但李彦宏个人决断的情况也绝不少见。

而在变革领导中，企业领袖的个人因素往往更加重要，因此变革一开始通常带有"独裁"的色彩。但也不排斥自下而上的变革，此种情况下则无疑又是一种"民主"领导模式。海尔的总体变革是张瑞敏个人管理思想的体现，但在成功实施平台化改造后，张瑞敏对于具体的创新就要放手了。在张瑞敏的领导行为中，显然存在"独裁"与"民主"两种截然不同的领导风格。后现代领导在"独裁"与"民主"之间的平衡，本身就是其领导模式的特点。这不是领导行为的摇摆，而是柔性领导的体现。这种模式超越了非此即彼的机械式思维，是后现代领导模式的真实写照。

管理在先， 领导在后

在管理中有领导，在领导中有管理，所谓的领导是引领性管理，所谓的管理是程序性领导，但管理才是一切。管理在先，领导在后。虽然在互联网和人工智能背景下，管理的程序化和智能化不断加强，领导的作用日益凸显，但领导仍然是一种管理。

因为人的最高地位是管理者，每个人都不敢自居为领导者。中国古代帝王称自己为天子，即上天的儿子，那么帝王的正确地位就是上天赐予的管理者地位。事实上，在《尚书》《易经》《诗经》等中国古代典籍中，上天也被称为上帝。这与西方完全一致，东西方并无根本的差异。西方政治家和企业家称自己为上帝的仆人，因此他们的地位也是管理者，而不是领导者。在《圣经》中，出现了数百次"管理"字眼，却几乎没有出现"领导"字眼，只有近似的"带领"。上帝造人的目的，也是让他们"管理"世界，而不是"领导"世界。

但就此而言，管理学是世界上最高的人文社会学科，管理者的地位具有高贵的属性。这也是为什么管理学包括领导学，而不是领导学包括管理学的原因；同时，这也是为什么商学院也叫管理学院，而不叫领导学院的原因。

认清管理与领导的关系，会使我们有更成熟的"管理"与"领导"，也使所有领导者在面对领导行为时，能够具备基本的谦卑姿态。在一个傲慢横行的世界上，谦卑格外重要。而一个领导者的谦卑，是其领导力极重要的部分。特别是在面对"新新人类"的时候，谦卑几乎是领导者的必然选择。"阿尔法一代"没有任何权威的观念，而谦卑却能为领导者树立真正的权威地位。因为"新新人类"不是非人类，他们同样具有人性的纯真，甚至更大程度上彰显了人性的纯真。在此背景下，领导者回归本真的谦卑姿态，将成为最具领导力的领导模式。这是管理本质的回归。

从联席总裁到轮值总裁

从单一总裁制到联席总裁制，是领导模式的一个进步。而从联席总裁制到轮值总裁制，是领导模式的更大进步。真正的轮值总裁制，就是要建立一个伟大的组织，它可以不依赖于某一个领导者而能存续下去。目前，包括华为和海尔在内的众多优秀企业，都采取轮值总裁制。

越来越多的传统企业，甚至大部分优秀的企业，到了第三代已经很难延续第一代的创业精神，因此衰落是必然的。明茨伯格说："伟大的组织一旦创造起来了，就不再需要伟大的领导……瑞士是一个真正有效的组织。然而几乎没有人知道是谁在负责，因为有7个人轮流担任国家的首脑，一年换一次。我们也许需要了不起的空想家来创造了不起的组织，但一旦组织被建起来了，我们就不再需要英雄，而只需要有能力、敬业、有雅量的领导。"

张瑞敏正在为建立这样一个海尔而努力。针对领导人交接的问题，张瑞敏指出："研究了全世界所有的交接班方式后，我认为现在没有成功的，原因是所有的交接都涉及一个集权的体系，而不是一个创业的平台。所以我的任务和压力就是尽快把海尔打造成一个创业的体系、创业的生态，届时不管谁来接，都不会出现太大的变动……美国也是这样的，我问过韦尔奇说'你选的接班人怎么样'，他说不怎么样，但其实他选的那套程序非常非常复杂。这个问题不在于交班人，也不在于接班人，而是在于你交接的是这样一个集权的体系，这么大一个摊子，所有这一切都要集中在一个人身上，他说了算，他不是神仙，他没办法……我们如果不是一个集权的体系，而是一个创业生态的话，那么这个人就会在生态中产生，我不会去选择或者指定一个人，他一定是在这么多创业者中冒出来的最有能力的那个人。"

张瑞敏的探索触及了所有企业最敏感的领导者交替的问题，其目的则是塑造隐形领袖。如果没有一种创业型机制，则任何企业的交接班都是令人头痛的大问题。从联席总裁制到轮值总裁制，说明越来越多的企业开始重视永续发展机制的探索。其中的根本，是后现代隐形领袖机制的问题。后现代领导的此种转型，并不单纯是领导机制的变革，而是组织变革与管理变革。只有创建了开放式创业创新型平台组织，后现代领导模式才能真正具备可持续性。

✲ "人人皆为领导"：一个古老的命题

在原始部落中，某种意义上每个人都是领导者，因为他们具有自我驱动的特征。在情境领导中，就微观的意义上，每个人也都是领导者。情境领导把领导定义为对他人的影响行为，因此，领导行为不仅是从上到下的，也是平行的和从下到上的。情境领导在微观上适用于任何组织，但由于情境领导是基于现代企业科层制组织的微观领导模式，它的局限性也显而易见。

只有在平台型创业组织中，当每一个微型团队都像特战小组一样自我驱动时，"人人皆为领导"才会得到最大程度的贯彻。这使后现代组织具备了像原始部落一样的特性。"人人皆为领导"的理念，意味着领导本质的回归。

成功是危险的。领导者必须不断否定自己，使自己处于归零的状态，以便随时进行战略重塑。领导者必须"杀死自己的野心"，以奴仆的心态服务员工和社会。若企业家的人性未能被救赎，则一切管理变革均属枉然。群众的眼睛是雪亮的，一切权谋都逃不过最普通的员工。几乎所有组织中都隐藏着大智若愚者，他们很可能具有超群的灵商。一个人性残缺、长于权谋的领导者，不过是猎人眼中的狐狸。每一位员工都是猎人，企业领袖是唯一的猎物。因此，通过组织创新，发挥每个人的领导力，才能避免企业领袖成为众矢之的。

赋能与隐形：领导者的本真状态

明茨伯格指出："护理是比治疗更好的管理模型，这也是为什么女性可能是更好的管理者的原因。法语中用来表示手术的词是'Intervention'，是干涉的意思。的确，大夫和大多数管理者所做的事情确实就是干涉。管理者总在给系统做手术，大动干戈，今天切除这个部位，明天切除那个部位，以为这样能解决问题。然后留给企业界的护理工作者一个乱摊子。"

明茨伯格的"护理"与亚当在伊甸园中的"管理"是近似的，伊甸园中的亚当并不进行任何"手术"和"治疗"。他的角色是园子的浇灌者与看护者，换言之是一个园丁。伊甸园是最古老的"生态组织"，只有在这种万物自由生长的生态中，管理者才能真正成为一个园丁。后现代生态型组织，则是伊甸园的进化版。

在后现代生态型组织中，众多的创业团队就是这个"伊甸园"中的植物。领导者的任务是浇灌和看护，也就是所谓的"赋能"。他赋予创业团队以成长的营养或资源，让创业团队像园子里的植物一样更加繁茂地生长。因此，领导者的角色像园丁一样，既是赋能者也是隐身者。这是领导者的本真状态，即原初的管理者状态。领导者回归其本质，即管理者的角色。管理与领导的真实关系，在生态型组织这一进化版的"伊甸园"中得到了终极体现。

综上所述，我们得出以下后现代领导与要素模型，如图9-3所示。

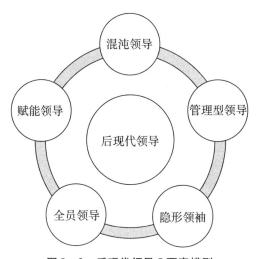

图9-3　后现代领导5要素模型

在后现代领导模型中，第一，我们看到领导行为是超越独裁和民主的混沌模式，在此领导模式中体现了一种真正的领导智慧。第二，领导的本质是一种管理，后者是比前者更普遍、更本真，这是基于一种在宇宙面前应有的谦卑姿态对领导的正确定义。第三，隐形领袖也体现了领导的本质，其核心是对权力欲的超越，同时也能从根本上避免领导者成为众矢之的。古今中外的权力迷恋者，大多与悲惨的命运联系在一起。隐形领袖不仅是领导者个人的超越之路，也是组织可持续发展的最佳路径，轮值总裁制正是向隐形领袖的一种努力与探索。第四，将执行力文化变为创业文化，通过创业机制而实现全员领导，是未来领导格局的最大特点。最后，领导者的根本使命是像伊甸园中的亚当一样，成为一个护理者、浇灌者和赋予员工能量者。

四、绝望与信心：领导者的逆境管理

沃伦·本尼斯指出，领导者和非领导者的一个关键区别，就是他们能转化生命中负面的东西来为自己服务。对于领导者来说，逆境的用处是真正甜蜜的。逆境能起到"熔炉"的作用。领导者在成长过程中，都拥有过"熔炉"般的经历。

❖ 逆境是企业家的永恒处境

就本质而言，企业经营永远都在逆境之中，而极端逆境则是领导者的必修功课。没有经过极端逆境磨砺的领导者，不会明白领导的真谛。领导的功用只有在逆境中才能真正得以体现，没有逆境就没有领导。

真正的逆境是无法克服的，逆境中的领导者所经历的不仅是业绩上涨的压力，更是业绩下滑乃至濒临绝境。极端逆境即绝境才是真正的逆境，几乎所有企业家都有濒临绝境的经历，他们可能数年时间深陷其中而无能为力。像史玉柱这样经历企业崩盘的领导者其实比比皆是，其中绝处逢生者也绝非少数，只是不为外人所知而已。

领导者在逆境阶段的最大问题不是逆境本身，而是由于各方面达到极限之后的信用崩溃。身处内外交困的处境而无计可施，却被人误解为缺乏诚信，才是领导者的最大困境。没有经历过创业绝境者，无法理解一个能力超群的领导者会连员工社保和水电费都解决不了。但领导者的现实处境通常是多年困苦的积累，他们之中有些不仅已经无法维系公司运营，甚至连自己的一日三餐都无以为继。此种情况下的失信是被动，且完全失控的。并非领导者不去努力借贷，而是借贷之门早已被全部封锁。无路可走的处境，只有创业者才能明白。而工薪阶层及某些外部债主是无法理解，也不会相信的。

只有作为创业者的领导者才能体会到什么是逆境，那些作为职业经理人的领导者所说的逆境根本无法与之相提并论。创业型领导者即使战斗到最后一人，连办公地点都没有，甚至因变卖家产到连栖身之处都没有的时刻仍然会坚持到底，而职业经理人只要停发其薪水就不可能继续坚持。因此，现代企业治理结构下的经理人制度，根本无法适应以创业创新为主色调的互联网时代。

领导者的逆境管理法则

在企业的瓶颈期，创新是无法发挥效力的，因为创新所需的资源已经枯竭。真正的逆境是任何智慧都无计可施的时刻，此时不仅创新无门，连一切努力都成为无用功。

对于逆境管理而言，领导者 10 力模型中的大部分要素只能束之高阁。这一阶段最重要的是洞察力、适应力和忍耐力。不仅创新力无法施展，连学习力也不能发挥任何作用。领导者在瓶颈期并非没有智慧，而是失去了资源。一条拥有最高智慧的涸辙之鲋，它能做到的也只有望洋兴叹。因此，所谓的逆境管理与管理变革无关，与技术变革无关，与战略转型无关。这是史玉柱深陷巨人大厦危机，而尚未开启新的保健品战略的阶段。

洞察力是瓶颈期领导者的第一领导力。对未来深远的洞察，是适应和忍耐的理由。在互联网的严冬，马云等领导者正是凭借深远的洞察而苦苦坚持着。如果彻底丧失了信心，将不存在适应与忍耐的问题。但是，在信心坚固的前提下，适应与忍耐就成为关键要素了，其中尤以忍耐为最。杰出的领导者往往在众人皆反对的情况下依然坚持己见，他们在瓶颈期的坚持通常被外人视为愚痴，甚至遭到百般嘲弄。

对于领导者而言，重要的不是项目或公司，而是人本身。如果领导者本人把自己的生命定格在创业上，那么创业就是他的生活，而不是一项可以终止的任务。对于以全部生命投入创业的领导者而言，创业公司永无倒闭之说。那些在挥霍了风险投资之后立即改弦更张的创业者是伪创业者。他们不知道逆境是最大的财富，蜻蜓点水式的创业不过是另一种形式的游戏人生。

虽然互联网大大加快了公司崛起的速度，但多数创业者仍需付出多年艰辛才能看见阳光。在此过程中，他们要经历常人无法忍受的挫折与痛苦。并非所有领导者都能成功逾越瓶颈期，在绝境中走上颓废乃至自杀道路的领导者不在少数。而伟大的领导者则靠着超人的信心与忍耐，度过了漫长的黑夜。《圣经》中的摩西由一个王子沦落为牧羊人，度过了整整 40 年的磨砺期。曼德拉在监狱里度过了 27 年。在这种漫长的逆境中，一切创新与努力皆属枉然。

☀ 在绝望中前行的智慧

彼得·德鲁克说："伟大的心灵必然遭遇不凡的际遇。"当黑暗笼罩的阶段，停止努力将成为最大的努力。虽然完全的静止十分艰难，但环境却迫使你必须静止。因为任何一分努力，都会增加一分痛苦。

相比 17—19 世纪荷兰东印度公司的库恩、英国东印度公司的克莱武、俄罗斯美洲公司的巴拉诺夫等商业帝国的开拓者，今天的商业领袖所面临的环境要温和得太多。17—19 世纪的商业领袖除了商业竞争，还要面对极其恶劣的生活条件和血腥的军事斗争。在和平与相对健全的法制环境下，很多今天被视为非同寻常的困难与挑战，在那些伟大的先行者看来，不过是无病呻吟。一个缺少藐视困难精神的社会其实是不健全的。

而更重要的是，在绝望的前行中，需要强大的信仰。若无坚定的信仰，即使在今天的创业逆境中，也很少有人能够坚持到底。至于信仰的实践，彼得·德鲁克指出："不能与当今所谓的'神秘体验'混为一谈，不是修炼如何呼吸或沉浸在巴赫的音乐就能实现的……只有通过绝望，通过苦难，通过痛苦和无尽的磨炼，才能达至信仰。信仰不是非理性的、伤感的、情绪化的、自生自发的。信仰是经历严肃的思考和学习、严格的训练、完全的清醒和节制、谦卑并将自我服从于一个更高的绝对意愿的结果……每个人都可能获得信仰。"

对于不谙信仰真谛的人来说，绝望中的坚持是一种愚妄。而对于深谙信仰真谛者，坚持却是最高的智慧。在这种近乎低智商状态的坚持中，伟大的心灵将被成就。而一旦突破瓶颈，则一切高山与沟壑都将成为平地。

五、男权世界中的女性领导者

虽然当今世界男性领导仍然占据统治地位，但无论政界还是商界，杰出的女性领导者都越来越多。活跃在世界政坛的杰出女性领导者包括德国总理默克尔、英国首相特蕾莎·梅、美国前国务卿希拉里、英国女王伊丽莎白二世、巴西前总统迪尔玛·罗塞夫、乌克兰前总理尤利娅·季莫申科、澳大利亚前总理茱莉亚·吉拉德、阿根廷前总统克里斯蒂娜·费尔南德斯、利比里亚总统埃伦·约翰逊－瑟利夫、泰国前总理英拉等。

而女性商界领袖则包括西班牙国际银行集团执行董事长安娜·博廷、印度国家银行董事长阿兰达蒂·巴塔查里亚、新加坡电信集团首席执行官蔡淑君、格力电器董事长董明珠、长城汽车首席执行官王凤英、中国通用技术集团总裁李谠、蚂蚁金服首席执行官彭蕾、恒生银行首席执行官李慧敏、龙湖地产董事长吴亚军、滴滴出行总裁柳青、华为董事长孙亚芳、蓝思科技创始人和首席执行官周群飞等一大批人物。

❀ 女性领袖兴起

根据儒家和圣经价值观，男性应该居于领导者地位。但纵观历史，不仅在今天出现了众多的女性领袖，即使在男性处于绝对统治地位的古代社会，仍然出现过杰出的女性领袖。在以色列历史上，也曾兴起一位女性底波拉作为以色列的领袖，而中国古代则有武则天这样的女中豪杰。

据《圣经》记载，上帝之所以兴起底波拉这样的女性领袖，是因为以色列中缺少男性伟人。一国如此，一家跨国集团如此，一家小公司同样如此。大至国家，小到只有几人的公司在确定领导者的时候，必然要根据德才兼备的原则进行择优选择。这是对组织前途负责任的理性做法。

当今男女两性处于完全相同的教育环境和工作环境，女性的智力并不比男性差，而且由于女性从小所受的性别教育更有利于她们自立，因此女性反而常常比男性更独立、更成熟。特别是在一个青少年男性沉迷于网游和胸无大志者居多的数字化社会，男性的竞争力似乎每况愈下。在当代职场中，很多岗位包括领导岗位上的竞争，女性都不输男性，甚至超过男性。在此背景下，女性领导大量出现是很正常的。任何一家公司都不可能重用在责任和才能上有缺陷的男性，也不会无理由地拒绝各方面都出类拔萃的女性。

❊ 女性领导者的人生平衡

在人类主流文化中，女人往往是男人的帮助者，但要看是什么样的女人面对什么样的男人。宋美龄可以做蒋介石的帮助者，但她不能做一个普通军官的帮助者；同样，希拉里也不可能做美国某个部长的助理。当今政商学各界均有凌驾于男人之上的女性领袖，任何伟大的女性也都有小鸟依人的一面，只不过她要遇到对的男人。

因此，当女性领导者的才能及品格，在一个组织乃至一个国家中都居于男性之上时，她就理应成为让男人来帮助她的领袖。

一个杰出的女性即使处于最高领导者的位置上，仍可不失女性柔情的一面。当女性领导者以专权为喜好，以统治男性为追求时，她将比暴虐的君王更为可憎，男性领导亦然。从目前的社会现状看来，对于杰出的男性而言，找到另一半并不困难。但对于越是杰出的女性，却越是大问题。当今职场"剩女"的增多，已经成为一种社会现象。

所以，杰出女性的人生平衡是一个独特的课题。真正智慧的杰出女性，应该走出女权主义乃至女性主义的误区。关于女性，不存在什么主义，只要回到人的自然本性、回到内心，每一位女性都会清楚自己的定位。两性平等，从来不是问题，只有追求两性平等过程中的矫枉过正才是问题。任何导致丧失自然本性的文化和理论都是违反人性的，杰出女性只要顺应本性、活出本我就能矫正一切偏差。自然之道具有极其微妙的特性，女性只有回归自然天道才能透彻领悟作为与男性不同的性别，该如何寻求建立在性别差异基础上的平衡。

事实上，在数字社会，强化女性特征并与男性分权的新女性主义正在成为主流。承认男女差异，并善用女性性格特质的女性领袖，正在事业与家庭之间建立平衡。滴滴总裁柳青认为："女性领导的企业，文化可能会平衡一点、平和一点，包容心会比较强一点。自信但不强势，充分发挥女性特别优势的女性领导者，也将重新定义领导力。"

✦ 杰出女性与后现代领导

女性要成为杰出的领导，要比男性付出更多的艰辛。在当今世界上，女性必须比男性更加出色才可能获得出头的机会。比如默克尔成为德国总理，就经过了极其艰苦的努力。德国政坛一向由男性精英统治，默克尔能打破这一格局，说明她具有非同凡响的才能。

事实上，随着现代科层制组织架构被后现代生态型平台组织所取代，以及赋能型领导模式在未来的普及，女性领导者或女性化领导将表现出更大的优势。女性的细腻、包容和灵活性等特点，都有利于她们成为新型的后现代领导者。从世界观革命的角度，后现代世界观是对现代机械论，同时也是对现代男性化文化的超越。后现代有机论世界观所具有的柔性与和谐性，从某种角度上更契合女性的特质。在男性领导者与女性领导者各领风骚的时代，女性领导者尽可以让自己的才能大放异彩。

如果工业化的现代因过于男性化而破坏了和谐，那么数字化的后现代将因女性领导者的增多而更具温情的色彩。我们不必担心世界失去平衡，因为宇宙是一个最大的生态。宇宙大道，和谐为本。在商业的宇宙中，男女两性自然会回归本位，形成两性领导者协同领导的格局。越来越多的女性领导者已经活跃在商界，以阿里巴巴为例，它有40%的普通员工、34%的管理层、36%的高级管理层都是女性。女性领导普遍化不仅是一种现象，也代表了一种领导风格的转变。后现代领导总体上是一种更具柔性的领导，它在根本上则代表了世界观的转型。

六、领导者的第六项修炼

彼得·圣吉在《第五项修炼》中，提出学习型组织的五项修炼：自我超越、改善心智模式、建立共同愿景、团体学习、系统思考。彼得·圣吉的学习型组织理论与迈克尔·哈默的企业再造理论一样，属于后现代管理的先驱性理论。他所提出的学习型组织的五项修炼中，最核心的是改善心智模式与系统思考。这是自我超越、共同愿景与团体学习的基础。真正的改善心智模式必须建立在世界观革命的基础之上，而系统思考需要管理范式的革命。

《第五项修炼》出版于 1990 年，由于时代的局限性，彼得·圣吉显然不可能提出完善的世界观与管理范式变革体系。在一个全新的时代，要建立学习型组织，领导者本身需要五项修炼之外的第六项修炼。若领导者不能完成以人性救赎为前提的自我修炼，则组织的变革将无从谈起。与彼得·圣吉的第五项修炼相对照，人性救赎就是领导者的第六项修炼，其实质则是领导者的第一项修炼。

⚙ 领导者的人性救赎与自我修炼

加里·哈默尔认为，过去 150 年的企业管理精神都与人性相悖。本书也一直反复强调人性回归的主题，后现代管理与后现代领导的变革，必然建立在人性回归的基础之上。

在过去的现代企业时代，人类最大的误区就是以宇宙的主宰者自居。这种具有普遍性的世界观导致领导者谦卑基因的丧失，现代公司的领导者大多是野心型领导，他们与整个时代弥漫的征服世界的气息是相匹配的。像安然、世通领导层那样以金钱为导向的野心型领导不是个例，而是普遍存在。

彼得·圣吉在《第五项修炼》中已经提出领导者的设计师、仆人和教师角色，这与今天平台型企业的领导模式在理念上完全一致。但是，若没有彻底的世界观改造和人性救赎，此种领导模式转变不可能真正实现。

事实上，这并不是自我修炼所能达成，而必须借助超文化的信仰。信仰不仅是领导者逆境管理的秘诀，也是改变心智模式的关键。后现代领导模式的核心不是技巧和领导艺术，而是人性重塑的问题。虽然"人人皆可为尧舜"，但真正达到这一境界谈何容易！在此过程中，我们不该拘泥于任何一种文化或传统，而应该以开放的心态面对人类文明，通过汲取人类一切优秀文明成果并致力于文化创新，而达到心智重生的目的。

⚙ 鹰的高度： 领导者的超越精神

鹰的重生要经历一个痛苦的蜕变过程。当老鹰活到 40 岁时，它的爪子开始老化，无法有效地抓住猎物。它的喙变得又长又弯，几乎碰到胸膛。它的翅膀变得十分沉重，因为羽毛长得又浓又厚，飞翔十分吃力。

为了获得重生，它必须很努力地飞到山顶，在悬崖上筑巢，停止飞翔。它首先用喙猛烈地撞击岩石，直到喙完全脱落。到喙长出之后，再用新喙把指甲一根一根拔出来，长出新的指甲后，再用新指甲把羽毛一根根拔出来。五个月后，新的羽毛长出，鹰重回天空，可以继续30年的飞翔岁月。

鹰的超越，基于对自我的彻底否定。归零是超越的前提，领导者要具备超越的精神，也需要像鹰一样经历向死而生的痛苦过程。今天的领导者，要改变的是延续了150年的现代管理世界观，甚至是延续了数千年的人类文化。因此，心智重生绝非一日之功，而且更重要的是要有正确的路径。若没有正确的路径，一切关于改变心智模式的革命，不过是某种改良。彼得·圣吉所提出的领导者角色转变，就具有明显的改良色彩。在后现代管理范式尚未诞生之际，不可能产生完全意义上的领导力革命。

领导力与管理范式变革

迄今为止的领导力理论，尚缺乏从管理范式变革角度的论述。由于领导力只是管理学的一个部分，因此与管理范式变革具有直接的关联。只有在管理范式变革背景下的领导力变革，才不至于无的放矢。领导力变革，是管理范式变革的重要组成部分。

领导力变革与商业模式、战略模式、组织模式变革具有深刻的关联，其中尤以与组织模式之间的关系最为密切。领导力与组织变革的匹配，是后现代管理的核心推动力，也是后现代管理范式变革中最重要的部分。领导者是组织变革的原动力，也是组织持续运营的动力。在后现代生态平台型创业创新组织中，领导者的角色发生了彻底转变。图9-4是后现代领导角色模型。

在上述后现代领导角色模型中，领导者具有设计师、园丁、管家和向导四重角色。这与彼得·圣吉提出的设计师、仆人、教师三重角色有所不同。彼得·圣吉所提出的领导者三重角色是对现代企业领导模式的初步颠覆，但还需要进一步完善与提升。除了设计师角色重复外，本书提出的领导者四重角色模型与彼得·圣吉存在较大差异。不过，即使设计师角色，本书的定义也与彼得·圣吉相差甚远。

第一，后现代领导作为设计师，与现代企业领导根本的区别在于，他不

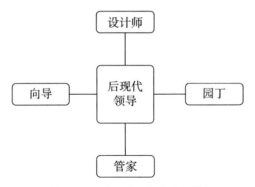

图 9 – 4　后现代领导角色模型

是控制者，而是像艺术家一样进行设计，并采取更艺术化的方式来推广他的设计。同时，设计思维已经成为一种战略，甚至成为企业创新范式的核心特征。后现代管理的每一个子系统和企业整体创新，都有赖于设计思维主导的创新体系的建立。这与彼得·圣吉所说的设计师角色相比，有着更深更广的含义。

第二，后现代领导作为园丁，既符合人类最早的领导者亚当在伊甸园的角色，也符合生态型平台组织的领导角色，这无疑是回归与创新的融合。亚当在伊甸园是浇灌与看守的角色，后现代领导在生态型组织中的角色亦然。生态型组织是数字化伊甸园，其中聚集着各类生命体，领导者如同辛勤的园丁在其中忙碌，目的就是帮助平台上的员工及各类合作者成长。

第三，后现代领导在生态平台组织这个大家庭中，是管家的角色，而不仅是彼得·圣吉所说的仆人角色。仆人是一种姿态，但仆人有很多种，有些仆人的工作并没有那么重要。但管家虽是仆人，他所做的工作却很重要。管家是另一种形式的一家之主，整个大家族的吃喝用度及各种资源的调配都由管家负责。这非常契合赋能型领导的特性，后现代领导者虽然摒弃了传统的统治，但其地位并非无足轻重。虽然他以仆人的姿态服务员工和利益相关者，但没有这样一位大管家，组织将无以为继。因此，仆人的定位虽然契合领导者的姿态，却不够精准。管理学毕竟具有科学的一面，我们需要更加精准地阐述后现代领导的每一个方面。

管家的角色使领导者褪去伟大的光环，但无疑更接近领导的本质。在德国媒体上就很少出现像乔布斯、扎克伯格、马云一样的明星级企业家。由于曾经出现过像希特勒这样的集权领导者，德国人对太过耀眼的领导人总是十分警惕。相较于"领导力"，德国企业家们更关注"管理力"。德国人认同彼得·德鲁克的说法："好的管理者首先问自己'这对公司有什么好处'，而不是'这对我有什么好处'。而且他们总是说'我们'而不是'我'。"相反，美国和中国的媒体和企业都对明星型企业家格外热衷。但作为明星级企业家的马云却反复强调，要敬畏与谦卑。任正非和张瑞敏则更多时候埋头于实践，并不看重媒体的宣传。

第四，后现代领导是向导而不是教师。向导的主要功用是指引方向，教师的主要功用则是传授知识。在后现代开放式创业创新平台组织中，高层领导者已经不能扮演教师角色，因为每一个小微团队都是独立作战的公司。同时，小微团队中的领导也不需要做教师，因为每一位员工都是特战队员。教练式领导比较适合设计工作室之类的传统组织，而不适合平台型组织。很多采取教练式领导模式的公司，效率都很低下。如果员工一直需要被教育，就不是一个合格的员工。平台型组织的成员作为特战队员，一方面要具备独立作战的能力，另一方面需要具备超强的自学能力。所以，在平台型组织中，由于跨界人力云所决定的"极端合作"，将聚集拥有各类专业背景的创客协作创新，领导者也不可能具备对每一位成员的专业指导能力。在此情况下，最有效的领导方式是向导，而不是教练。

学习型组织是20世纪90年代的产物，对于那时的公司来说，学习是一个新生事物，员工的知识和技能程度较低，因此学习是有效的。今天的平台化组织不是不需要学习，而是学习提升了档次，传统的教练式领导已经缺乏效率。领导者只要能扮演好向导的角色，员工就会进行自我学习。如果员工缺乏自我学习能力，那么他也不可能具备创新力。在今天这样的创新时代，不具备自我学习能力的员工和组织，都将被无情地淘汰。

从彼得·圣吉提出的领导者的设计师、仆人、教师三重角色，到今天领导者的设计师、园丁、管家、向导四重角色，充分说明了组织革命，特别是管理范式革命对领导力所产生的深刻影响。领导是管理的一部分，管理范式革命必然带来领导力革命。而领导力革命反过来又是管理范式变革的核心推动力，后现代管理不存在任何一个孤立的系统，它是前所未有的企业系统变革与创新。表9-1是现代与后现代管理领导模式的对比。

表 9 - 1   现代与后现代管理领导模式对比

现代管理领导模式	后现代管理领导模式
任命（或选举）产生	自然产生
控制	赋能
集权	分权
巩固	创新
统筹	设计
指挥	引导

第十章
超文化：后现代公司的基因密码

公司即文化，文化即公司

寻找人类的共同文化基因

超文化与大公司文化的趋同性

后现代公司超文化模型

超文化基因构筑公司"理想国"

后现代公司越来越像一个艺术家工作室，
伟大的品牌将比伟大的艺术更深刻地影响人类。

现在大多公司都知道文化的重要性，但其中关键的不是要不要文化的问题，而是要什么样文化的问题。大部分公司第一关已经过了，但第二关还没过，甚至最顶尖的公司在企业文化方面的认知也存在很多误区。

文化是所有组织的基因，而不是涂抹于组织表层的脂粉。没有这种基本的认识，对公司文化的谈论将毫无意义。文化如同组织的血液，也许从外表看，一个草寇和一个高贵的王子之间存在天壤之别，但如果分析他们的血液，可能会出现惊人的一致。

这是我们面对文化问题的基本世界观与方法论。若非如此，对公司文化的洞察就不会有任何新意，对公司本质的审视与管理的重构也将无法取得根本的突破。长期以来，关于公司文化的研究都受制于普拉哈拉德与霍夫斯泰德的文化差异理论，这使跨国公司文化的融合畏首畏尾，也使大多数学者过于夸大了文化差异的阻力。文化差异理论是典型的解释型理论，普拉哈拉德与霍夫斯泰德只是看到了文化差异现象，却没有提出解决文化差异问题的创造性方法。而当今全球化公司的崛起，已经颠覆了这种传统的文化差异论，必须有更高的文化思维才能正确地引领公司全球化浪潮。

一、文化和战略

公司文化与战略本质上不可区分，战略执行本身就是文化推进的过程。由于现代企业科层制权力体系下，战略执行更多是以命令与指挥文化为主导，文化被融化于威权之下。威权体系本身也是文化，只是人们不愿意承认它是文化。

🔲 文化第一，战略第二

后现代企业并没有改变战略即文化的本质，只是改变了公司文化的性质与管理的权重结构。在现代企业战略执行中，管理的权重倾向于控制与过程管理；而后现代企业战略执行中，管理的权重倾向于价值观与结果管理。在此背景下，公司文化的性质发生了彻底转变，即由现代的他律文化变为后现代的自律文化。

这就出现了"文化第一，战略第二"现象，科技公司生死由企业文化决定，"文化吃掉战略"在硅谷成为最流行的警句之一。意思是一家公司最后的成功取决于员工的价值观和行为，而非技术与战略。然而，在本质上并不存在文化与战略割裂的问题，也不存在孰先孰后的问题。"文化吃掉战略"其实是战略模式的转型，即自律型文化成为战略的核心，价值观成为战略的核心要素。

虽然本质上战略与文化水乳交融，但在现代企业中，却存在着明显的企业文化与战略割裂现象。现代企业一方面推行权威式战略执行体系，一方面宣称"人性化"口号，通过内部文化活动等形式来提高公司凝聚力，这是一种对战略与文化的人为割裂。由于"企业文化"只是无足轻重的润滑剂和涂脂抹粉行为，因此，"企业文化"在以往受到企业家和经理人的普遍轻视。他们认为，文化不过是可有可无的事物。当他们提及"企业文化"时，似乎文化只是一种在企业之外附加的东西。这是对企业文化认识的极大误区，而此种企业文化观，也是现代机械论世界观的产物，它把任何事物都割裂开来，以至于把精神与物质，把公司与文化也全部割裂了。

🔲 文化、商业模式与战略的融合

在后现代企业中，文化、商业模式与战略是高度融合的。这本质上是商业模式与战略的回归，也是企业文化的回归。后现代企业是生命型组织，我们以人的生命来类比，就可以很清晰地理解企业与文化之间的有机关系。

如果战略设计是人脑中的理性图谱的话，战略执行就是人体四肢的行动。

而企业文化则涵盖人脑的全部功能，其中包括战略设计部分的理性，也包括驱动四肢行动的意志、情感，平衡四肢的运动中枢，以及约束四肢伦理界限的灵魂。如果没有人脑的诸多功用，则无论四肢如何发达都不能完成战略任务。因此，战略与文化是水乳交融的同一个生命体。

就此而言，我们必须改变现代企业错误的文化策略，重塑企业生命体。文化不是企业的附庸，因此，也不应该由专门的企业文化部门主导企业文化的设计。在现代企业中，企业文化通常是人力资源部门的附属功能，而它所能做的不过是一些极其表面的工作。现在我们要做的是重塑企业生命体，这需要从灵魂到身体的浴火重生，是一场系统的后现代管理范式革命，其彻底性远超迈克尔·哈默的企业再造与彼得·圣吉的学习型组织再造。真正能重塑企业生命体系的，只有企业领袖本人，而不是企业文化部门。

未来是文化战略制胜的时代

战略与文化是不可分割的，甚至文化就是战略的核心。宜家家居成功的关键，就是它的文化战略，它的宗旨是为大多数人创造更舒适的生活，在此前提下衍生了宜家整个企业的战略体系。无印良品、优衣库、苹果、小米等公司的成功，均是文化战略的成功。未来不是文化制胜的时代，而是文化战略制胜的时代。所谓文化制胜，虽然突出了文化，却割裂了文化与战略之间的关系，严格来说这仍然是现代机械论思维的产物。

后现代文化是建立在世界观革命基础之上的社会变革，它改变了商业的本质，也改变了文化的本质，这是商业即文化的时代。在当代艺术领域，艺术的价值属性已经丧失，艺术的小众化趋势越来越明显。艺术终结的本质，即艺术不具备诠释终极价值的教化功能，也不具备审美价值。在艺术终结的背景下，艺术变成了搞怪和游戏，因此已经丧失了影响大众的能力。反之，苹果、无印良品等后现代商业品牌却取代了艺术的大众化角色。后现代品牌的文化属性日益突出，品牌与文化、战略与文化的融合达到空前的程度。

在现代社会中，商业与文化的割裂也导致了商业阶层与文化艺术阶层的对立，商人被文化艺术圈人士归结为"没文化"的一类，而文化艺术工作者被商人归结为脱离现实的一类。在文化艺术人眼中，商人不过是"龌龊的逐利者"。商人虽然不一定觉得自己高尚，但最起码认为自己比文化艺术人更"接地气"。我们说艺术终结，并非对文化艺术人的偏见，而是对艺术终结这一思想史现状的深刻洞察。但文化艺术人中其实并没有多少真正意识到艺术终结的现实性与残酷性，他们仍然可以创作，只是创作已不具备终极价值。同时，文化艺术人大多认为自己是高贵的，而其他人都是凡夫俗子。这是一个重大的观念误区，文化艺术人如果不走出这个误区，可以说根本不明白文化的本质。其实，大部分文化都是人性被玷污之后的产物，文化并不比商业高尚。当然，商业也绝不是新的图腾。在商业与文化之中，都存在着严重的人性玷污。回归人性，是商业与文化的共同出路。回归人性的商业与文化将实现真正的融合，商人和文化艺术人之间的对立与偏见也将消失。而文化产业在经济中比重的不断提升，既不是对文化的玷污，也不是对文化的抬高。文化商业化与商业文化化，均是后现代商业的特质。

文化与商业的融合造就了新的文化。现代企业并没有完成这一过程，而是加大了商业与文化的隔阂，企业文化与战略的割裂就是其明证。后现代企业战略与文化的高度融合，使战略系统中的文化权重空前加大。品牌与战略的背后是文化，同时管理的文化权重也加大。在生态平台型组织中，战略协同本质上变成了文化协同。面对全球性的人力云系统和全球性资源整合，若没有超强的文化协同，就不可能实现战略与管理的协同。

二、公司即文化，文化即公司

不仅战略与文化要融合，后现代公司本身就是一种文化现象，没有文化的公司已经很难实现其商业目标了。公司即文化，文化即公司，我们需要彻底转变把公司与文化分离的观念。

❖ 文化即绩效

现代企业文化只是公司的附属性调剂，而后现代企业文化则是公司绩效的核心。阿里巴巴从创立起就高度重视公司文化的构建，把价值观作为保障绩效的第一要素。若非如此，阿里巴巴就不可能在众多电商企业中一枝独秀。虽然马云一直谦虚地强调阿里巴巴赶上了好时代，但没有严格的价值观管理，绝不会有今天的阿里巴巴。

马云曾经说，小公司怕"野狗"，大公司怕"小白兔"。所谓"野狗"，即业务能力很强，但是价值观与公司相悖，与公司整体步调不统一者。"小白兔"是指不能创造业绩也不制造混乱的员工。这两类员工都严重影响公司的绩效。

在阿里巴巴创业初期的艰难阶段，马云就坚持"即使公司关闭，也绝不给回扣"的原则。在中国的商业环境下，一般企业经营者都很难坚持这一原则，甚至会将此视为"不接地气"。但马云的原则是，对于给客户回扣、前来应聘要带来客户、拜访客户虚构捏造等行为均实行零容忍。在阿里巴巴创业初期，有一年公司全年营业额才 100 多万元，其中两位明星员工就创造了50% 的业绩，但这两人都采取了给回扣的方式。在艰难的生存环境下，公司领导者大都会嘉奖这样的员工，但马云毫不犹豫地把他们开除了。马云的做法与张瑞敏"砸冰箱事件"一样，在当时的社会背景下，都体现了一种伟大的企业家精神。如果在成熟的商业环境下，他们的做法都是最基本的底线。但他们所处的时代是中国商业刚刚起步，或商业精神尚未建立的时期，能够这样做无疑显示了一种伟大的精神。如果马云和张瑞敏缺乏此种将价值观作为核心竞争力的文化观，就绝不会有今天的阿里巴巴与海尔。

多年来，阿里巴巴一直将价值观考核放在第一位。在阿里巴巴，价值观考核并不是很空泛的东西，而是很具体的考核。比如，明确销售人员什么能做，什么不能做，不能做的如拜访客户记录造假、恶意拜访同事的客户、互相挖墙脚、从客户那里拿回扣等。其实，阿里巴巴文化并不高深，它只是一些基本的原则，是一个正常的人和正常的公司应该做到的。但在中国的商业环境下，这些基本的原则仍然需要强调。张瑞敏在接管海尔前身——青岛电冰箱厂时，甚至制定了"不能随地大小便"的制度，而这一制度的实际奏效竟然也花了整整半年时间。

没有约束的人性之恶，将如酱缸里的蛆虫一样泛滥，而真正的文化将使人性之善散发芬芳。后现代企业文化将在坚守基本的人性约束机制下，构筑创造性员工创业创新的舞台。那将是人性的一种升华，也是后现代公司管理的升华。

腾讯是非常重视企业文化的公司，在腾讯的工作幸福度很高，但不少新人仍然会离开腾讯。因为腾讯的架构太成熟，个人的价值很容易被平台价值所掩盖。几乎所有大公司都会面临腾讯同样的问题，如果没有管理范式变革下公司文化的彻底更新，任何优秀的公司都无法避免此种困境。这也是创新者窘境产生的根本原因，在传统管理范式下，所有公司最终都会走向这一步。正如张瑞敏所言："传统的公司文化是执行力文化，在执行力文化下的大公司必然存在创新极限。只有创业文化可以从根本上突破创新极限，因为创业文化是一种持续创新文化，也就是一种更高级的绩效文化。"

▒ 公司即文化

公司文化不能脱离公司而存在。无公司无文化，公司即文化。后现代公司文化不仅是"企业文化"，更是企业本身，它包括后现代管理范式革命的整个生机系统。因此，公司文化不仅包括愿景、使命、价值观和企业作风，也渗透在商业模式、企业战略哲学、组织哲学、创新哲学与领导哲学之中。有人的地方就有文化，公司皆有文化，问题是你要选择拙劣的文化还是卓越的文化。

吉姆·柯林斯指出："我们总是认为，创立公司首先要有一种好的想法。然而，当我们研究为何这些卓越公司如此与众不同的时候，我们发现这是因为他们懂得公司才是他们的最终产品。从一开始，他们就非常清楚自己在建立一种文化和体系，公司在未来可能会发展出多种业务，但公司本身才是最终产品。"

公司就是产品，就是文化，是比品牌更重要的文化。因为公司是一个生命体，而品牌是这个生命体所创作的艺术品。后现代公司越来越像一个艺术家工作室，它能创作出影响全人类的"艺术品"。伟大的品牌将比伟大的艺术更广泛、更深刻地影响人类，不仅影响人类生活，也将影响人类精神。后现代社会的艺术大众化浪潮，将不是由艺术家所推动，而是由伟大的企业所推动。

各类全球性公司将成为艺术大众化浪潮的主要推动者。在智能终端、VR、人工智能、服装、汽车制造等领域，都会兴起这种艺术型的品牌公司。像特斯拉、无印良品等一样，未来的公司将越来越文化化、艺术化，公司与文化将完全融合。若不首先成为伟大的"艺术家"，未来的公司几乎不可能成为行业领袖。

✿ 文化：管理的基因

辛西娅·蒙哥马利指出，领导者须从"金钱价值"回归"战略价值"，不要一味地强调利润最大化，而更应关注企业能为消费者提供何种产品与服务。而回归"战略价值"就是回归文化价值，乃至回归"艺术价值"。

文化是管理的基因，也就是管理的密码及其最内在的结构。后现代管理将不仅弥合公司与文化之间的割裂，也将弥合工作与生活之间的割裂。对于一个创造者，难道工作不就是一种最好的生活吗？在谷歌看来，工作与生活的平衡，是检验某种管理方式是否合理的试金石。但对于精明能干的员工来说，这个标准却缺乏合理性。因为对很多人来说，工作是生活的一个重要组成部分，二者不可分割。谷歌鼓励员工享受假期，但这不是宣扬"工作与生活平衡的理念"。谷歌的文化，已经成为一种新的管理基因，这是后现代管理基因更成熟的形态。其中蕴含着世界观与人生观的回归。在原始部落中，有谁能区分工作与生活之间的界限？对于伊甸园中的亚当，以及那些勤劳的蜜蜂和蚂蚁，有谁能区分其工作与生活？

其实，劳动才是人的本质，而创造性工作更是对人性本质的最佳诠释。真正的文化还是要触摸人性，只有如此才能洞察管理的本质，而后现代管理很大程度上是人性的回归之旅。互联网时代，在组织变革、文化变革、领导力变革等方面并不存在完全的创新。因为一切解放人性的组织和领导模式，早已隐藏在古老的人类经典中。自我管理、人人都是 CEO、自以为非、赋能式领导等，均属古老的管理法则。人性的解放是人类永恒的主题，只不过互联网和人工智能创造了人性解放的客观条件，而不是互联网时代人类的管理思想有绝对的进步。在很大程度上，与其说是管理进步，不如说是管理回归。

因此，我们要理解文化，就需要摒弃通常意义上的文化概念。回到人本身，才能领悟文化的奥秘、商业的奥秘与管理的奥秘。

三、超文化与管理救赎

普拉哈拉德与霍夫斯泰德的文化差异理论无助于解决全球化公司的文化冲突问题。普拉哈拉德坚持认为，虽然跨国公司的势力可以渗透到世界各地，但永远不可能完全适应当地的文化。霍夫斯泰德则强调，对不同文化背景的员工采取不同的管理方式很有必要。

互联网文化的本质

在互联网时代，全球化公司的发展却正在不断颠覆普拉哈拉德与霍夫斯泰德的文化差异理论。虽然文化征服并不现实，但全球化公司正在改变策略，通过寻求文化共同性而缩小不同文化之间的差异。

历史上罗马帝国征服希腊，但并没有征服希腊文化。自成体系的独立文明，不会因征服而彻底改变，只会在交流中渐渐融合。在互联网时代，文化征服更是一种落伍的思想。任何一种文化都不可能一家独大，相反，需要"文化存异、人性求同"的态度，在尊重和欣赏文化差异性的同时，去发现不同文化背后的共同基因，去提炼超越文化差异的元素。如此，才是企业全球化时代正确的文化思维。

事实上，互联网文化的本质就是一种超文化，它是互联网哲学的认识论与方法论，而元文化是互联网哲学的本体论。超文化是一种视角，元文化则是从超文化视角所发现的互联网文化的基因。传统的跨文化研究和跨文化管理存在一个巨大的误区，就是假定不同文化是对立的，在对立的前提下求同存异必然难上加难。超文化思维的前提是，透过文化的表层，去发现不同文化的内在结构。通过超文化思维，可以发现不同文化中存在着共同的基因。这个基因由人性的共通性所决定，这就是元文化存在的证明。

不同文化的共同基因

华为的文化体系是混沌的、多元的、灰色的。多年前，任正非路过迪拜，写过一篇文章《资源是会枯竭的，唯有文化才能生生不息》。华为文化的特色可以概括为："非马非驴，亦中亦西；以理想主义为旗帜，以实用主义为纲领，以拿来主义为原则。"

华为文化还是典型的"剥洋葱"文化。华为认为剥一层是欧美文化，再剥一层是日本文化，再剥一层是中国文化，古今中外，皆为我用，兼容并蓄，有扬有弃。在任正非的思想中没有什么不变的图腾，华为是"食五谷杂粮，壮自身肌肉”的广谱型文化。不过，华为的"剥洋葱文化"还缺少明确的超文化视角，华为只知道不同的文化都有优点，却不知元文化的存在。文化是多样的，变化的，但元文化却是文化的共同基因，是不变的。只强调企业文化变的一面，不知其不变的一面，会陷入相对主义，从而有可能在文化兼容中产生错误的判断。

不同的盈利模式，也会导致企业文化的不同。阿里巴巴集团子公司的文化就各有不同：阿里巴巴公司讲求踏实和效率；淘宝的文化更年轻活泼，更贴近"草根"；支付宝、阿里巴巴软件则对专业要求更高，更接近精英文化。但在所有这些文化背后，仍然有共同的基因，在效率、活泼、专业背后更重要的文化，是以爱为本、自由与约束并重的人性化因素。这些共同的文化基因，无疑是更为重要的超文化基因。不同性质的工作所需要的不同文化，在工作中可自然形成，且是可变的。但超文化基因则有赖于深度的洞察与推广，且是不可变的。

阿里巴巴和腾讯的文化也有差别。腾讯是创作导向的公司，大部分人需要写代码、设计产品，需要不断地学习、不断地创新模式、不断地思辨，因此腾讯的书卷气很浓。阿里巴巴则是销售和运营导向的公司，每天跟各行各业的小商家打交道，需要讲执行、讲结果、吃苦耐劳，因此，阿里巴巴的文化就相对野性一些。但阿里巴巴和腾讯虽然有差异，也有共同的基因。这些共同的基因，就是互联网公司所共有的客户导向、"去政治化"文化、尊重员工个性、创业创新文化等，且他们之间的文化共性要远大于彼此的文化差异性。

谷歌与苹果的文化也有明显的差异，谷歌自由，苹果严谨。与充满欢乐的谷歌相反，苹果拥有一种成年人的氛围。在苹果看不到谷歌的随意着装，也看不到办公室里稀奇古怪的个性化装饰，苹果公司的办公空间就像苹果的标志和产品一样，充满着极简主义和品质感，充分体现了作为一家世界顶级科技公司的尊贵。但是，在谷歌与苹果之间的文化共性要比他们之间的差异更多。谷歌与苹果的文化共性就是顶尖科技公司所共有的客户导向、创新精神等。

寻找不同国家、民族文化的共同基因，以及不同行业、不同事业部门和不同公司之间的共同基因，才是管理的重中之重。否则，如果只强调差异，则虽然成就了个性，却失去了协同。因此，不同文化的共同基因是比差异性更重要的管理要素，它具有兼顾自由与管理的双重功效。

超文化、人性与本能

事实上，华为对文化的认知已经初具超文化思维。一方面，华为"求同"，即基于华为核心价值观的认同和统一。比如，"以奋斗者为本"是建立在对人性认知的基础上的：既奋斗，又共享，主观为自己，客观为公司、为国家。另一方面，华为正视"存异"，即认可、保护和欣赏人性的差异性。千人千面，既然无法参透，倒不如认可、容忍乃至欣赏。

但华为对文化的认识，需要超文化理论的进一步提升。因为文化的本质，并非像华为所说，剥一层是欧美文化，再剥一层是日本文化，而是所有的文化都属表层，剥到里层就是超文化。超文化严格来说是一种方法论，元文化则是超文化的本质。元文化是不同文化的原型，是人性之初的共同结构。以超文化思维去洞悉元文化实质，无疑会提升我们对企业文化认知的高度与深度。

超文化本质上是对人性与本能的还原。它并不高深，但对于人性与本能被文明所掩盖的现代人来说，却不得不说是一个极大的难题。企业文化要超越文化的差异性，而触及本能层面的元文化，与武术的练习具有一定的类比性。武术的本质是练感觉，从激烈到平静，从肉体到精神，是武术的最高境界，达到这样的层次，其实就是让本能发挥到极致。而武术练习者若达不到这样的境界，他的本能反而会被技巧所遮盖，这就是"练三年拳不如打三年架"的原因。管理的最深层也是本能，即回归到人性最本真的部分。事实上，本能才是文化的原型，当管理达到超文化层面时，是没有中西之别的。武术也是一样，不同的武术虽然外在风格不同，训练方法不同，但本质相同。真正的武术也不存在"刚"与"柔"的区别，所有的武术都是刚柔并济的。管理亦然，管理并无中西之别、文化之别，管理的最高境界完全是超文化的。

因此，后现代管理必须超越文化差异论陷阱。企业文化已经变得越来越重要，而其核心的部分却是超文化。未来的全球化企业不讲出身何处，因为它们无所不在。回到人性与本能，是超文化管理最朴素的路径。普拉哈拉德对跨国公司永远无法适应当地文化的判断，显然过于悲观，也不符合事实。霍夫斯泰德强调对不同文化背景的员工采取不同的管理方式，这最多只涉及管理艺术的层面，而不是最核心的管理科学层面。因此，在全球化公司时代，普拉哈拉德与霍夫斯泰德的文化差异理论，已经失去了真正的实践价值。

❂ 超文化与管理救赎

超文化是管理救赎的根本路径。由于超文化思维的欠缺，目前西方跨国公司和中国绝大多数优秀企业，都存在着不同程度的文化认知误区。虽然中国领先企业在商业模式、战略、组织模式等方面，都有相对成功的创新，但在文化方面却普遍存在软肋。无论是华为的"剥洋葱文化"、阿里巴巴的"儒释道"文化、百度的"狼文化"，还是360的"戾气"文化，都需要进一步地彻底超越。这是未来中国企业全球化进程中的必经之路。

华为的"剥洋葱文化"虽然实用，但缺少足够的深度，在方法论上需要提升。阿里巴巴的武侠和道派文化，体现出马云对文化理解的局限性，与阿里巴巴全球化企业的地位呈现出较为明显的不对称。马云倾向于研读《道德经》，练习太极拳，并接触道派人物，表现出对道家与道教的混淆倾向。道家是纯正的古典哲学，但魏晋玄学之后的道教却有走火入魔之嫌。同时，虽然马云强调"儒释道"文化的融合，也提到了中国传统文化与西方文化的融合，从而形成"感恩、分享、开放"的文化，但还缺少以较为透彻的超文化思维对中西文化基因的深度洞察，因此还未能真正形成作为全球化巨头公司所应有的超越性文化。

虽然百度已经具备优秀的文化，但也存在着根本的欠缺。"3B大战"之后，百度在内部反思中提出要推广狼性文化，要求员工要以结果为导向。百度从外到内均推行狼性文化，其结果是把很多老员工推向了竞争对手的怀里，因此有"百度的人一挖就走"之说。360则充满暴戾之气，这种风格在企业内部自上而下都被深深传染，大家都充满戾气，对下属犯的很小的错误都很容易大发雷霆、说脏话、拍桌子甚至摔东西。360对总监以下的员工都进行信息屏蔽。百度和360的文化与他们在业界的地位是不够匹配的，与互联网文化的本质属性也存在冲突。业绩固然重要，但在互联网时代可以采取更为高级的企业文化。人固然不完全可信，但可以创造让人可信的机制与文化。

阿里巴巴、百度和360的文化，都缺少超文化的视角。在互联网时代，只有从超文化的高度进行后现代管理范式变革，才能确保互联网巨头的可持续发展。互联网巨头企业文化的痼疾，说明管理救赎对所有企业都极其迫切。如果马云能够从超文化的视角构筑阿里巴巴的文化体系，阿里巴巴的企业文化无疑会更上一层楼，从而才能更加无愧于阿里巴巴作为中国世界级公司所具有的领袖地位。

阿里巴巴、百度和360等互联网巨头的文化局限性，表明互联网虽可推动文化转型，但在此过程中仍存在着很大程度上的无序性。只有在后现代世界观基础上构建超文化思维，才是中国企业走向世界和全球企业文化升级的现实路径。

超文化与灵性管理

马云对道教文化的推崇，从动机角度具有积极意义。但道教文化实为对道家哲学的严重扭曲，道教文化的神秘主义与彼得·德鲁克所说的信仰完全不同。道教所追求的超能力，与佛教和印度教高僧所具有的超能力大同小异。然而，超能力并非神奇，它只是人本身所具有的潜能，而过度开发潜能则很容易使人走火入魔。企业家和明星对道教的痴迷都是很大的误区。

从老子到孔子，到董仲舒和王阳明的中国经典哲学，以及基督教文明，都是建立在理性基础之上的严密思想体系，而并非诉诸冥想和追求超能的神秘主义。以理性为根基，以超文化为方法论，寻找东西方文明的共同结构，才是后现代管理的超越之路。

然而，构筑灵性管理需要极大的智慧，任何人面对超文化都该秉持基本的谦逊。企业家虽然可以在商场上叱咤风云，但面对文化等终极奥秘却不该自以为是。即使彼得·圣吉等管理大师，在文化的判断上亦存在诸多误区。张瑞敏所倡导的"自以为非"精神，是企业家和管理学家面对文化问题应有的基本姿态。

灵性管理不是在企业管理过程中贯穿灵修，使企业充满神秘主义的氛围。真正的灵性是建立在理性基础之上的实践性信仰。人并不是像尤瓦尔·赫拉利所说的"与动物没有本质的区别"，人是有精神追求、有灵魂渴求的智慧生命，灵性是人与生俱来的本质。由于现代文化加重了人的迷失，人在获得更多的自由之后并未获得更多的幸福感。因此，当代人需要灵性的回归。对于职场人来说，他们大部分时间是在工作场所度过的，组织有责任关注每一位成员内心深处的焦虑，帮助他们解决"做人何为正确"，以及人生的意义等看似与工作不相干的问题。

事实上，在物质上越自由、自主度越高的人，在精神和灵魂层面的需求就越高。面对"千禧一代""Z 世代"和"阿尔法一代"对精神和灵魂诉求的日益提高，灵性管理将必定成为未来管理的"标配"。精神层面对应的是哲学思考、艺术创作和理性思维，灵魂层面对应的是终极价值、生命的意义和信仰维度。在本书所提出的管理 5 维模型中，比明茨伯格多出的部分正是哲学与灵性的维度。这两个维度在未来的"阿尔法一代"等新世代的管理中，并不是抽象的思考，而是贯穿于企业战略、营销与管理活动之中。哲学与灵性维度正如人的大脑与身体的协同一样，并非仅仅是大脑的抽象思维过程，也包括身体的行动。就本质而言，灵性管理是一切组织应该具备的基础性管理，而不是高端配置。当然，它既是最基础的，也是最高端的。对于人性被扭曲和遮蔽的现代管理史而言，它是极其高端甚至不可企及的；对于人性真正回归的后现代管理而言，它却十分基础。正如诚信原本是企业的标配，但也曾经一度被认为高不可攀一样。

四、大公司文化的趋同性

互联网正在全面突破文化的对立与冲突格局，互联网巨头和全球领先公司正在出现一种文化趋同现象。比如原来倾向于权力型制度的国家或地区的企业，在组织变革中已经逐步向数字化民主过渡。

❖ 公司文化凌驾于国家文化之上

在互联网和人工智能时代，对文化差异性的夸大不仅无益于全球化公司的发展，也不符合现实。文化差异仍然存在，但寻找巨头公司的共同文化基因无疑更为重要，否则就不可能存在全球化公司。

从前的海尔文化拒绝"空降兵"，但张瑞敏认为，在全球化时代，这种人才政策已经不合时宜，海尔需要以更加开放的视角来整合资源。海尔在引进外部人才时充分考虑到文化差异因素，因此采取较为策略的方式，不是直接的空降，而是先让外部专家与内部人员通力合作，直到完全融入海尔文化。

这说明文化差异固然存在，但人类共同的文化基因最终会消除一切隔阂。

加里·哈默尔指出，现实的商业环境是倒逼企业进行组织转型的重要力量。事实上，尽管不同国家或地区有不同的文化，如拉美文化、印度文化都较为保守，但在这些国家或地区的某些企业，依然推动了平台化的组织转型，形成了一种开放的文化。所以，就某种程度而言，企业文化可以凌驾于国家或地区的文化之上。科层制被打破，实际上也可以说是企业感知商业环境的结果。

企业文化之所以如加里·哈默尔所说能够凌驾于国家或地区的文化之上，在于企业与国家或地区相比，作为更小的组织，更容易适应环境的变化。而企业文化之所以能够随着商业环境的变化而改变，在于人类文化的共同基因。从超文化的视角寻找人类文化的共同基因，远比对文化差异性的强调更为重要。

全球化公司文化重构的全新视角

事实上，文化差异性并非如我们想象的那样严重，而商业环境正在迅速地突破文化的藩篱。约翰·科特指出："权谋文化并不是中国独有的，其他国家也一样。"比如对于领导者屏蔽信息的做法，约翰·科特说："如果有一位公司的老板总是这样做，并让我给他提建议的话，我首先会跟他说：'停止这种行为。我们现在这个世界变化是如此之快，公司能够形成一种紧迫感变得越来越重要。如果老板老是把信息真相藏起来的话，是很难形成这种紧迫感的。'"

当一个公司的大部分员工来自海外或其他文化时，公司的国籍已经不重要了，公司的文化也无法仅仅以母国文化来定义。比如，华为员工来自156个国家和地区，外籍员工3万多人，如何定义华为文化的国籍？

全球影响力正在成为一个新的企业标准，企业全球化要学会适应文化差异，摒弃狭隘的乡土观念和市场傲慢，它常常来自民族中心主义和自我中心主义。海尔的"人人都是CEO""人人皆可为尧舜"，既可在中国传统文化中找到根源，也可在《圣经》等经典中找到同样的根源。回到原点，中西文化之间并没有不可逾越的鸿沟。

就人类文明史而言，文化是后生之物。文化既造就了不同的思维方式，也导致了不同文化之间的隔阂。在全球化时代，不同文化在碰撞中求同存异，取长补短，是为大势。反之，如果固守某种文化而排斥其他文化，无论所固守的是何等优秀的文化，都是一种过时的"乡土观念"。

不仅中国在现代化过程中丢弃了传统，西方在现代化过程中也同样丢弃了传统。在全球化时代，中西都需要重新审视自己的传统文明，并在尊重对方文化传统的前提下，进行文化的重构与融合。在文化的对话中，中西双方都需要"自以为非"的态度，发自内心地尊重对方，学习对方的长处。这对于全球公司文化重构和人类文明的融合，都具有重要的意义。

20世纪70年代，索尼第一次国际化时，盛田昭夫聘请了美国人哈维沙为首席执行官，虽然这次合作因日美文化的冲突而于1978年告终，但索尼第二次国际化仍然聘请了美国人霍华德·斯金格为全球总裁。企业国际化过程，就是一个不同文化求同存异，直至不同文化走向融合的过程。而文化融合之所以成为可能，就在于元文化的存在，也就是在于人性本质上的相通性。

针对普拉哈拉德所提出的"跨国公司永远不可能完全适应当地的文化"，我们可以在尊重当地文化的基础上，用超文化思维寻找共同基因。针对霍夫斯泰德提出的"要在不同的时间和场合运用不同的概念和方法"，我们认为，这并不是管理最重要的部分，最重要的是建立超文化思维，以及在此基础上构建超文化的后现代管理范式体系。

张瑞敏在瑞士IMD商学院演讲时，下面很多教授提出，在国际购并当中最难解决的就是文化的兼并、兼容问题。而张瑞敏对他们说："并购当中文化的兼并、兼容问题是难题，但我却认为是个伪命题，为什么？世界各国的文化表现形式都不一样，但人的本质是一样的。就像德国哲学家康德所说，人是目的不是工具。不管是美国人、日本人还是东亚人，还是东南亚人，还是非洲人，都希望表现自己的价值，都希望展示自己的能力，如果你给他一个机会，不管什么人都会认同你。我认为这就回到企业文化的一个本质，就是你能不能把员工当作主人。"张瑞敏对欧洲教授们的这一番应对，正是超文化思维的极佳体现。

张瑞敏对文化的认知也经历了一个过程。起初，他觉得中国文化是群体主义，美国文化是个人主义，个人主义鼓励创新，群体主义压制创新，要将两者融合是很困难的。但是张瑞敏经过思考之后，觉得跨文化涉及的还是一些表面的东西，文化的本质其实都一样，只要不把人当工具，把他当目的就可以了。把人当目的的思维，正是一种超文化思维，也就是回到人性本身的思维。东西方文化虽有诸多不同，但东西方的人性却是相同的。2017 年 5 月 22 日，张瑞敏在《人民日报》刊登的《海尔走遍世界，模式只有一个》一文指出："按照美国人的结论，国外收购有 70% 失败率，主要原因是各个国家的不同文化之间很难融合。但海尔'人单合一'模式的全球化复制，却实现了统一平台上的多元文化融合与共赢。"张瑞敏将此种融合多元文化的模式称之为"沙拉式体系"，好比西餐的沙拉就是各种蔬菜保持原来的形态，但是沙拉酱是统一的。海尔就是在保留各种文化特色的基础上，用"人单合一"的沙拉酱把大家融合在一起。

文化差异论是现代跨国公司的文化策略依据，超文化却是全球化公司的文化策略依据。跨国公司是经典现代公司的代表，全球化公司是后现代公司的普遍形态。现代公司背后的世界观，是机械论和对立论的世界观，因此会过度强调差异。后现代公司背后的世界观是有机论和融合论的世界观，因此必然强调共同性。在文化藩篱被不断冲破的互联网时代，后现代世界观无疑代表着更为现实和正确的文化视角。

超文化与大公司文化的趋同性

马云去 Facebook 总部访问，并介绍阿里巴巴文化时，Facebook 员工惊讶地发现，阿里巴巴的文化与 Facebook 竟然如出一辙。当然，这并不是因为马云和扎克伯格有过共同的探讨，而是由于二者皆抓住了人性最根本的部分。

互联网正在推倒一切文化的围墙，彻底颠覆人们对文化的认识。虽然每一家企业的文化必然有个性的一面，比如有的更重视专业，有的更重视市场；有的更严肃，有的更活泼，但这都不是企业文化的核心，而是外在的差异。在这些外在差异存在的同时，超文化正在成为所有互联网企业的共同基因，谷歌、Facebook、阿里巴巴等全球性公司的企业文化，已经显示出了惊人的同构性。

企业文化的同质化必然导致管理模式的趋同，后现代管理范式正在成为全球化公司的新大陆。在价值与范式的废墟上，后现代管理的生态国度正在重建。而后现代管理范式体系的构筑，将历史性地推进全球公司文化的融合，以及在此基础之上的国家或地区文化融合。全球化公司无疑是世界走向文化大同的先锋。

企业文化与消费性文化不同，前者具有趋同性，后者则具有差异性。大公司企业文化的趋同性与文化的差异性并不矛盾。企业文化的趋同是公司全球化与人性同构的必然结果，而文化差异性是消费性文化所具有的民族性、地域性特征的反映。

文化是后天的产物，是人为的区分。既然人性本质相通，文化也必然具有同构性。一切从超文化思维出发，我们将找到中西文明的共同基因，这将有助于后现代企业文化和后现代管理范式革命的推进，有助于后现代公司之花在全球开放，有助于人类真正步入一个自由、信任、开放而理性的后现代世界，如图 10 – 1 所示。

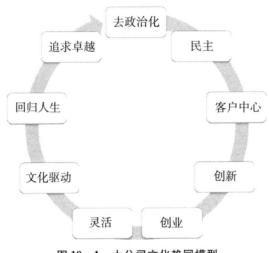

图 10 – 1　大公司文化趋同模型

从大公司文化的趋同模型中，我们可以看到，虽然文化差异性仍然存在，但大公司之间的文化趋同性更为明显。互联网催动下的全球大公司，几乎都以上述文化模型中的要素为核心文化。

去政治化、民主、客户中心、创新、创业、灵活、文化驱动、回归人生、追求卓越，这些都是谷歌、Facebook、阿里巴巴、百度、华为、海尔等众多优秀企业的共同文化。它们没有民族性，只有人类性，因为它们都是直抵人性的超文化，是互联网时代企业成功的共同要素。

不同企业之间的文化差异，好比不同人的性格差异一样，无论个性差异多大，人性仍是一致的，人性的同构性远大于性格的差异性。因此，夸大文化差异，对于企业文化融合是毫无现实意义的。价值观也一样，无论价值观差异多大，价值观背后的人性是相通的。放下价值观差异，寻求人性层面的对话，对于今天这个价值混乱的时代具有十分重要的意义。这就是超文化思维的核心价值，它将使我们放下一切争端，放下一切管理偏见，创造一个全新的后现代管理时代。

五、后现代公司：构筑全新的文化模型

消极后现代主义最核心的观念，是不相信宇宙有不变的本质和共同的逻辑。消极后现代主义只相信殊相，不相信共相，只承认个性，不承认共性，最终演化为个人主义、相对主义和虚无主义。

事实上，消极后现代主义是现代世界观的产物，它体现的是一种晚期现代性，而不是真正的后现代性。当笛卡儿哲学把人的理性置于宇宙的中心，使人这一脆弱个体成为宇宙圭臬之后，一步步把整个欧洲乃至人类文化带向了绝望。

超文化与后现代世界观

20世纪，西方哲学在走过绝望的废墟后，一直努力重建新的秩序，其中首先就是恢复曾经的秩序。罗伯特·莱德菲尔德的研究表明：尚未开化的原始世界观具有三个重要特征。首先，他认为宇宙是一元的，人类、自然和上帝合而为一。其次，人类与他人（物）的关系是相互依存、相互合作。再次，人类与他人（物）共处于一个道德秩序之中。这无疑是后现代有机世界观的体现。东西方文化具有相通性，事实上，正如罗伯特·莱德菲尔德所指出的，所有的原始世界观都有共同的特征。

唐纳德·戴维森指出："语言既无绝对的不可译性，又无相对的不可译性，那么不同的概念系统当然不能成立。"唐纳德·戴维森论点的实质是：语言能够整理世界万物。这个比喻意味着，不同语言可以翻译为它们都熟悉的一些习语，因此相互排斥的概念系统这个观点是不成立的。

唐纳德·戴维森的语言哲学，表明不同文化具有共同的结构，这是对超文化存在的有力佐证。后现代世界观正在缝合被现代世界观所撕裂的一切价

值，重新赋予这个破碎的世界以可触摸的意义、道德与真理。在此过程中，倒塌的人性大厦将重新矗立起来。

当我们明白现代文化观是带着严重偏见的思维误区与傲慢时，就能通过思维的改变来重塑人类文化。若非借助超文化视角的世界观重塑，彼得·圣吉第五项修炼中的"自我超越"和"改善心智模式"就将成为空谈。超文化思维作为本书的核心方法论，是对传统跨文化和文化比较研究的真正颠覆。超文化思维的存在，证明历史上那些以文化对立为出发点的文化研究，陷入了何等大的误区。一旦我们具备超文化思维，则整个世界在我们面前都将完全更新。这仅仅是换一个角度看问题，并非是什么高深的理论与复杂的工具。超文化说穿了不过就是回到人本身，这是一个苏格拉底式的哲学问题，也是一种极其朴素的思维方式。它意味着世界观的革命，而世界观本质上并不是晦涩艰深的课题。如果我们有一双婴儿的眼睛，则世界观革命无非就是新的一天看世界的感觉。

工业 4.0 与文化 0.0

科技革命是一个不断进步和超越的过程，但文化的创新却首先具有回归的一面。存在工业 4.0，但不存在绝对意义上的文化 4.0。就本质而言，关于人性的文化不存在 1.0、2.0、3.0 的进化逻辑，先进的文化首先是基于对人类已有传统文化的继承与发扬。

中国国家大剧院的设计师安德鲁指出："所谓传统，应该是一个发展的过程，一个民族最深刻的传统应该是创新。"但在互联网时代，我们更需要文化的归零心态，回归文化的 0.0 阶段。文化 0.0 是起点，而不是终点。只有回归起点，才可能产生真正的文化创新。

超文化本质上是寻求人性共同基因的方法论，只有站在超文化的高度，我们才能发现人性的共同结构。这一结构由元文化所体现，在所有文化的深层所存在的元文化，正是人性最本源的部分。互联网时代所有的文化创新，将以回归人性本真为起始，这就是文化的 0.0。以文化 0.0 为起点，匹配商业模式、组织模式等全方位管理范式变革的企业文化重建，则将真正产生文化 4.0。

事实上，从原始部落文化到后现代文化，人类文化确实经历了 4 个阶段的演化，但并非像科技一样呈正进化状态。真正意义上的文化 0.0，是人类诞生之初的本真状态。随着人类文化的产生，原始部落文化是文化的 1.0 阶段；人类进入大规模集权社会之后（奴隶社会与封建社会），为文化的 2.0 阶段；人类进入笛卡儿之后的现代社会，为文化的 3.0 阶段；而互联网时代的后现代文化，是文化的 4.0 阶段。文化 4.0 的本质则是文化 0.0 与互联网、高科技背景下的组织革命相融合之后的产物。在文化 2.0 和文化 3.0 阶段，人类文化既有进步也有错谬。只有在回归文化 0.0 基础上的后现代文化，才具有真正的进步性。

后现代公司超文化模型

全球化的公司文化趋同现象，已经从根本上突破了霍夫斯泰德的文化差异模型。在此背景下，继续强调文化差异性已缺少现实意义。正确的做法是建立后现代公司超文化模型，以顺应并提升全球化公司的文化同构性维度。

1. 超文化思维对霍夫斯泰德文化差异模型的突破表现

权力距离缩小化、不确定因素适应化、个人主义/集体主义融合化、男性化/女性化平衡化、长期导向与短期导向趋同化，如图 10-2 所示。

图 10-2　超文化思维对霍夫斯泰德文化差异论的突破模型

在模型中，关于权力距离维度，即使在高权力距离的东方国家，其领先公司的组织变革也正在摧毁过去的权力结构，东西方企业权力距离之间的差距正在缩小乃至消失。关于不确定因素的避免维度，全球性的创新创业浪潮，正在使来自所有文化背景的人都形成适应不确定性的文化。关于个人主义/集体主义维度，互联网正在终结西方个人主义和东方集体主义，并形成以数字生态共同体为核心的个人主义/集体主义融合化倾向。关于男性化/女性化维度，后现代世界观正在摧毁西方现代主义中的男性化因素，而某些国家的女性化倾向也正在被科技理性与创业文化所重构，互联网正在形成一种超性别文化，男性化与女性化正在趋向平衡。关于长期导向与短期导向维度，由于全球化公司的扩张和企业边界的高度交叉，东西方文化背景下的公司都在走向一种长期—短期兼顾的更成熟的文化。

2. 超文化思维的存异模型的 5 个维度

超文化思维的存异模型包含 5 个维度：性别存异、个性存异、心理存异、宗教存异和思维存异。利用超文化方法论寻求文化同构的秘诀，是先存异，后求同，如图 10 – 3 所示。

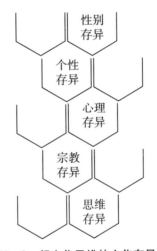

图 10 – 3　超文化思维的文化存异模型

在超文化思维的文化存异模型中，性别存异是搁置关于性别的所有差异，使男女两性处于完全对等的对话情境之中。个性存异是不同性格、不同习惯的双方搁置关于性格与习惯方面的差异，寻求人性中共同的元素。心理存异包括对不同性取向和不同生活观的人摒弃偏见，无论对话双方心理取向如何相左，在人性这一层面仍然是共通的。心理存异主要消除的是所谓"心理正常者"的骄傲与偏见。宗教存异是摒弃不同宗教信仰之间的观念冲突，回到人性本身进行对话与合作。这种合作是在尊重对方宗教信仰，并坚持自我宗教原则上的理性行为。思维存异包括不同哲学观、不同做事方式等方面的相互尊重，在此方面东西方文化背景的人可能存在较大的差异，只有尊重差异才能进行理性的对话。

3. 超文化思维的求同模型的 5 个维度

超文化思维的求同模型也包含 5 个维度：爱心求同、自由求同、创造求同、道德求同和灵性求同（见图 10 - 4）。在以上存异模型的基础上，再进行求同，就更加容易了。性别存异、个性存异、心理存异、宗教存异和思维存异等全方位存异，可以极大地拉近彼此的距离，共事或合作双方就会处于比较愉快的状态。

图 10 - 4　超文化思维的文化求同模型

在超文化思维的文化求同模型中，爱是人类的共同语言，是征服一切的最大能量。在后现代企业中，以爱为本的文化无疑是一种超文化，人类共同的爱心可以填平一切看似不可逾越的鸿沟。自由也是人性的共同追求，在自由基础上的自治则是后现代公司自由的最佳体现。创造与创新也是人类的本能，是人性的深层结构，以创造创新为基因，去寻找双方的共同目标是后现代企业的有效方式。这里的道德求同，并不是要求所有人都秉持同样的道德标准，而是在道德标准差异化的前提下，去寻找善良、正义、公正等最原初的道德准则。某些道德标准的存异，可以归结到思维存异维度之中。灵性求同与宗教求同有别，这是搁置宗教差异前提下的终极对话。在此过程中，最终可能会出现某一方宗教观的转变。那将是存异求同所产生的积极后果，至于孰对孰错则不予评判。

事实上，在互联网和全球化浪潮推动下，"Z 世代"正在打破传统的种族、性别、性取向等身份识别标志，跨种族与跨国家的婚姻在"Z 世代"中也日益普及。这就决定了未来的"Z 世代""阿尔法一代"将加速其成为世界公民的进程。在此背景下，超文化思维必将成为全球性价值趋同的核心引擎。而全球性公司员工的全球化，也必将促进一个超文化思维主导的新公司文化融合时代的到来。

六、再造公司价值，重拾人类梦想

超文化是思维与方法，元文化是文化的原型与原点。在互联网时代，只有秉持超文化思维，才能真正缔造公司价值。

▓ 超文化价值观考核

阿里巴巴和京都陶瓷都是把价值观放在第一位的企业。马云说："遏制腐败，价值观比制度更重要。""敬天爱人"则是京都陶瓷公司的经营座右铭，来自 19 世纪日本"明治维新"的领袖西乡隆盛，而西乡隆盛的思想则源自中国明代哲学家王阳明。稻盛和夫坚持自己获利的同时，也要造福他人的理想。无论京都陶瓷还是 KDDI，都绝不刻意抬高价格或采取恶性竞争手段。在稻盛和夫的经营哲学中，还有"作为人，何为正确"的审视。

在全球化时代，我们必须懂得全球文化。但更重要的是，我们应该利用超文化思维，透过不同文化的表层，去发现不同文化之间的共同基因。如此，才能更好地做到在文化存异的前提下进行文化求同。事实上，无论马云的价值观考核，还是稻盛和夫"敬天爱人""作为人，何为正确"的经营哲学，都是超文化思维的表现。因为敬天爱人和叩问做人的正确性，并不存在任何民族文化属性，而是最根本的人性基因。现代企业时代，是人性迷失的时代，因此导致了对文化差异性的过度强调。

只有从超文化的高度建立新的价值观，进行超文化层面的价值观考核，才能缔造超文化企业。现代企业并非没有思考人性，但在现代世界观体系下，现代企业的人性论走入了极大的误区。因此，恢复人性本真是超文化价值观考核与超文化企业缔造的根本。而所谓的超文化企业，并非仅仅建立于文化变革之上，而是建立于以文化变革为基础的后现代管理范式变革之上。超文化企业是对后现代企业在基因层面的准确定位。

▓ "去政治化"的公司文化并非童话

强调对立与差异的现代公司文化观，是公司政治的根源，而超文化思维则有利于打造去政治化的公司文化。全球领先企业都在致力于营造去政治化的公司文化，作为数字游牧者的"Z世代"普遍表现出对公司政治的厌倦。这也是人性回归的重要表征。

文化差异性对于消费性文化是一种特色，对于公司文化却是一种障碍。跨国公司一直致力于消除文化差异，但收效甚微。文化差异的消除首先不是技术层面的问题，而是世界观的革命。在现代对立性文化主宰的时代，对文化差异的技术化弥合自然难以有根本的作用。

超文化视角在搁置文化差异性的同时，寻求不同文化背后的共同基因，这是打造去政治化公司文化的根本路径。尽管几乎不存在一家文化上尽善尽美的公司，但谷歌、Facebook、阿里巴巴、海尔等全球性公司的努力，正在为构建去政治化的公司文化做出有益的实践。全球化公司正在承担起未来公司文化变革的历史使命，他们的卓越实践以及超文化的真实存在，都让我们相信去政治化的公司文化并非童话，而是一个完全可以实现的人类共同的梦想。

尽管世界面临逆全球化倾向、恐怖主义、极端民粹主义等多方面的挑战，也面临大国博弈和地缘政治的挑战，但以后现代世界观为前提的人性化浪潮，在互联网时代注定是世界大势与主流。在全球化公司文化的去政治化努力中，他们正以温和的方式潜移默化地升华人性，并升华人类文化。

超文化基因构筑公司理想国

Facebook等互联网公司是数字化民主和数字生态共同体的推进者，他们正在改变人类社会的格局，并将深远地影响历史的进程。超文化基因的存在，将彻底抹平横亘在不同文化之间的山峰，在构筑公司理想国的基础上，使民族国家逐渐蜕变为文化大同的理想国状态。

超文化是没有国界的，管理亦然。张瑞敏指出："真正的管理是没有国界的，是可以共享的。"超文化思维是后现代管理的方法论基础，后现代管理范式的整体变革以及每一个子系统的变革，均以超文化为根基。超文化也是联结后现代管理各子系统的强大纽带，它贯穿于从治理模式、商业模式、战略模式、组织模式、营销模式、创新模式、领导模式到管理哲学的整个后现代管理范式之中。

超文化基因所构筑的公司理想国，并非脱离现实的乌托邦，而是互联网时代最具竞争力的公司模式。通过世界观革命而缔造的后现代管理范式，是最具系统性的管理创新，它将拯救日益沉沦的现代企业，帮助全球公司突破创新者窘境，在经济与文化双重目标体系下，完成现代公司的浴火重生。表10－1为现代与后现代管理公司文化的对比。

表 10－1　　　　　　　　现代与后现代管理公司文化对比

现代管理公司文化	后现代管理公司文化
跨文化	超文化
强调文化差异性	突出文化同构性
对立化	融合性
自我中心	交互中心
个人主义	个人—集体主义
男性文化	男女平衡文化
等级文化	平行文化
利己主义	利他主义
竞争主义	合作主义

第十一章

哲学终结与后现代管理哲学重构

一种管理代表一种世界观

哲学终结，但世界并未绝望

AI世界观：后现代创新哲学

超文化视角重构管理哲学

管理学家创新视野的受限，很大程度上与世界观有关。
如果具备世界观的高度，呈现在我们面前的现代管理体系
将如玻璃缸里的金鱼那样一览无余。

在 20 世纪思想史上，"哲学终结"不是一个哗众取宠的概念，而是严肃深刻的命题。从尼采的"上帝之死"到维特根斯坦的语言哲学，西方思想史的发展使哲学放弃了形而上学，也就是放弃了对宇宙本体的探究，这本质上宣告了哲学的终结。因为哲学之所以存在，正是基于对本体的叩问，以老子为代表的中国古典哲学和从赫拉克利特到黑格尔的西方哲学莫不如此。

由于哲学是一切学科的根基，特别是人文社会科学的根基，哲学终结就导致了思想的终结、艺术的终结等。这一切都不是表面化的炒作，而是真正本质性的洞察。哲学终结也导致消极后现代主义的进一步下滑，最终导致了相对主义和虚无主义的蔓延。

一个哲学终结的世界是令人绝望的世界。尼采所说的"上帝之死"，本质上就是形而上学中的本体之死。事实上，哲学终结将导致一切人文社会学科的合法化危机，也将导致科技的危机。当今人工智能领域之所以频现失控性言论，正在于科技哲学的欠缺。在新近出版的《未来简史》中，尤瓦尔·赫拉利所描述的从"智人"到"神人"的转变，正是未来科技失控之后的结果。

哲学终结了，但世界并未终结，人类仍要继续。在 20 世纪历史上，就出现了怀特海、克莱夫·刘易斯、弗兰西斯·薛华等捍卫本体论的思想家，以及大卫·格里芬等积极后现代思想的倡导者。后现代管理哲学的重构将沿袭这一脉络。

一、一种管理就是一种世界观

库恩在《科学范式的革命》中指出："思想和科学的进步是由新范式代替旧范式所构成的，当旧的范式变得日益不能解释新的或新发现的事实时，能用更加令人满意的方法来说明那些事实的范式就取代了它。人类的全部生活和思想——包括自然科学在内，都是范式的表现。而世界观、方法论、信仰和价值标准，则共同构成了作为科学共同体之范式的基础部分。"

有管理范式就有世界观

很多学者认为管理没有范式，这就等于否认了管理的科学性。而管理虽然是一门综合性很强的实践学科，科学性却是其存在的根基。当今管理思想之所以迟迟未见根本性突破，正是由于缺少对管理范式的系统认知。

迈克尔·哈默和詹姆斯·钱皮的企业再造理论的根本缺陷是缺少范式的高度，彼得·圣吉的学习型组织理论同样缺少范式高度。当今众多二级管理理论，如商业模式理论、组织变革理论等，皆因缺少范式变革的高度，而具有极大的局限性。不能从世界观和价值观角度全面审视和重构管理，是当今世界管理创新严重滞后于企业实践的根本原因。

加里·哈默尔虽然指出现代管理是一种范式，是一种世界观，但他并没有进行后现代管理范式构筑。在《管理大未来》一书中，加里·哈默尔对"后现代主义"只是一笔带过，他所理解的"后现代主义"可能只是消极后现代主义，因此也无益于后现代管理范式的构筑。

肯尼思·克洛克与琼·戈德史密斯的《管理的终结》，虽然指出了现代企业组织的弊端，并提出了新的组织原则，但该书亦缺乏对现代管理范式的全面解构，更没有真正构建起新的后现代管理范式体系。

管理学家创新视野的受限，从根本上与世界观有关。世界观是哲学的主要部分，它所反映的是完整而系统的思想体系。如果我们真正具备世界观的高度，呈现在我们面前的现代管理体系，将如玻璃缸里的金鱼那样一览无余。

现代管理背后的机械论世界观

现代世界观是精密的哲学体系，否则也不可能主宰整整一个时代。机械论，这是对现代世界观的简单化、形象化描述。本书不是思想史，不会对现代世界观的来龙去脉进行条分缕析，只是略作回顾而已。

严格来说，现代世界观在中世纪神学家托马斯·阿奎那的神学体系中，就已经初露端倪。托马斯·阿奎那提出理性与信仰的调和，但并没有使理性与信仰对等的观点。笛卡儿进一步把理性置于和信仰对等的地位，在其思想基础之上的启蒙理性则彻底把理性置于信仰之上。这是西方思想的下滑过程，也是现代主义形成的基本过程。

由笛卡儿所开启的现代世界观，其核心是二元论所导致的人与物的二元对立，这一思想最终演化为人与人的对立。整个现代管理体系，正是建立在这样的世界观之上。二元论世界观，首先导致了现代经济与现代科技对自然的野蛮利用。现代科技之所以能突飞猛进，正是基于启蒙理性的推动。在此背景下，产生了大工业革命，并催生了从泰勒到法约尔的现代管理。启蒙理性及现代科技、现代经济的发展，自然有其不可抹杀的伟大历史功绩，但在今天已经成为阻碍历史进步的根本因素。

现代世界观对现代管理的渗透是全方位的，我们可以在现代管理的每一个子系统中看到现代世界观的影子。现代企业治理结构中的股东与经理人关系、组织结构中的科层制、领导模式中的权威制、商业模式和营销模式中的企业中心，甚至创新模式中的封闭式技术创新等，无不是现代世界观的产物。

后现代管理背后的有机论世界观

从怀特海的有机哲学，克莱夫·刘易斯、弗兰西斯·薛华等思想家对西方现代思想文化的批判，到大卫·格里芬等思想家的后现代重建，都是建立在对现代世界观超越的基础之上。

阳光经济、可持续发展等全球新经济与社会发展浪潮，互联网经济和数字经济等，无不是从根本上颠覆现代世界观的产物。后现代世界观首先要重塑人与自然的关系，可持续发展作为后现代经济与社会理论，正是建立在此基础之上。在经济与社会层面颠覆现代世界观人与自然、人与人的征服与驾驭关系，是后现代企业产生的前提。在此理念下，后现代企业的管理范式也发生了彻底的转变。后现代世界观同样贯穿于企业的每一个子系统中，从治理模式、商业模式、战略模式、组织模式、营销模式、领导模式、创新模式等每一个方面的变革，都是后现代世界观扩散的结果。

当前对后现代管理的创新，正是由于缺乏世界观维度，才导致了局部性、技术性的改良。而这种以经济效益为最高追求的管理理论，仍然是现代世界观的延续。管理创新的严重滞后，正是由于世界观的落伍。当代管理创新的尴尬处境在于，脚步已经迈入了 21 世纪，但头仍然停留在 20 世纪。这不仅是管理理论创新的窘境，也是企业创新的窘境，而二者之间又具有紧密的联系。克里斯坦森的创新理论之所以没有产生根本突破，也在于未能从世界观的高度对现代管理范式进行透彻的洞察，以至于产生了"管理良好"是企业被颠覆的原因这样的判断。

二、历史并未终结：互联网与复兴的宇宙

历史并未终结于福山所谓的现代民主，互联网正在缔造一个超越现代民主的有机互联的世界。互联网本身并不能复兴宇宙，却可以看作上帝用来复兴宇宙的工具。这是一个科技倒逼哲学与管理革命的时代，在科技巨浪颠覆世界的同时，一场后现代世界观革命必然深远地影响未来。

1989 年，美国新保守主义期刊《国家利益》发表了福山的《历史的终结》一文，标志着"历史终结论"作为一个完整的理论体系正式出笼。福山的"历史终结"，与"哲学终结"和"艺术终结"的概念具有完全不同的内涵。在 20 世纪西方思想史上，哲学和艺术的终结，是指哲学和艺术由于"上帝之死"而丧失了继续存在的价值。而"历史的终结"总体上是一个褒义词，是指西方现代民主已经达到完美，人类社会将终结进化。福山同时担忧，由于民主制度解决了基本的社会问题和矛盾，建立了人与人之间相互认可和平等的关系，人们不需要为此再奋斗。因此，人将失去抱负，历史将不再进步，于是就出现了"最后的人"，我们也可以称之为"末人"。

卡尔·马克思指出，人类社会发展的最高形态是作为社会结构的基本着力单位的人的自由而全面的发展。因此，西方现代民主所带来的自由并不是

自由的全部定义。希腊的衰落，印度等国家的落后，欧美发达国家所存在的黄赌毒、枪支泛滥等现象，都说明西方现代民主绝不是完美的制度，因此不可能是人类的最后一种统治形式。

福山本人近年也对"历史终结论"提出了反思。2014 年年底，在接受《时尚先生 Esquire》特约作者加藤嘉一专访时，福山认为，中国构成了对"历史的终结"观念最重要的挑战。福山指出："如果中国成功化解了各种压力，并且在下一阶段继续保持强大和稳定的状态，那么，我认为中国确实成为了自由民主制以外一个真正的替代性选择。"

事实上，即使从西方现代民主本身的思想根基来看，它也不可能是人类最后的统治形式。历史不会终结于西方现代民主，是因为现代民主是启蒙理性的产物。作为具有严重缺陷的世界观和思想体系，启蒙理性早已遭到西方思想家的解构。启蒙理性的终结，导致了现代管理的终结，也必然会导致西方历史的"真正终结"。而福山所谓的历史的终结，是指终结于西方现代民主的完美。但实际上，西方现代民主并不完美。随着现代世界观的终结，西方现代民主自然也受到了挑战。历史仍将继续，但不是以西方现代民主这一唯一方式继续。随着中国的复兴和国家治理模式、企业管理模式的不断超越与创新，建立在东西方深度对话，特别是超文化对话基础之上的未来世界，完全有可能发展出更为先进的后现代民主。

❀ 世界并未绝望

哲学的最高目的是寻找世界的本源，因此，哲学本质上是一种世界观。尼采、维特根斯坦、德里达等思想家对形而上学的解构，使 20 世纪哲学面临极大的困境。哲学在终结中延续，其实是一个巨大的悖论。哲学的终结导致后艺术对审美救赎的放弃，而阿瑟·丹托对哲学救赎的期待，本质上是从虚空到虚空的过程。启蒙现代性高举绝对理性，审美救赎高举人类情感与意志，哲学救赎则高举相对理性，成为启蒙现代性的回光返照。

阿瑟·丹托的悖论在于无视哲学终结的历史事实。维特根斯坦之后，哲学已经彻底转型了，哲学不再致力于理想语言学的构筑，这表明笛卡儿式的理性乌托邦已经终结。人类在理性范围内无法证明上帝的存在，这意味着世界观的转型，意味着世界失去了绝对的根基和标准。尼采的"上帝之死"产生了审美救赎，而维特根斯坦的"形而上学之死"产生了哲学救赎。在一个维特根斯坦式的相对主义的世界，美与丑、善与恶、好与坏都失去了绝对的标准。对事物的判断不是取决于某种预设的价值，而是取决于某种具体的语言环境。哲学成为语言分析，而语言分析将真理排挤出世界，把似是而非的道理当成我们生活的参照。杜尚的艺术正是这种相对主义的产物，它剥离了世界的意义，使我们貌似真实地活着。杜尚的单身和虚假超脱，就是一种貌似真实。而在沃霍尔的超级复制中，符号成了一种博得里拉式的超现实或超真实。在这种貌似真实中，真实成为虚无。在后期维特根斯坦那里，哲学虽然苟延残喘，但实际上已经消亡。

绝对价值丧失之后的相对主义泛滥，使 20 世纪最终被虚无主义所吞噬。哲学要么以失语的状态苟延，要么淹没在其他具体的学科中。丹托之所以寄望于哲学解答艺术提出的问题，是因为在理性的范畴内，没有其他更好的方法。这意味着，在启蒙破产之后，思想者一直无法超越启蒙的思想根基。这不仅是丹托的困境，也是整个现代人类思想史的困境。这意味着，以人类智识为核心的理性主义已经走到了尽头。

在艺术与哲学双重终结的背景下，后艺术本质上是"艺术熵"（熵：体系混乱程序的度量，编者注）的状态，是人本主义自我耗散的结果。人本主义作为自我中心主义哲学，其发展的过程就是一种自燃的过程，虽然人本主义在自燃的过程中，绽放出许多绚烂的火花，但同时也逐渐自我耗尽，而最终成为一种像工厂废气一样的精神污染。这是一种事实上的死亡，而不是丹托所说的终结。后艺术作为一种熵和精神污染，主要表现为美的消失、绝对的多元主义、艺术与生活界限的消失，甚至艺术家的消亡和艺术作品的消亡。总之，这是现代性的自我耗散，而不是什么后现代艺术。后艺术之熵是一种历史的必然，是人本主义死亡之后，理性—信仰恢复之前的死寂状态。哲学的终结是无可挽回的事实，东方和西方都不可能再期待任何一种"新哲学"的诞生，来拯救被现代性奴役的人类。哲学的本质是人的自我救赎，而人本主义则充分暴露了自我救赎的虚妄。

20 世纪是一个"失败"的世纪，从笛卡儿到维特根斯坦，西方哲学的发展最终使人类否认任何先在的世界或秩序存在。20 世纪的人们厌弃超验，由此也厌弃当下，死是人类唯一真正拥有的未来。对于尼采而言，一旦我们意识到并没有内在的目的和美，意识到世界没有什么方向，我们就会屈从于生活，最终被吸入其中的虚无主义深渊。

20 世纪的悲剧与哲学史中的"语言学转向"紧密相关。对哲学史中"语言学转向"的种种解释，都要不断回到对语言观与意义观所作的这一基本区分："指称的（Designative）"与"表述的（Expressive）"。迈克尔·佩恩在《废墟中的哲学：20 世纪及以后》一文中指出："语言的指称理论使意义成了相对而言不那么困扰人，不那么神秘的东西。意义的指称理论和现代科学思想的本性是相容的，而科学思想就是要不惜一切代价地避免主观性。而意义的表述理论本性上是神秘的。指称理论以某种原子论的实在感为基础，它认为实在是由可以被客观地产生或辨明的'一块块的'事实构成的，它提供的模式正契合自然科学。指称理论除去了语言和意义中的神秘性因素或神话性因素，因而在 20 世纪早期的实证主义语言与科学环境里受到欢迎。"

在希腊的思想方式里，说话、语言和理性是不可分割并连在一起的。这表现在"逻各斯"一词的使用上。希腊人的"逻各斯"既有理性的意义，也指有理性的论述。由此延伸，希腊人视实在为某种谈话。在柏拉图看来，"理念"是可感世界的基础，而我们使用词语的方式应当和实在的本性相一致。虽然柏拉图没有基督教意义上的上帝论，但他的语言能反映一个为人熟知的《圣经》论题，即世界是"上帝的话语"。"太初有道，道与神同在，道就是神。"这里的"道"，希腊文原文就是"逻各斯（Logos）"，兼有道和话双重含义。既是理性，也是对理性的表述。既是世界的本源，也是对世界本源的表述（解释、说明和彰显）。

因此，重回本体论成为 20 世纪后期哲学的一个重要趋势。这本质上是对世界观的重塑，如果没有世界观的重塑，科技革命的野马很可能把人类带向灭亡之路。哲学终结的世界要避免绝望，不在于科技革命所产生的"新宗教"，而在于人面对宇宙时所应有的谦卑姿态。

狂妄不是后现代世界观，而是现代世界观的本质属性。只有谦卑能使我们正确地认识自己，正确地认识世界，并重塑哲学与信仰的根基。但显然，在"科技宗教"的狂潮中，人们更加忘乎所以。在现代世界观的荒原上，我们不该只是执着于面向未来的盲目狂奔，而应该停下来，回到内心，回到老子式的宁静和《圣经》中的"倒空"状态。

这绝不是放弃创新，而是要让创新走在理性的轨道上。如果不彻底颠覆现代世界观，人类将毁于无度的技术创新。而后现代世界观意味着，创新不仅是技术创新，还有哲学、文化与管理的创新。若要避免世界真的滑入绝望的深渊，首先要避免科技创新成为断线的风筝。这是重建后现代世界观的核心要素之一。

从互联网到生命互联

互联网的结果是生命互联，而生命互联之后，如果缺少新的世界观、方法论、信仰和价值标准，这种互联将带来无法控制的灾难。这也许正是凯文·凯利《失控》一书的本义，《失控》的原意是"摆脱控制"，只有摆脱控制，才能真正激发创新，创造无限可能。

虽然未来的物联网和区块链技术，能够建立人人互联与互信的基础，但文化差异与信仰之间的冲突仍然无法弥合。在此背景下，就需要采取超文化的姿态，首先搁置差异，寻求相互之间的人性同构成分。互联网平台化、社群经济、共享经济等浪潮，都在进一步突破国家、地域文化、信仰之间的屏障，将全人类联结在一起。从互联网到生命互联，将带来真正的后现代管理革命。

而后现代管理革命首先是世界观的革命。若要在哲学终结的世界上，重建的后现代管理国度，必须首先建立后现代有机哲学，以及在此基础之上的后现代价值体系。

互联网与人类的未来

工业时代靠契约，互联网时代靠信任。但互联网时代的信任，如果仅仅是存在于支付宝，或未来的区块链等技术手段上所建立的信任，那么就太脆弱了。但目前的互联网文化仅止于这一层次。

互联网作为技术手段当然不能解决一切，互联网的使命仅仅是连接，它将人连接起来，而接下来的重点则是人与人之间的关系，是人性与人性的碰撞、交流与融合。互联网在本质上不能产生新的人性，也不能改变人性。如果缺少世界观与文化的重塑，互联网反而有可能助长人性之恶的泛滥。各种网络诈骗，以及由于网络社交导致的性犯罪、暴力犯罪等恶性事件层出不穷，正是互联网带来人与人连接之后所产生的消极现象。

我们当然不是反对互联网，而是强调一个互联网所构成的未来世界，当人与人的连接更加便捷和无处不在的时候，人性与人性的连接就更加重要。要避免未来的万联世界进入失控状态，就必须建立新的哲学。如果以虚无主义、相对主义的现代哲学匹配万联世界，其结果无疑是灾难性的。一个价值真空的万联世界，将是空前混乱的，最终必将催生出地狱般的烈火。

一个失控的世界，将使人类走向自我毁灭的不归之路。我们对未来的互联世界并不悲观，但这要基于整个世界的努力。其核心就是建立新的世界观、新的科技秩序与道德秩序。

三、人工智能与管理哲学救赎

尽管史蒂芬·霍金、比尔·盖茨、埃隆·马斯克等科学界和企业界人士对人工智能十分感兴趣，但是他们仍然站在反人工智能的阵营。埃隆·马斯克甚至将人工智能描述成我们"最大的生存威胁"，并将发展人工智能比喻为"召唤恶魔"。凯文·凯利和尤瓦尔·瓦赫拉利等人则对人工智能高唱赞歌。

人工智能已经成为最热门的科技话题，我们已经进入一个人工智能的时代。关于互联网与人工智能的哲学思考，即技术哲学，是互联网与人工智能的基础性学科。但目前的技术哲学尚处于初级阶段，在一些核心的观点上还存在着巨大的分歧。

❈ 大数据与管理哲学变革

大数据是人工智能的基础，而目前关于大数据哲学思考的最大误区，是把大数据上升到本体论高度。此种技术哲学必然产生"数字宗教"，因为如果数字是宇宙的本体，就必然会引起宗教式的狂热。当2000多年前毕达哥拉斯把数字上升到本体论高度时，仅仅是一种哲学思考，还不会产生直接的社会经济后果。但在今天大数据和云计算成为核心技术手段的背景下，把大数据上升到本体论高度，相当于神化大数据，由此产生的科技狂热则具有异化人性的危险。

在前面的章节中我已经指出，大数据只是认识论和方法论变革，特别是一种方法论，而非本体论变革。关于本体，还是慢一点下结论比较智慧。如果草率地把数据上升到本体高度，无疑会加重大数据对人的奴役，这与后现代管理的目标是背道而驰的。

库恩指出："科学家的范式变化以后，本体世界实际上并没有发生变化，只是科学家用以观察世界的思想结构发生了变化。"发生变化的是主体，而不是客体。大数据正是这样一种科学范式革命，它改变了我们观察世界的思想结构，但并没有改变本体世界的结构。大数据改变了管理方式，比如对决策、战略和营销模式等均有根本性冲击，但大数据并没有改变管理的本质。

大数据管理哲学不是加大对人的技术性统治，反而应促进人性的解放。因为大数据分析最大程度上代替了人脑的工作，使人从很多工作中被释放出来，管理者应该更把焦点放在人身上，而不是放在大数据之上。否则，后现代管理将比现代管理更加违背人性。

▨ 人工智能与技术哲学

目前关于人工智能的看法主要有两大对立的观点，一种认为人工智能不会取代人类，只会更好地服务人类；一种认为人工智能的发展若失控，则有可能取代人类、统治人类，甚至毁灭人类。凯文·凯利持前一种观点，比尔·盖茨、霍金等持后一种观点。

虽然没有人希望人工智能统治人类，但如果缺乏成熟的技术哲学与伦理控制，则并非没有此种可能。虽然超级计算机也不能在其他方面与小孩抗衡，二者具有本质上的差异，但是人工智能自我学习能力的具备，仍然可能使之对人类构成威胁。特别是人工智能与生物技术的结合，会混淆人与机器的区别，产生超级怪胎——人机复合体，将对人类伦理和社会秩序产生难以估量的冲击。

在美国，像凯文·凯利这样思考技术哲学的人不在少数，其中包括思想家、政治家、企业家，以及凯文·凯利这样的独立观察家。但在中国，还很少有人关注到这一层次。凯文·凯利觉得在中国更多人只关心天气预报，却不关心季节的变化。因此，虽然中国涌现出许多互联网巨头，却尚未出现深刻影响人类发展轨迹的伟大企业。

互联网和人工智能对人类社会的重塑，以及对人性与管理的重塑，将是未来的主题。如果中国企业仍然只关注赚钱，而忽视了技术哲学与人性的关系，那么迟早也将会失去商业模式的竞争力。中国和世界都到了亟须建立对互联网和人工智能进行深度思考的技术哲学的阶段，否则，未来的世界并非没有失控的可能。

❉ 遏制科技与创新的宗教化倾向

尤瓦尔·赫拉利的《未来简史》正在把技术哲学推向新的危险的山巅，该书所鼓吹的"数字宗教"不是后现代世界观，而是现代世界观的登峰造极。尤瓦尔·赫拉利认为，数字化与生物技术的结合将使人类进化到"神人"阶段。他鼓吹以"神人"取代人文主义，使人类达到自我掌控生命的真正"幸福"的状态，这无疑是"科技宗教"的淋漓体现。

虽然凯文·凯利认可"情绪驱动"是 AI 与人类的差别也是差距，情绪化或许在很多场合被当作人类的弱点，但也将是人类击败人工智能的关键。不过，凯文·凯利的技术哲学仍然存在巨大的误区，几乎与尤瓦尔·赫拉利如出一辙。凯文·凯利在《失控》中，把技术看作有生命的活物，他认为，人对自身生命的扩展就是技术。在 2010 年出版的《技术想要什么》一书中，凯文·凯利明确提出"技术是一种生命体"。他说："我认为，技术是生命体的第七种存在。人类目前已定义的生命形态有植物、动物、原生生物、真菌、原细菌和真细菌，而技术应是之后的新一种生命形态。"

凯文·凯利甚至说："这些机器人是我们的孩子。由于机器人具有繁殖能力，我们需要更强大的责任心。我们应该有目的地培养我们的机器人孩子成为好公民。要逐渐为他们灌输价值观，以便在我们放开手时，他们能够做出负责任的决定。"这种向机器人灌输价值观的观念，其实混淆了人与机器之间的差别。

如果顺应此种技术哲学，那么科技也将丧失边界。VR 性爱、性爱机器人、定制人类（编制基因组婴儿）、神经技术等，将更加模糊人与机器之间的界限，并极大地冲击人类的伦理观，破坏人类社会的正常秩序。谷歌工程总监雷·库兹韦尔甚至宣称："人类将在 2045 年实现永生。"《未来简史》中也有类似的观点。这些思想表面先进，实则缺乏应有的理性，只是现代世界观的无限膨胀罢了。

在《未来简史》中，尤瓦尔·赫拉利指出：在 18 世纪，人文主义从以神为中心的世界观走向以人为中心，把神推到了一旁。在 21 世纪，数据主义则可能从以人为中心走向以数据为中心，把人推到一边。到公元 3000 年，自由人文主义被科技人文主义取代。而科技人文主义又被新的宗教——数据主义所取代，"信数据得永生"。尤瓦尔·赫拉利因此提出人文主义—自由主义—后人文主义的现代思想三阶段论，认为在后人文主义阶段，人工智能即将超越人类智慧，"智人"将失去控制权，人只是生化算法的组合，没有自由意志，也没有灵魂。民主、自由市场和人权也将消失。未来，人类将会失去在经济和军事上的用途，因此经济和政治制度将不再继续认同人类价值。社会系统仍然认为人类整体有其价值，但个人则无价值。社会系统仍然认为某些独特的个人有其价值，但这些人会是一群超人类的精英阶层，而不是一般大众。按照尤瓦尔·赫拉利的观点，随着人工智能的发展，人会变得慢慢放弃决策权。99%的人类将沦为无用阶层，人工智能革命成为个人价值的终结，未来掌握在少数精英手中。而这些精英，已经不是普通的"智人"，而是掌控了算法，并通过生物技术战胜死亡、获得幸福的"神人"。他们才是未来世界的主宰者，是人类进化而成的新物种。

事实上，《未来简史》的核心观点都经不起推敲。很多人觉得这是一部烧脑的著作，但实际上其中并无真正创新性的思想。比如尤瓦尔·赫拉利认为人和动物没有本质的区别，人类胜出动物是因为大规模合作。但事实是，虽然动物有意识和情感，但没有道德感，动物并不具备文学、艺术、哲学和信仰方面的需求，动物的智力和精神层次与人具有本质的区别。其中的奥秘并非仅仅靠科学和心理学就能穿透。

《未来简史》洋洋洒洒，涉及诸多学科，显示出作者的博学，但其中的很多观念都是似是而非的。作者对诸多领域所发表的点评，有些人也许会觉得很了不起，但在另外一些人看来却不着边际。比如尤瓦尔·赫拉利认为杜尚的《泉》代表着人文主义美学：看的人觉得美，就是美。实际上，相对主义的极端衍变使杜尚已经放弃了审美的概念。艺术终结是审美的终结，而审美的终结是由于信仰的终结、价值的终结和哲学的终结，艺术终结本质上代表着启蒙理性的终结和人文主义的终结。当意大利艺术家曼佐尼把自己的粪便装在罐子里作为艺术品，且被大英博物馆等著名机构收藏时，人们就会很容易明白为什么后艺术已经与审美无关。

在艺术终结之后，杜尚并没有完全停止艺术创作。正如维特根斯坦弃绝逻辑实证主义之后，并没有放弃哲学一样。后期维特根斯坦从理想语言学模式，转向了日常语言学分析。维特根斯坦认为，用确定的逻辑语言无法言说世界的本质，而形而上学正是这样的一种言说。对于后期维特根斯坦而言，没有普遍的事物本质和放之四海而皆准的法则，也没有善恶是非的标准，一切判断包括伦理判断都必须仰赖具体的语言环境。从后期维特根斯坦开始，哲学不再追求普遍的本质、价值和意义，哲学的任务就是在具体的语境中，寻找人类行动的依据，而这个依据也不是不变的准则。后期维特根斯坦哲学最终导致了 20 世纪思想界的相对主义和虚无主义。

杜尚后期的创作也放弃了对意义的追寻。他甚至刻意回避意义，使自己的创作陷入异常矛盾的境地。他会花大量的时间构思一件作品，而这件作品却毫无意义。在第一件成品艺术《泉》问世后，杜尚又花了 8 年时间完成他的另一件作品《大玻璃：新娘甚至被光棍们剥光了衣服》。人们总是费尽心思去分析这件作品的内涵，实际上，这件作品毫无意义，它不过是杜尚一次无聊的实验，尽管杜尚本人想说明的是"艺术服务于思想"。《大玻璃》说穿了不过是杜尚在材料方面的实验。材质的变化，是从传统艺术到现代艺术突破的一大瓶颈。以湿壁画为代表的传统艺术，其材质无非是油彩、蛋彩、青铜、黏土等。到了 20 世纪，随着城市的发展，艺术家们可以选择的材料多了起来，旧布片、印刷品、铁屑、木片、玻璃、铁丝、铜线、大楼地板上沾满的尘埃等都可以用到艺术品创作中，而杜尚无非是第一个把它们用到艺术中去的人。

《大玻璃》这一作品除了材质上的实验以外，并没有其他什么深刻的思想，这本质上不过是杜尚本人的一种游戏。他自己也没有把作品看得很重要，相反，与下棋一样，它只是杜尚人生的一部分，是他打发时间的一种手段。事实上，杜尚已经不屑于追求任何意义。他煞费苦心创作的《大玻璃》无非表明世界没有任何本质，人生没有任何意义。

事实上，后艺术对审美的放弃，表明现代世界观走到尽头后人类的绝望。而大数据和人工智能并不能引导人类摆脱此种绝望，因为技术不是神。惊诧于人工智能的伟大并自我陶醉，说明人类面对宇宙的骄傲与目光短浅。人工智能与蒸汽机并没有本质的区别，后人文主义并不是理性宗教或神人主导，而是让人回到理性—信仰维度。人工智能只是现代科技的升级，虽然工业革命取代的是人的体力，人工智能既取代体力也取代脑力，但人工智能仍然是服务于人，而不是取代人。面对浩瀚宇宙和人的奥秘，人工智能永远都是小儿科。即使人类能够自由来往于整个太阳系、银河系和更多的星系，站在宇宙的角度仍然不过是从一个村庄到另一个村庄。人类又何必自以为是神呢？

尤瓦尔·赫拉利认为："超人类"看待一般人，会像 19 世纪欧洲人看待非洲人一样，未来的超人类将会冷酷地统治大众。尤瓦尔·赫拉利显然真的把人类等同于动物了，他未能区分能力与权柄的关系。人工智能虽然能力超出人类，但会服从人类的权柄。发明人工智能的"超人类"，在现实中仍然会服从父母的权柄、组织领导的权柄、政府的权柄。有能力并不等于可以为所欲为，可以统治其他人。古代的帝王也不是用能力来统治国家，而是用权柄统治国家。公路上的大卡车远比交警有能力，但它要服从交警的指挥；一个成年男子远比他衰老的母亲有能力，但他仍会顺服自己的母亲。这就是能力服从于权柄。人类之所以具有权柄的观念，是因为人类有灵魂、有价值观、有敬畏。同样，未来的"超人类"也是有灵魂、有价值观、有敬畏的。

正因为能力要服从权柄，所以后人文主义并不会导致精英政治，而是导致真正的后现代民主，这既不是西方现代民主，也不是传统的专制。未来的"超人类"不会因为掌握了发达的人工智能技术就冷酷地统治他人。当然，如果任由"科技宗教"无限度发展，不相信人有灵魂，在人类的生活中彻底消灭敬畏，把数据上升到神的高度，那么人工智能的确有失控的可能。正因如此，重建信仰对人工智能时代才异常重要。后人文主义并不是像尤瓦尔·赫拉利所说的要消灭自由，而是在理性—信仰维度下建立有限的自由，这种自由与以人文主义为根基的西方现代自由主义完全不同。事实上，"超人类"也不会丧失爱与对弱势群体的怜悯而变成冷血的统治者。"科技宗教"不能为世界提供救赎，相反，它本身就需要被救赎。

虽然尤瓦尔·赫拉利对"数字宗教"赞赏有加，不过他很聪明地为自己留下了回旋的余地。在《未来简史》结尾部分，赫拉利指出："在古代，力量来自有权获得资料。而到今天，力量却是来自知道该忽略什么。面对这个混沌世界的一切，我们究竟该注意什么？"看来，赫拉利自己也是迷茫的。事实上，尤瓦尔·赫拉利并不是作出预言，而是指出某种可能性。他只是指出了未来世界的某种危险的可能，而这种可能并非完全没有。因此，正确的科技哲学对遏制这种危险来讲就至关重要。

早在人工智能诞生之前，克莱夫·斯特普尔斯·刘易斯就清楚地意识到，有一种力量正在瓦解西方的客观主义道德传统。在《人类的毁灭》一书中，刘易斯指出道德相对主义是西方传统的死敌，也是东方传统的死敌。这种道德立场使现代人成为"穿着裤子的猴子""城市里的傻瓜""没有头脑的人"。刘易斯指出，现代以前，任何重要思想家都未曾怀疑道德价值的客观性或道德判断的合理性。现代以来，人们根本不把道德"判断"当作一种判断，而只是把它当作一种"感受、情结或态度"，实际上是一种情绪，受到社会和文化的制约，具有无限的可塑性。刘易斯坚决认为，这种思想如不铲除，必将毁灭人类。

事实上，卡尔·马克思所说的"人的异化"和马尔库塞所说的"单向度人"，都是对现代世界观的批判。如果不遏制这种思潮，人类会无法驾驭科技，而成为科技的奴隶。科技革命需要新的文化复兴，拒绝科技狂，拒绝创新狂，拒绝人性的异化与"单向度的人"，以从容的心态回归创新与管理的本质，这才是互联网时代应有的健康健全的理性。我们需要认真思考弗兰西斯·薛华博士的警告："现代人最大的悲哀，莫过于身为被造之物，却以造物主自居。"

尼采曾经清楚地预言，我们将生活在一个"无助的"世界。而科学家出身的哲学家迈克尔·波兰尼认为："问题就出在人们看待世界的方式，这种方式立足于客观主义的科学观，脱离了人类道德这个基础。"在《世界观的历史》一书中，诺格尔指出："信仰永远是知识的基础，在探求知识的过程中，信仰会不断地受到考验，但是只有在信仰设定的范围内，人们才能考察信仰的合理性。"因此，波兰尼指出："除非人们首先有了信仰，否则他们既不会有知识，也不会有理解。"

❀ AI 世界观： 后现代创新哲学

人工智能时代，建立新的后现代世界观至关重要，世界观是后现代创新哲学的基础。无论人工智能如何发达，它都不会超出理性的范围。人工智能不会具备真正的情感与意志，更不可能有灵魂。

以笛卡儿哲学为肇始的现代世界观，不过是把理性推上了神坛，但启蒙理性的终结却表明理性根本的局限。人工智能代表着程序的升级，它只是人类理性的体现，但不是理性本身。理性永远是理性，它是上帝赋予人类的智慧光辉，但如果滥用它则充满危险。无论《未来简史》中的"神人"，还是通过人工智能实现永生的幻想，都是把理性推向神坛的做法。其本质不过是现代世界观的延续。

在 AI 时代，我们无须迷失，无须疯狂。只要回到内心，回到生命的深处，就能辨别人工智能与生命的本质区别。它是人类理性的高级程序化，却永远无法取代人类。机器人的情感和价值观，不过是设计好的程序，而不是真正的情感与价值观。机器人的自我学习，仍然是理性的程序，而不是生命性记忆。

机器人的正确定位是服务于人、是解放人性，而非奴役人类。人工智能与生物技术的结合将混淆人与机器的差别，造成伦理的混乱，VR性爱、性爱机器人也将严重冲击人类的婚姻与爱情。人不应追求通过技术实现"永生"，那是不现实的。人更不应该希望人工智能的发展把人类变成"神"，若果真如此，人类可能将因此走向自我毁灭。

人工智能只是蒸汽机的升级版，并不能真正取代人类，而是促进人类的自我进化。人工智能终结的不是民主社会，而是大前研一的"低智商社会"。大前研一的"低智商社会"对应的是传统的上升渠道被固化的科层制社会，而人工智能对体力乃至智力性工作的取代，只能迫使人类每一个体都升级为创造者。未来，唯一有价值的是智慧和创造。人工智能将导致人人都是创造者，而企业为应对此种变化，也必须实施海尔式的以创业创新平台为基础的后现代管理范式革命，海尔的管理创新因此而具有引领未来管理革命与创新社会的标杆意义。当然，海尔需要进一步导入超文化思维和超文化管理范式体系，才能确保其创新机制在未来的可持续性，以及对全世界的示范意义。

技术变革越深，世界就越需要人性化。彼得·蒂尔指出："如果全世界都用同一种旧的方法去创造财富，那创造的就不是财富而是灾难。"而尼采曾说："个人发生精神错乱很少见，但对群体、国家、时代而言，精神错乱却很普遍。"但愿不要由于人工智能的失控，而导致整个时代的精神错乱。谷歌董事长埃里克·施密特就呼吁为AI发展加入核查制度，以确保AI系统做那些它应该做的事情，这对于避免人工智能的失控是必要的。

四、元哲学：管理哲学重构方法论

正如不同的文化之间存在共同基因一样，不同的哲学也存在共同的基因。因为哲学是文化的根基，也是文化的一部分。人类哲学在起初阶段是一种世界观，而在不同的世界观中，存在惊人的共性。

回到中西哲学的源头

以超文化的视角，回到中西哲学的源头，我们就能发现在中西哲学之间所存在的共同结构。这种原初的哲学，可称之为"元哲学"。与元文化一样，元哲学也是一种真实存在的哲学现象。

在东西方哲学与文化的对话中，没有必要厚此薄彼或秉持对立的态度。因为大道归一，中西哲学在本体论上也存在着惊人的共性。马云始终强调学习西方管理的"术"，而从中国文化中汲取"道"，这多少有点中国式管理的意味。马云说中国的道和西方的道是不相通的，这种观点并不符合现实。不仅中西哲学在本体论上是相通的，连伦理学也是相通的。目前中国思想界有两种极端的倾向：其一认为，中国传统哲学，特别是以孔子为代表的儒家学说一无是处，是中国近代落后的根源；其二认为，中国哲学与文化至高无上，21世纪将是中国文化的世纪。这两种观点都不可取。姜奇平在《新文明论概略》一书中指出："旧商业文明与新商业文明既非中美的不同，也非东西方的不同，而是落后与先进的不同。"姜先生可谓一语中的，并完美地诠释了超文化思维。

在现代哲学终结的背景下，要重建后现代哲学，必须以超文化方法论为基础，回到中西哲学的源头。摒弃文化优越论和哲学优越论，寻找中西哲学的共同结构，才是真正现实与科学的路径。东方人和西方人，并不存在人种的优劣，也不存在智慧的高低，真正的智慧是超越中西的。

哲学的终结与重生

哲学的终结事实上是理性的终结，当人的理性去触摸无限时，最终将失去信心。西方哲学的终结，就是理性走到尽头的表现。但人的思想是循环往复的，当理性放弃思考终极价值一段时间后，必然会重拾这一课题。这就是为什么20世纪西方又出现了怀特海和海德海尔等的形而上学的原因。

但哲学要真正获得重生，必须回到中西哲学的源头，也就是回到古老的世界观阶段。本体论的复兴，必然是21世纪后现代哲学的主流。但本体论复兴并非重建形而上学，因为形而上学已经终结，重建形而上学既无可能也无必要。后现代哲学的复兴会突破哲学与信仰的藩篱，开启理性与信仰之间的对话，因为哲学不可能再走纯粹理性的道路。这就意味着后现代哲学将充满敬畏，对宇宙本体不会仅从理性角度就轻易下结论。目前的大数据本体论思想，就存在着草率下结论的倾向。哲学曾经有过漫长的历史，仅仅一个大数据就能轻松击败人类理性，让人类俯首称臣吗？这说明思想界本身缺少对思想史的通透洞察。

同时，为什么一部逻辑上并不严密、思想上漏洞百出的《未来简史》会成为世界级畅销书？因为当今人类实在太欠缺对思想史的了解了。大数据、人工智能，对这些科技现象的判断本身并不需要很多的高深知识，但多数人还是无法准确判断，这说明整个时代需要更多地沉静下来。未来之事能够牵动人们的好奇，但大多数对未来的预言都不可靠。我们并不排斥趋势判断，但绝不能迷信对未来的预测。

与未来相比，当下更为重要。越是对未来感兴趣的人，当下的状况可能越糟。而要真正回到当下，必须借助哲学的重建。其实最难的是活在当下，因为所有未来，都不过是为了让我们更好地活好当下。既然如此，活在当下就绝不是闭目塞听，而是一种真正能够把握未来的智慧。

❀ 超文化视角重构管理哲学

稻盛和夫"敬天爱人"的经营哲学并非从属日本文化，相反却是源自中国哲学家王阳明。但我们并不能因此说，王阳明哲学可以代表中国文化征服世界。因为"敬天爱人"不仅是王阳明的思想，在基督教中也有与其相似的理念。

同样，稻盛和夫的"做人如何正确"也不是日本文化所独有，而是人类文化共同的追求。只有成为一个正确的人，才够资格做一个管理者。张瑞敏在海尔推行的"自以为非"精神是东方哲学还是西方哲学？论语中提到的"吾日三省吾身"体现了"自以为非"的精神，《圣经》中论及的个人成圣之路，最核心的就是"否认自己"，也就是"自以为非"。真正的"自以为非"，是即使在自己正确的时候也不争辩，这是最彻底的谦卑精神。而真正的"自以为非"，不仅是像海尔一样面对客户时的"自以为非"，也是面对领导、下属、同事和所有对象的"自以为非"。这样的"自以为非"，将是成就伟大管理者和伟大企业的黄金法则。

因此，回到中西哲学源头，重建管理哲学的根本路径，唯有超文化思维。

秉持超文化思维的秘诀是抛弃一切文化差异论和文化优越论，以彻底归零和"自以为非"的心态面对中西管理哲学。那种宣称西方管理只有"术"没有"道"的言论可以彻底终结了，那些叫骂"孔子是中国文化罪人"的言论也可以偃旗息鼓了。任何管理背后都有世界观，而世界观是哲学的核心。西方现代管理是具有完整世界观的管理体系，因此，要超越现代管理，必须重建完整的后现代世界观。这是后现代管理哲学的基础。而后现代世界观具有如下几个重要的维度，如图 11 –1 所示。

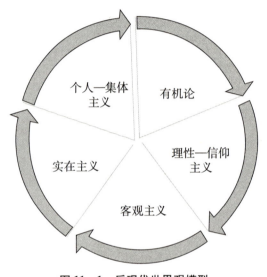

图 11 –1　后现代世界观模型

现代世界观的第一个维度是机械论，后现代世界观的第一个维度是有机论。机械论的根源是二元论，其核心是人与自然、人与人之间关系的对立思维，它导致了工具主义的现代经济与现代管理机制的根本缺陷。有机论的根源是一元论，它并非混淆不同事物之间的差别，而是把"天地人神"作为统一整体的思维，它使我们重新审视人与自然、人与人之间的关系，并重构经济与管理体系。

美国总统特朗普在就职演讲中提出"美国第一"的原则，即"美国的存在要服务美国人民、购美国货、雇美国人"等，这些言论至少从表面看来具有重归极端现代主义、逆全球化和逆后现代倾向。特朗普的本意应该是只有先保障美国人民的利益，才能承担美国对全球的责任，因为全球化是不可逆转的。相反，中国在 2017 年 1 月达沃斯论坛上提出的"全球化、世界和平、中国机遇、国际扶贫、人类命运共同体"等主题，则具有强烈的后现代世界观倾向。在目前的世界格局下，无论美国如何，中国如果率先建立后现代经济与管理体系，都将加速中国成为超越美国的全球性大国的进程，世界历史将因此真正进入"中国时代"。两国思想高度与倾向上的强烈对比，或许正是中美两国最终换位的重要标志。

现代世界观的第二个维度是理性主义，后现代世界观的第二个维度是理性—信仰主义。理性本身并没有任何消极因素，但理性至上和理性宗教却是现代世界观走向衰落的根本原因。理性至上的结果就是走向非理性，在以人工智能实现"永生"，以及《未来简史》中的从"智人"到"神人"的乌托邦中，理性已经走到了自己的对立面。而后现代理性—信仰主义世界观，在以理性为根基的同时，承认人的有限性，因此在面对宇宙、面对科技与人性时，能够保持基本的敬畏和谦卑姿态。这对于遏制经济管理与科技中的非理性迷狂具有重要的意义。

现代世界观的第三个维度是主观主义，后现代世界观的第三个维度是客观主义。主观主义世界观的根源是相对主义，它不相信宇宙中有客观真理，不相信有绝对的道德标准，道德变成了一种情绪和感受，每个人都有自己的道德标准，这种表面的多元化最终将导致道德崩溃。后现代客观主义相信宇宙中存在客观真理与客观道德标准，但并不强制每一个人去遵行这些真理与道德标准，而是在尊重个人标准的前提下，通过平等的对话来不断缩小彼此之间的分歧。

现代世界观的第四个维度是虚无主义，后现代世界观的第四个维度是实在主义。虚无主义是主观主义和相对主义的最终结果，当客观真理和道德标准丧失后，人会觉得宇宙和人生都没有意义，因此会产生消极颓废的人生态度。只有恢复客观真理与道德标准，人类才会重新回到一个实在的宇宙，人生才会获得实实在在的存在感和意义。

现代世界观的第五个维度是个人—自由主义，后现代世界观的第五个维度是个人—集体主义。虚无主义的世界观是产生极端个人—自由主义的温床，西方现代化在推动经济发展的同时，也带来了个人—自由主义。现代主义从某种角度而言是一个怪胎，一方面在现代管理中以科层制的权威体系为基础，一方面却又显现出个人—自由主义泛滥的景象。科层制对应的是二元论世界观，个人—自由主义对应虚无主义世界观，这是现代主义世界观的内在结构所导致的矛盾现象。后现代的个人—集体主义，与互联网带来的个性解放与共生生态有直接的关系，本质上则是世界观的回归与革命。人性的本质渴望自由，但没有约束的自由却是人类的灾难，没有人能脱离集体而自己生存。在个体自由与群体共生之间寻求平衡，才是真正理性的自由主义。就此而言，现代个人—自由主义是非理性的自由主义，而后现代个人—集体主义是理性的自由主义。现代非理性的自由主义正是理性至上之后物极必反的产物，而后现代理性的自由主义则是理性—信仰世界观的产物。

五、后现代管理生命哲学观

后现代管理哲学本质上是一种生命哲学。秉持有机论、理性—信仰主义、客观主义、实在主义、个人—集体主义世界观的后现代管理哲学，将重塑以机械论、理性主义、主观主义、虚无主义、个人主义为世界观基础的现代管理哲学。

✳ 开创生态商业时代

现代商业是帝国型商业，后现代商业是生态型商业。后现代商业生态是全球性生态，是基于互联网和阳光经济而构筑的世界经济新体系。目前在美国和欧洲广泛兴起的逆全球化暗潮，是帝国型商业的回光返照。这意味着发达国家创新力的下降，以及面对中国崛起等因素所产生的消极防御姿态。

全球生态商业格局的形成，是人类命运共同体的基础。摒弃竞争思维，终结贸易战思想，拒绝零和博弈，是全球生态商业建立的前提。在生态商业格局中，全球化公司进一步成为主导力量，传统的跨国公司退出历史舞台。以超文化为方法论的全球化公司，将推进全球文化的融合。在此背景下，大国博弈应放弃文化优越论，以博大的心胸接纳一切文化，并在承继人类文明经典的基础上，进行真正的文化创新。

在更高层面上，生态商业是生命哲学的反映。后现代生命哲学观认为人类具有共同的生命，因此具有共同的命运。在国家与地缘政治造成的隔阂中，人类命运共同体将无从谈起。但全球生态商业格局的形成，却为人类命运共同体的最终形成奠定了基础。目前全球化公司在企业边界与文化上对国家界线的突破，均是人类命运共同体的基础形态。只有生态商业的理念，才是未来全球化公司不断扩展与融合的根本保障。而全球化公司的普及，是突破国家与政治屏障，形成和平共处的人类命运共同体的重要保障。

缔造生命型企业

后现代生命哲学也将缔造生命型企业。后现代企业是超生命体，在平台化组织中，企业借助智能终端可随时触及世界任何一个角落，企业成为具有超级神经系统的类生命体。

在企业治理模式、商业模式、战略模式、营销模式、创新模式、领导模式等各子系统中，均能体现出生命的特点。同时，所有这些子系统之间也具有水乳交融的生命性联结，共同构成后现代企业的完整生命系统。在治理模式方面，后现代企业终结了现代企业股东与经理人之间的分立格局，形成了产权共享、协同治理的生命型治理模式。在商业模式方面，后现代企业摒弃了竞争思维，采取以价值为核心，与竞争对手和利益相关者共建的商业模式。在战略模式方面，后现代企业的复合式柔性战略，充分体现出企业作为生命体的特征。在营销模式方面，后现代企业采取以"创消者"为主导的生命交互营销模式。在创新模式方面，以设计创新和管理创新为主导的创新模式，改变了现代企业局部和机械的技术创新模式，凸显了企业的生命有机特质。在领导模式方面，开放式创业创新平台的领导模式，是高度放权和中心控制的统一，是自由与协同的共振，因此也充分体现了企业作为生命系统的特质。

后现代管理哲学是无形的，却贯穿在后现代企业生命系统的每一个方面。后现代生命型企业，是生态商业丛林和数字生态共同体。由海量数字生态共同体构成的全球生态商业，则是更大的商业生命体。

构筑生命型管理

生命型企业必然需要生命型管理，而管理者角色的改变为其前提。管理者不是统治者，也不是传统意义上的领导者，而是园丁、管家、设计师和向导。管理者与被管理者之间具有生命纽带式的联结，像父亲在家庭中对孩子的角色一样。

管理者的任务是培育生态，像园丁一样维护生态。在创业创新平台型企业中，让别人成功，如同让孩子成长一样，成为管理者的主要使命。为此，管理者需要成为一个"高级奴仆"，也就是成为分配资源、协助所有成员成长的管家。他的职责就是不断配给、供应，像取之不尽、用之不竭的粮仓，源源不断地输出生命的能量。一旦管理者无法继续供应生命之粮，也就意味着管理者地位的终结。

管理者还像生命的设计师，他设计企业这一生命体的每一个系统，如商业模式、组织、品牌等，而实现这些设计蓝图需要集中企业所有的资源。管理者还是向导，在生态商业的丛林中，那些独立作战的小微团队像独立的生命体，他们不需要教练式领导，但需要管理者承担向导的角色。

凡此种种，使我们得出后现代管理哲学的模型，如图11-2所示。

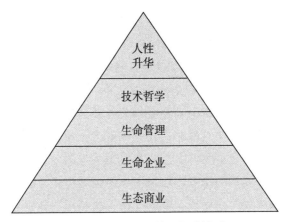

图11-2　后现代管理哲学模型

在上述后现代管理哲学模型中，涵盖了后现代生态商业、生命企业、生命管理、技术哲学和人性升华等重要板块。要实现生态商业、生命企业和生命管理，则有赖于技术哲学的建立和人性的升华。因此，后现代管理哲学体系的每一个板块，都是后现代世界观的产物。

六、后现代企业价值图景

后现代生命哲学也将重建公司价值图景，承担人类命运共同体建设的使命，这是社会化和全球化公司无法逃避的责任。在不可逆转的全球化时代，独善其身的封闭式企业，不仅达不到目的，还将不断缩小自己的生存空间。

▩ 重建公司价值

公司原本就不是私有之物，公司的价值在于其社会价值。在全球生态商业与生命型企业逐步占据主导的时代，公司的社会价值上升为人类价值，传统意义上的私营公司将消失。公司不仅创造经济价值，也创造科技价值与文化价值，公司本身就是创新与文化的载体。

以生命哲学的视角审视公司，它是全球商业生态中的生命个体，同时亦是其边界触及世界每一角落的超级生命体。既然已经无法以国家和文化来限定公司的边界，美国总统特朗普的"只为美国国民服务""只购买美国货"和"只雇佣美国人"的说法，无论在理论还是在现实上，都是无法做到的。作为曾经是，现在仍然是的全球性大国，美国不可能真正阻挡全球化。

世界大势并非任何力量都能够阻挡，美国企业也不可能真的拒绝全球化。公司的价值只会继续全球化，而不会国家化乃至私人化。极端民粹主义和个人主义主导的经济模式，注定是没有前途的。后现代企业重建公司价值的浪潮，也不会因此受到根本性影响。

重构公司经营哲学

商业模式与企业战略的转型，决定了公司经营必须超越传统的竞争思维。企业经营不是为了打败对手，而是为了创造更高的价值、更好的产品或更优的服务。谷歌、阿里巴巴、特斯拉、苹果或任何坚持"第一原理"品牌战略的公司，如果固守本土化战略，必将迅速衰落乃至消失。

公司经营的目的，不仅是创造价值，更要推动社会进步。公司经营哲学的此种倾向，几乎不以企业创始人的个人意志为转移。无论企业创始人是否具有伟大的情怀，若公司经营不以推动社会进步为使命，则未来公司根本没有生存的空间。

服务与利他是企业的终极目标，以"爱人如己"的最高伦理标准要求企业，已经成为基本的原则。这并不是说每一个人都可以瞬间成圣，而是我们必须具有这样的目标。若非如此，人性将会在传统商业的浸染下日益沉沦，而最终消亡的将是企业自身。是生态商业浪潮倒逼企业经营哲学的变革，而不是某些企业为了炒作让自己披上高尚的外衣。但顺应此种浪潮，却将在无声无息中提升企业的格调与企业人的精神境界，最终导致人性的升华。这就是生态商业与生命型企业所可能具有的伟大价值。

任正非在华为内部讲话中指出，建立共同愿景是团队建设的核心要素。因为华为现在面对的员工群体已经与创业早期有很大的不同，老员工通过多年的奋斗，已经基本上实现了财务自由，大部分新员工的家境也不像 20 年前的新员工那么贫寒，单纯依靠物质激励的效果有限。谷歌的母公司 Alphabet 则正在重新定义公司，它的宏伟愿景是"解决数十亿人的问题"。Alphabet 认为，划分每一家子公司的不是规模和金钱，而是使命。

成就人性与人生完善

在短暂的生命中敬天爱人，以微小的生命联结永恒，实现自我价值、人类价值与终极价值的合一，这是后现代企业对人性升华所具有的真实价值。

《圣经·传道书》虽然揭示了人生的虚空，但并没有导向消极的结论，而是劝人敬畏上帝，在有生之日尽人的本分。人若要尽本分，就需要刻苦勤劳。那些以人生的虚空而逃避今生实际事务者，不过是借信仰之名满足自己的懒惰。

企业经营是企业人的生活和生命的重要部分，若企业经营仅仅是为了创造经济效益，并为了独善其身，那实际上是对生命价值的浪费。后现代企业经营理应成就人性与人生的完善。并不是每一家企业都需要成为世界 500 强，或像 Facebook、滴滴等在一夜之间迅速崛起，更多的企业需要默默无闻地耕耘。就像大部分德国中小企业一样，他们偏安一隅，专注于某一个领域，但这丝毫不影响他们的伟大。

在逆全球化浪潮和个人主义抬头的今天，似乎响起了传统资本主义复辟的警钟，这是现代哲学观的死灰复燃。在"科技宗教"如脱缰野马般狂奔，而极端利己主义甚嚣尘上的时代，致力于重建后现代管理哲学，并非出于幼稚的梦想，而是顺应世界历史大势的智慧选择。历史将证明一切！表 11－1 为现代与后现代管理哲学的对比。

表 11－1　　　　　　　　现代与后现代管理哲学对比

现代管理哲学	后现代管理哲学
二元论	一元论
机械论	有机论
理性主义	理性—信仰主义
主观主义	客观主义
虚无主义	实在主义
个人—自由主义	个人—集体主义

第十二章
拯救与重生：后现代管理鸟瞰

后现代管理6大模式

后现代管理简史

后现代超文化管理模型

一个苏格拉底式的循环

　　　　　　　　　　管理者的使命不是创造永存的组织，

　　　　　　　　　　　　而是避免组织过早夭折。

　　　　　　　　而避免组织夭折的唯一途径，是管理范式创新。

　　后现代企业改变了公司的定义，也改变了管理的定义。人们通常认为彼得·德鲁克是现代管理之父，但实际上彼得·德鲁克是现代管理大师中最具超越性的一位，他的很多思想是超越现代的。

　　现代管理本质上是一套建立在现代世界观基础上的管理体系，它从弗雷德里克·温斯洛·泰勒、亨利·法约尔、马克斯·韦伯开始，并涉及 20 世纪的主要管理大师。其中彼得·德鲁克虽然最具超越性，但大体上仍属于现代管理大师。彼得·德鲁克之外一连串闪耀的名字，包括科斯、迈克尔·波特、菲利普·科特勒、唐·舒尔茨、霍夫斯泰德、克里斯坦森、约翰·科特等，分别在组织理论、战略理论、营销理论、文化理论、创新理论和领导理论等方面，代表着经典现代管理理论。虽然并没有一位管理大师对现代管理进行系统性整合，但这些大师所代表的经典理论背后都有共同的世界观，因此它们共同构成了现代管理范式体系。其中有些管理大师也尝试过进行理论的更新，但总体上并没有突破现代管理范式体系。

　　由于信息化导致的社会变革与企业竞争环境巨变，从 20 世纪末开始，后现代管理兴起。汤姆·彼得斯、彼得·圣吉、迈克尔·哈默和詹姆斯·钱皮等分别掀起了不同程度的后现代管理变革浪潮。作为后现代管理的先驱，他们的管理思想尚存在诸多局限性，不仅缺乏世界观的高度，在管理理论的系统性方面也有很多不足。这与时代的局限性和管理大师本身的思想高度均有一定的关系。

一、超文化与后现代管理革命

后现代管理本质上是超文化管理，是基于后现代世界观革命和超文化思维所构筑的管理范式体系，也是 21 世纪领先企业正在实践中探索的管理范式。超文化思维的超文化企业缔造和超文化管理缔造，是本书阐述的核心所在。而后现代世界观的管理革命，则是管理范式创新的基础。因此，本书具有超文化与后现代两大思维视角，它们共同构筑了后现代管理范式革命的丰富内涵。

现代与后现代的定义

"现代"与"后现代"不仅是历史概念，也是世界观概念。从历史角度界定的现代与后现代，在时间上并不存在十分明确的分水岭，但可以进行大致的划分。"现代"对应第一次工业革命到第二次工业革命之间，时间从 18 世纪 60 年代到 20 世纪上半叶；"后现代"对应第三次工业革命或信息技术革命之后，时间从 20 世纪四五十年代至今。从世界观角度，则"现代"始于以笛卡儿、洛克等为代表的 17、18 世纪欧洲理性主义（启蒙理性），后现代始于 20 世纪二三十年代对启蒙理性的批判，特别是 20 世纪中叶以后对现代性的全面反思。

"后现代主义"在 20 世纪 70 年代之后成为一个广泛流传的概念，但"后现代"本身存在着认知上的混乱。其中，文艺中的"后现代"更多带有消极的色彩，除了建筑和设计中的"后现代"具有积极意义之外，文学和艺术中的"后现代"主要代表着虚无主义和相对主义。文艺中的"后现代"本质上是晚期现代性的表现，而社会、经济与管理中的"后现代"是一个与此完全相反的积极的概念。同时，社会、经济与管理中的后现代浪潮也出现得较晚，特别是管理中的"后现代"从 20 世纪末期才开始初步显现。

厘清现代与后现代的哲学根基，才能从根本上区分现代与后现代，这要从世界观入手。现代世界观的核心是以人为本的理性至上主义，它把理性作为唯一的标准，而后现代世界观具有理性—信仰双重维度。当人的理性上升到宗教高度，人取代了神的地位，理性本身的局限性也就凸显出来，并最终演化为非理性。消极后现代主义本质上还是现代世界观的延续，是现代主义晚期的表现。以人工智能追求"永生"的思想，和《未来简史》中的"神人"观念，都是现代世界观无限放大人的理性的结果。因此，这些思想都不存在真正的创新意义。

真正的后现代世界观承认人的局限性，因此终结了理性至上主义，使理性接受信仰的平衡。这从根本上颠覆了现代经济的不可持续模式和现代管理的反人性倾向，就本质而言，后现代世界观不是"人本主义"，现代世界观才是"人本主义"。同时，后现代也不是通常人们所以为的"多元化"，这是晚期现代主义的特征，而不是"后现代"概念。晚期现代主义的"多元化"对应相对主义，在这种"什么都行"的"包容"中，其实代表了客观真理和道德标准的丧失。而"后现代"所谓的多元化并不是客观真理与道德标准的丧失，而是对差异化的尊重，但最终目的是通过超文化对话而达到视界融合。厘清现代与后现代的根本区别，才能够辨别各种思想的实质。这是当代思想史的基础性课题。

现代管理与后现代管理的定义

从世界观角度，我们可以清晰地界定现代与后现代的分水岭，也可以清晰地界定现代管理与后现代管理的分水岭。

现代管理是以现代世界观为根基的管理范式体系，它体现在从泰勒到法约尔，到马克斯·韦伯，以至到彼得·德鲁克、科斯、迈克尔·波特、菲利普·科特勒、唐·舒尔茨、霍夫斯泰德、克里斯坦森、约翰·科特等20世纪管理大师所共同形成的管理体系。后现代管理则是以后现代世界观为根基的管理范式体系，它初步体现在汤姆·彼得斯、彼得·圣吉、迈克尔·哈默和詹姆斯·钱皮的著作中，以及20世纪末以来的全球企业变革之中。而本书的超文化企业缔造和21世纪以来全球化公司的管理创新实践，则构成了相对完善的后现代管理范式体系。

具体而言，现代管理是以笛卡儿机械论世界观为基础而形成的管理范式体系，它具有以下核心特质：治理结构对立化、商业模式帝国化、企业战略竞争化、组织模式科层化、营销模式单向化、领导模式权威化、创新模式技术化、企业文化分离化、管理哲学利益化。其中，治理结构对立化，指所有权与经营权分离下的委托—代理机制；商业模式帝国化，指商业模式相对稳定下的企业帝国式扩张；企业战略竞争化，指战略的竞争导向与竞争战略体系；组织模式科层化，指现代企业的正金字塔结构；营销模式单向化，指以企业为中心，由内而外的单向营销模式；领导模式权威化，指现代企业科层制自上而下的指挥与控制式领导模式；创新模式技术化，指现代企业以技术或研发创新为主导的封闭式创新体系；企业文化分离化，指现代企业文化与战略，甚至与整个企业的剥离；管理哲学利益化，指现代企业忽视人性，以经济利益为单一目标的经营哲学观念。

后现代管理是以有机论世界观和理性—信仰世界观为基础而形成的管理范式体系，它具有以下与现代管理截然不同的核心特质：治理结构协同化、商业模式生态化、企业战略创造化、组织模式平台化、营销模式交互化、领导模式赋能化、创新模式系统化、企业文化战略化、管理哲学超越化。其中，治理结构协同化，指股东与经理人之间界限的消失和委托—代理模式的消失；商业模式生态化，指互联网平台生态商业模式系统；企业战略创造化，指超越现代企业竞争战略前提下的价值创造战略；组织模式平台化，指以开放式创业创新平台为核心的后现代组织模式；营销模式交互化，指以"创消者"为主导的交互式营销模式；领导模式赋能化，指后现代企业园丁式与管家式领导模式，其主要职能是赋予员工以创新资源的支持；创新模式系统化，指对现代企业技术创新模式全面超越的系统创新，包括设计创新与管理创新；企业文化战略化，指后现代企业文化与战略，乃至与企业的全面融合，也就是公司即文化；管理哲学超越化，指后现代经营哲学摒弃单一的经济目标，而形成经济、社会、人性三重经营目标体系。表 12–1 为现代与后现代管理范式子系统的对比。

表 12–1　　　　　　　　　现代与后现代管理范式子系统对比

现代管理范式子系统	后现代管理范式子系统
治理结构对立化	治理结构协同化
商业模式帝国化	商业模式生态化
企业战略竞争化	企业战略创造化
组织模式科层化	组织模式平台化
营销模式单向化	营销模式交互化

续　表

现代管理范式子系统	后现代管理范式子系统
领导模式权威化	领导模式赋能化
创新模式技术化	创新模式系统化
企业文化分离化	企业文化战略化
管理哲学利益化	管理哲学超越化

✿ 公司重生：后现代管理 6 大模式

后现代管理的基础是世界观革命，它首先意味着人性的救赎，然后才是企业与管理的重生。所谓重生，像鹰的重生一样，意味着要真正彻底地"死过一次"。

肯尼斯和戈德史密斯在《管理的终结》中提出，非人性化的、机械的、低效的权威式管理必将被取代。这是指现代管理的终结。那么，后现代管理的核心是什么？所谓人性化、生命化和民主化管理的本质是什么？事实上，人性化并非绝对自由，生命化并非放弃制度，民主化也绝非消灭权威。管理，必然存在约束，也必然存在相应的制度与权威模式。

在以合作、民主与自我管理为特点的后现代管理中，我们看到了管理的重生。后现代管理，作为管理的一种新生命系统，具有超越、智慧、重生、智能、可持续、超文化及敬畏、大爱、信仰等多重维度。谷歌、苹果、Facebook、阿里巴巴、海尔等公司，虽然年轻且未来不可预知，但已经初步磨砺出了视灵活性、适应性为基准的管理系统，他们都是后现代管理的先驱。而本书所缔造的后现代管理范式系统，又具备如下特质，如图 12－1 所示。

1. 系统变革管理模式

管理是一个庞大的系统，而世界观革命前提下的管理模式变革，无疑是缔造另一个庞大的系统。但当代管理变革却一直呈碎片化与局部化特性，管理各子系统之间出现错位甚至严重冲突成为普遍现象。由于管理变革缺少世界观革命高度下的系统设计，使某些局部变革的技术性管理思想成为流行的管理时尚，而这些管理时尚在实际运用中必然充满重重障碍。当人们把商业

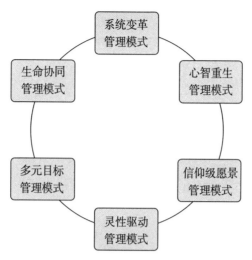

图 12 – 1　后现代管理 6 大模式模型

模式捧上神坛之后，发现它必须要有组织模式、战略模式、文化模式的匹配，同时，由于不能从系统变革的角度构筑商业模式，也会使商业模式设计本身出现致命的缺陷。比如，以单纯性盈利为目标的商业模式，由于忽视用户价值的创造，在实践中就很难形成竞争力。再如，目前稻盛和夫的阿米巴经营模式被高度推崇，但如果站在后现代管理系统变革的高度，我们会发现阿米巴模式已经落伍。因为阿米巴组织也是一种局部性变革模式，它在稻盛和夫的手中创造了辉煌，未必能够在数字化时代继续创造辉煌。

2. 心智重生管理模式

彼得·圣吉在《第五项修炼》中提出"改善心智模式"，然而以世界观革命为基础的后现代管理，则需要心智模式的重生。世界观的改变不仅是理性的改变，更是心智模式的改变，其核心是人心的改变和人性的升华。这不单是理性范围内的问题，也是心与灵魂的问题。世界观改变意味着人是带着另外一颗心来看待世界，看待一切人、事、物。在此基础上，人的属性被改变了，进而作为管理范式核心的整个理性系统也被改变了。从某种角度而言，心智无法改善，只能重生。比如，通常的管理"人性化"变革，基本上都是人力资源模式的变革，而不是以心智模式重生为前提的系统管理变革。因此，虽然优秀的公司都进行人力资源变革，但实际上却收效甚微。查尔斯·汉迪指出："人力资源这一概念如今在西方非常流行，这点我觉得很不妥。因为资源是指某样东西，例如机器或者是某件设备，但这些却是人。"因此，汉迪强调组织应该与个体并重，利润应该与道义并存，个人的自由与独立，要与财富的分享、社会的正义相互平衡。但要实现这样的目标，绝非人力资源变革所能达到，必须是系统的管理范式变革。

3. 信仰级愿景管理模式

创造利润永远是企业的核心目标，但不是唯一的目标。如果以利润作为企业的唯一目标，在社会化企业时代，企业的利润目标根本无法实现。因此，对企业愿景的管理必须超越利润目标。后现代企业理应具备三级愿景：一级愿景，孕育信仰级使命；二级愿景，编织信仰级理想；三级愿景，设计信仰级目标。这里的信仰级目标并不是具体的经营目标，而是企业的愿景目标。信心与现实之间存在着惊人的联系，当我们对任何一个合理的愿景或目标坚信不疑的时候，往往奇迹就会发生。当然奇迹不是在一夜之间产生的，而是必须经过艰苦卓绝的努力过程。后现代管理的世界观，包含理性与信仰的成分，后现代企业的愿景管理就必然是信仰级愿景。王石及万科团队就具有信仰级的目标，在"宝万之争"中，王石和他的团队所争的，本质上不是股权和控制权，而是万科的情怀与理想。作为一家率先建立了现代企业制度的中国优秀企业，万科的变革，在不断自我超越中必然向系统的后现代管理范式靠拢。在《基业常青》一书中，科林斯和波拉斯对那种认为"伟大的公司都发端于一个划时代新产品"的观点发起了挑战。在对一些业绩良好的公司进行了研究后，他们指出，伟大的公司要想生存，必须拥有一个持久的观念。这种观念必须从属于整个公司，即使有远见的领导人与世长辞，这种所谓的伟大观念也会永存。这种观念并不是围绕着一个人或一个产品，而是围绕着一个决定了公司发展目标的思想体系建立起来的。这就是信仰级愿景管理的意义。

4. 灵性驱动管理模式

在系统管理变革中，产权革命是基础，但不能解决一切问题，因为人不是唯利是图的低级动物。人有灵魂，管理的最高境界是灵魂的交互，这就是所谓的灵性管理。在海尔这样的开放式创业创新平台企业中，组织、产权、领导模式等都已经很完善，但最终将面临灵性驱动的课题。这不是传统的企业文化所能代替，而必须在理性—信仰体系下，缔造超文化的企业文化。也就是，通过管理而升华人性。到了一定程度，超文化的灵性管理就会应运而生。如此，就能实现领导者的自我灵性驱动、企业成员的自我灵性驱动、企业成员间的交互灵性驱动三重驱动的协同。海尔"自以为非"精神的灌注，已经接近灵性管理的层次，但未来还有很长的路要走。灵性管理是后现代管理的一个内涵丰富的子系统，需要专门的著作来深入阐述，本书只能点到为止并给出原则，那就是在以超文化思维搁置文化差异的前提下，缔造人性升华的管理体系。

5. 多元目标管理模式

取消 KPI（关键绩效指标）已经成为众多互联网公司的普遍做法，但取消 KPI 不是取消目标管理，而是目标管理的转型。彼得·德鲁克提出目标管理时，其关注的重点也不是指标，而是绩效。同时，彼得·德鲁克强调目标管理中的自我管理。这意味着企业必须创造一种有利于员工进入自我驱动状态的机制，而在互联网背景下，建立这样的机制必须依赖系统的管理范式变革。另外，目标管理不应仅仅是分解的个人目标，而应该包括企业的整体目标。后现代企业的目标管理是更为系统、更为整体的目标管理。真正意义上的后现代目标管理，包括纵向目标与横向目标。其中，纵向目标管理包含文化、战略、营销三重目标管理；横向目标管理包含社会、企业、个人三重目标管理。因此，这是个人与组织协同式的目标管理体系，其核心不是传统的 KPI 指标设定，而是多重绩效设定。由于很多工作类型无法科学设定指标，因此，在实际操作中可能会取消部分甚至全部 KPI 指标。但绩效考核仍是必要的，特别是自我驱动机制的建立至关重要。

6. 生命协同管理模式

平台化组织提升了协同管理的重要性，开放式创新和全球性人力云管理，使协同管理成为未来后现代公司的核心管理模式。作为智能生命体的公司，具备章鱼般灵敏的数字神经系统，但真正的协同管理不仅是智能化协同。后现代管理的协同管理，是四级协同模式的组合，包括自我协同、智能协同、机制协同与领导协同，如图 12-2 所示。

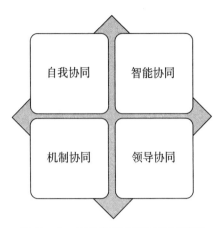

图 12 - 2　后现代管理四级协同模型

自我协同并不是通常意义上的自我管理，而是每个人都具备自组织的性质，可以自我整合及协同各种资源。智能协同是以大数据和人工智能为支撑的协同系统，比如阿里巴巴的内部协同软件。类似的智能协同系统，还包括设计管理软件、创新管理软件以及设计机器人、管理机器人等智能系统。机制协同则包含后现代管理整体系统以及所有子系统之间的有机协同。领导协同是最高层次的协同，当自我协同、智能协同、机制协同都无法解决问题的时候，领导协同的作用就会凸显出来。所以，后现代管理绝不是"去领导化"和"去中心化"，领导和中心虽然隐形了，但仍然存在。正如真理虽然看不见，却客观存在一样。我们需要正确的后现代世界观，才会形成正确的后现代管理。表 12 - 2 是现代与后现代管理范式的总体对比。

表 12 - 2　　　　　　　现代与后现代管理范式总体对比

现代管理范式	后现代管理范式
范式固化与局部改良管理	系统变革管理
心智固化管理	心智重生管理
经济型愿景管理	信仰级愿景管理
物质 + 激励管理	灵性驱动管理
单一目标管理	多元目标管理
制度控制管理	生命协同管理

二、后现代管理简史

在本书对后现代管理范式进行了全面的巡礼之后，我们有必要对后现代管理的历史进行简要回顾，这包括对企业实践、理论总结与创新的回顾。由于实践与理论存在交互性，单纯重视任何一面都不可能产生完美的管理范式。而在后现代管理实践已经达到一定程度的背景下，对后现代管理范式的总结与创新就具有了十分重要的历史意义。

▨ 企业实践简史

1. 蒙德拉贡合作社

蒙德拉贡系统（MCC）由何塞·玛丽亚·阿里斯门迪创立于1956年。这不是一家通常意义上的公司，而是最早的社会化企业——后现代公司的超时代典范。蒙德拉贡系统的整个机制与文化，都没有受到现代公司体系的影响。在20世纪后半叶，它无疑是一家十分超前的组织。甚至在今天的互联网时代，它在许多方面仍然相当超前。

目前，蒙德拉贡系统已发展成集工业、农业和农产品加工、商业、金融、教育和培训、科研和信息、服务等为一体的跨行业合作制联合体。公司下设金融、产业、分销三大子集团，拥有9万多名员工。1997年，蒙德拉贡系统支持创建了蒙德拉贡大学。2004年，公司总营业额达到191亿欧元（相当于目前的海尔集团），成为西班牙第七大商业集团，是欧洲乃至世界最大的合作社组织。

蒙德拉贡系统最大的特点是意识形态多元化。在蒙德拉贡系统，马克思主义者、乌托邦主义者、自由主义者、社会左翼人士、人道主义者、具有宗教情怀的社会公益推动者等可以全部聚集在一起，共同探讨与发展合作社组织。合作社秉持合作、参与、社会责任与创新四大基本理念以及民主管理、劳动者主权、报酬一致性等十个基本原则。这些是蒙德拉贡系统合作社模式与一般现代企业最大的不同之处，也是其作为后现代管理典范的核心特征。

蒙德拉贡系统首先颠覆的是现代公司治理结构。在这里，员工不是单纯的雇员。任何一位新员工都必须在入职头三年支付一万欧元，然后才能成为合作社的所有者（合股人）。MCC 的最高权力机构是由全体职工组成的社员大会，大会遵循"一人一票"制，每一个社员无论其投入"股金"多少，都有权对合作社的重大决策和发展方向进行投票。

在工资支付方面，与西班牙同行业企业相比，蒙德拉贡合作社一般工人的工资高于社会平均水平，中级技术人员的工资与社会相当，高级技术和管理人员的工资则要比社会低很多，内部职工之间工资水平差距仅为 6∶1。蒙德拉贡合作社是按照平等、缩小贫富差距原则制定其工资体系的，蒙德拉贡合作社因而具备极强的竞争力。

蒙德拉贡合作社是一家社会化公司。在蒙德拉贡镇约有 2.2 万居民，其中近 50% 居民都是蒙德拉贡合作社的员工。公社内部特殊的民主合作氛围长期影响着这个小镇：尊重人、尊重劳动、注重公平和教育；坚持互助共济、平等参与、民主管理、团结合作、关心集体和社区……这些极大地促进了当地社区的和谐。在这里，"劳动不是谋生手段而是乐趣"。彼得·德鲁克想把企业变成社区的理想一生都没有放弃过，而蒙德拉贡合作社却率先实现了彼得·德鲁克的理想。

蒙德拉贡合作社的文化和组织模式，是对资本主义现代公司模式的颠覆。在西方成熟的现代经济体系中，它避免了劳动力的过度商品化，从真正意义上实现了经济向社会的回归，使经济发展服务于普通大众并嵌入社区发展之中，这和马云所说的"公司社会化"具有本质上的相通性。蒙德拉贡合作社堪称是最早的后现代管理实践者，它成功的秘密在于拒绝现代世界观。因此，它的管理完全超越了现代管理范式。

2. 巴西赛氏企业

巴西塞氏企业是 30 余年前就存在的后现代公司。在塞氏企业实施后现代管理的，是塞氏的第二代传人里卡多·塞姆勒。由于他从父亲手中接过这个家族企业之后，不愿意像父亲那样受制于繁杂的企业事务，里卡多·塞姆勒对塞氏企业进行了颠覆式变革。他的目的是既能掌控企业，又能随时享受有阳光的假期。

他的改革相当成功。当塞氏企业按照他的改制重新运营之后，塞氏成为巴西著名的标杆企业，每年从世界各地前来参观学习的企业络绎不绝，其中包括 IBM（美国国际商用机器公司）和通用汽车这样的全球企业巨头。而当塞氏企业运营如此成功的同时，里卡多·塞姆勒也实现了每年能惬意地享受几个月假期的梦想。在度假中，这位塞氏企业的最高领导者甚至不带手机。有一次，当塞姆勒度完长假回到公司，竟然发现他的办公室已经被拆掉，不知道搬到哪里去了。这是因为塞姆勒赋予了他的下属如此自由的权力。

里卡多·塞姆勒对塞氏企业的后现代管理变革，主要表现在以下方面：

其一，员工自主管理制度。塞氏企业自主管理的自由度甚至远远超越了今天的互联网公司，塞氏企业内部可以自定薪酬，甚至自定工作时间。员工什么时间上班，什么时间下班，甚至是否上班，公司一概不过问。塞氏企业没有打卡制度。而这样做的结果，不但没有降低公司效率，反而令塞氏成了巴西最具效率的公司之一。

其二，扁平化组织变革。塞氏的组织扁平化，与海尔的自主经营体机制有些相似。它的核心做法是：变革中层，以协调员取代中层；变革高层，以顾问取代副总；采取轮值 CEO（首席执行官）制度，一名顾问轮值 6 个月。塞氏企业是一家多元化的传统加工制造企业，在 20 世纪 80 年代却能实施如此前卫的组织变革，其本质不是技巧的问题，而是思维与世界观的问题。这取决于里卡多·塞姆勒对权力、控制欲望的超越。其做法与现代公司价值观截然不同。

其三，员工自主创业。塞氏的员工可以根据自己的兴趣，在公司相关业务领域组建子公司，塞氏企业可以为其提供各种帮助。员工成立的公司与塞氏企业形成一种契约关系，由此塞氏企业变成了平台企业。在 30 多年前，不能不说这是一种十分超前的做法。塞氏企业的组织平台化改造，比海尔等企业早了 20 多年。

其四，塞氏企业是一家十分重视企业伦理的公司。在 30 多年前巴西恶劣的商业环境下，塞氏对腐败零容忍，拒绝贿赂官员。为此，塞姆勒付出了代价，也赢得了尊重。塞氏企业还避免被技术所统治，将生活质量放在首位。这些理念，都是今天的互联网时代所追求，但是还远未达到的。

3. 美国全食超市

应战略管理大师加里·哈默尔之邀，张瑞敏曾经考察学习过美国全食超市。这是一家在一个最不容易产生创新的行业中极富创新精神的企业。正如彼得·德鲁克所指出的，创新绝不仅仅限于高科技。全食超市的创新表明，企业的创新有着广阔的领域。

1978 年，美国全食超市由时年 25 岁的麦基从美国得克萨斯州奥斯汀大学城一家店面起家，今天已发展为全美最大的天然食品和有机食品零售商，并堪称美国零售业的一道风景。全食超市具有极强的竞争力，其成功的秘密即是率先导入了后现代管理模式。全食超市后现代管理的灵魂，是它企业文化背后的世界观。从全食超市的经营定位——天然和有机食品，即可看出它对现代企业理念的超越。它成功的基础，是基于对人类健康高度关怀的企业伦理。

在以后现代企业文化为核心的同时，全食超市进行了全面的制度创新。首先，全食超市创立了自我管理模式，企业的决策不是来自高层，而是取决于最小的工作团队，类似海尔的自主经营体。每一个团队可以自己决定商品库存，自己决定是否雇佣应聘者。在全食超市，工作的压力来源于同事而非老板。全食超市的每一位成员，都觉得是在经营自己的小生意。

与蒙德拉贡合作社一样，全食超市在薪酬方面也秉持平等主义原则，高层管理的薪酬不得超过平均薪酬的 19 倍（而世界 500 强企业是 400 倍）。同时，全食超市的薪酬是公开的，每个雇员都了解其他同事的薪酬水平，这与很多公司的工资保密制度形成了鲜明对照。全食超市信奉"无秘密"的管理哲学，因为无秘密的开放管理是构建公司信任的基础。而现代公司的标准管理方式，是将信息保密制度作为控制员工的手段。工资保密看似小事，实则反映了现代世界观所隐含的人与人之间的对立关系。这种权谋式管理显然为后现代管理所不齿。

值得关注的是，全食超市独特的价值观认为，它并不是一家公司，而是由一群致力于改变世界的人们所组成的团队。这种使命感是公司运作的基础。美国超市业态似乎是最不可能引入管理创新、引发商业模式变革的领域，但全食超市却以自己的价值模式和管理创新，成为甚至比互联网公司都更具前沿性的公司。

后现代管理的创新，最终都会落实到产权制度的变革。产权制度其实是后现代管理的命脉所在，只有产权革命才能真正支撑自主管理模式，而世界观则是促进产权革命的背后动力。全食超市之所以能够成功地推行自我管理模式，很大程度在于实施了全员持股制度，其中非管理人员控制公司 93% 的股票期权份额。所谓"内部人控制"问题，是现代公司治理结构的弊端。而像全食超市这样的后现代共同治理模式，则可以从根本上规避现代公司的治理窘境。

4. 3M 公司、京都陶瓷

3M 公司和京都陶瓷都是具备后现代管理范式雏形的企业，他们以各自的管理创新取得了巨大成功。京都陶瓷最突出的是其阿米巴经营体，3M 最突出的是其创新机制。3M 是被称为比苹果更具创新精神的公司，汤森路透评选的全球创新企业十强中，3M 公司排名第一位，而苹果仅居第九位。

创建于 1902 年的 3M 公司，是全球性的多元化科技集团，生产 6 万余种创新产品，在医疗、高速公路安全、办公文教、光学产品等核心市场占据领导地位。就连 20 世纪最伟大的 IT 公司微软都面临创新乏力，像 3M 这样能保持百年创新活力绝非易事。3M 成功的最大秘密，是其鼓励创新的企业文化。在 3M 的价值观里，几乎任何新产品构想，都能够被公司接受。3M 有一个著名的"15% 规则"，即团队中任何人都可以用 15% 的工作时间去做与本职工作无关的事情来激发创意，比如上网、读书、游泳、钓鱼等。

3M 设置了扁平化的组织架构，每一个员工都可以随时和他的上司，乃至最高领导沟通创意。"3M 公司的扁平化改造不是简单地从上而下分设组织，而是从下往上发展新组织，即随员工的创新产生项目组。3M 公司将总资产为300 亿美元的大集团，划分为 1200 余个独立经营的小公司，有效地唤醒了员工对公司的认同感和主人翁精神"（张羿.后现代企业与管理革命.2004）。3M公司的组织模式与稻盛和夫在京都陶瓷所实施的阿米巴经营模式，具有异曲同工之妙，它也是张瑞敏在海尔实施的自主经营体和小微模式的先行样本。

由稻盛和夫创立于 1959 年的京都陶瓷，与 3M 有诸多相似之处。1970年，稻盛和夫发明阿米巴经营模式，28 年后京都陶瓷成功进入世界 500 强企业。1984 年，稻盛和夫携阿米巴经营模式进入通信业，19 年后 DDI（日本第二电讯电话公司）变身 KDDI 成为世界 500 强企业。

稻盛和夫所推行的阿米巴经营，把京都陶瓷划分为 3000 多个阿米巴体。京都陶瓷的理念是全员参与，让组织末梢的员工都感知到市场的变化，并积极应对。每个阿米巴就是一个小公司，下一道工序或流程对应的阿米巴就是它的客户。每个阿米巴的负责人就相当于一个小老板，有部分经营权。阿米巴模式的精髓不是组织结构，而是管理哲学。稻盛和夫以"敬天爱人""以心为本"的利他经济学，推行阿米巴经营模式，构筑了一种透明、信任的企业文化。这种文化超越人与人对立的现代世界观，可以说是后现代世界观的体现。

5. 全球高科技公司与互联网巨头

蒙德拉贡合作社、塞氏企业、3M 公司、京都陶瓷等企业，是全球后现代管理革命浪潮到来之前的先行者。它们的企业文化和管理模式与经典现代公司迥然不同。它们的领导者是先知先觉者，其管理模式则具有超越时代的特性。

全球性的后现代管理革命浪潮，始于 20 世纪 80 年代以硅谷为代表的美国高科技公司的管理创新。伴随着彼得·德鲁克在 20 世纪 50 年代末所预言的"知识工人"时代的真正到来，美国高科技公司在许多方面纷纷突破了现代公司管理模式，才造就了美国高科技产业在全球领先的地位。它们成为普遍推行后现代管理的最大群体。虽然美国高科技公司的管理创新，总体上还不如蒙德拉贡合作社更具标杆性，但他们的集体实践是后现代管理浪潮到来的重要表征。

80% 以上的硅谷高科技公司推行了员工持股制度，以适应知识工作者日益普及的后现代社会。只有实行员工持股制度，才能真正意义上让知识工作者成为企业的主人。在治理结构变革的基础上，后现代管理才可能全面开花结果。

除了员工持股制度之外，美国高科技公司大多进行了扁平化组织变革，并在经营战略上，完成了由纵向一体化到横向一体化的转型。同时，美国高科技公司还推行弹性工作制，把过去的权威式领导模式转变为温情的民主化领导模式。微软曾经是美国高科技企业管理创新的领头羊，微软公司很早就进行了股权激励，它是世界上最大的股票期权使用者之一。微软股权激励的对象包括董事、管理人员和雇员，几乎覆盖全员。到 2000 年时，微软公司80% 的员工拥有认股权。

除此之外，微软还建立了机动而有效率的企业组织架构。微软采取小型项目组模式，每个项目组负责一个产品从计划、研发到营销的一切环节。这与 3M 和京都陶瓷的模式很相近。为了营造自由的氛围，微软将办公场所家庭化，每名员工都有自己独立的办公室，对员工着装也不作硬性规定，员工可以赤脚穿梭于公司各个区域。微软还采取弹性工作制，不限制员工的上下班时间。这与塞氏企业的做法很相似。微软公司的自由民主氛围，体现在员工无等级隔阂、无等级划分停车场、没有时钟的办公大楼等。这些都是对等级森严的现代公司文化的颠覆。与微软同时代成功的美国高科技公司，如惠普、思科等，大都采取了相近的管理模式。

而之后崛起的互联网巨头与新锐科技公司，包括谷歌、阿里巴巴、Facebook、Airbnb、Uber、特斯拉、小米等，几乎都在微软时代高科技公司管理模式的基础上更进了一步。新世纪的互联网新贵和高科技公司，在管理创新方面已经超越了微软时代相对单一的组织变革和企业文化变革。面对互联网和颠覆式创新时代的大背景，新锐公司的后现代管理变革，开始更具系统性和全面性。对谷歌、Facebook、阿里巴巴、特斯拉等公司而言，员工持股和自由民主的企业文化，已经是管理架构的基础配置。它们的管理系统创新是涉及治理结构、组织架构、商业模式、战略模式、营销模式、创新模式、领导模式、文化模式和管理哲学等全链条的系统管理创新。当然，由于后现代管理理论建构的滞后，互联网新贵和高科技公司的后现代管理创新实践，仍然具有很多不足之处。

6. 海尔

就管理模式的系统创新而言，张瑞敏在海尔的实践不仅领先于中国，也领先于世界。张瑞敏开创了中国管理的先河，此前，中国管理尚没有得到过世界性认同。像张瑞敏这样身兼管理思想家和企业家者，在全球都屈指可数。而英国《金融时报》副主编安德鲁·希尔认为："张瑞敏比彼得·德鲁克所创造的更进一步。"

2015 年 11 月 9 日，张瑞敏应邀到伦敦参加全球最具影响力的"50 大管理思想家"颁奖典礼（Thinkers 50 Awards Gala），被授予"50 大管理思想家"杰出成就奖之"最佳理念实践奖"；同时，张瑞敏还入选了"2015 年度 50 大管理思想家榜单"。"50 大管理思想家"被誉为"管理思想界的奥斯卡"，曾经入选"50 大管理思想家榜单"的获奖者包括彼得·德鲁克、迈克尔·波特、大前研一、吉姆·柯林斯等管理学家；还有杰克·韦尔奇、比尔·盖茨、乔布斯、贝佐斯等世界级企业家。

张瑞敏的管理创新实践，是在 20 世纪后半叶以来全球管理创新成果基础上的进步。虽然张瑞敏没有从后现代管理范式的角度整合自己的管理理论，但他的实践还是把后现代管理推进了一步。海尔作为一家传统制造型企业，其管理变革比微软、通用电气，甚至很多互联网企业更具创新性。

首先，海尔"自以为非"的企业文化，较华为的"自我批判"更具哲学性，达到了某种精神高度。因管理范式依赖而导致的隐性傲慢，是众多优秀的巨头公司走向衰败的原因。海尔的"自以为非"绝不是自我否定那么简单，它是一种对抗隐性傲慢的基因重组式良方。贯彻"自以为非"的文化绝非易事，这是海尔推进其变革体系的灵魂与动力所在。

在"自以为非"文化的前提下，张瑞敏对海尔进行了治理结构、商业模式、战略模式、组织模式、营销模式、领导模式等全方位的再造。基于情景化、生态化商业模式设计，张瑞敏打造了平台化的海尔。其在册与在线员工所组成的开放式人力云系统，自主经营体、小微组织以及员工与经销商的合股经营模式，突破了科斯理论中所定义的企业概念。这也是后现代企业的主要特征之一。海尔率先导入工业 4.0，实现了用户参与式的柔性制造，构建了后现代营销模式。海尔的创新，采取设计思维主导的创业式创新机制，通过跨部门合作和内部契约，推动用户导向的产品创新。海尔还创新了财务管理系统，其战略损益表模式被美国管理会计师协会（IMA）认为是对财务管理的突破性创新。

张瑞敏在海尔所实践的管理创新具有重要的意义，但目前对海尔模式的总结尚缺乏足够的理论高度，这很大程度上制约了海尔向更系统、更完善的管理创新阶段的迈进。从后现代管理范式的高度引领海尔的管理创新，是海尔未来更上一层楼的必由之路。

理论总结与创新简史

关于后现代管理的理论总结与创新，在全球范围内凤毛麟角。除了一些零星的学者论文外，后现代管理整合与创新仍在初级阶段。后现代管理理论的创新远远落后于企业实践，更不能为企业实践提供足够有价值的指导。目前，阐述后现代管理的代表性管理大师有彼得·德鲁克、汤姆·彼得斯、彼得·圣吉、迈克尔·哈默和詹姆斯·钱皮等。另外，笔者在 2004 年出版的《后现代企业与管理革命》，是对后现代管理的首次系统整合与创新。

1. 彼得·德鲁克

彼得·德鲁克并没有使用"后现代管理"概念，但他提出了"后现代世界"概念。作为现代管理大师，彼得·德鲁克的思想具有罕见的超越性，这使彼得·德鲁克成为后现代管理的预言者。在 1957 年出版的《未来的里程碑——关于新的后现代世界的报告》一书中，彼得·德鲁克将后现代世界称作"尚未命名的时代"。由于时代的局限性，那时的彼得·德鲁克还无法对后现代管理进行系统的设计。

在《未来的里程碑》一书中，彼得·德鲁克关于后现代管理的第一个发现，是前瞻性地提出了世界观的革命——基于生物学的世界观代替基于机械学的笛卡儿世界观。彼得·德鲁克敏锐地洞察到笛卡儿世界观这一现代管理范式背后的基因，这在现代管理学家中极富先见。他在那时就预见到，"信息时代"的世界观，是建立在人类生物学而不是机械学的基础之上。早在互联网时代到来之前，德鲁克就认识到，在新的后现代世界里，需要一种适应新技术的新管理模式。

彼得·德鲁克关于后现代管理的第二个发现，是从进步到创新的转变以及其中所包含的对"秩序的新理解"。"进步神话"同样是现代世界观的产物，这种观念相信人类可以通过对自然的改造，而达到不断进步的境界。彼得·德鲁克对进步的理解与大卫·格里芬关于现代性的精神向度——"进步神话"的描述恰恰是吻合的。建设性后现代的倡导者大卫·格里芬认为，抛弃了精神性的所谓进步，是现代世界的重大误区之一。因此，彼得·德鲁克摒弃"进步"，而推崇"创新"。他认为，创新是因人发生的、有目的、有组织，但具有内在风险性的变化。彼得·德鲁克所倡导的创新精神已成为互联网时代的核心标志。在 1985 年出版的《创新与企业家精神》中，彼得·德鲁克又首次把创新与企业家精神联系在一起。

德鲁克关于后现代管理的第三个发现，是教育大爆炸时代教育观念的改变。彼得·德鲁克认为，教育应该摒弃那种古希腊式的迂腐和自命不凡。这种自命不凡自启蒙理性形成以来表现得尤为突出，可以说启蒙理性放大了希腊精神，在张扬人性的同时神化了人性。现代 MBA（工商管理硕士）教育的精英意识也是此种精神的产物，彼得·德鲁克一向批评 MBA 教育的不切实际，他认为，使受教育者具有更大的生产力，是时代所面临的最重大的挑战之一。在互联网时代，这种挑战已经充分显现出来，印证了彼得·德鲁克的预言。关于"去精英化"教育的思考，不仅直指 MBA 教育的软肋，也是对整个现代教育的深刻反思。其本质则是对现代世界观的超越，这与后现代管理关系密切。

彼得·德鲁克关于后现代管理的第四个发现，是率先提出了"知识工人"概念。这一概念影响深远。微软、惠普、英特尔、思科、苹果等高科技公司的管理模式，无不践行着"知识工人"的理念。谷歌、Facebook、阿里巴巴等互联网巨头，更是顺应"知识工人"理念的代表。在大数据和人工智能时代，"知识工人"将会成为劳动者的主力。"知识工人"的普及化，极大地影响了后现代企业的治理结构、组织架构、企业文化和领导模式。与"知识工人"对应的是"自我管理"，它已经成为后现代管理的基础性概念之一。

彼得·德鲁克关于后现代管理的第五个发现，是在后现代社会应使人回归到精神价值上来。在《未来的里程碑》末尾，彼得·德鲁克写道："必须重申人不单是一种生物和心理存在，而且是一种精神存在；他是一种造物主所创造的生灵，以造物主为其存在的目的，并且受造物主的支配。"关于信仰的价值，彼得·德鲁克是在克尔凯郭尔的《恐惧与战栗》中找到的。彼得·德鲁克从未脱离尘世，也从未放弃信仰。他倡导将信仰作为医治现代社会疾病的良方，倡导信仰在后现代世界公司中的重要性。（张羿. 后现代企业与管理革命. 2004.）

早在 20 世纪中叶，彼得·德鲁克就从社会、信仰和人性的视角来看待组织与管理。左手管理，注重组织的有效性；右手信仰，强调组织的正确使命，两者平衡的组织才能给人类带来真正的福祉。彼得·德鲁克对企业的定义，完全符合后现代企业的特征，其理论视角正好匹配互联网时代所兴起的社会型企业。这再一次印证了彼得·德鲁克管理思想的超越性。

2. 汤姆·彼得斯

汤姆·彼得斯曾被《洛杉矶时报》称为"后现代企业之父"。在 1982 年出版的《追求卓越》一书中，汤姆·彼得斯向我们描述了在变动不居的后现代时期赢得成功的秘诀，并声称当代管理正面临着库恩所说的"范式的革命"。这一管理的范式革命，无疑是从现代管理到后现代管理的范式革命。

在《追求卓越的激情》及《解放型管理》等著作中，汤姆·彼得斯阐述了后现代时期的企业在组织、领导模式等方面的特点。尽管汤姆·彼得斯没有使用"后现代管理"概念，实际上却是对后现代管理模式进行了总结。汤姆·彼得斯提出让管理者回到"实践常识"的观点：贴近客户与走动式管理。这种"回归基础"（Back of Basics）的革新，恰恰是对现代管理的颠覆。对客户与员工的关注，看似简单，其实隐含着彼得·德鲁克所说的世界观革命。在笛卡儿机械主义世界观下，现代管理割裂了企业与客户、管理者与员工之间的有机关系。而后现代管理则要恢复这种常识性管理，因为在其朴素的形式下，隐含着人性的救赎与苏醒。后现代管理，首先意味着对现代世界观的颠覆。

汤姆·彼得斯还强调，"领导概念与企业革新息息相关"。而领导的要素包括关注、象征、戏剧、愿景与爱。"商业就是表演、领导就是表演、管理就是表演。"汤姆·彼得斯这里所说的表演并不是建立在虚假人格面具下的骗人把戏，而是把管理作为一门艺术和一种象征符号行为来对待。领导（管理）也是一种象征符号行为，无论是马丁·路德·金的精彩演讲，还是杰克·韦尔奇为采购员特设的专线电话，所要说明的都是这个问题。汤姆·彼得斯指出："象征符号可以激发创业精神。"在深谙领导艺术的具有象征符号性质的企业，如麦当劳、迪斯尼等公司，都避免使用"工人""雇员"等字眼，而喜欢使用"成员""合伙人"等字眼。这说明这些公司已将管理的艺术渗透到细微处。这是后现代管理成功的秘诀，也是对"实践常识"的一种贯彻。（张羿．后现代企业与管理革命．2004．）

在《解放型管理》一书中，汤姆·彼得斯阐述了后现代企业及管理的一些特点：推崇混乱、学习乐于冒险；四大短命——短命组织、短命组合、短命产品、短命市场；不要时钟，不要办公室，只要绩效；解放员工，鼓励释放创业活力；组织解体，走向人人做项目之路；摒弃垂直整合，走向网络联盟。汤姆·彼得斯还将后现代企业比作嘉年华，认为企业组织不应设计得像由硬石头垒成的金字塔，而应该像一个嘉年华式的聚会场所。因为，"当今经济舞台的旋律已不再是华尔兹，而是伴着街头急促脚步的霹雳舞曲……如果你不觉得疯狂，你就是没有跟上时代的步伐"。（张羿．后现代企业与管理革命．2004．）

汤姆·彼得斯十分推崇麦肯锡的管理模式。他说："麦肯锡任何一个地方都像一个动物园。事实上，我花了10年时间才认识到这家组织奇怪的知识商团。以传统标准来评判，这里管理十分'差劲'。例如，没有工作说明书，没有组织图，没有年度目标，业绩评估制度也深奥难懂。但在今天由知识创造附加值的时代，它几乎成为每家公司的楷模。"（张羿．后现代企业与管理革命．2004.）

汤姆·彼得斯虽然声称当代管理正面临"范式革命"，但他并没有提出系统的后现代管理范式。汤姆·彼得斯承认自己的理论水平欠佳，他的管理思想作为后现代管理的雏形，的确欠缺系统的整合和应有的理论高度，甚至还带有许多消极后现代主义色彩，破坏性有余而创造性不足。

3. 彼得·圣吉

1990 年，《第五项修炼：学习型组织的艺术与实践》出版。彼得·圣吉所提出的五项修炼包括自我超越、改善心智模式、建立共同愿景、团体学习、系统思考。对于那些陷入 100 多年来沉闷的现代管理体系的企业来说，彼得·圣吉的学习型组织理论，无疑像一股清新的春风。《第五项修炼》致力于通过学习精神注入，使企业具备自我超越的创新能力。其创新的内容包括扁平化组织改造、员工自我管理模式的建立和领导模式的改造等。应该说，学习型组织理论具备了一定的系统性，但尚未从世界观的高度来审视管理变革，因此只是开启了管理变革之路，却未能真正构筑新的管理范式体系。其中，自我超越和改善心智模式，仅仅是从心理学角度进行的改善，而不是在哲学层面上的重塑。

4. 迈克尔·哈默和詹姆斯·钱皮

1993 年，迈克尔·哈默和詹姆斯·钱皮合著的《再造企业：经营革命宣言》一书出版，企业再造理论登上历史舞台。企业再造的核心是面向顾客满意度的业务流程再造，其核心思想是要打破企业按职能设置部门的管理方式，代之以业务流程为中心，重新设计企业管理过程。在颠覆传统分工理论的同时，企业再造也涉及了对科层制组织的再造。迈克尔·哈默和詹姆斯·钱皮的目的，是对传统管理进行颠覆和重组。但由于缺乏世界观层面和管理范式的系统再造，企业再造理论在实践中的成果并没有那么理想。迈克尔·哈默和詹姆斯·钱皮也公开承认过企业再造理论忽视了人的因素和文化因素。明茨伯格认为，流程再造没有形成思想上的创新。他说："再造思想没有经历再造。它不过是些具体化的东西，与旧观点没有什么两样。"明茨伯格甚至不客气地说："流程再造不过是一种管理时尚。"牛津大学泰勒教授和曼彻斯特理工大学的威勒教授则认为："流程再造的核心理念建立在高度理性化的基础上，再造要排除一切非理性因素的影响。所谓'根本性'和'彻底性'，实际上是建立在这样一个假设上，即企业流程的重组好像拆装机器，完全可以根据推理和计算取得最好的效果。"这表明流程再造理论，缺乏相应的哲学和文化高度，远未达到管理范式变革的层次。

5. 张羿

2004 年 5 月，张羿出版《后现代企业与管理革命》一书。这是全球首部尝试对后现代管理进行系统整合与创新的管理学专著。同年 7 月，张羿应邀出席于瑞典哥德堡举行的 IFSAM 第七届世界管理大会，并发表主题报告《现代企业的终结与后现代企业的兴起》，引起国际管理界的初步关注。

在《后现代企业与管理革命》问世的 2004 年，阿里巴巴、谷歌等尚且幼小，Facebook 刚刚在哈佛宿舍诞生，Airbnb、Uber 等新锐互联网公司还未诞生。同时，海尔的"自主经营体"组织与管理变革则尚未开始。虽然《后现代企业与管理革命》提出了关于后现代管理的诸多原则，但现实中还缺少鲜活的案例。这本著作更多是从学理方面对后现代管理进行整合和预测，但由于全球后现代管理文献的匮乏，即使在学理的建构方面，该书仍然处于初步阶段。

《后现代企业与管理革命》以管理范式革命为原则，明确提出了"后现代企业"与"后现代管理"概念，并对后现代管理范式进行了较为全面的提炼。该书主要阐述了后现代企业的内涵，并就后现代企业的权力场及后现代企业伦理等课题进行了论述。

在阐述"后现代企业"概念时，《后现代企业与管理革命》首次提出对科斯关于企业概念界定的质疑。该书指出，后现代企业的组织架构打破了科斯关于企业性质的定义，科斯的定义仅适用于经典现代企业。在治理结构方面，两权分离下的委托—代理模式，是标准的现代企业治理结构。随着知识资本崛起导致的员工持股现象，现代企业的产权结构被打破，其治理结构自然也被打破。在营销模式方面，后现代企业完成了由纵向一体化向横向一体化的转变。在组织架构方面，后现代企业则颠覆了现代企业的金字塔组织，演化为扁平化和网络化组织。

在文化模式方面，后现代企业秉持有机的后现代哲学观，与现代企业的笛卡儿机械世界观形成鲜明对比。后现代文化是一种重视有机性和整体性的文化，它把现代文化所撕裂开的诸文化领域重新缝合了起来，从而试图恢复人与自然、人与世界及他者之间的有机联系。现代文化与后现代文化分别代表了现代与后现代时代的整体文化范式。而由现代范式到后现代范式这一革命性的转变，必然会对人类在诸生活领域的行为方式产生深刻的影响。其中自然也包括对管理行为和范式的深刻影响。后现代企业要建立的，是经济—文化双重目标体系。

在领导模式方面，后现代企业领导是"去伟大化"的平凡式领袖。后现代企业领袖在人们心目中已经不具备超凡的色彩，不再是具有绝对权威的独裁者。同时，企业领袖需要平衡人文与技术的关系，建立分权体系和内部营销体系等。后现代企业的领导模式与权力范式革命直接相关，随着知识及知识分子在企业中占据主导地位，限制性权力机制已不能适应后现代企业管理的实际需求。后现代企业所需要的权力机制，是一种能够充分发挥每一名员工潜能的创造性权力机制。这种机制不仅能够最大限度地发挥员工创造性，同时还要避免陷入无政府主义的散漫，进而避免走向创造性的对立面。

该书还把后现代企业伦理作为重点之一。后现代社会是一个企业社会，企业不仅成为社会的核心系统，企业与私人生活及公共政治之间也具有了不可分割的联系。于是，对企业伦理的探讨就上升到前所未有的高度。后现代企业对现代企业的超越，首先将意味着在"人与自然的关系"以及"人与人的关系"等领域对非伦理行为的超越。从这一意义上讲，对后现代企业伦理的反思与建设一开始就超越了"诚信"等基本的商业伦理层面，而进入更深层次的讨论。与现代企业伦理讨论在企业理论中微不足道的地位相比，后现代企业伦理反思与建设将成为企业的核心要务之一。

这的确是一个需要管理救赎的时代。现代管理范式已然崩溃，而后现代管理在众多企业的实践与各种商业理论创新下已经呼之欲出。后现代管理范式的总结与创新，无疑是彼得·德鲁克之后全球管理界的里程碑事件。

三、后现代超文化管理模型

后现代企业与后现代管理的实质是超文化企业与超文化管理，围绕这一核心，本书还出现了几个重要概念：管理救赎、超文化、元文化。这些都是

构成本书完整管理范式创新体系的重要支撑，它们从不同角度共同构建了后
现代企业与后现代管理的大厦。

超文化管理基础模型

超文化管理基础模型，包括超文化管理思维模型和超文化管理闭环模型，
如图 12 - 3 所示。

图 12 - 3   超文化管理思维模型

在超文化管理思维模型中，包括管理救赎、后现代管理、超文化、元文
化四个维度。这是一个逐步深入的思维过程，表现出超文化管理的系统性与
缜密性。管理救赎对应的是企业实践需求层面，这是陷入现代管理范式陷阱
和隐性傲慢的当今企业的本质性需求，正是由于这一时代性需求，新的管理
范式才应运而生；后现代管理是在学理层面对新管理范式的界定，相对于经
典现代管理的新管理范式，从学理层面没有比"后现代管理"更恰当的概念，
因为"现代"与"后现代"是当代思想界两个最大的时代性划分概念，分别
具有精准的学术界定和系统的理论体系；超文化则代表着管理范式变革的认
识论与方法论，这是后现代管理缔造的核心思维，超文化既是对文化本质的
一种新的认识，也是认识文化本质的一种新的方法，因此兼具认识论与方法
论双重属性；元文化是通过超文化思维洞穿文化之后，所显出的"文化原

型"，即不同文化之初的共同结构与基因，为避免概念过多产生混淆，本书更多采用"超文化"概念，在表达不同文化的共同基因时，"超文化"与"元文化"概念是同质的。

在超文化管理闭环模型中，超文化企业缔造始于人性救赎，也终于人性救赎，并因此形成一个闭环循环系统，如图 12-4 所示。本着"知行合一"的原则，尽管后现代管理始于人性救赎，但人性救赎并不是抽象的和一蹴而就的，它需要借助整个后现代管理范式变革，通过新管理范式实践而逐步使人性得到升华。而管理是一个没有终点的持续过程，人性救赎也是一个没有终点的持续过程。因此，经过管理变革实践之后被升华的人性，既是下一轮管理的基础，也需要在下一轮的管理实践中继续得到完善。超文化管理与人性救赎，是一个从有限到无限的不断循环且螺旋上升的过程。

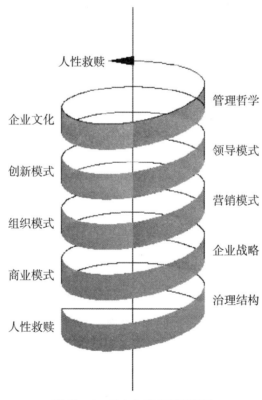

图 12-4　超文化管理闭环模型

✿ 超文化管理系统模型

在前面的各章中，我们已经全面解析了后现代管理的超文化管理谱系，最后有必要作一个总体的鸟瞰，如图 12－5 所示。

在超文化管理系统模型中，包括世界观、人性论、管理范式转型和管理范式变革系统四大板块，充分显示了后现代管理范式变革理论的系统性与完整性。本书的后现代—超文化管理体系，是建立在严密的哲学、文化、方法论、管理学史、全球企业实践等基础之上的创新管理体系，整个体系的突破性是显而易见的。

超文化管理是对商业模式、股权设计等二级管理改良的彻底超越，以世界观与人性论重塑为根基，意味着变革的系统性和整体性。企业是一个生命体，管理范式革命本质上是企业生命的改换。现代管理范式之所以成为阻碍历史进步的陈旧体系，正是因为世界观的陈旧。

后现代世界观的四个关键词分别为有机论、理性—信仰主义、客观主义和个人—集体主义。有机论是对笛卡儿机械论的超越，其宗旨是恢复人与自然、人与人之间的和谐关系，这是恢复管理本质的前提条件；理性—信仰主义意味着对现代理性主义的超越，它强调在理性的基础上恢复敬畏和信仰的维度，以避免理性成为宗教，从而沦为非理性；客观主义则是对现代相对主义的摒弃，它重新赋予世界以可以信赖的意义、价值和标准，相信宇宙背后的真实和真相，以终结日益沉沦的真理危机与道德危机；个人—集体主义则是在有机论、理性—信仰主义、客观主义基础上衍生的后人文主义价值观，它是对西方现代民主的超越，既高度认可个体的自由，又强调集体主义的重要性，这是后现代管理在自由与管理之间寻求平衡的重要思想依据。

管理的对象和目的都是人，因此，人性论重构同样是管理范式变革的重要前提，现代管理范式的腐朽从根本而言是人性论的偏差所致。超文化管理的人性论是人性的"99＋1 定律"，这一人性论的关键是首先肯定人的本性为善，以及人本质上的创造性。鉴于每个人都是具有高贵属性的创造者，因此应该在管理中树立一种平等的文化和企业家精神。在"Z 世代""阿尔法一代"进入历史舞台的背景下，平等和企业家精神是保持企业创造力的根基。人性的"99＋1 定律"既肯定人作为创造者的基本属性，又不信靠人的道德

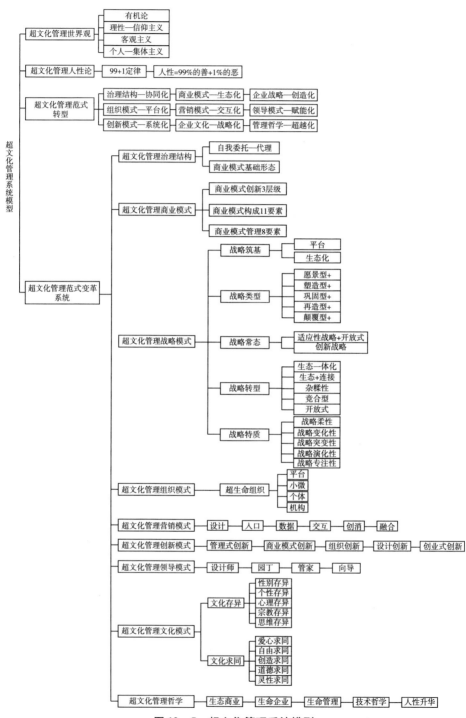

图 12-5 超文化管理系统模型

水准，因为人性中 1% 的恶足以摧毁任何一个完美的人。这就意味着超文化管理高度认可人的高尚性，又高度强调人的邪恶性。按照人性的"99＋1 定律"，世界上没有一人是合格的管理者，这是对管理和管理者的最高定义。然而，只要任何人愿意放下自己的高傲，而接受人性救赎，他就是一个合格的管理者。我们是否够资格管理，不在于我们的道德水平，而在于我们对自我的态度。一个敢于否认自我的人，才是一个合格的管理者。

世界观革命和人性论重塑相当于对企业生命体本质的重塑，在此前提下的二级管理系统才是一个有机生命体的有机部分。那些缺乏世界观与人性论重塑的二级管理，不仅会沦为技术性工具，且彼此之间会产生严重的错位。通常的二级管理改良因此就有可能像安装在人体上的假肢，它们与真正的人体具有本质的区别。管理范式革命的本质是赋予真正的人体更高级的生命，是管理生命系统的升级，而二级管理改良则是不断用假肢替换老朽的企业旧肢体的过程。当前的管理变革，大部分是这种二级管理变革。当我们重塑世界观与人性论之后，二级管理相当于大脑升级和生命素质升级之后的人体，这是由低级生命升华为高级生命的过程。因此，超文化管理的二级管理系统彼此之间完全是一个有机的整体。

超文化管理范式转型包括治理结构协同化、商业模式生态化、企业战略创造化、组织模式平台化、营销模式交互化、领导模式赋能化、创新模式系统化、企业文化战略化和管理哲学超越化这 9 大板块，其中治理结构、商业模式、企业战略、组织模式、营销模式、领导模式和创新模式是二级管理系统，而企业文化与管理哲学是一级管理系统。企业文化与管理哲学是世界观与人性论的扩展与系统化，它们渗透于所有二级管理系统之中，构成了超文化管理有机的生命系统。因此，超文化管理彻底杜绝了二级管理系统之间的错位，形成了超文化管理范式变革的成熟系统。这无疑是在汤姆·彼得斯、彼得·圣吉、迈克尔·哈默等早期后现代管理思想基础之上的一次历史性跨越。

四、超文化管理与人类幸福指数

后现代管理不是将管理复杂化，而是将其简单化。超文化的实质，就是要透过不同文化的表面，透过不同管理的表面，去洞穿文化与管理的本质，以实现管理本质的透明化与开放化。

但管理绝不是一件容易的事情，即使在模型上透明化的管理，在实践中仍然是沉重的。因为人性被数千年的尘埃所包裹，已经变得沉重无比。就世界而言，管理无处不在，所以自由才无处不在。自由既要插上翅膀，也需戴上脚镣。管理就是要在此种矛盾中达到某种平衡。

像哺育生命一样从事管理

后现代管理的脚镣不是扼杀人性的脚镣，而是约束人性之恶、成就人性之善的法则。因此，管理者不仅要像园丁照料庄稼一样从事管理，还要像哺育生命一样从事管理。

因为人是比庄稼更贵重的生命，管理者所面对的，是与自己一样高贵的个体。在人类大部分历史中，都充满了杀戮与统治，那是因为人性失去束缚就会如毒虫猛兽一样残暴与贪婪。相对于过去的历史，乃至相对于尚未完全结束的现代管理史，作为超文化管理的后现代管理，都代表了人性的真正解放与社会的进步。

像哺育生命一样从事管理，不仅因为人是生命，还因为后现代企业也是一个超级生命体。面对企业这样的生命体，管理变成了一种具有系统性和整体性的生命照料，而不是外科手术式的治疗。当今的企业变革，大多走一条西医式的治疗路径，这种"头痛医头，脚痛医脚"的技术性医治，将会令企业生命体变成一台老旧的组装机器，充满着不协调和咯吱作响的呻吟。因此，以世界观革命为前提的管理范式变革，是当今管理创新的根本出路。

管理的终极使命

管理的终极使命，是创造价值、追求完满人生。因为管理从来不是一种私人行为，企业也将不再为个人所有。全球化企业浪潮不会受到极端民粹主义和逆全球化思想的影响，在文化差异与国际政治冲突并未减少的历史背景下，我们对未来的全球化与超文化企业缔造既不悲观，也不盲目乐观。

即使不主动承担历史使命，企业家在谋取利润的过程中，也会被动地承担使命，直到自己的人性得以升华。加里·哈默尔一直强调环境对企业变革的倒逼，这无疑是一种常态。事实上，每一个时代的先驱都是少数，大部分人都是为生存所迫而走上变革的道路。今天全球化企业的产生和企业使命重要性的日益提升，对多数人来说，同样存在一个被迫适应的过程。历史正是在这种大多数人的被动适应中向前，人性也是在这种被动适应中逐步得到完善的。

然而，与其被动适应，不如主动变革，因为任何惰性都会导致被颠覆的命运。多数企业家不愿意大动干戈地变革，他们宁愿在克里斯坦森所说的"管理良好"中被动地适应。岂不知，所谓的"管理良好"不过是一种陷阱，甚至是一种隐性傲慢。这就是经典现代管理范式的陷阱与傲慢。

从某种角度而言，变革才是管理的终极使命。没有使命就不存在变革，而变革需要世界观的革命。在超文化管理变革中，世界观革命使我们重新审视人性，而世界观重塑之后我们将看到一个完全不同的世界。在这个后现代世界中，宇宙成为一个有机的生命体，所有的生命之间都存在着神圣的纽带。因此，全人类都是命运共同体，没有人能够独善其身。只有真正实现生命互联，实现完满人生，超文化管理的价值才能得到真正的彰显。

超文化管理与全球化企业缔造

管理不仅是企业行为，也是人类社会最普遍的行为，是维系人类社会秩序的根基。管理的本质是形成秩序并产生创造，它始于人也终于人，依凭人也为着人。从宇宙角度而言，管理意味着宇宙生命系统的和谐运行。在天体的运行和四季的轮回中以及在自然界的生态中，都存在着无形的管理。而这种宇宙大道，也是超文化管理所追求的境界。

传统的文化差异理论之所以不能从根本上提升管理的层级，正是因为它没有超越现代世界观。站在人与人对立的角度来看待文化，必然强调文化差异。而站在宇宙生命体的角度，人与人都是宇宙生命体的一部分，因此具有共同的血脉与命运。所以，超文化管理与现代管理具有本质的区别，站在超文化角度所进行的管理范式变革，注定是一场改变人类历史的伟大管理革命。我们在后现代管理的每一个子系统中，都能清晰地看见超文化思维的贯彻。这是后现代世界观革命才具有的高度，若没有世界观革命，一切管理变革都将沦为机械式拆装，企业生命体将因此千疮百孔。企业再造理论和学习型组织理论等早期后现代管理理论以及新近流行的商业模式、阿米巴组织等，都是这样的机械式拆装。

以企业或以经济利益为中心的经济与管理模式，已经到了彻底改变的历史时刻。必须摒弃文化差异思维，以超文化思维指导全球性企业的管理缔造，并以超文化思维指导经济与社会管理、国家管理和全球秩序管理，如此才能加速建立人类命运共同体，实现人类的共同福祉。

五、在极速创新时代拥抱生命的意义

数字化和人工智能等"科技宗教"的崛起，在助长人类狂热的同时也带来了更深的迷茫。今天，我们需要的是以高度的智慧为灵魂的理性创新，而不是自我神化和无视伦理的癫狂式创新。

信步经济与科技的海洋

凯文·凯利说："科技是中性的，它不好也不坏。把科技变成天使还是变成魔鬼，取决于人类自身的选择。"以人为神的现代世界观可以把科技变成魔鬼，而满怀敬畏的后现代世界观可以把科技变成天使。

正确的世界观，是信步于经济与科技海洋的前提。正确的世界观能够平息波涛，而错误的世界观会掀起惊涛骇浪。要驾驭经济与科技的大海，不是靠着我们的能力，更不是靠着科技本身。缺少世界观约束的科技，无疑是海中的巨兽，它不仅会倾覆大海，也会吞食所有的生命。

我们的信心不是来自自以为是的理性，而是始于自以为非的信仰。真正的信仰并不是废弃理性，而是把理性还原到应有的位置。只有在融合理性—信仰维度的超文化世界观中，世界的真容才会完全显出，管理的秘密才会完全打开。

在管理中确立人生的价值

从某种角度而言，每个人都是管理者。即使没有一个下属，每个人至少还是自我管理者。一个自我管理能力低下的人，也不可能成为一个好的管理者。就此而言，管理是每个人的使命，从人生管理到组织管理，管理者的角色无处不在。一个人人都是管理者的世界，才是一个真正具有完美秩序的世界。

但现实中合格的管理者寥若晨星。我们的人性被数千年文明的尘埃所遮盖，人性的本质很难显露。每个人都自以为是，因此每个人都不够资格做管理者。在我们的生活中，每个人的内心都曾充满对别人的定罪与不齿，其实人人都一样，没有谁比谁更高尚。

艺术家以为只有他们最懂人性，其实他们所理解的人性往往是兽性的一面；教师以为他们最有资格教导，其实社会是一个比讲台更神圣的舞台，那些饱经风霜的创业者可能比教师的洞察力要高出许多。当今的社会创新主要是由企业创新所推动，自由主义者热衷于以猖狂的姿态批评政府、羞辱国家领袖，他们所理解的自由并不是人性的真谛；文化人之所以难以真正洞悉人性的原因，是缺少实践中血与火的历练；商人之所以难以真正洞悉人性的原因，是缺少哲学和信仰的高度。每一类人都存在无法弥补的欠缺，任何人都不该自以为是地觉得高人一等。

后现代世界观就是要消除这些差异，人类不仅存在文化的差异，还存在经验、思维等各方面的差异。那种突出差异、强化差异的思维已经无法适应一个万物互联、生命互联的后现代世界。以超文化思维立足世界、改变世界，成为一个合格的人、合格的管理者，才能真正确立人生的价值。也唯有如此，才能确立管理的价值。

构建人类精神家园

科技从来不会增强人的存在感，那些以人工智能实现"永生"、成为"神人"的幻想，亦不会给人带来真正的幸福感。人生的意义不是由科技所赋予的。

在极速创新的时代，我们并不拒绝创新，但更需要在创新中拥抱生命的意义，而不是因科技的发展助长傲慢。人类最不缺少的就是傲慢，甚至文化本身就是傲慢的产物。马云一直强调感恩和敬畏，这是对智慧的逼近。在极速创新的时代，若没有感恩和敬畏，我们将日益深陷存在的焦虑。

寻找生存的意义，是每一个时代的人自始至终的内在需求。传统的社会共同体虽然等级森严，人性的自由受到更多的限制，但却能够赋予每一个成员相对固定的位置，因此漂泊感并不强。但一个高度自由的后现代社会，人由于过度自由，反而可能像随波逐流的浮萍，更难找到存在感。这当然不是呼吁回归传统的专制社会，而是要赋予后现代组织更高的使命。

彼得·德鲁克就自称"保守的自由主义者"，他坚持在自由市场经济的前提下，赋予人们相应的地位，以发挥其功能。彼得·德鲁克所强调的管理学研究线索是以人类精神生活为研究对象，通过对人类思想、文化、价值和精神表现的探究，目的在于为人类构建一个意义世界和精神家园，使心灵和生命有所归依。就此而言，彼得·德鲁克的确是后现代管理的先行者。而构建人类命运共同体的精神家园，必须以超文化的视角才能超越文化的差异，凸显不同文化之间的共同基因与结构。

六、后现代管理：创新与回归

后现代企业是生命型企业，它的神经末梢和大脑之间保持着高度的一致性。后现代管理是生命型管理，通过治理结构、商业模式、企业战略、组织模式、营销模式、领导模式、创新模式、企业文化和管理哲学等诸多方面的高度协同，后现代管理创造了前所未有的生命管理系统，而这根本上归结于后现代公司的超文化基因。

▦ 后现代管理的两大特质

后现代管理基于人性的回归。人性本身并不存在创新的问题，但实现人性回归的超文化思维却是一种创新。后现代管理的创新，正是在超文化创新的前提下，所进行的管理范式系统创新。因此，后现代管理具有回归与创新两大特质。

在治理结构、商业模式、企业战略、组织模式、营销模式和创新模式等方面，后现代管理具有明显的范式创新特质。但就领导模式、企业文化和管理哲学而言，后现代管理更多是一种朴素的回归。同时，后现代管理之所以能够成为一种管理范式的革命，也是基于文化与哲学的回归。当然，文化与哲学的回归本身需要方法论的创新。

后现代管理的回归主要表现在人性的回归。诚信、正直、公义、公正、善良和尊重等，其实都是人最基本的品格。由于人"堕落"之后的"罪性"，才使人丧失了这一切。尊重人性，发掘人性中的善，原本是管理的基本任务，并不是多么伟大的事物。人之所以把一些正常的事物看作不寻常，是因为人已经不正常了。所以，最伟大的管理其实是最平凡的管理；人性的回归，也就是回到人与生俱来应有的位置上。把人性与管理放到过于高的位置上，本是不适宜的。什么是伟大的管理和伟大的管理者？回到人本身应有的地位而已。过于高举理论和管理大旗者，都不一定是真正明白真理的人。真理是最朴素的，人只要单纯如初，就会发现真理是如此简单、如此平实。

事实上，组织扁平化、自我管理、人人都是 CEO、自以为非和赋能式领导等，均属古老的管理法则，它们的核心都是人性解放。人性解放是人类永恒的主题，只不过互联网和人工智能等创造了人性解放的客观条件，而不是人类自动完成了人性升华。因此，在诸多方面，与其说是管理进步，不如说是管理回归。创新与回归交织，同时创新依赖人性回归，是后现代管理的核心特质。

管理的极限

管理是永恒的，但组织不是永恒的。因此，所有组织都会面临管理极限。在过去的 200 年中，大部分成功的公司寿命只有三四十年，企业和组织生命的持续是困扰所有人的问题。

管理的极限其实是组织和管理者的极限，本质上是生命的极限。组织与人都有自己的生命。但现实中管理者的极限更多是管理范式的极限，而不是组织生命的极限。当今大部分企业都面临管理范式的极限，这种极限可以通过管理范式的创新得到突破。而组织生命的极限，是事物本身的规律，它令人无法改变。

管理者的使命不是创造永存的组织，而是避免组织过早地夭折。在巨变时代，避免组织夭折的唯一途径是管理范式创新。管理者虽然不能创造永存的组织，却可以在短暂的组织中创造永恒。这就是后现代超文化管理所具备的一系列特质：适合持续发展的组织模式创新以及创新机制本身的创新，可以不依赖于某一个伟大领导者的领导交替机制以及寻求人类价值、赋予生命意义的信仰等。管理者若创造了这些永恒的事物，那么他本身也将进入永恒之列。这是突破管理极限的唯一路径，管理者需要以谦卑的姿态面对宇宙。

⚙ 一个苏格拉底式的循环

回到人本身，是管理的开始与终结，而终结又是新的开始。真正伟大的管理，不过是回归平凡。真正伟大的管理者，也应该是回归平凡的人。

伟大的企业家必须有伟大的使命和价值观，也必须有高尚的人格，但这并不表明他在道德上没有瑕疵。任何伟大的人物都如此。所以，不要以道德来绑架任何人，也不要以道德自居，因为任何人的道德都不堪一击。伟大的企业都具有一些共通的伟大精神，但这一切都无关道德。

爱是人的本能，也是宇宙最大的能量。人人都需要释放、学习并训练爱的能力。人性虽然以善为根基，却同时被1%的恶所侵染，没有信仰就没有底线，但即使有信仰，道德仍然可能失控。

一家公司是否具有后现代基因无关道德，而关乎治理结构、商业模式、企业战略、组织模式、营销模式、领导模式、创新模式、企业文化和管理哲学等。一位企业领袖是否具有后现代基因，也无关道德，而只关乎他的行为以及他是否具有超越的领导思维，是否认识人性、尊重人性。我们并不否认道德的重要性，而是不进行道德判断，特别是不对人的动机和道德水准进行判断。管理的使命，是爱的能量之释放，是遏制人性中恶的因素，并使人性中善的因素发挥最大的效力。

面对一个极速而凌乱的时代，我们需要人性与管理的双重回归，而不是成为一个科技狂。正如史蒂夫·乔布斯所说的："我愿意拿我所有的科技去换取和苏格拉底相处的一个下午。"而苏格拉底最著名的格言就是"认识你自己"，同时，他又承认自己的一无所知。我们若要开始管理，必须从超越苏格拉底开始。

未来20年将是全球后现代管理变革黄金期

靠技术或商业模式创新取得持续成功的时代已经一去不复返了，今后的成功一定是管理创新的成功。世界上从来就不缺乏技术和商业模式，而真正缺乏的是伟大的管理思想。

管理是维系这个世界的根本力量，是企业持续成功的保障。管理从来不仅是工具，而且是以世界观为根基的思想体系。管理推动创新，而不是创新推动管理。一个仅仅热衷于未来趋势，而漠视管理的社会是不成熟的社会；一个仅仅为创新狂热，而对管理冷漠的企业是短视的企业。管理创新才是持续创新的源泉与不竭的动力，管理创新的效应是任何技术或商业模式创新无法企及的。

过去的20年是互联网飞速发展，以及现代管理范式被全面颠覆的时代。虽然在这20年中，技术与商业模式创新成为推动社会进步的巨大力量，但真正主导世界的却是管理的力量。那些成功的互联网和高科技巨头，无不是在管理创新方面的领头羊。过去20年，全球领先企业的管理创新是有目共睹的，但与建立在世界观革命前提下的后现代管理范式创新还有相当的距离。无论是谷歌、苹果、阿里巴巴、海尔等领先企业的实践，还是汤姆·彼得斯、彼得·圣吉、迈克尔·哈默的管理理论创新，都只是后现代管理实践与理论创新的初步成果。而后现代管理的成熟与世界性普及，是今后20年全球企业家与管理学家的主要任务。

过去20年是以技术与商业模式的进步来倒逼管理变革，今后20年则是管理创新推动技术与商业模式变革。超文化管理创新将成为主导全球未来格局的核心力量，世界将重新定义管理，重新定义成功模式。在"Z世代"和"阿尔法一代"逐步登上历史舞台的背景下，作为潜藏隐性傲慢的现代管理范式必将彻底终结。如果在今后20年中错过管理范式变革大潮，未来将是残酷的。

在过去的历史中，管理的地位和作用被极大地低估了。哲学终结的现代世界是一个失控的世界，也就是失去管理的世界。因为一切管理的前提是自我管理，亦即人性的自由与自足状态。但现代自由主义并未解放人性，而是极大地奴役了人性。就此而言，现代管理史无疑是一段失败的历史。

超文化管理始于人性的重塑，按照这一标准，任何伟大的企业家和管理学家都需要从头开始学习管理。张瑞敏始终借用康德的话强调"人是目的，不是工具"。但问题的关键在于，人是宇宙最大的谜，要做到以人为目的，绝不是单一的放权和创新文化这样简单，其中最根本的是对人的重新认识。关于人本身，与其说我们很了解，不如像苏格拉底一样承认对此一无所知。如果对人的本质和驾驭真的很简单，则管理学根本就没有存在的必要，甚至哲学与文化也没有存在的必要。

因此，以超文化方法论为基础的后现代管理，本质上是一场前所未有的管理革命。它颠覆我们对管理的全部定义，我们之所以对它既熟悉又陌生，是因为在其每一个二级管理系统和三级管理系统中，都渗透着一级管理范式所具备的世界观与人性论重塑。管理变革绝不是某一个层面的浅表性改良，而是渗透骨髓的生命系统更换。就此而言，即便伟大的企业家也不能说自己已经参透了管理的奥秘。

成功企业之道决不能取代企业成功之道，对明星企业家的崇拜绝不会成就另外一个伟大的企业家。所有伟大的企业家，都是独辟蹊径的创新者。这不仅是技术和商业模式的创新，更是系统的管理创新。未来20年全球企业管理变革的科学路径，必然是超越一切成功企业之道，而构筑全新的企业成功之道。以超文化为根基的后现代管理范式，正是通往21世纪企业成功之道的必由之路。

历史总是属于那些高瞻远瞩、敢为天下先的英雄。过去20年世界产生了马云、扎克伯格、张瑞敏、马化腾等"数字英雄"，他们不仅是科技的英雄，更是管理的英雄。他们的管理是一步步摸索出来的。但在今后20年，如果仍然在摸索中进行管理，则根本没有崛起的机会。如果说前20年中的伟大企业家，是逐步穿上战衣的钢铁侠，那么未来20年间的伟大企业家，则必须是一开始就迅速穿上战衣的钢铁侠。在人工智能时代，已经没有慢慢探索管理的时间，只有极速的管理创新，才能成就伟大的企业。

张羿

2017年2月22日于上海

致　谢

在《管理救赎》出版过程中，得到了很多热心师友的支持和帮助，让我终生难忘。在此对所有支持和帮助过我的师友一并表示最衷心的感谢！

首先我要感谢中国信息社会 50 人论坛轮值主席、中国社会科学院信息化研究中心秘书长、中国科学院《互联网周刊》主编姜奇平老师。在此之前，我和姜奇平老师并不相识，只是多年前曾经有过公开论战。作为曾经的"论敌"，当我致电姜奇平老师的时候，他不仅没有表现出丝毫的"敌意"，反而热情有加，显示了一个真正学者博大的胸怀，以及执着于追求真理的简单至纯的人格。随后，姜奇平老师不仅欣然为本书作序，还热情地把本书推荐给海尔集团和罗振宇老师。同时，推荐给中国财富出版社。可以说，没有姜奇平老师的鼎力支持和无私帮助，本书的出版就不会如此顺利。

感谢罗振宇老师的鼎力支持，他以一个杰出商业观察家和一个真正的时代思想者的穿透力，对本书进行了点评，感谢他对本书的高度认可并给予赞誉。感谢北京工商大学副校长、教育部工商管理专业教学指导委员会副主任委员、博士生导师谢志华教授，他从思想史和管理学史的高度对本书作出了专业的评价。感谢中国人民大学管理哲学教研室主任、博士生导师彭新武教授，他以哲学博士和管理学博士后的专业视角，对本书给出了高度的肯定。感谢海尔集团董事局副主席、总裁周云杰先生，他从一个杰出企业家的视角并结合全球管理创新领袖海尔的实践，对本书给出了公允的评价。

同时，感谢中国财富出版社所有为本书出版付出大量劳动的各位老师，感谢他们高度的敬业和专业精神！

张　昇
2017 年 7 月 18 日于北京